财政与税收
（第二版）

王晓光　主　编

北京理工大学出版社
BEIJING INSTITUTE OF TECHNOLOGY PRESS

内 容 简 介

本书全面准确地阐述财政与税收的基本原理，分为财政篇和税收篇。财政篇包括市场经济条件下的财政职能、财政支出、财政收入、国债原理与制度、国家预算及预算管理体制、财政平衡与财政政策等。税收篇包括税收原理、税收制度与税收管理制度、流转税、所得税、财产税、资源税与行为税、国际税收等。

本书注重反映财政与税收领域的最新研究成果，解读最新税收法律规章制度，探索应用型人才培养所需的财政与税收知识体系，突出培养应用型人才的实践技能。同时，本书强调理论适度联系实际，在介绍一般原理时，尽量结合我国财税改革实践加以阐述，并配合案例分析，体现出学以致用的特色。

本书对应的课件和习题答案可以到 www.bitpress.com.cn 网站下载。

版权专有　侵权必究

图书在版编目（CIP）数据

财政与税收/王晓光主编. —2版. —北京：北京理工大学出版社，2016.10
（2018.8 重印）

ISBN 978-7-5682-3277-7

Ⅰ.①财… Ⅱ.①王… Ⅲ.①财政-中国②税收管理-中国 Ⅳ.①F812

中国版本图书馆CIP数据核字（2016）第257774号

出版发行 / 北京理工大学出版社有限责任公司
社　　址 / 北京市海淀区中关村南大街5号
邮　　编 / 100081
电　　话 /（010）68914775（总编室）
　　　　　（010）82562903（教材售后服务热线）
　　　　　（010）68948351（其他图书服务热线）
网　　址 / http://www.bitpress.com.cn
经　　销 / 全国各地新华书店
印　　刷 / 三河市天利华印刷装订有限公司
开　　本 / 787毫米×1092毫米　1/16
印　　张 / 21　　　　　　　　　　　　　　　责任编辑 / 陆世立
字　　数 / 521千字　　　　　　　　　　　　文案编辑 / 赵　轩
版　　次 / 2016年10月第2版　2018年8月第3次印刷　责任校对 / 周瑞红
定　　价 / 49.80元　　　　　　　　　　　　责任印制 / 李志强

图书出现印装质量问题，请拨打售后服务热线，本社负责调换

本书编委会

主　　编　王晓光

副 主 编　郭继秋　孙铁柱　佟元琪　陈新新　刘　敏

前　言

目前，"财政与税收"这门课程的教材较少，而且仅有的几本又有一些是 2008 年以前编写的，2008 年以来新制定和修订了很多税收法规，2012 年以来进行了营改增的试点，2016 年 5 月 1 日全面推行营改增，很多税收法律法规的变化使得一些教材内容已经过时。2008 年以后编写的教材数量不多，面向应用型人才培养的教材更是少之又少，故而从应用型人才培养的角度出发编写了这本教材。本教材可作为大学本科适用教材，适用于经济管理类各专业的本科教学，包括金融学专业、国际经济与贸易专业、经济学专业、财务管理专业、会计学专业等经济学类和工商管理类专业。高职高专也可选用本教材。

本教材编写的指导思想：第一，探索更为清楚合理的逻辑结构；第二，探讨应用型本科以及教学型本科教材理论与实务结合的尺度。

本教材的结构体系：结构清晰，分为财政与税收两篇。财政篇按照概述—收入—支出—预算—财政政策的主线编写；税收篇主要按照征税类别编写。

本教材的写作特点：理论与例题及案例充分结合，提供配套习题，适量添加图表，数据更新，内容更加丰富，注重能力训练。

本书由王晓光教授任主编，郭继秋，孙铁柱，佟元琪，陈新新，刘敏任副主编。全书共分两篇十三章，由王晓光教授总体策划，各章编写分工如下：王晓光编写第一章、第二章、第四章、第十三章；李新编写第三章；陈新新编写第五章；刘欣编写第六章；赵大坤编写第七章；郭继秋编写第八章；佟元琪编写第九章；孙铁柱编写第十章、第十二章；刘敏编写第十一章；杨峰、张秀娟、于晶波编写各章习题和答案；胡芳编写各章案例；此外，参加编写的人员还有马莉娜、陈新新、耿飞菲、刘京侠、盛彬彬、朱丽蕊、赵会颖、王春秋、石东磊、王东明、姜莉莉、钱娜等。全书最后由王晓光教授总纂。

本书在编写过程中，参考并吸纳了很多同类教材、著作和论文等相关研究成果。限于篇幅，恕不一一列出，特作说明并致谢。同时，对北京理工大学出版社编辑们的辛勤工作深表感谢！

由于时间、资料、编者水平及其他条件限制，书中肯定存在一些缺憾，恳请同行专家及读者指正。

编　者
2016 年 10 月 30 日

目 录

第一篇 财 政 篇

第一章 财政概论 ... 3
第一节 财政及其特征 ... 3
一、从财政现象谈起 ... 3
二、财政的产生和发展 ... 4
三、财政的一般概念 ... 7
四、公共财政的基本特征 ... 8
第二节 政府与市场 ... 9
一、资源配置的两种方式 ... 10
二、市场失灵及其表现 ... 10
三、政府失灵及其表现 ... 12
四、政府与市场的基本分工 ... 13
第三节 财政的职能 ... 14
一、资源配置职能 ... 14
二、收入分配职能 ... 17
三、经济稳定职能 ... 18

本章小结 ... 20
习题 ... 20
案例分析 ... 21

第二章 财政支出 ... 23
第一节 财政支出概述 ... 23
一、财政支出的含义、原则和分类 ... 23
二、财政支出范围与财政支出规模 ... 30

三、财政支出效益分析 ··· 33
　第二节　购买性支出 ··· 35
　　　一、消费性支出 ··· 35
　　　二、投资性支出 ··· 37
　　　三、政府采购制度 ··· 39
　第三节　转移性支出 ··· 42
　　　一、社会保障支出 ··· 43
　　　二、财政补贴 ··· 46
　　　三、税收支出 ··· 47
　本章小结 ··· 49
　习题 ··· 49
　案例分析 ··· 52

第三章　财政收入 ··· 54
　第一节　财政收入概述 ··· 54
　　　一、财政收入的含义 ··· 54
　　　二、财政收入分类的依据 ··· 55
　　　三、财政收入的分类 ··· 56
　第二节　财政收入规模 ··· 59
　　　一、财政收入规模的含义 ··· 59
　　　二、财政收入规模的衡量指标 ··· 59
　　　三、影响财政收入规模的因素 ··· 61
　第三节　财政收入结构 ··· 63
　　　一、财政收入分项目构成 ··· 63
　　　二、财政收入所有制构成 ··· 65
　　　三、财政收入的部门构成 ··· 65
　本章小结 ··· 67
　习题 ··· 67
　案例分析 ··· 68

第四章　国债原理与制度 ··· 70
　第一节　国债概述 ··· 70
　　　一、国债的含义与特征 ··· 70
　　　二、国债的种类 ··· 71
　　　三、国债的功能 ··· 72
　　　四、国债的产生与发展 ··· 74

第二节 国债发行与偿还 ··········· 76
一、国债的发行 ··········· 76
二、国债的偿还 ··········· 78

第三节 国债负担及国债管理 ··········· 80
一、国债负担含义 ··········· 80
二、国债负担的数量界限 ··········· 81
三、国债管理 ··········· 85

第四节 国债市场及其功能 ··········· 85
一、国债市场 ··········· 85
二、国债市场的功能 ··········· 87

本章小结 ··········· 88
习题 ··········· 89
案例分析 ··········· 90

第五章 国家预算及预算管理体制 ··········· 91

第一节 国家预算 ··········· 91
一、国家预算的含义、原则和组成 ··········· 91
二、国家预算的分类 ··········· 94
三、国家预算的编制、审批、执行和决算 ··········· 96
四、我国国家预算的改革 ··········· 98

第二节 预算管理体制 ··········· 100
一、预算管理体制的含义和内容 ··········· 100
二、我国预算管理体制的形式 ··········· 100
三、我国现行的预算管理体制 ··········· 101

本章小结 ··········· 105
习题 ··········· 106
案例分析 ··········· 107

第六章 财政平衡与财政政策 ··········· 109

第一节 财政平衡 ··········· 109
一、财政平衡的概念 ··········· 109
二、财政收支不平衡的原因 ··········· 110
三、财政赤字（或结余）的计算方法 ··········· 111
四、财政平衡与社会总供求平衡 ··········· 112

第二节 财政政策 ··········· 113
一、财政政策的目标 ··········· 113

二、财政政策的工具 115
　　三、财政政策的类型 116
　　四、财政政策的传导机制和效应 117
　　五、财政政策与货币政策的配合 119
本章小结 121
习题 121
案例分析 123

第二篇　税　收　篇

第七章　税收原理 127
第一节　税收概述 127
　　一、税收的基本概念 127
　　二、税收的形式特征 129
　　三、税收的分类 130
第二节　税收原则 132
　　一、现代西方税收原则 132
　　二、我国社会主义市场经济中的税收原则体现 135
第三节　税收负担与税负转嫁 136
　　一、税收负担 136
　　二、税负转嫁 138
第四节　税收效应 144
　　一、税收宏观作用机制 144
　　二、税收微观作用机制 146
本章小结 147
习题 147
案例分析 148
第八章　税收制度与税收管理制度 150
第一节　税收制度 150
　　一、税收制度的内涵 150
　　二、税收制度的要素 151
　　三、税收制度的类型 153
　　四、税收制度的发展 153
　　五、税制结构 155
第二节　税收管理制度 159

  一、税收管理制度的概念及分类 ··· 159
  二、税收管理制度的功能 ··· 159
  三、税收征收管理制度的主要内容 ··· 160
 本章小结 ··· 164
 习题 ·· 164
 案例分析 ··· 165

第九章 流转税 ·· 167
 第一节 流转税概述 ·· 167
  一、流转税的概念 ··· 167
  二、流转税的特点 ··· 168
 第二节 增值税 ·· 168
  一、增值税概述 ·· 168
  二、增值税的纳税人 ·· 170
  三、增值税的征税范围 ··· 171
  四、增值税税率 ·· 173
  五、增值税应纳税额的计算 ··· 174
  六、增值税出口退（免）税 ··· 179
  七、增值税的征收管理 ··· 181
 第三节 消费税 ·· 183
  一、消费税概述 ·· 183
  二、消费税的纳税人 ·· 184
  三、消费税的税目和税率 ·· 184
  四、消费税应纳税额的计算 ··· 186
  五、消费税出口退（免）税 ··· 191
  六、消费税的征收管理 ··· 193
 第四节 关税 ··· 194
  一、关税概述 ··· 194
  二、关税的征税对象和纳税义务人 ··· 195
  三、进出口税则 ·· 195
  四、关税应纳税额的计算 ·· 197
  五、关税的征收管理 ·· 198
  六、行李和邮递物品进口税 ··· 198
 本章小结 ··· 199
 习题 ·· 200

案例分析 ··· 202

第十章 所得税 ·· 204

第一节 所得税概述 ··· 204
一、所得税的特征 ··· 204
二、所得税的作用 ··· 205
三、所得税的分类 ··· 205

第二节 企业所得税 ··· 205
一、企业所得税的概念 ··· 205
二、企业所得税的纳税人 ··· 205
三、企业所得税的税率 ··· 206
四、企业所得税的计算 ··· 206
五、企业所得税的税收优惠 ·· 214
六、纳税地点 ·· 216
七、纳税期限 ·· 216
八、纳税申报 ·· 217

第三节 个人所得税 ··· 217
一、个人所得税的概念 ··· 217
二、个人所得税的征收模式 ·· 217
三、我国个人所得税的特征 ·· 218
四、个人所得税的纳税人 ··· 218
五、个人所得税税目 ··· 219
六、个人所得税的税率 ··· 221
七、应纳税所得额的确定 ··· 222
八、收入次数的确认 ··· 224
九、应纳税所得其他规定 ··· 225
十、应纳税额的计算 ··· 226
十一、征收管理 ·· 234
十二、个人所得税的税收优惠 ·· 236

本章小结 ··· 237
习题 ··· 238
案例分析 ··· 240

第十一章 财产税 ·· 242

第一节 财产税概述 ··· 242
一、财产税的含义 ··· 242

二、财产税的一般特征 ... 243

三、财产税的优缺点 ... 244

第二节 房产税 ... 244

一、纳税人 ... 244

二、征税对象 ... 245

三、征税范围 ... 245

四、计税依据 ... 245

五、税率 ... 245

六、应纳税额的计算 ... 245

七、税收优惠 ... 246

八、征收管理 ... 246

第三节 城镇土地使用税 ... 246

一、纳税人 ... 246

二、征税范围 ... 246

三、税率 ... 247

四、计税依据 ... 247

五、应纳税额的计算 ... 247

六、税收优惠 ... 248

七、征收管理 ... 248

第四节 耕地占用税 ... 249

一、纳税人 ... 249

二、征税范围 ... 249

三、税率 ... 249

四、计税依据 ... 250

五、应纳税额的计算 ... 250

六、税收优惠 ... 250

七、征收管理 ... 250

第五节 契税 ... 250

一、纳税人 ... 251

二、征税对象 ... 251

三、税率 ... 251

四、计税依据 ... 251

五、应纳税额的计算 ... 252

六、税收优惠 ... 252

七、征收管理 ... 253

第六节 车船税 ... 253
 一、纳税人 ... 253
 二、征税范围 ... 253
 三、税率 ... 253
 四、计税依据 ... 254
 五、应纳税额的计算 ... 254
 六、税收优惠 ... 255
 七、征收管理 ... 255

本章小结 ... 256

习题 ... 256

案例分析 ... 258

第十二章 资源税与行为税 ... 259

第一节 资源税 ... 259
 一、资源税的概念 ... 259
 二、资源税的纳税人 ... 259
 三、资源税的征税范围 ... 260
 四、资源税的应纳税额的计算 ... 260
 五、资源税的纳税义务发生时间 ... 263
 六、资源税的纳税期限 ... 263
 七、资源税的纳税环节和纳税地点 ... 263

第二节 土地增值税 ... 264
 一、土地增值税的概念 ... 264
 二、土地增值税的纳税人 ... 264
 三、土地增值税的征收范围 ... 264
 四、土地增值税的税率 ... 265
 五、土地增值税应税收入的确定 ... 265
 六、土地增值税的扣除项目的确定 ... 266
 七、土地增值税的增值额的确定 ... 267
 八、土地增值税的应纳税额的计算 ... 268
 九、土地增值税的纳税地点 ... 269
 十、土地增值税的纳税时间 ... 269

第三节 车辆购置税 ... 269
 一、车辆购置税的概念 ... 269

二、车辆购置税的纳税义务人 ··· 269
　　三、车辆购置税的征税范围 ··· 270
　　四、车辆购置税的应纳税额的计算 ·· 270
　　五、车辆购置税的纳税申报 ··· 271
　　六、车辆购置税的纳税地点 ··· 271
　　七、纳税期限 ·· 271
　　八、车辆购置税的减免税规定 ·· 272
第四节　印花税 ·· 272
　　一、印花税的概念 ·· 272
　　二、印花税的特点 ·· 272
　　三、印花税的纳税人 ··· 273
　　四、印花税的征税范围 ··· 273
　　五、印花税的税率 ·· 274
　　六、印花税的计税依据 ··· 275
　　七、印花税的应纳税额的计算 ·· 276
　　八、印花税税票的面值 ··· 276
　　九、印花税的减免税主要规定 ·· 276
　　十、印花税的征收管理 ··· 277
　　十一、印花税的纳税环节 ·· 278
　　十二、印花税的纳税地点 ·· 278
第五节　城市维护建设税与教育费附加 ·· 278
　　一、城市维护建设税的概念 ··· 278
　　二、城市维护建设税的特点 ··· 278
　　三、城市维护建设税的纳税人 ·· 279
　　四、城市维护建设税的征税范围 ··· 279
　　五、城市维护建设税应纳税额的计算 ··· 279
　　六、城市维护建设税的纳税地点 ··· 280
　　七、城市维护建设税的纳税期限 ··· 280
　　八、教育费附加 ·· 280
本章小结 ··· 281
习题 ··· 282
案例分析 ·· 283
第十三章　国际税收 ·· 285
　第一节　国际税收概述 ·· 285

一、国际税收的概念 ·· 285
　　二、税收管辖权与国际税收协定的产生 ·· 286
第二节　国际重复征税的产生及影响 ·· 289
　　一、国际重复征税的概念 ··· 289
　　二、国际重复征税的产生 ··· 290
　　三、国际重复征税的经济影响 ··· 291
第三节　国际重复征税消除的主要方法 ··· 292
　　一、免税法 ·· 292
　　二、抵免法 ·· 294
第四节　国际避税与反避税 ·· 297
　　一、国际避税 ··· 297
　　二、国际反避税的措施 ·· 301
第五节　国际税收协定 ·· 305
　　一、国际税收协定的两个范本 ··· 305
　　二、国际税收协定的目标和主要内容 ·· 306
本章小结 ·· 308
习题 ··· 309
案例分析 ·· 310
参考答案 ·· 313
参考文献 ·· 318

第一篇 财政篇

第一章 财政概论
第二章 财政支出
第三章 财政收入
第四章 国债原理与制度
第五章 国家预算及预算管理体制
第六章 财政平衡与财政政策

第一章

财政概论

 导读

本章是整个财政篇的基础知识,主要介绍财政概念、财政的特征、市场失灵的概念及市场失灵的表现、财政的职能等。通过本章的学习,要求学生了解财政的一些基本概念和相关知识,理解市场经济下财政存在的原因以及财政所发挥的宏观调控的各项功能,为以后章节的学习打下基础。

 学习重点

公共财政的特征,市场失灵的表现,财政的资源配置、收入公平分配、经济稳定等三大职能的内涵以及实现这三大职能的财政手段。

 学习难点

财政的三大职能以及近年我国宏观调控中三大职能的具体体现。

 教学建议

教师要以适当的讲解,并配合案例分析以及课堂讨论,帮助学生理解财政基础理论知识。

第一节 财政及其特征

一、从财政现象谈起

(一)财政现象

在日常生活中常常可以遇到一些财政现象和财政问题,可以说,国民经济的各部门、各企事业单位甚至每个人都与财政有着密切的关系。

比如:一个国家要想安全稳定,必须得有国防、军队、公安、司法上的开支;国民经济中的一些重要的公共设施的建设,像规模宏大的水库、电站、港口、铁路等都是国家投资兴建的;还有非生产部门,像机关、学校、科研单位、医院等主要靠财政拨款来维持和发展;大学生的贷学金和奖学金就是财政拨款,很多大学以及中小学也是靠财政投资建立和发展起来的。

再比如:每年为了维持国家各项庞大的开支,政府就要依法向企业、单位和公民征税,国有企业还要向国家上缴利润,当税收、利润不足以抵补开支时,国家还要向社会各界发行政府债券等。

以上这些都属于财政现象。

(二)财政问题

从不同的渠道和不同的角度还可以触及一些财政问题,比如:

(1)改革以来,我国经济发展了,为什么财政却连年出现巨额赤字?

(2)财政赤字与通货膨胀有什么关系?对经济会产生什么影响?

(3)为了筹集建设资金和弥补赤字,国家每年发行国债和向外国借款,这种状况将永远进行下去吗?公债的发行有没有数量的限制?

(4)市场经济条件下,退休人员今后能不能得到国家的社会保障支出?

(5)在经济全球化的开放背景下,中国政府如何应对国际贸易中的各种挑战?如何依据WTO的规则来规范现行的财税制度?如何利用WTO中给予发展中国家的优惠条款保护本国经济发展?

以上这些均属于财政问题。

二、财政的产生和发展

(一)财政的产生

国家财政是一个经济范畴,同时又是一个历史范畴,我们要从理论上分析财政问题,有必要首先对财政的产生与发展作必要的考察。要考察财政在历史上是怎样产生的,在发展中经过了哪些主要阶段,并根据这种发展去考察它现在是怎样的,以探求财政这一事物内在的、本质的、与其他经济范畴的关系。国家财政不是从来就有的,它是社会生产力和生产关系发展到一定历史阶段,伴随着国家的产生而产生的。

原始公社制度下,没有独立意义的财政。原始社会初期,由于生产力发展水平极其低下,人们过着原始群居的生活,单独的个人不可能取得维持生存的物质资料,更难抵御自然界的侵害,这就迫使人们以群体的力量同大自然做斗争。因此,在这个时期,没有剩余产品,没有国家,也不可能产生国家财政。

财政是随着国家的产生而产生的。原始社会末期,由于生产力的发展,发生了社会分工,即第二次社会大分工——手工业从农业中分离出来,这标志着人们不再是直接为了自身的消费而生产,还出现了直接以交换为目的的生产,即商品生产。人们的生产劳动所创造出的劳动产品,除了维持自身的生存以外,已经创造出日益增多的剩余产品,这样就为国家财政的产生提供了可能。随着社会分工的扩大,商品生产和商品交换的发展,剩余产品也不断增多,各个家庭逐渐脱离了氏族群体而成为独立的生产单位,私有制社会便由此产生。与此同时,处于优越地位的那些公共事务的统治者,也日益脱离生产,利用其职权霸占公有土地,掠夺公共财富,占有战利品和交换的商品,逐渐成为靠剥削他人为生的氏族贵族和奴隶主。在以前生产力发展水平低下时,氏族之间也会因各种原因而发生战争,战争中的俘虏因为自身要消耗大量的物品,而不创造任何剩余产品,便会被杀掉。后来,随着生产力的进一步发展,俘虏被保留下来,为奴隶主们创造剩余产品,这便形成了奴隶。另外,由于氏族内部的演变、分化,终究有一部分人贫困至极,最后只有卖身为奴,而加入到奴隶的行列。社会的发展产生阶级以后，阶级斗争也随之发生。奴隶主阶级为了维护他们在经济上的既得利益和政治上的统治地位，实现对奴隶阶级的剥削，就需要掌握一种拥有暴力的统治工具，以镇压奴隶阶级的反抗。于是，昔日处理原始公社内部事务的氏族组织逐步地转变为国家。

国家是阶级矛盾不可调和的产物，是阶级统治的机器，是一个阶级压迫另一个阶级的工具。国家区别氏族组织的一个重要特征，是"公共权力"的设立，而构成这种公共权力的，不仅有武装的人，还有监狱和强制机关。奴隶制国家为了维持它的存在和实现其职能，需要占有和消耗一定的物质资料。由于国家本身并不从事物质资料的生产，它的物质需要就只能依靠国家的政治权力，强制地、无偿地把一部分社会产品据为己有。这样，在整个社会产品分配中，就分化独立出一种由国家直接参与的社会产品的分配，这就是财政分配。

综上所述，生产力的发展，剩余产品的出现，是财政产生的物质基础，成为财政产生的经济条件；私有制、阶级和国家的出现是财政产生的政治条件，财政是因国家的产生而产生的。以上介绍的财政产生的过程，强调了财政是伴随着国家的产生而产生的。所谓财政，历来都是国家财政，这种观点在我国财政学研究领域中影响最深，学术界通常将其称为"国家分配论"。

（二）财政的发展

财政产生以后，随着社会生产力的变革和国家形态的更迭，财政也在不断地发生变化，人类自进入阶级社会以后的各种社会形态，都有与其生产资料所有制和国家形态相适应的财政。

1. 奴隶制国家的财政

奴隶制国家的财政收入主要有：（1）王室土地收入。即国王强制奴隶从事农业、畜牧业、手工业等劳动创造的财富。（2）贡物收入和掠夺收入。贡物收入包括诸侯与王公大臣的贡赋以及被征服的国家缴纳的贡品；掠夺收入是在战争中掠夺其他国家和部族的财物。（3）军赋收入。为保证战争和供养军队需要而征集的财物，称为军赋收入。（4）捐税收入。这主要是对自由民中占有少量生产资料的农民、手工业者和商人征收的捐税，如粟米之征、布缕之征、关市之征等。

奴隶制国家的财政支出主要有：（1）王室支出。主要包括国王和王室成员的生活享用，例如穿衣、吃饭、赏赐和宴请宾客、建造宫殿、游乐等，还包括为国王及其王室成员建造陵墓、丧葬支出等。（2）祭祀支出。（3）军事支出。（4）俸禄支出。（5）农业、水利等生产性支出。

奴隶制国家财政的特点：（1）国家财政收支和国王家族的收支没有严格划分。（2）国家财政以直接剥削奴隶劳动的收入为主。（3）国家财政收支基本上采取力役和实物的形式。

2. 封建制国家的财政

封建制国家的财政，作为维持国家政权的财力保证，体现着代表地主阶级利益的国家对农民阶级的剥削关系。

封建制国家的财政收入主要有：（1）田赋捐税收入。（2）官产收入。（3）专卖收入。如长期实行的盐铁官营专卖而增加财政收入。（4）特权收入。

封建制国家的财政支出主要有：（1）军事支出。军事支出成为封建制国家的重要支出。（2）国家机构支出。（3）王室费用。这项支出在封建制国家中占有很大的比重。（4）文化、教育、宗教支出。(5) 生产建设性及公共工程支出。

封建制国家财政的特点：(1) 国家财政收支和国王个人收支逐步分离。(2) 财政分配形式由实物形式向货币形式转化，实物形式与货币形式并存，这是与商品生产和商品交换的发展相适应的。(3) 税收特别是农业税收成为国家财政的主要收入。(4) 产生了新的财政范畴——国家预算。

3. 资本主义国家的财政

资本主义生产关系是在封建社会内部产生和发展起来的。在封建制度解体和资本主义制度确立的过程中，公债、税收以及关税制度等财政杠杆，借助于国家的政治强力，曾作为资本原始积累的重要手段，促进了封建制生产方式向资本主义生产方式的过渡。

资本主义国家的财政收入主要有：(1) 税收。税收是资本主义国家最主要的财政收入。(2) 债务收入。资本主义国家收不抵支是经常出现的财政现象，为了弥补财政赤字，政府便利用发行公债的形式取得财政收入。(3) 国有企业收入。

资本主义国家的财政支出主要有：(1) 军事支出。军事支出在资本主义国家特别是垄断资本主义国家的财政支出中占据重要地位。(2) 国家管理经费支出。包括行政、立法、司法三方面管理费用。(3) 社会文化、教育、卫生、福利支出。(4) 经济和社会发展的支出。

资本主义国家财政的特点：(1) 财政收支全面货币化。资本主义是高度发达的商品经济，货币渗透到一切领域，财政收支全面采取货币形式。(2) 在资本主义经济发展中，财政逐渐成为国家转嫁经济危机、刺激生产、干预社会经济的重要手段。(3) 发行国债、实行赤字财政和通货膨胀政策，成为国家增加财政收入的经常的和比较隐蔽的手段。(4) 财政随着资本主义国家管理的加强更加完善，有比较健全的财政机构，较为严密的财政法律制度。

4. 我国社会主义财政的建立

(1) 新民主主义财政的建立。我国社会主义财政的建立，归根溯源，要从 1927 年红色根据地开始。新民主主义财政是在农村革命根据地红色政权建立以后，为适应当时的战争环境和根据地经济极端困难的需要建立起来的。其特点主要是：① 财政收入主要是农民交纳的公粮。② 财政支出主要用于革命战争的供给，此外也负有一定的发展经济的任务。③ 财政管理基本上是分散的，没有形成统一的制度。

(2) 社会主义财政的建立。1949 年 10 月，中华人民共和国的建立，标志着中国新民主主义革命的结束和社会主义革命的开始，相应的财政也由新民主主义财政转入了社会主义财政。新中国建立之初，人民政府面临着艰巨而繁重的任务，需要有足够的财政保障。但在当时，人民政权却面临着严重的财政经济困难，国家财政存在着巨额赤字，金融物价剧烈波动。为此，国家财政做了大量工作，其中主要是：编制新中国第一个概算、打击投机资本、统一财经工作、调整工商业、贯彻"三边"方针。到 1952 年底，人民政府带领全国人民战胜了严重的财政经济困难，恢复了国民经济，夺取了财政经济状况根本好转的伟大胜利，国民经济得到了全面恢复，各项指标都有大幅度增长。物价完全稳定下来，很多商品价格出现较大幅度的回落。财政收支实现了平衡，并略有结余。至此，新中国财政也完成了由战时财政向和平时期财政的转变，由以农村为中心的分散财政向以城市为中心的集中统一财政的转变，由供给财政向经济建设财政的转变。

三、财政的一般概念

(一)"财政"一词的来源

财政是一个古老的经济范畴,中国古代称财政为"国用"、"国计"、"度支"、"理财"等。并把财政管理部门称为"大农会"、"大农司"。但"财政"一词的出现在中文词汇中却只有百年的历史,据考证,清朝光绪二十四年,即 1898 年,在戊戌变法诏书中有"改革财政,实行国家预算"的条文,这是政府文件中最初起用"财政"一词。当时"财政"一词的使用,是维新派在西洋文化思想的影响下,间接从日本"进口"的,而日本则是来自英文的"Public Finance"一词。孙中山在辛亥革命时期宣传三民主义,曾多次应用"财政"一词,强调财政改革。民国政府成立时,主管国家收支的机构命名为"财政部"。西方国家相应的机构英文为"Treasury",其本意是金库或国库,在我国也译为"财政部"。但要了解财政的概念,还得从财政的特征入手。

(二)财政的特征

1. 财政分配的主体是国家

财政不是自古以来就有的,它是人类社会发展到一定历史阶段而产生的一种特定的经济现象。原始社会没有国家,也就没有财政。到了原始社会末期,在私有制和阶级出现以后产生了国家,国家产生后,要行使职能,就要消耗一定的物质资料,而它本身并不是物质资料的生产者,为了满足需要就必须凭借政治权力无偿地分配和占有一部分社会产品,这种特殊的分配行为就是财政。

2. 财政分配对象是社会产品且主要是剩余产品

原始社会生产出来的产品全部被消费掉了,没有剩余,只存在一般的平均分配。原始社会末期,由于生产力的发展,产品出现了剩余,剩余产品的增加是私有制、阶级和国家产生的基础。这就使财政从一般产品分配中独立出来,专门为国家行使职能提供物质基础。

需要指出的是,财政分配的产品既不是社会产品的全部,也不是剩余产品的全部,只是其中的一部分。财政收入中既包括剩余产品价值 M,又包括劳动者报酬收入 V 部分,在我国(1985 年以前)还包含一部分折旧基金 C 部分。

3. 财政分配目的是满足社会公共需要

这里涉及财政学的一个重要理论——社会公共需要理论。

(1) 社会公共需要的含义和特征

人类社会的需要尽管多种多样,但从最终需要来看无非有两大类:私人需要和社会公共需要。在现代市场经济条件下,由市场提供私人物品用于满足私人个别需要,由代表政府的公共部门提供公共物品用于满足社会公共需要。那么,什么是社会公共需要呢?

社会公共需要是指向社会提供安全、秩序、公民基本权利和经济发展的社会条件等方面的需要。

社会公共需要的特征有如下 3 点。

第一,满足社会公共需要的产品(公共产品),其效用具有不可分割性。这种产品是向整个社会提供的,不能将其分割成几个部分分别归某个人或集团消费。如国防、卫生防疫等,与私人产品相区别，衣服、粮食分割到某个人身上才能体现效用。

第二，满足社会公共需要的产品具有消费上的非排他性。某个集团或某个人享用这种产品并不排斥其他集团和个人享用这种产品。因此，这种产品不用付费或付费很少。如航海中的灯塔、国道等。私人产品付费后他人不能消费，如某人买一瓶啤酒，排斥其他人消费这瓶酒。

第三，满足社会公共需要的产品，在取得方式上具有非竞争性。增加一个消费者不会引起总的生产成本的增加，即多一个消费者所引起的边际成本为零。私人产品增加一个会多一份成本，如面包。

（2）社会公共需要包括的范围和内容

第一，保证执行国家职能的需要。包括执行政权职能和社会职能的需要。

第二，半社会公共需要。即介于公共需要与私人需要之间在性质上难以严格划分的一些需要，其中一部分或大部分也要由国家集中分配来满足。

例如，大学教育。这种需要并非全体成员都可以享用（名额的限制），进入大学学习具有竞争性和排他性，并且还要对享受人员索取一定的费用。从这点看，大学教育具有个人需要的特征。但由于大学教育是为国家培养高级人才的，所以在许多国家尤其社会主义国家绝大多数都是由政府出资兴办的，享受大学教育的人员只需付一少部分费用。从这点看，大学教育又具有公共的性质。西方资本主义国家的公立大学也是如此。另外，像抚恤、救济、社会保险、价格补贴等也属于这类需要。

第三，大型公共设施和基础产业的投资需要。如邮电、通信、民航、铁路以及市政建设，这些产品在使用上具有共同性的特点，不可能被单个企业独占，具有公共产品的特征，社会主义国家这部分建设由政府出资，即使在资本主义国家，某个企业集团也负担不起，大部分仍然由政府投资兴建。

（3）社会公共需要是共同的、特殊的和历史的

"共同的"是指任何社会形态下都存在社会公共需要，它不会随着社会形态的更迭而消失。"特殊的"是指社会公共需要总是具体地存在于某种社会形态之中（如奴隶社会、封建社会、资本主义社会都有自己社会公共需要的内容）。如西方国家的一些福利是社会公共需要，但我们经济发展未达到，对我们来说就不是社会公共需要。像北欧一些国家，医疗、教育和养老（65岁以上）免费。"历史的"是指社会公共需要随着生产力的发展不断变化，如对农业、工业和社会教育投资，在不同历史时期，它占财政支出的比例是不同的。

（三）财政概念的一般表述

财政概念是对财政一般特征的抽象和概括。财政是国家为了满足社会公共需要，对一部分社会产品进行的集中性分配，可以简称为"以国家为主体的分配"。

四、公共财政的基本特征

所谓公共财政，指的是国家（或政府）为市场提供公共产品和服务的分配活动或经济行为，它是与市场经济相适应的一种财政模式或类型。公共财政主要有以下几个基本特征。

（一）以弥补市场失灵为行为准则

在市场经济条件下，市场在资源配置中发挥基础性的作用，但也存在市场自身无法解决

或解决得不好的公共问题。比如，宏观经济波动问题、垄断问题、外部性问题等。解决这些问题，政府是首要的"责任人"。政府解决公共问题，对社会公共事务进行管理，需要以公共政策为手段。而公共政策的制定和执行，又以公共资源为基础和后盾。公共财政既是公共政策的重要组成部分，又是执行公共政策的保障手段。相对于计划经济条件下大包大揽的生产建设型财政而言，公共财政只以满足社会公共需要为职责范围，凡不属于或不能纳入社会公共需要领域的事项，公共财政原则上不介入；而市场无法解决或解决不好的，属于社会公共领域的事项，公共财政原则上就必须介入。

（二）公平性

公共财政政策要一视同仁。市场经济的本质特征之一就是公平竞争，体现在财政上就是必须实行一视同仁的财政政策，为社会成员和市场主体提供平等的财政条件。不管其经济成分如何，不管其性别、种族、职业、出身、信仰、文化程度乃至国籍如何，只要守法经营，依法纳税，政府就不能歧视，财政政策上也不应区别对待。不能针对不同的社会集团、阶层、个人以及不同的经济成分，制定不同的财税法律和制度。

（三）非营利性

又称公益性。公共财政只能以满足社会公共需要为己任，追求公益目标，一般不直接从事市场活动和追逐利润。如果公共财政追逐利润目标，它就有可能凭借其拥有的特殊政治权力凌驾于其他经济主体之上，就有可能运用自己的特权在具体的经济活动中影响公平竞争，直接干扰乃至破坏经济的正常运行，破坏正常的市场秩序，打乱市场与政府分工的基本规则；财政资金也会因用于牟取利润项目而使公共需要领域投入不足。公共财政从财政收入来看，主要是依靠非营利性的税收手段取得收入；从财政支出来看，政府主要是将财政资金用于具有非营利性质的社会公共需要方面。

（四）法制性

公共财政要把公共管理的原则贯穿于财政工作的始终，以法制为基础，管理要规范和透明。市场经济是法制经济。一方面，政府的财政活动必须在法律法规的约束规范下进行；另一方面，通过法律法规形式，依靠法律法规的强制保障手段，社会公众得以真正决定、约束、规范和监督政府的财政活动，确保其符合公众的根本利益。具体而言，获得财政收入的方式、数量和财政支出的去向、规模等理财行为必须建立在法制的基础上，不能想收什么就收什么，想收多少就收多少，或者想怎么花就怎么花，要依法理财，依法行政。

第二节 政府与市场

在社会主义市场经济体制下，商品的生产和分配主要依赖非政府部门而不是政府部门。由于我国从封建社会直接跨入社会主义社会，没有经历资本主义商品生产方式，因此，对政府与市场关系的研究仅仅是近30年的事。而在资本主义国家里，经济学最古老的信条之一就是认为市场经济制度有其公平合理性，特别有利于资源的有效配置。倘若果真如此，为什么还需要政府部门？政府与市场在一国经济运行中是如何分工的？这一节我们将具体地探讨一下这一问题。

一、资源配置的两种方式

在市场经济条件下,市场是一种资源配置系统,政府也是一种资源配置系统,财政是一种政府的经济行为,因而研究财政问题要从政府与市场关系说起。市场是一种有效率的运行机制,但市场的资源配置功能不是万能的,市场机制也有其本身固有的缺陷,经济学把这种缺陷称之为"市场失灵"(Market Failure)。市场失灵为政府介入或干预经济运行提供了必要性和合理性的依据,这也是分析和研究政府与市场关系的基础。

市场经济体制下,市场对资源配置起主导作用,市场上的一切经济行为都是按照价格机制运作。古典经济学家们认为,完全竞争的市场机制可以通过供求双方的自发调节,使资源配置和社会生产达到最优状态,即所谓的"帕累托最优"。如果情况真是这样,财政的作用就应该只限于筹集政府收入,它存在的必要性也就只是源于国家的存在。但是,我们看到的现实情况并不是这么理想,在市场经济体制下,我们对财政存在必要性的认识还应该更进一步。问题主要在于完全竞争的市场机制只是经济学研究中的一种理想机制,在现实生活中并不具备形成完全竞争市场所需的全部条件。而只要有某一条件没有得到满足,市场机制在实现资源有效配置上就有可能出现失灵。

市场配置的这种供需关系在诸多的不确定性因素的驱动下,呈现出杂乱无章的状态,使人们不能很好地把握市场的资源配置功能。也就是说,市场这只"看不见的手"并非万能,经济学家称它为"市场失灵"或"市场失效"。这就必须由"看得见的手"即政府职能来发挥作用,采取宏观调控,以弥补市场的不足和限制市场消极作用的发挥。

市场失灵和市场缺陷是市场经济体制中财政存在的理论基础。

二、市场失灵及其表现

(一)市场失灵的含义

市场失灵是指市场本身无法有效配置资源,从而引起收入分配不公平及经济社会不稳定的态势。对经济学家而言,这个词汇通常用于无效率状况特别严重时,或非市场机构较有效率并且创造财富的能力较私人选择为佳时。另一方面,市场失灵也通常被用于描述市场力量无法满足公共利益的状况。市场失灵的两个主要原因为:(1)成本或利润价格的传达不适当,进而影响个体经济市场决策机制;(2)次佳的市场结构。

(二)市场失灵的表现

1. 公共产品

公共产品是市场失灵的一个重要领域。西方经济学认为产品分为私人产品和公共产品。萨缪尔森在其《公共支出的纯理论》(The Pure Theory of Public Expenditure)一文中给出了公共产品的定义:纯粹的公共产品指的是这样的物品或劳务,即每个人消费这种物品或劳务不会导致别人对该种物品或劳务消费的减少。西方经济学家根据萨缪尔森的定义,总结了公共产品相对于私人产品的特征:效用的不可分割性、消费的非竞争性和受益的非排他性。由于公共产品具有上述特征,市场对公共产品的生产进行资源配置时就会出现失灵的现象。如国防、公安、航标灯、路灯、电视信号接收等。一般来说,由于"免费搭车"现象的存在,完全由市场决定的公共产品的生产量是不足的。在这种情况下,政府就应该设法增加公共产品的供给。

2. 外部效应

所谓外部效应,是指私人边际成本和社会边际成本之间,或私人边际效益和社会边际效益之间的非一致性。即某个人或厂商的经济行为影响了他人或厂商,却没有为之承担应有的成本费用或没有获得应有的报酬。由于私人经济主体主要以追求私人利益最大化为目标,所以对于带有外部效应的物品或劳务的供给不是过多就是不足。外部效应除了影响社会经济效率之外,由于外部效应导致的成本或报酬分担不合理,它也会妨碍社会的公平。所以,政府应当对外部效应进行矫正,将外部的成本或报酬内部化,使带有外部效应的产品的生产数量改变到合理的水平。

外部效应说明一个厂商从事某项活动对其他人带来的利益或损失的现象。如上游水库可以使下游受益,这是正的外部效应;上游造纸厂对下游河流造成污染,这是负的外部效应。当出现正的外部效应时,生产者的成本大于收益,利益外溢,得不到应有的效益补偿;当出现负的外部效应时,生产者的成本小于收益,受损者得不到效益补偿,因而完全靠市场竞争不可能形成理想的效率配置。

当出现外部效应时,政府可以采用税收和财政补贴加以纠正。对正的外部效应给予适当补助鼓励,对负的外部效应加税缩小产量。还有另外两个办法:(1)合并与外部效应有关的企业,使外部效应内部化;(2)通过重新分配产权,由私人交易自行解决。

3. 自然垄断和规模经济

为了保证市场机制(看不见的手)能够发挥调节经济的作用,就必须有充分的竞争。然而在现实生活中,一方面产品之间总是有差别的,存在着不同程度的不可替代性;另一方面,交通费用等交易成本也往往阻碍着资源的自由转移。这些都会增强个别厂商影响市场的能力,从而削弱市场的竞争性。

例如,自来水、电话、供电等自然垄断行业,大规模的生产可以降低成本,提高收益,即存在规模经济,一旦某个公司占领了一定的市场,实现了规模经营,就会阻碍潜在的竞争者的进入。同为新进入该行业的公司,由于生产达不到一定的规模,成本会高于大公司。因此,在规模经济显著的行业特别容易形成垄断。在存在垄断的情况下,垄断者凭借自身的垄断优势,往往使产品价格和产出偏离社会资源的最优配置要求。其后果是剥夺了消费者剩余,造成社会净福利的损失,既不公平也不效率。为此,各国都致力于削弱垄断的势力,如制定《反垄断法》或政府通过自己生产(公共生产)或公共定价办法来达到更高效率的产出。西方国家法律认定为垄断就要制裁,其中一个办法就是拆分。如美国电报电话公司一拆为四;1999年,微软被美国司法部起诉为垄断,如果罪名成立,这家世界最大的软件公司将面临解体。因美国经济不景气,这件事被搁浅。

4. 信息不充分和不对称

完全竞争市场的生产者和消费者都要求有充分的信息,生产者知道消费者需要什么,需要多少,以及需求的变化;消费者也知道产品的品种、性能和质量;生产者之间也需要相互了解。而在市场经济条件下,生产者与消费者生产、销售、购买都属于个人行为,都不可能掌握充分的信息。特别是随着市场规模的扩大,信息越来越分散、复杂,加工处理信息的成本也难以为决策者所接受,从而不可避免地出现许多非理性决策。例如,购买电热水器的消费者并不知道每个品牌的供电安全问题,购买奶粉的顾客也不知道每种奶粉质量情况。这就需要政府向社会提供有关商品的供求状况、质量、价格趋势以及前景预测资料。政府提供信息,弥补了市场缺陷,属于公共服务的范围。

5. 收入分配不公平

这是因为市场机制遵循的是资本与效率的原则。资本与效率的原则又存在着"马太效应"。从市场机制自身作用看,这是属于正常的经济现象。竞争的市场机制是按要素进行分配的,但人们拥有的初始要素是与人的天赋、遗传、家庭关系、社会地位、性别、种族有关,以及垄断和其他不完全竞争的存在,从而使人们之间的收入差异很大,且有失公平。这就需要政府按照合理的社会公平准则通过财政收支实施再分配政策,可以利用税收、转移支付、财政补贴、社会保障等财政手段进行调节。

6. 宏观经济不稳定

市场机制是通过价格和产量的自发波动达到需求与供给的均衡,而过度竞争不可避免地导致求大于供与供大于求的不断反复,进而导致通货膨胀或者通货紧缩及失业等情况发生。由于各国经济存在着周期性的波动,政府有必要启用财政与货币政策调节社会的总需求,以保证宏观经济的稳定增长。

三、政府失灵及其表现

用政府活动的最终结果判断的政府活动过程的低效性和活动结果的非理想性。对于"市场失灵"的认识,使西方国家在20世纪30年代—60年代期间采取了一系列干预经济的措施。然而到了20世纪70年代,这些措施所存在的问题日益暴露,经济学家和政治学家们开始注意"政府失灵"现象。

政府失灵也称政府失效,指政府为弥补市场失灵而对经济、社会生活进行干预的过程中,由于政府行为自身的局限性和其他客观因素的制约而产生的新的缺陷,进而无法使社会资源配置效率达到最佳的情景。具体表现在个人对公共物品的需求得不到很好的满足,公共部门在提供公共物品时趋向于浪费和滥用资源,致使公共支出规模过大或者效率降低,政府的活动或干预措施缺乏效率,或者说政府做出了降低经济效率的决策或不能实施改善经济效率的决策。政府失灵可以概括为以下几个方面。

(一)政府决策失效

政府主要是通过政府决策(即制定和实施公共政策)的方式去弥补市场的缺陷,因此,政府失效通常表现为政府决策的失效。它包含以下三个方面:第一,政府决策没有达到预期的社会公共目标;第二,政府决策虽然达到了预期的社会公共目标,但成本(包括直接成本和机会成本)大于受益;第三,政府决策虽然达到了预期的社会公共目标,而且收益也大于成本,但带来了严重的负面效应。例如:政府采取医疗保险或公费医疗政策,都无法控制医疗费用的上升;一些国家为了使收入分配更公平,对高收入者征收高额累进税,却把这些人赶到税率低的国家定居，随之失去了他们的资本和智慧。

（二）政府机构和公共预算的扩张

政府部门的扩张包括政府部门组成人员的增加和政府部门支出水平的增长。对于政府机构为什么会出现自我膨胀，布坎南等人从五个方面加以解释：（1）政府作为公共物品的提供者和外在效应的消除这导致扩张；（2）政府作为收入和财富的再分配者导致扩张；（3）利益集团的存在导致扩张；（4）官僚机构的存在导致扩张；（5）财政幻觉导致扩张。

（三）公共物品供给的低效率

由于缺乏竞争压力，公共物品的供给被垄断，没有竞争对手，就有可能导致政府部门的过分投资，生产出多于社会需要的公共物品。同时没有降低成本的激励机制，行政资源趋向于浪费。另外监督信息不完备，理论上讲，政治家或政府官员的权力来源于人民的权利让渡，因此他们并不能为所欲为，而是必须服从公民代表的政治监督，然而，在现实社会中，这种监督作用将会由于监督信息不完全而失去效力，再加上前面所提到的政府垄断，监督者可能为被监督者所操纵。所以在更多的时候，由于政策的执行结果在很大程度上取决于执行人员的效率和公正廉洁，而政府官员自己的利益或偏好与社会利益和偏好往往不一致，这会使政策执行的结果大打折扣。

（四）政府的寻租活动

公共选择理论认为，一切由于行政权力干预市场经济活动造成不平等竞争环境而产生的收入都称为"租金"，而对这部分利益的寻求与窃取行为则称为寻租活动。"寻租是投票人，尤其是其中的利益集团，通过各种合法或非法的努力，如游说和行贿等，促使政府帮助自己建立垄断地位，以获取高额垄断利润。"可见，寻租者所得到的利润并非是生产的结果，而是对现有生产成果的一种外在分配，因此，寻租具有非生产性的特征。同时，寻租的前提是政府权力对市场交易活动的介入，政府权力的介入导致资源的无效配置和分配格局的扭曲，产生大量的社会成本：寻租活动中浪费的资源，经济寻租引起的政治寻租浪费的资源，寻租成功后所损失的社会效率。另一方面，寻租也会导致不同政府部门官员的争夺权力，影响政府的声誉和增加廉政成本。公共选择理论认为寻租主要有三类：（1）通过政府管制的寻租；（2）通过关税和进出口配额的寻租；（3）在政府订货中的寻租。

由于"政府失灵"的因素存在，不能过分夸大政府对纠正"市场失灵"的作用。另外，政府干预本身也是有成本的，税收是政府筹资的主要方式，在征税的过程中会产生征收成本。另外，由于税收干扰了私人部门的选择往往还会带来额外的效率损失，即税收的超额负担。只有在市场失灵导致的效率损失大于这些税收成本的情况下才需要政府干预。

总之，单纯的市场机制和单纯的政府机制都是不可取的，两者都有优越性，但又都有其自身不可克服的缺陷。只有两种机制相互配合，才有助于实现理想的目标。

四、政府与市场的基本分工

"政府应做的，就是财政要干的"，这并不是说政府可以为所欲为。政府应做什么?政府可能做什么?除了取决于政府的性质和生产力水平外，还受政府与市场作用范围的制约。实际上，确定了政府应该干什么，就等于划清了政府与市场的作用范围。

政府与市场分工的基本原则：第一，从作用范围上看，政府活动的界限应在市场失灵领域，而市场机制的调节应在政府失效的领域。第二，从作用的层次上看，政府活动主要在宏观经济层面上，而市场经济主要在微观经济层面上。第三，从公平与效率准则的实现上看，政府主要致力于社会公平，市场主要致力于效率提高。

政府分工负责的范围具体来说，政府必须向社会提供个人或私人企业不愿或不可能提供的公共服务；必须承担起保护自然资源的责任；必须向社会提供诸如公共教育等个人或私人企业所承受不了，而社会效益往往大于个人利益的公共服务；必须提供或者帮助提供那些市场正常运行所必不可少的公共服务，如食物和药品等商品的质量管理；必须对那些与公共利益密切相关并具有垄断性的企业加以适当的调节，以确保公众利益不受侵犯；必须负责生产那些私人企业不能生产的或不能以同等效率生产的公共产品，如邮政；必须将核武器与原子弹等有关国家安全的产品生产置于政府的控制之下；必须运用税收减免、优惠贷款与补贴等直接或间接的经济手段，来促进那些社会需要的新企业的成长与发展；应当承担起社会保障、制定最低工资法以及消除企业间竞争过度等职能，保证每个公民最低限度的生活标准，使他们免除经济生活中那些不合理的或不必要的风险；必须采取《反垄断法》等措施，以限制社会经济权力在个人手中的集中和产业的垄断；必须从人道主义立场出发，为社会提供医疗保健方面的服务；必须运用主观的财政与货币政策来保证国民经济的充分就业；应该积极发展与其他国家的经济关系；应该采取各种手段和措施，对付来自他国的武力威胁与军事侵略；必须建立全国安全网，以防范国家经济风险和外来金融冲击等。

第三节 财政的职能

财政职能是指财政在社会经济生活中所具有的功能。它是财政这一经济范畴的本质反映，具有客观必然性。财政职能是一国政府（国家）职能的一个重要组成部分，同时又是实现政府（国家）职能的一个重要手段。在人类历史上，财政的职能随着历史的前进、社会经济制度的变革不断地发生变化。在我国社会主义市场经济条件下，财政的职能可以概括为3个方面：资源配置职能、收入分配职能和经济稳定职能。

一、资源配置职能

资源配置的问题是经济学研究的逻辑起点。任何社会可用于生产的资源无论在质还是在量上都是有限的，如土地（自然资源）、劳动力和资本，而这些资源要用来满足的人类的需求是无限的、多样的，于是产生了如何在各种需求之间最优配置的问题。应该用何种方式做出资源配置的决策，政府应该如何促进社会资源的最优配置，这正是财政学要回答的基本问题，即如何利用这个权力配置好资源。

（一）资源配置职能的含义

资源配置，用通俗一点的语言来表达，广义地理解可以是指社会总产品的配置，狭义地理解可以是指生产要素的配置。不论何种理解，资源配置就是运用有限的资源形成一定的资产结构、产业结构以及技术结构和地区结构，达到优化资源结构的目标。

（二）资源配置职能的目标

世界上所有国家都将高效地配置资源作为头等重要的经济问题，而资源配置的核心是效率问题，效率问题又是资源的使用方式和使用结构问题。经济学中，关于资源配置效率含义最严谨的解释，也是最通常所使用的解释，即"帕累托效率"准则。简而言之，如果社会资源的配置已经达到这样一种状态，任何重新调整都不可能在不使其他任何人境况变坏的情况下，而使任何一个人的境况更好，那么，这种资源配置的状况就是最佳的，也就是具有效率的。

如果达不到这种状态，即可以通过资源配置的重新调整而使某人的境况变好，而同时又不使任何一个人的境况变坏，那就说明资源的配置状况不是最佳的，也是缺乏效率的。当然，"帕累托效率"准则，只是一个理想的状态，现实中难以实现。

如前面所说，在市场经济体制下，市场在资源配置中起基础性作用，在具备充分竞争条件下的市场，会通过价格与产量的均衡自发地形成一种资源配置最佳状态。但由于存在市场失灵，市场自发形成的配置不可能实现最优的效率状态，因而需要政府介入和干预。财政的配置职能是由政府介入或干预所产生的，它的特点和作用是通过本身的收支活动为政府提供公共物品的经费和资金，引导资源的流向，弥补市场的失灵和缺陷，最终实现全社会资源配置的最优效率状态。因此，财政的资源配置职能要研究的问题主要是：资源配置效率用什么指标来表示，如何通过政府与市场的有效结合提高资源配置的总效率以及财政在配置资源中的特殊机制和手段。

在实际生活中，各国政府通常是采取某些指标（如失业率和经济增长率）或由若干指标组成的"景气指数"来表示资源配置效率，我国当前主要采取 GDP 增长率指标。GDP 增长率指标无疑存在某些缺陷，如 GDP 增长有可能不会带来居民福利和社会福利的提高等。但是，GDP 是按市场价格表示的一个国家的所有常驻单位在一定时期生产活动的最终成果，可以反映一个国家经济总体规模和经济结构，反映一个国家的贫富状况和居民的平均生活水平，反映当前经济的繁荣或衰退以及通货膨胀或通货紧缩的态势等，因而对于以经济增长为主要目标的发展中国家来说仍是可取的。

（三）财政资源配置职能的主要内容

在市场经济体制下，财政应该在公共产品、准公共产品、自然垄断行业产品等方面进行资源配置。主要内容有如下几个方面。

1. 调节资源在产业部门之间的配置

调整产业结构不外乎两条途径：一是调节投资结构（即增量调节）；二是改变现有企业的生产方向，即调整资产存量结构促使一些企业转产。财政在这两方面都发挥着作用。

首先，调整投资结构。调整预算支出中的投资结构表现在：加大了能源、交通、基础产业和基础设施的投资，减少一般加工工业投资；利用财政税收和投资政策引导投资方向，通过不同的税率、不同的折旧率及不同的贷款利率来实现调节目的。

其次，调整产业存量结构。过去主要靠对企业实行"关、停、并、转"的行政手段，今后根据市场经济要求，除必须的行政手段外，主要通过兼并和企业产权重组来进行，针对不同产业实行区别对待的税收政策。

2. 调节资源在不同地区之间的配置

我国幅员辽阔，但地区间经济发展极不平衡。东部集中了国家先进的工业，高精尖技术和丰富的信息资源，全国 GDP 的 3/4 都出自东南沿海；西部地区生产力发展水平比较落后，但有丰富的原材料资源储备和廉价的劳动力市场。据有关部门估算，东西部最大的差距达 50 年（相当于我们与日本的差距），其原因主要有：一是由于历史的、地理的和自然条件方面的差异；二是由于纯粹的市场机制导致资源往往向经济发达地区单向流动，从而使落后地区更加落后，发达地区也更加发达。这不利于经济的长期稳定均衡的发展，因此需要运用财政支出、税收、公债、补贴、财政体制及政策等方面的手段调节资源在不同地区间的合理配置。

改革开放以来，我国通过推行"梯度推移"的战略，优先发展东部沿海地区，在这一过程中的倾斜式的财税政策作为一种"双刃剑"政策，一方面促进了东部地区的迅速崛起，同时也在另一方面拉大了东西地区的差距。

3. 调节全社会资源在政府和非政府部门之间的配置

社会资源在政府和非政府部门之间的分配比例，其依据主要是社会公共需要在整个社会需要中所占比例。这一比例不是固定不变的，而是随着经济的发展、国家职能和活动范围的变化而变化的。应当使政府部门支配和使用的资源与承担的责任相适应，政府支配的资源过多或过少都不符合优化资源配置的要求。

例如，过去体制下，政府大包大揽，资源配置权限大；而在现在市场经济条件下，政府不直接插手微观企业，资源配置权限小，调整政府行为既有补位也有退位，应该在社保、福利、环境优化、就业等方面补位，在生产领域对企业直接管理要退位。

（四）财政实现资源配置职能的机制和手段

1. 确定财政收支占国民收入的合理比例

在明确社会主义市场经济中政府经济职能的前提下，确定社会公共需要的基本范围，确定财政收支占 GDP 的合理比例，从而实现资源配置总体效率。我国过去一段时间内，预算内的财政收支占 GDP 的比重、中央财政收入占全部财政收入的比重明显偏低，不能有效地保证理应由财政承担的重要投入，对引导社会资金的合理流动也缺乏力度，教育、公共卫生、环境保护、社会保障、科技进步、农业发展等方面的投入不足，财政在支持经济建设特别是结构性调整方面处于软弱无力的地位，这些都是财政资源配置职能弱化的表现。

2. 优化财政支出结构

优化财政支出结构，正确安排财政支出中的购买性支出和转移性支出、消费性支出和投资性支出的比例；合理安排财政支出的规模和结构。贯彻国家的产业政策，保证重点建设的资金需要；保证重点支出，压缩一般支出，提高资源配置的结构效率。我国国民经济和社会发展战略规划明确规定了对资源配置的要求：各级政府要加强农业投入，要加大科技投入，基础性项目主要由政府集中必要资金进行建设，公益性项目主要运用财政资金安排建设，增加对西部开发和振兴东北老工业基地的财政支持。

3. 通过合理安排政府投资的规模和结构确保国家的重点建设

政府投资规模主要指预算内投资在社会总投资中所占的比重，表明政府集中的投资对社会总投资的调节力度。而预算内投资结构和对重点建设的资金投入，在产业结构调整中起着重要作用，这种作用对发展中国家有着至关重要的意义。我国过去预算内投资占全社会投资比重过低，公共设施和基础设施发展滞后对经济增长形成了"瓶颈"制约，自实施积极财政政策以后才大有改观。

4. 鼓励并调节民间投资

通过政府投资、税收和补贴等手段，带动和促进民间投资及对外贸易，吸引外资，提高经济增长率。财政以投资、税收、财政补贴和贴息等手段引导、调节企业投资方向，扶持国家政策性的投资项目。

5. 提高财政资源配置本身的效率

对每项生产性投资的确定和考核都要进行成本—效益分析，对于公共建筑和国防工程之类的属于不能收回投资的项目，财政拨款应视为这种工程的成本，力求以最少的耗费实现工程的高质量，甚至作为财政收入的主要形式的税收，也存在税收收入与税收成本的对比问题。我国近年来编制部门预算、实行政府采购制度、实施集中收付制度、采用"收支两条线"制度以及加强税收征管，都是提高财政资源配置本身效率的重大举措，提高了财政支出的经济效益，避免资源的浪费。

二、收入分配职能

（一）财政收入分配职能的含义

收入分配职能是指财政在国民收入分配中，通过对参与收入分配的各主体利益关系的调节，克服市场机制缺陷造成的收入和财富分配不公以及按劳分配不能完全保证实现的财富分配不公，从而达到公平合理分配的目标。

在市场机制的作用下，由于人们占有（或继承）财产情况的不同以及劳动能力的差别，由市场决定的收入分配状况，往往是极不公平的。这不仅有违社会公平原则，而且会导致诸如贫困、富裕阶层中财富的浪费、社会冲突、低收入阶层得不到发展与改善自己处境的机会等消极的社会后果。因此，政府有义务用财政调节手段解决收入分配不公问题。

（二）财政收入分配职能的目标

收入分配的目标是实现公平分配，而公平分配又包括经济公平和社会公平两个层次。经济公平（规则公平）强调要素的投入与要素的收入相对称，它是在市场竞争的条件下由等价交换来实现，这种公平与效率相一致。社会公平（包括起点公平和结果公平）是将以上（市场）分配的偏差所造成的收入差距维持在各阶层所能承受的范围内。财政学探讨的是社会公平，因为前一个公平（经济公平）已由市场在交换中解决。

（三）财政收入分配职能的内容

1. 调节企业利润水平

首先，企业的税收负担要适度。使政府税收既满足国家行使职能的财力需要，又要使企业有自我发展、自我积累和自我改造的能力。其次，企业的利润水平要能反映企业的经营管理水平和主观能力状况。

2. 调节居民收入水平

现阶段，我国实行的是按劳、按资、按需分配相结合，并以前者为主。个人收入既要合理拉开差距，又要防止贫富过分悬殊。要做到这一点就要通过税收、转移支付手段，还有国家的一些收入分配政策进行调节。

（四）财政实现收入分配职能的机制和手段

1. 划清市场分配与财政分配的界限和范围

原则上属于市场分配的范围，财政不能越俎代庖；凡属于财政分配的范围，财政应尽其职。比如，应由市场形成的企业职工工资、企业利润、租金收入、财产收入、股息收入等，财政的职能是通过再分配进行调节的。而医疗保险、社会福利、社会保障等，则应改变目前"企业办社会"的状况，由财政集中分配，实行社会化。

2. 规范工资制度

这里是指由国家预算拨款的政府机关公务员的工资制度和视同政府机关的事业单位职工的工资制度。凡应纳入工资范围的收入都应纳入工资总额，取消各种明补和暗补，提高工资的透明度；实现个人收入分配的货币化和商品化；适当提高工资水平，建立以工资收入为主、工资外收入为辅的收入分配制度。

3. 加强税收调节

税收是调节收入分配的主要手段，通过间接税调节各类商品的相对价格，从而调节各经济主体的要素分配；通过企业所得税调节公司的利润水平；通过个人所得税调节个人的劳动收入和非劳动收入，使之维持在一个合理的差距范围内；通过资源税调节由于资源条件和地理条件而形成的级差收入；通过遗产税、赠与税调节个人财产分布等。

4. 扩大转移性支出

通过转移性支出，如社会保障支出、救济金、补贴等，使每个社会成员得以维持起码的生活水平和福利水平。

三、经济稳定职能

（一）经济稳定职能的含义

经济稳定职能是政府运用税收、公债、转移性支出、投资等财政变量与其他经济变量的有机联系和相互影响，来调节和管制社会需求的总量和结构，使之与社会供给相适应，促使经济增长过程持续稳定的职责和功能。在市场经济中，由于市场机制的自发作用，不可避免地造成经济的波动，社会总需求与总供给的不平衡、通货膨胀、失业、经济危机是经常发生的，有时甚至还会出现通货膨胀和经济停滞并存的"滞胀"局面。这就需要政府对市场进行干预和调节，以维持生产、就业和物价的稳定。因此，经济稳定和增长就成为财政的基本职能之一。经济稳定包含充分就业、物价稳定和国际收支平衡多重含义。

充分就业并非指可就业人口的百分之百的就业。由于经济结构不断调整，就业结构也在不断变化。在任意时点上，总会有一部分人暂时脱离工作岗位处于待业状态，经过一段时间培训后重新走上工作岗位。因而，充分就业是指可就业人口的就业率达到了由该国当时社会经济状况所能承受的最大比率。

物价稳定也并不意味着物价冻结、上涨率为零。应当承认，即使在经济运行正常时期，物价的轻度上涨也是一个必须接受的事实，而且有利于经济增长。相反，物价长时间低迷并不利于经济的正常运行。所以，物价稳定是指物价上涨幅度维持在不至于影响社会经济正常运行的范围内。

国际收支平衡指的是一国在国际经济往来中维持经常性项目收支（进出口收支、劳务收支和无偿转移收支）的大体平衡，因为国际收支与国内收支是密切联系的，国际收支不平衡同时意味着国内收支不平衡。

增长和发展是不同的概念。增长是指一个国家的产品和劳务的数量的增加，通常用国民生产总值（GNP）或国内生产总值（GDP）及其人均水平来衡量。发展比增长的含义要广，不仅意味着产出的经济增长，还包括随着产出增长而带来的产出与收入结构的变化以及经济条件、政治条件和文化条件的变化，表现为在国民生产总值中农业比重相应下降，而制造业、公共事业、金融、贸易、建筑业等的比重相应上升，随之劳动就业结构发生变化，教育程度和人才培训水平逐步提高。简言之，发展是一个通过物质生产的不断增长来全面满足人们不断增长的基本需要的概念，对发展中国家来说，包括消除贫困、失业、文盲、疾病和收入分配不公等现象。

（二）财政实现经济稳定职能的机制和手段

1. 通过财政预算政策进行调节

经济稳定的目标集中体现为社会总供给和社会总需求的大体平衡。如果社会总供求保持了平衡，物价水平就是基本稳定的，经济增长率也是适度的，而充分就业和国际收支平衡也就不难实现。财政政策是维系总供求大体平衡的重要手段。当总需求超过总供给时，财政可以实行紧缩政策，减少支出和增加税收或两者并举，一旦出现总需求小于总供给的情况，财政可以实行适度放松政策，增加支出和减少税收或两者并举，由此扩大总需求。在这个过程中，财政收支发生不平衡是可能的而且是允许的。针对不断变化的经济形势而灵活地变动支出和税收，被称为"相机抉择"的财政政策。

2. 发挥财政"自动稳定器"的作用

在财政实践中，还可以通过一种制度性安排，发挥某种"自动"稳定作用，例如累进税制度、失业救济金制度，都明显具有这种作用。原则上说，当经济现象达到某一标准就必须安排的收入和支出，均具有一定的"自动稳定"作用。当然，这种"自动稳定"的机制究竟有多大的作用尚可存疑，更何况，在类似我国这样的发展中国家，这种机制本身就是欠缺的。

在收入方面，主要实行累进所得税制。在这种税制条件下，当经济过热出现通货膨胀时，企业和居民收入增加，适用税率相应提高，税收的增长幅度超过国民收入增长幅度，从而可以抑制经济过热；反之，当经济萧条时，企业和居民收入下降，适用税率相应降低，税收的降低幅度超过国民收入的降低幅度，从而可以刺激经济复苏。当然，上述作用是以所得税，特别是个人所得税在整个税收中占有相当大的比重为前提的。目前，在我国企业所得税实行比例税率，而个人所得税又微不足道，这种作用十分微小，但从长远看，作为一种制度安排，仍然有借鉴意义。

在财政支出方面，主要体现在转移性支出（社会保障、补贴、救济、福利支出等）的安排上，其效应正好同税收相配合。经济高涨时，失业人数减少，转移性支出下降，对经济起抑制作用。反之，经济萧条时，失业人数增加，转移性支出上升，对经济复苏起刺激作用。

3. 加强公共设施的投资力度

通过投资、补贴和税收等多方面安排，加快农业、能源、交通运输、邮电通信等公共设施的发展，消除经济增长中的"瓶颈"，并支持第三产业的兴起，加快产业结构的转换，保证国民经济稳定与高速增长的最优结合。

4. 切实保证非生产性的社会的公共需要

诸如，为社会经济发展提供和平安定的环境，治理污染，保护生态环境，提高医疗卫生水平，加快文教的发展，完善社会福利和社会保障制度，使增长与发展相互促进、相互协调，避免出现某些发展中国家曾经出现的"有增长而无发展"或"没有发展的增长"现象。

本 章 小 结

1. 生产力的发展，剩余产品的出现，是财政产生的物质基础，成为财政产生的经济条件；私有制、阶级和国家的出现是财政产生的政治条件，财政是因国家的产生而产生的。
2. 财政的特征。财政分配的主体是国家，财政分配对象是社会产品且主要是剩余产品，财政分配的目的是满足社会公共需要。
3. 社会公共需要的特征：不可分割性、非排他性、非竞争性。
4. 公共财政的基本特征：以弥补市场失灵为行为准则、公平性、非营利性、法制性。
5. 市场失灵是指市场本身无法有效配置资源，从而引起收入分配不公平及经济社会不稳定的态势。市场失灵的表现：公共产品、外部效应、自然垄断和规模经济、信息不充分和不对称、收入分配不公平、宏观经济不稳定。
6. 在我国社会主义市场经济条件下，财政的职能可以概括为3个方面：资源配置职能、收入分配职能、经济稳定职能。
7. 收入分配的目标是实现公平分配，而公平分配又包括经济公平和社会公平两个层次。
8. 经济稳定包含充分就业、物价稳定和国际收支平衡多重含义。

习 题

一、选择题

1. 财政的职能主要有（　　）。
A. 资源配置　　　　B. 收入分配　　　　C. 经济稳定　　　　D. 财政监督

2．市场失灵的表现有（　　）。
　A．公共产品　　　　B．外部效应　　　　C．信息不充分　　　D．自然垄断
3．公共产品与私人产品区别的主要标准是（　　）。
　A．非排他性　　　　B．非竞争性　　　　C．不可分割性　　　D．排他性
4．财政分配的主体是（　　）。
　A．企业　　　　　　B．国家　　　　　　C．家庭　　　　　　D．社会团体与组织
5．财政产生的条件有（　　）。
　A．社会条件　　　　B．文化条件　　　　C．经济条件　　　　D．历史条件
　E．政治条件
6．属于典型的负外部性的例子是（　　）。
　A．海上灯塔　　　　B．汽车尾气　　　　C．企业对资源的配置　D．义务教育

二、判断题
1．无论是在计划经济还是在市场经济下，财政对资源配置起基础作用。（　　）
2．现实经济生活中，客观存在着这样一些物品，它们满足我们的共同需要，在同一时间中可使多个个体得益，并无须通过竞争来享用，这些物品被称为公共产品。（　　）
3．税负不变是财政稳定经济职能的目标构成要素。（　　）
4．财政产生的首要条件是政治条件。（　　）

三、名词概念
1．财政　　2．市场失灵　　3．外部效应　　4．公共产品　　5．资源配置

四、问答题
1．市场失灵的原因以及表现。
2．资源配置职能的含义以及实现该职能的财政手段。
3．收入分配职能的含义以及实现该职能的财政手段。
4．经济稳定职能的含义以及实现该职能的财政手段。

案 例 分 析

谁拥有财富

1．案例内容

一个车牌号要卖 11 万元，一盘翡翠饺子要卖 3 万元，两瓶可乐 690 元，杭州一家酒店的年夜饭 19.8 万元一桌，一套黄金书卖价超过 2 万元。2006 年 2 月 4 日，南京某珠宝店推出"天价"金碗每只 238 888 元一个。中国社会尚未全面达到小康水平，但"天价"商品如潮水般地涌来，冲击着人们的神经。

面对众多的"天价"，人们不禁会问：中国到底富不富？哪些人有钱？众所周知，我国人均年收入刚刚超过 1 000 美元的"温饱线"。根据国际通用的贫富差距指标——基尼系数，中国 2004 年底已经达到 0.4 577，超过了国际通用的 0.4 的安全水平，表明我国的贫富差距不小。

换句话说,"天价"车牌号、"天价"年夜饭、黄金书、金碗等均与普通人无关;普通的人或生活在最低生活标准线附近的贫穷者需要的是基本的日常生活用品,但他们的收入不高,购买力有限。高收入者或先富裕起来的富人拥有一切,"天价"商品对他们来说根本就不算什么。

经济理论与人类社会的实践充分表明:贫富差距悬殊是影响社会稳定和社会发展的一个重要因素。改革开放以来,我国居民收入分配关系变化的一个重要特征是:财富越来越多地向高收入阶层集中,并由此导致贫富差距呈扩大趋势。我国目前的收入分配格局已经令人担忧。

(资料来源:根据《中国改革报》2006年2月20日的报道编写)

2. 案例评析

简要分析:针对我国收入差距不断扩大的问题,政府有必要在分配领域通过适当的制度安排,尽可能将分配的不平等程度限制在一定范围内。要以提高低收入者的收入水平作为分配工作的重点,努力使占我国大多数人口的低收入者(特别是农民)的收入有较快的增长,这是解决中国贫富差距过大的关键所在。而通过税收手段对高收入者的收入进行一定的调节也是国际社会普遍使用的方法。同时,建立与完善有效的社会保障体系,为低收入者提供收入保障;完善转移支付制度,促进公共产品供给均等化,推动落后地区的经济发展,提高落后地区人民的生活水平也应当是政府加以重视的问题。

3. 案例讨论

讨论题:

公平分配的标准是什么,财政应如何在实现公平分配中发挥作用?

第二章 财政支出

 导读

　　财政支出是在市场经济条件下，政府为提供公共产品和服务，满足社会共同需要而进行的财政资金的支付，是政府进行宏观调控的重要手段之一，可以影响社会总供求的平衡关系和经济的发展状况。财政支出是政府施政行为选择的反映，是各级政府对社会提供公共产品的财力保证，体现着政府政策的意图，代表着政府活动的方向和范围。财政支出要研究的主题大致分为：总量分析、结构分析和效益分析。本章在介绍财政支出的含义、原则和分类的基础上，对财政支出规模及财政支出效益进行分析，并对购买性支出及转移性支出进行详细介绍。财政的购买性支出内容构成主要有国防支出、行政和文教科卫支出等方面；财政的转移性支出内容构成主要有社会保障支出、财政补贴支出等方面。

 学习重点

　　本章的重点内容是财政支出的内涵，财政支出的规模及效益分析，购买性支出和转移性支出的含义及其内容构成。

 学习难点

　　本章的难点主要是购买性支出和转移性支出的含义及其内容构成。

 教学建议

　　本章内容主要采用理论分析的方法讲解有关财政支出的基本理论、基本知识，让学生收集近年我国财政支出的相关资料并分析问题。

第一节 财政支出概述

一、财政支出的含义、原则和分类

（一）财政支出的含义

　　财政支出（Public Finance Expenditure）也称公共财政支出，是指在市场经济条件下，政府为提供公共产品和服务，满足社会共同需要而进行的财政资金的支付。财政支出是政府为实现其职能对财政资金进行的再分配,属于财政资金分配的第二阶段。国家集中的财政收入只有按照行政及社会事业计划、国民经济发展需要进行统筹安排运用,才能为国家完成各项职能提供财力上的保证。财政支出的定义可以用图 2-1 作进一步诠释。

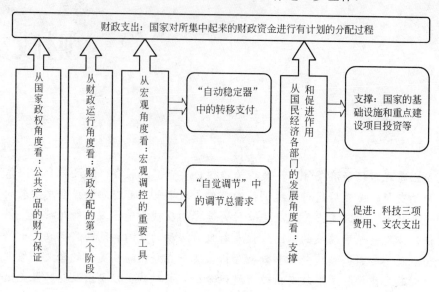

图 2-1　财政支出的定义

目前,我国的财政支出发生了很大变化。首先是我国财政正在大幅度地退出"生产领域",大幅度地减少了直接的经济建设支出,从而相应地减少了政府直接干预经济活动的范围和程度,为市场因素的发展壮大留下了一定的空间。同时,财政大量减少了营利性投资,其投资主要投向公共支出方面。例如,20 世纪 80 年代的财政大力筹集资金安排"能源交通重点建设"项目的投资,其形成的基础设施和生产能力是为所有经济主体活动服务的,它具有很强的公共投资性质。20 世纪 90 年代末,政府实行的积极财政政策,财政支出更是以基础设施投资为主要内容,同时也为经济发展提供了诸如行政事业经费和基础设施方面的财政支出。这样一来,我国的财政支出就在自身不断公共化的过程中,相应地以自己的公共服务支持和促进了市场经济体制的形成和壮大。自改革开放以来,截至 2015 年底,我国中央和地方财政支出及比重情况如表 2-1 所示。

表 2-1　我国中央和地方财政支出及比重情况

年　份	财政支出总额（亿元）	财政支出（亿元）		比重（%）	
		中央	地方	中央	地方
1978	1 122.09	532.12	589.97	47.4	52.6
1980	1 228.83	666.81	562.02	54.3	45.7
1985	2 004.25	795.25	1 209.00	39.7	60.3
1990	3 083.59	1 004.47	2 079.12	32.6	67.4
1991	3 386.62	1 090.81	2 295.81	32.2	67.8
1992	3 742.20	1 170.44	2 571.76	31.3	68.7
1993	4 642.30	1 312.06	3 330.24	28.3	71.7

续表

年 份	财政支出总额（亿元）	财政支出（亿元）		比重（%）	
		中央	地方	中央	地方
1994	5 792.62	1 754.43	4 038.19	30.3	69.7
1995	6 823.72	1 995.39	4 828.33	29.2	70.8
1996	7 937.55	2 151.27	5 786.28	27.1	72.9
1997	9 233.56	2 532.50	6 701.06	27.4	72.6
1998	10 798.18	3 125.60	7 672.58	28.9	71.1
1999	13 187.67	4 152.33	9 035.34	31.5	68.5
2000	15 886.50	5 519.85	10 366.65	34.7	65.3
2001	18 902.58	5 768.02	13 134.56	30.5	69.5
2002	22 053.15	6 771.70	15 281.45	30.7	69.3
2003	24 649.95	7 420.10	17 229.85	30.1	69.9
2004	28 486.89	7 894.08	20 592.81	27.7	72.3
2005	33 930.28	8 775.97	25 154.31	25.9	74.1
2006	40 422.73	9 991.40	30 431.33	24.7	75.3
2007	49 781.35	11 442.06	38 339.29	23.0	77.0
2008	62 592.66	13 344.17	49 248.49	21.3	78.7
2009	76 299.93	15 255.79	61 044.14	20.0	80.0
2010	89 874.16	15 989.73	73 884.43	17.8	82.2
2011	109 247.79	16 514.11	92 733.68	15.1	84.9
2012	125 952.97	18 764.63	107 188.34	14.9	85.1
2013	140 212.10	20 471.76	119 740.34	14.6	85.4
2014	151 662.00	22 570.00	129 092.00	14.9	85.1
2015	175 768.00	25 549.00	150 219.00	14.5	85.5

（资料来源：中国统计年鉴，中华人民共和国国家统计局，http://www.stats.gov.cn/）

（二）财政支出的原则

所谓财政支出原则，是指政府在安排财政支出过程中应当遵循的具有客观规律性的基本原则。财政支出是财政分配的重要环节，财政支出规模是否合理、财政支出结构是否平衡、财政资金使用效益的高低等问题，直接影响到政府各项职能的履行。为保证财政资金的合理分配与有效使用，使财政支出在国民经济运行中发挥更重要的作用，在安排和组织财政支出时应遵循一定的原则。

财政支出原则对于合理有效地使用财政资金是十分重要的。理论界对于财政支出原则的探讨从来没有停止过。计划经济时期，财政支出原则为：量入为出、统筹兼顾、厉行节约。市场经济时期，财政支出原则为：效率、公平、稳定。同时，学者们在财政支出的管理方面也做了很多研究，针对安排支出过程中遇到的主要问题：总量平衡、结构平衡、效益问题，提出了财政支出的管理原则。

这两套原则的出发点不同，但都能够指导财政支出的安排。本书将两者结合起来，都作为现阶段财政支出的原则。对财政支出原则的基本看法如图2-2所示。

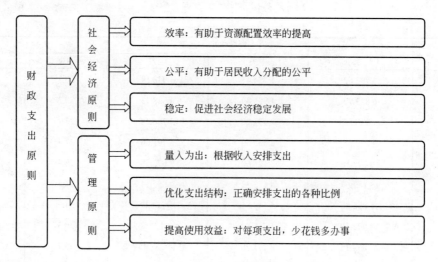

图 2-2 财政支出原则诠释

综合以上观点，现阶段财政支出的原则应遵循量入为出与量出为入相结合原则以及公平与效率兼顾原则。

1. 量入为出与量出为入相结合原则

量入为出是指在财政收入总额既定的前提下，按照财政收入的规模确定财政支出的规模，支出总量不能超过收入总量。即以收定支、量力而行。量出为入是指应考虑国家最基本的财政支出需要来确定收入规模。量出为入肯定了政府公共支出保持必要数量的重要作用。

作为财政支出的原则，应该将量入为出与量出为入结合起来。从量入为出与量出为入原则的相互关系看，应当肯定量入为出是一国实现财政分配的相对稳定、防止财政支出不平衡和因此产生的社会经济问题的最终选择。因此，量入为出原则具有普遍的实践意义，是政府安排财政支出必须坚持的基本准则，也是实现量出为入原则的基础。而量出为入原则是随着国家社会的发展，以及对政府在资源配置上的重要地位的肯定，为保障必不可少的公共支出的需要而形成的，但并不是指政府可以任意扩大财政支出。在现代社会中，只有把量入为出与量出为入的财政支出原则有效地结合起来，才能既避免财政分配的风险，又有利于政府公共职能的实现。

2. 公平与效率兼顾原则

国家经济建设各部门和国家各行政管理部门的事业发展需要大量的资金，财政收入与支出在数量上的矛盾不仅体现在总额上，还体现在有限的财政资金在各部门之间的分配。财政支出的安排要处理好积累性支出与消费性支出的关系、生产性支出与非生产性支出的关系，做到统筹兼顾，全面安排。

兼顾公平与效率是评价一切社会经济活动的原则。在财政支出活动中也存在公平和效率，也应该遵循公平与效率兼顾的原则，不能只顾某一方面而忽视另一方面，但是在具体的政策实施中，一国政府可以根据一定时期的政治经济形势侧重于某一方面。财政支出的效率是与财政的资源配置职能相联系的。财政在利用支出对资源进行配置时，要实现社会净收益最大化，这样的资源配置才是有效率的，即当改变资源配置时，必须要控制和合理分配财政支出，要有评价财政支出项目和方案的科学方法和制度保证,安排财政支出的结果要能实现社会净效益最大化。财政支出的公平是与财政的收入分配职能相联系的。收入分配的目标就是实现公平分配,但是市场在对社会成员的收入进行初次分配时,主要是以要素贡献的大小来确定其报酬或价格水平的,其结果可能导致社会成员收入分配产生巨大差距。财政的收入分配职能就是通过财政的再分配活动,压缩市场经济领域出现的收入差距,将收入差距维持在社会可以接受的范围内。对于一个社会来说,在强调经济效率的同时不能忽视社会公平的重要性。社会经济的稳定与发展是资源的有效配置和收入的合理分配的综合结果,实际上也是贯彻公平和效率兼顾的结果,因此,社会经济的稳定与发展是兼顾公平与效率的体现。

(三)财政支出的分类

在财政实践中,财政支出总是由许多不同的、具体的支出项目构成的。对财政支出进行不同角度的分类,就是在对政府是以什么形式向社会提供公共产品(或劳务)进行考察,以便正确区分各类财政支出的性质,揭示财政支出结构的内在联系,进而对财政支出运行效益进行分析和比较。然而,在国际上,财政支出的分类并没有一致承认的标准。人们出于对财政支出进行分析研究及管理的不同需要,常常采用不同的方法或角度进行分类。

1. 按经济性质分类

按财政支出的经济性质,即按照财政支出是否能直接得到等价的补偿进行分类,可以把财政支出分为购买性支出和转移性支出。各种财政支出无一例外地表现为资金从政府手中流出,但不同性质的财政支出对国民经济的影响却存在着差异。

购买性支出又称消耗性支出,是指政府用于购买为执行财政职能所需要的商品和劳务的支出,包括购买进行日常政务活动所需要的或者进行政府投资所需要的各种物品和劳务的支出。它是政府的市场性再分配活动,对社会生产和就业的直接影响较大,执行资源配置的能力较强。在市场上遵循定价交换的原则,因此购买性支出体现的财政活动对政府能形成较强的效益约束,对与购买性支出发生关系的微观经济主体的预算约束是硬的。这种支出的特点是政府遵照等价交换的原则,一手付出资金,另一手购得了商品和劳务,其目的是行使国家职能,满足社会公共需要。

转移性支出是指政府按照一定方式,将一部分财政资金无偿地、单方面地转移给居民、企业和其他受益者所形成的财政支出,主要由社会保障支出和财政补贴组成。它是政府的非市场性再分配活动,对收入分配的直接影响较大,执行收入分配的职能较强。事实上,转移性支出所体现的是一种以政府和政府财政为主体,并以它们为中介者,在不同社会成员之间进行资源再分配的活动。因此,西方国家在国民经济核算中将此类支出排除在国民生产总值或国民收入之外。

购买性支出和转移性支出的差别表现在以下方面:第一,购买性支出通过支出使政府掌握的资金与微观经济主体提供的商品和服务相交换,政府直接以商品和服务的购买者身份出现在市场上,对社会的生产和就业有直接的影响,并间接影响收入分配。转移性支出是通过支出使政府所有的资金转移到受益者手中,是资金使用权的转移,微观经济主体获得这笔资金以后,是否用于购买商品和服务、购买哪些商品和服务,均已脱离开了政府的控制。因此,此类支出直接影响收入分配,而对生产和就业的影响是间接的。第二,在安排购买性支出时,政府必须遵循等价交换原则,此时的财政活动对政府形成较强的效益约束。在安排转移性支出时,政府并没有十分明确的原则可以遵循,且财政支出效益难以衡量。因此,此时的财政活动对政府的效益是软约束。第三,由于微观经济主体在同政府的购买性支出发生联系时必须遵循等价交换原则，向政府提供商品和服务的企业的收益大小，取决于市场供求状况及其销售收入同生产成本的对比关系。所以，对微观经济主体的预算是硬约束。而微观经济主体在同政府的转移性支出发生关系时，并无交换发生，它们收入的高低在很大程度上并不取决于自己的能力（或生产能力），而取决于同政府讨价还价的能力，对微观经济主体的预算是软约束。

由此可见，在财政支出总额中，购买性支出所占的比重越大，政府所配置的资源规模就大，财政活动对生产和就业的直接影响就越大；反之，转移性支出所占的比重越大，财政活动对收入分配的直接影响就越大。联系财政的职能来看，购买性支出占较大比重的财政支出结构，执行配置资源的职能较强，转移性支出占较大比重的财政支出结构，则执行收入分配的职能较强。改革开放前后，我国财政支出结构发生了明显的变化。在改革开放之前，购买性支出占绝对优势，1980年以前平均占96.6%，表现出财政具有较强的资源配置职能，改革开放之后，转移性支出所占的比重大幅度上升，并一直保持比较稳定的比例，说明财政的收入分配职能得到加强。

2. 按国家行使职能范围分类

按国家行使职能范围对财政支出分类，可将财政支出划分为经济建设费、社会文教费、国防费、行政管理费和其他支出五大类。按国家行使职能的范围对财政支出分类，能够看出国家一定时期内执行哪些职能，哪些是这一时期国家行使职能的侧重点，可以在一定时期内对国家财政支出结构进行横向比较分析。

（1）经济建设支出，具体包括：基本建设投资支出、挖潜改造资金、科技三项费用（新产品试制费、中间试验费、重要科研补助费）、简易建筑费、地质勘探费、增拨流动资金、支农支出、工交商事业费、城市维护费、物资储备支出等；

（2）社会文教支出，包括：文化、教育、科学、卫生、出版、通信、广播电视、文物、体育、海洋（包括南北极）研究、地震、计划生育等项支出；

（3）国防支出，包括：各种军事装备费、军队人员给养费、军事科学研究费、对外军事援助、武装警察、民兵费、防空费等；

（4）行政管理支出，包括：国家党政机关、事业单位、公检法司机关、驻外机构各种经费、干部培养费（党校、行政学院经费）等。

（5）未列入上述4项的其他支出。

按国家职能对财政支出进行分类，能够揭示国家执行了哪些职能。通过对一个国家的支出结构做时间序列分析，便能够揭示该国的国家职能发生了怎样的演变；对若干国家在同一时期的支出结构做横向分析，则可以揭示各国国家职能的差别。

3. 按财政支出产生效益的时间分类

按财政支出产生效益的时间分类可以分为经常性支出和资本性支出。

经常性支出是维持公共部门正常运转或保障人们基本生活所必需的支出，主要包括人员经费、公用经费和社会保障支出。特点是它的消耗会使社会直接受益或当期受益，直接构成了当期公共物品的成本，按照公平原则中当期公共物品受益与当期公共物品成本相对应的原则，经常性支出的弥补方式是税收。

资本性支出是用于购买或生产使用年限在一年以上的耐久品所需的支出，其耗费的结果将形成供一年以上的长期使用的固定资产。它的补偿方式有两种：一是税收，二是国债。按财政支出产生效益的时间对财政支出进行分类的结果可以概括为如图 2-3 所示。

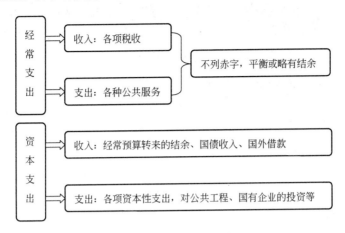

图 2-3　财政支出分类

4. 按国际货币基金组织标准分类

按国际货币基金组织划分的标准，财政支出可以划分为两类：一类按职能分类，另一类按经济分类。按职能分类的财政支出包括：公共服务支出、国防支出、教育支出、保健支出、社会保障和福利支出、住房和社区生活设施支出、其他社会和社会服务支出、经济服务支出、无法归类的其他支出。按经济分类，财政支出包括经常性支出、资本性支出和净贷款（财政性贷款）。具体情况如表 2-2 所示。

表 2-2　国际货币基金组织的分类方法

职 能 分 类	经 济 分 类
1. 一般公共服务	1. 经常性支出
2. 国防	（1）商品和服务支出
3. 公共秩序和安全	① 工资和薪金
4. 教育	② 雇主对商品和服务的购买
5. 保健	③ 其他商品和服务的购买
6. 社会保障和福利	（2）利息支出
7. 住房和社区生活设施	（3）补贴和其他经常性支出
8. 娱乐、文化和宗教事务	① 对公共企业
9. 经济服务	② 对下级政府
（1）燃料和能源	③ 对家庭
（2）农林牧渔业	④ 对其他居民
（3）采矿和矿石资源业、制造业、建筑业	⑤ 国外转让
（4）交通和通信业	2. 资本性支出
（5）其他经济事务和服务业	（1）固定资本资产购置
10. 其他支出	（2）存货购买费
	（3）土地和无形资产购买
	（4）资本转让
	① 国内资本转让
	② 国外资本转让
	3. 净贷款

（资料来源：盖锐，高彦彬. 财政学. 北京：北京大学出版社，中国林业出版社，2007）

2015年1月1日，正式实行新的《中华人民共和国预算法》，预算中的一般公共预算支出按照其功能分类，包括一般公共服务支出，外交、公共安全、国防支出，农业、环境保护支出，教育、科技、文化、卫生、体育支出，社会保障及就业支出和其他支出。一般公共预算支出按照其经济性质分类，包括工资福利支出、商品和服务支出、资本性支出和其他支出。

二、财政支出范围与财政支出规模

（一）财政支出范围

1. 财政支出范围的概念

财政支出范围是指政府财政进行投资或拨付经费的领域。这与政府的职能范围或称事权范围密切相关。

在集中统一的计划经济时期，政府财政支出无所不包的，政府包揽一切，似乎只要政府管辖的领域都是财政支出的范围，特别是竞争性国有企业，都成为财政支出的范围和对象。可见财政支出在计划经济下是包罗万象的。从地域看，从黑龙江黑河到新疆阿拉泰草原，从内蒙古的锡林郭勒到海南岛，国家财政资金都洒到了。

在社会主义市场经济体制下，这个支出的范围才逐步引起人们重视。一般认为，市场经济下财政支出的范围应以弥补市场缺陷，矫正市场失灵的领域为界限，即社会公共需要支出的范围。从资源配置角度看，财政支出应以非竞争性、非排他性的公共物品的生产以及具有不充分竞争性和不完全的排他性的混合产品的领域生产为界限。简要说来，财政支出的范围应在保证社会公共需要的范围内。

2. 我国的财政支出范围

目前，我国财政支出包括以下基本内容。

（1）维护国家机构正常运转的支出需要。维护国家机构正常运转的支出需要即保证国防外交、行政管理、社会治安（公检法）等方面的支出（含人员经费和公用经费、设备经费等）。这是古今中外所有类型的财政支出的共性，是财政支出的第一顺序。

（2）用于公共事业、公共福利的支出。用于公共事业、公共福利的支出，如普及教育、基础科学研究、社会保障、卫生防疫、环境治理和保护等方面公共需要支出。这些领域公共需要方面支出，并不排斥私人资金加入，但主要由国家提供相关的财政支出。这是财政支出的第二顺序。

（3）基础设施和基础产业方面的投资。基础设施和基础产业一般规模大、周期长、耗费多，而且往往跨地区（如海河流域的治理），对全国产业结构和生产力布局有突出意义，而私人企业又难以承担，主要应由国家财政支出。这是财政支出的第三顺序。

其他生产竞争性产品的国有企业、事业方面的投资，均不是财政支出的范围。而是由市场解决投资。我国财政支出的范围可以总结为如图2-4所示。

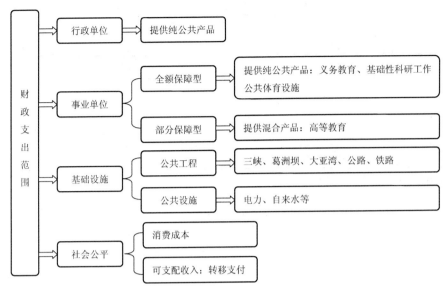

图 2-4 我国财政支出范围

(二) 财政支出规模

财政支出的规模及其变化,直接关系到对财政与市场关系的认识和分析,因而是必须关注的重要问题之一。

1. 财政支出规模的衡量

财政支出规模,是指在一定时期内(预算年度)政府通过财政渠道安排和使用财政资金的绝对数量及相对比率,即财政支出的绝对量和相对量,它反映了政府参与分配的状况,体现了政府的职能和政府的活动范围,是研究和确定财政分配规模的重要指标。衡量财政支出规模的指标有两种:一是绝对量指标,二是相对量指标。

绝对指标是以一国货币单位表示的财政年度内政府实际安排和使用的财政资金的数额。绝对指标的作用表现为:第一,它是计算相对指标的基础;第二,对绝对指标从时间序列加以对比可以看出财政支出规模发展变化的趋势。由于不同国家以及一个国家不同经济发展时期的经济发展水平存在很大的差异,所以虽然经常用财政支出的绝对量来分析财政支出的规模,但把它作为不同国家的衡量指标用以分析财政支出的规模,显然是很困难的。因此,衡量和考察财政支出的指标通常是以财政支出的相对量来表示,它既可以用作不同国家财政支出规模的分析比较,也可以用作一个国家不同时期内财政支出规模的对比分析。它可以反映一个国家的经济发展水平,政府职能范围的大小等。

相对指标是绝对指标与有关指标的比率。相对指标的作用表现为:相对指标本身可以反映政府公共经济部门在社会资源配置过程中的地位;通过指标的横向对比,可以反映不同国家或地区的政府在社会经济生活中的地位的差异;通过指标的纵向比较,可以看出政府在社会经济生活中的地位和作用变化及发展的趋势。

改革开放以来,我国财政支出规模的绝对量和相对量如表 2-3 及表 2-4 所示。

表 2-3 我国财政支出规模

单位:亿元

指标	总量指标				
	1978年	1990年	2000年	2010年	2015年
国家财政支出	1 122.1	3 083.6	15 886.5	89 874.16	175 768.00
中央	532.1	1 004.5	5 519.9	15 989.73	25 549.00
地方	590.0	2 079.1	10 366.7	73 884.43	150 219.00

(资料来源:中华人民共和国国家统计局,http://www.stats.gov.cn/)

表 2-4 我国财政支出规模

单位:%

指标	增长速度					平均增长速度
年度			1978年	1979年	1980年	1978—1980年
速度			33.0	14.2	−4.1	14.37
年度	1981年	1982年	1983年	1984年	1985年	1981—1985年
速度	−7.5	8.0	14.6	20.7	17.8	10.72
年度	1986年	1987年	1988年	1989年	1990年	1986—1990年
速度	10.0	2.6	10.1	13.3	9.2	9.04
年度	1991年	1992年	1993年	1994年	1995年	1991—1995年
速度	9.8	10.5	24.1	24.8	17.8	17.40
年度	1996年	1997年	1998年	1999年	2000年	1996—2000年
速度	16.3	16.3	16.9	22.1	20.5	18.42
年度	2001年	2002年	2003年	2004年	2005年	2001—2005年
速度	19.0	16.7	11.8	15.6	19.1	16.44
年度	2006年	2007年	2008年	2009年	2010年	2006—2010年
速度	19.1	23.2	25.7	21.9	17.8	21.54
年度	2011年	2012年	2013年	2014年	2015年	2011—2015年
速度	21.6	15.3	11.3	8.3	15.8	14.46

(资料来源:中国统计年鉴 2014,http://www.stats.gov.cn/)

2. 影响财政支出规模的主要因素

结合当今世界各国财政支出变化的现实情况,影响财政支出规模大小的主要因素有以下几种。

(1)经济性因素。经济性因素主要指经济发展的水平、经济体制的选择和政府的经济干预政策等。关于经济发展的水平对财政支出规模的影响,马斯格雷夫和罗斯托的分析具体说明了经济对于不同的发展阶段对财政支出规模以及支出结构变化的影响,这些分析表明经济发展因素是影响财政支出规模的重要因素。经济体制的选择也会对财政支出规模发生影响,最为明显的例证便是我国经济体制改革前后的变化。政府的经济干预政策也对财政支出规模产生影响,就一般而言,这无疑是正确的。但应当指出的是,若政府的经济干预主要是通过管制而非通过财政的资源配置活动或收入的转移活动来进行时,它对支出规模的影响并不明显。因为,政府通过管制或各种规则对经济活动的干预,并未发生政府的资源再配置或收入再分配活动,即财政支出规模基本未变。显然,政府通过法律或行政的手段对经济活动的干预与通过财政等经济手段对经济活动的干预,具有不同的资源再配置效应和收入再分配效应。

(2) 政治性因素。政治性因素对财政支出规模的影响主要体现在两个方面:一是政局是否稳定;二是政体结构的行政效率。当一国政局不稳、出现内乱或外部冲突等突发性事件时,财政支出的规模必然会超常规的扩大。至于后者,若一国的行政机构臃肿,人浮于事,效率低下,经费开支必然增多。

(3) 社会性因素。社会性因素如人口状态、文化背景等因素,也在一定程度上影响着财政支出规模。在发展中国家人口基数大、增长快,相应的教育、保健以及救济贫困人口的支出压力便大;而在一些发达国家人口出现老龄化问题,公众要求改善社会生活质量等,也会对支出提出新的需求。因此,某些社会性因素也影响财政支出的规模。

三、财政支出效益分析

(一) 财政支出效益的内涵

财政支出效益是指政府为满足社会共同需要进行的财力分配与所取得的社会实际效益之间的比例关系,基本内涵是政府资源分配的比例性和政府资源运用的有效性。财政支出效益好时,财政支出产生的成果较多或者取得一定的成果所耗用的财政资金较少。

理解财政支出效益的内涵应把握两个方面:第一,财政支出的外在合比例性是衡量财政支出效益的前提。所谓"外在合比例性",是指通过政府渠道分配的资源总量在整个社会经济资源合理有效配置中的客观比例要求。第二,财政支出内在合比例性是衡量财政支出效益的根本标准。所谓"内在合比例性",是指在财政支出外在合比例的基础上,财政支出在不同性质、不同类型的社会共同需要之间的分配比例合理,其实质是财政支出在不同支出构成要素之间的分配比例合理。内在合比例性反映了财政内部的分配结构状况。

(二) 财政支出效益的评价方法

财政活动本身是一个非常重要的资源配置过程,为此,必须研究其资源配置的效率问题。通常是从 3 个层次来考察财政资源配置的效率:一是资源在公、私部门之间的配置效率;二是资源在不同财政支出项目上的配置效率;三是资源在每一支出项目上的使用效率。与这种分层次相对应的分析方法有:第一层次的财政支出效率考察适用"社会机会成本"分析法;第二层次和第三层次的财政支出效率考察适用"成本—效益分析法"、"最低费用选择法"和"公共定价法"。财政支出效益的评价方法可以概括为如图 2-5 所示。

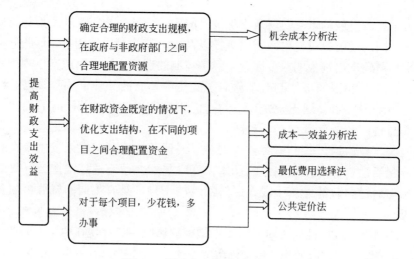

图 2-5 财政支出效益的评价方法

1. 机会成本分析法

机会成本分析法是指在无市场价格的情况下，资源使用的成本可以用所牺牲的替代用途的收入来估算。由于使用或消耗一定量的经济资源就可以向社会提供一定量的某种产品或服务，获得一定量的经济效益，所以公共部门的资源配置是有机会成本的。这种机会成本就是私人部门因公共部门配置资源而少占和少使用这部分资源所少向社会提供的产品或服务量，少获得的经济收益量。如何确定公共部门配置资源数量的合理性，进而确定公、私部门配置资源比例的合理性，是事关整个社会资源配置效率高低的根本性问题。

2. 成本—效益分析法

所谓成本—效益分析法，就是针对政府确定的项目目标，提出若干建设方案，详列各种方案的所有预期成本和预期效益，并把它们转换成货币单位，通过比较分析，确定该项目或方案是否可行。成本—效益分析法最早产生于美国的《1936 年防洪法案》，如今这种方法已经得到了普遍应用。

3. 最低费用选择法

最低费用选择法，是指只计算每项备选项目的有形成本，并以成本最低为择优的标准。运用这种方法确定最优支出方案，技术上不难做到，难点在于备选方案的确定，因为所有备选方案应能无差别地实现同一个既定目标，据此再选择费用最低的方案，但要做到这一点是很困难的。

4. 公共定价法

公共定价法是针对政府提供的满足社会公共需要的"市场性物品"，通过选择适当的定价方法，合理地确定价格，从而使这些物品和服务得到最有效的使用，提高财政支出效益的一种方法。它包括纯公共定价和管制定价两个方面，主要适用于成本易于衡量、效益难以计算但可以部分或全部进入市场交易的项目。纯公共定价，即政府直接制定自然垄断行业（如能源、通信、交通等公用事业和煤、石油等基本品行业）的价格。管制定价是指政府规定竞争性管制行业（如金融、教育、保健等行业）的价格。政府通过公共定价法，能够提高整个社会资源的配置效率，使这些产品和服务得到最有效的使用，从而提高财政支出的效益。

第二节 购买性支出

购买性支出又为消耗性支出，是转移支出的对称，这类公共支出形成的货币流，直接对市场提出购买要求，形成相应的购买商品或劳务的活动。购买性支出，是指政府用于购买为执行财政职能所需要的商品和劳务的支出。购买性支出可以直接增加当期的社会购买力，并由政府直接占有社会产品和劳务，运用得当，有助于优化资源配置，提高资源的利用水平，但对国民收入分配只产生间接影响。当购买性支出在财政支出总额中占较大比重时，财政支出对经济运行的影响较大，执行资源配置功能较强；当转移支出在财政支出总额中占较大比重时，财政支出对收入分配的影响较大，执行国民收入分配的功能较强。

政府购买性支出与市场经济中企业和个人的购买支出没有性质上的差别，都是等价交换，一方面是资金的付出，另一方面是商品和服务的购入。政府可以运用所购买的商品和服务，实现国家的职能。购买性支出直接表现为政府购买商品和服务的活动，包括购买进行日常政务活动所需的或用于国家投资所需的商品和服务的支出。前者如政府各部门的事业经费，后者如政府各部门的投资拨款。购买性支出包括两个部分：一部分是购买各级政府进行日常行政事务活动所需的产品和劳务的支出；另一部分是各级政府用于公共投资的支出。因此，政府购买性支出大致可以分为消费性支出和投资性支出两个部分。在我国目前的财政支出项目中，属于消费性支出的有行政支出、国防支出及文教科卫支出等；属于投资性支出的有基础产业投资和农业财政投资等。

一、消费性支出

（一）行政支出

行政支出是国家财政用于国家各级权力机关、行政管理机关、司法检察机关和外事机构等行使其职能所需的费用支出。它是维持国家各级政权存在，保证各级国家管理机构正常运转所必需的费用，是纳税人所必须支付的成本，也是政府向社会公众提供公共服务的经济基础。

从性质上看，政府的社会管理活动属于典型的公共产品，因此只能由政府提供。作为政府公共管理活动的经济基础，与其他财政支出具有一定的特殊性。

行政支出的内容有广义和狭义之分。广义行政支出的内容是由广义政府"三权分立"的构成内容所决定的。广义政府是由3个不同系列的权利组成的，每一系列权力都拥有其特定的职能：立法机构负责制定法律；行政机构负责执行法律；司法机构负责解释和应用法律。与此相对应，广义行政支出的内容包括立法机构支出、行政执行机构支出、司法机构支出等3个基本部分。而狭义的政府仅指公共权力链条中的执行机构，相应来说，狭义的行政支出的内容仅指行政执行支出。从世界各国的财政支出实践来看，行政支出的内容一般属于广义的支出。

中国的行政支出的内容基本上也属于广义的行政支出，包括立法机构支出、行政执行机构支出和司法机构支出三大块。但其中行政执行机构支出的具体内容更为广泛。中国政府预算收支科目表中的行政支出科目主要包括 4 个方面的内容：（1）行政管理费；（2）外交外事支出；（3）武装警察部队支出；（4）公检法司支出。

（二）国防支出

国防支出是指一国政府用于国防建设以满足社会成员安全需要的支出。保卫国土和国家主权不受侵犯，这是政府一项基本职能。只要国家存在，国防费不会从财政支出项目中消失，国防支出是财政基本职能的要求，建立巩固的国防是国防现代化一项战略任务，是维护国家安全统一、全面建设小康社会的保障。

国防支出按照支出的目的划分，包括维持费和投资费两大部分。前者主要用于维持军队的稳定和日常活动，提高军队的战备程度，是国防建设的重要物质基础。其内容主要包括军事人员经费、军事活动维持费、武器装备维修保养费及教育训练费等。后者主要用于提高军队的武器装备水平，是增强军队战斗力的重要保证，主要有武器装备的研制费、采购费、军事工程建设费等几个项目。国防支出按照兵种划分，可以分为国防部队支出、战略部队支出、陆军支出、海军支出、空军支出、武警部队支出和预备役、后备役部队支出。国防支出按照支出项目划分，我国国防支出包括人员生活支出，主要用于军官、士兵、文职干部和职工的工资、伙食、服装等；活动维持费主要用于部队训练、工程设施建设和维护及日常消费性支出；装备支出主要用于武器装备的科研、试验、维修和储存等。

（三）文教科卫支出

文化、教育、科学、卫生支出可简称为文教科卫支出，是指国家财政用于文化、教育、科学、卫生事业等的经费支出。此类支出具有较强的外部正效应，有助于整个社会文明程度的提高，有利于提升全体社会成员的素质，从而对经济的繁荣与发展具有决定作用，因而各国均对文教科卫事业给予了较大程度的财力支持。

文教科卫支出的内容有两种分类方法：一是按支出的使用部门划分为文化、教育、科学、卫生、体育、通信、广播电视等的事业费。此外，还包括出版、文物、档案、地震等项事业费。二是按支出用途划分为人员经费支出和公用经费支出。前者主要包括工资和津贴。后者主要包括公务费、设备购置费、修缮费和业务费。

1. 文化支出

文化支出是指财政用于全体社会公众利益的文化事业开支。中国财政的文化支出包括文化事业费、出版事业费、广播电视事业费和文物事业费等。其中，文化事业支出是指文化部和地方文化部门的事业费；出版事业费是指新闻出版署和地方出版事业系统的事业费，包括出版经费、出版部门举办的中等专业学校的事业费等；文物事业费是指国家文物局和地方文物系统的经费等。

2. 卫生支出

卫生支出是指财政用于医疗、卫生、保健服务方面的支出。在我国，此类支出主要包括政府预算卫生支出、公费医疗经费、社会卫生支出等。其中，政府预算卫生支出包括卫生部和卫生地方部门的事业费等；公费医疗经费包括中央级公费医疗经费和地方公费医疗经费。

3. 科研支出

科研支出是指财政用于科学技术研究方面的专项支出。按照我国财政支出的划分标准，科研支出包括科技三项费用、科学事业费、科研基建费以及其他科研事业费。科技三项费用即新产品试制费、中间试验费和重大科研项目补助费。科学事业费包括自然科学事业费、科协事业费、高技术研究专项经费和社会科学事业费。科研基建费是指科研事业单位基本建设工程及设备更新费。

4. 教育支出

教育支出是指政府用于教育事业方面的财政支出。在当今世界，一国教育的发达程度、全社会用于教育的投入水平，常常是衡量一个国家国民素质和文明程度的主要标准。因此，教育支出已经成为公共财政支出的最重要的部分之一。

二、投资性支出

（一）基础产业投资

1. 基础产业的概念与作用

基础产业的内涵，有广义和狭义之分。狭义的基础产业，是指经济社会活动中的基础设施和基础工业。基础设施主要包括交通运输、机场、港口、桥梁、通信、水利和城市供排水、供气、供电等设施；基础工业主要指能源（包括电力）工业和基本原材料（包括建筑材料、钢材、石油化工材料等）工业。为概括起见，我们将基础设施和基础工业统称为基础产业。广义的基础产业，除了上述基础设施和基础工业之外，还应包括农林部门，有提供无形产品或服务的部门（如科学、文化、教育、卫生等部门）所需的固定资产，通常也归于广义基础设施之列。

基础产业是支撑一国经济运行的基础部门，它决定着工业、农业、商业等直接生产活动的发展水平。一国的基础产业越发达，该国的国民经济运行就越顺畅、越有效，人民的生活也越便利，生活质量相对来说也就越高。

在社会经济活动中，基础产业与其他产业相比，具有不同的特征。

（1）从整个生产过程来看，基础设施为整个生产过程提供"共同生产条件"。

（2）基础工业是处在"上游"的生产部门。所谓"上游"是指基础工业所提供的产品是其他生产部门（也包括本部门）生产和再生产时所必需的投入品，如能源和原材料。

（3）无论是基础设施还是基础工业，大都属于资本密集型行业，需要大量的资本投入，而且它们的建设周期比较长，投资形成生产能力和回收投资的时间往往需要许多年。

这些特点决定了基础设施和基础工业很难由个别企业的独立投资来完成，尤其在经济发展的初期阶段，没有政府的强有力支持，很难有效地推动基础设施和基础工业的发展。

2. 财政对基础产业投资方式

在计划经济时期，财政对基础产业投资的方式是无偿拨款。即财政无偿地为建设单位提供资金，不需要偿还，资金用不好也不承担任何经济责任，是一种软约束。这种投资方式导致各地方纷纷向财政部门争资金，而不注意项目的可行性研究，导致资金效益低下和大量浪费。因此，在市场经济条件下，财政要保证投资的效果，必须注意改革传统的对基础产业的投资方式。

与市场经济体制接轨的投资方式是财政投融资。市场经济国家如日本、韩国等采取这种方式发展基础产业都取得了比较好的成绩。

财政投融资具有下述基本特征。

(1) 它是在大力发展商业性投融资渠道的同时构建的新型投融资渠道。随着社会主义市场经济体制的逐步建立和完善，市场融资的份额将扩大，仅靠商业性融资很难保证国家基础产业投资需求。我国在 1994 年成立了 3 家政策性银行，由政策性金融机构进行财政投融资的统筹管理，有效形成政府投资运作机制，可以提高政府投资运作的总体效率。

(2) 财政投融资的目的性很强，范围有严格限制。概括地说，它主要是为具有提供"公共物品"特征的基础产业部门融资。换句话说，它主要是为需要政府给予扶持或保护的产品或直接由政府控制定价的基础性产业融资。随着体制改革的深化，由体制性因素形成的"公共物品"应逐步减少，市场商品的范围应扩大，许多基础工业产品在条件成熟时，价格应放开，并通过发展企业集团形式谋求发展，因此，财政投融资的范围是受到严格限制的。

(3) 虽然财政投融资的政策性和计划性很强，但它并不完全脱离市场，而应以市场参数作为配置资金的重要依据，并对市场的配置起补充调整作用。

(4) 财政投融资的方式和资金来源是多样化的。既可通过财政的投资预算取得资本金，也可通过信用渠道融通资金；既可通过金融机构获取资金，也可通过资本市场筹措资金，部分资金甚至还可以从国外获得。

(二) 农业投资

1. 农业发展与政府和财政的关系

第一，农业是国民经济的基础，自然也是财政的基础，而其中最主要表现为农业收入是财政收入的源泉。我国的农业税一向实行低税政策，但农业部门创造的价值，有相当一部分通过工农商品价格的"剪刀差"转移到相关的工业部门，而后通过工业部门上缴税收集中为财政收入。我国农村和农业的发展具有广阔的前景，农业市场存在巨大的潜力，只要农村和农业保持良好的发展势头，财政收入的持续稳定增长才有坚实的基础。

第二，在发展农业过程中，国家财力的支持不仅是责无旁贷的，而且应当说支持甚至保证农业的发展是政府和财政的一项基本职责。农业发展的根本途径是提高农业生产率，提高农业生产率的必要条件之一是增加对农业的投入，因而安排好农业投入的资金来源是一个必须解决的重要问题。

第三，政府从事农业投资的必要性，并不只在于农业部门自身难以产生足够的积累，而且生产率较低的现状难以承受贷款的负担，更重要的是许多农业投资只适于由政府来进行。农业固定资产投资，如大江大河的治理、大型水库和各种灌溉工程等，其特点是投资额大，投资期限长，牵涉面广，投资以后产生的效益不易分割，而且投资的成本及其效益之间的关系不十分明显。由于具有上述特点，农业固定资产投资不可能由分散的农户独立进行。在理论上，似乎存在着一种按"谁受益，谁投资"的原则来组织农户集资投资的可能，但由于衡量农户的受益程度十分困难，集资安排多半很难贯彻。对于此类大型固定资产投资项目来说，按地区来度量受益程度，从而分地区来负担项目费用似乎是可以做到的，但在这种安排下，地区应负担的费用多半要由地方财政安排支出，而这在概念上就已属于政府投资了。

2. 财政对农业投资的特点与范围

纵观世界各国的经验，财政对农业的投资具有以下基本特征。

（1）以立法的形式规定财政对农业的投资规模和环节，使农业的财政投入具有相对稳定性。

（2）财政投资范围具有明确界定，主要投资于以水利为核心的农业基础设施建设、农业科技推广、农村教育和培训等方面。原则上讲，凡是具有"外部效应"以及牵涉面广、规模巨大的农业投资，原则上都应由政府承担。

由于改革以来财政的放权让利改革，财政非常困难，能够投向农业的资金非常有限。因此，财政对农业的投资应该有一定的范围和重点。在市场经济条件下，政府农业投资的范围应该是具有公共物品性质的农业项目。但农业公共物品项目很多，在财政资金有限的情况下，应该把那些具有外部效应，牵涉面广（如跨地区的农业项目，可以使更多的农民从中受益）、规模大的农业公共物品作为财政投资的重点。目前在我国，农业公共物品主要包括以下几个方面。

（1）农业基础设施。如大型水利设施、农业水土保持工程等，这是农业发展的物质基础。现阶段我国农业基础薄弱，水利设施和农田基础设施老化失修、水土流失严重、生态环境恶化使农业抵御自然灾害的能力不强，严重影响了农业的发展。这些基础工程无疑属于公共物品，而且是重要的公共物品。单个农户没有能力从事这方面的投资，也难于吸引市场投资。因此，应作为政府投资农业的一个重点。

（2）农业科技进步与推广。科技是农业发展的技术基础，要实现农业经济增长方式由粗放型向集约型的转变，"科教兴国"是重要的一环。因此，财政应增加对农业科技的投入：一是要扶持农业科研单位开展农业科学研究，尤其是基础性研究和公关项目；二是增加对农业科技推广的扶持，特别要注意对粮棉油等大宗农作物的良种培育、科学栽培、节水灌溉等技术的推广进行扶持；三是要增加对农业教育与培训的经费投入，加大对农业劳动者技术培训的投入；四是要与农业生产过程的紧密结合，使农业技术进步在农业经济增长中发挥更大的作用。

（3）农业生态环境保护。农业发展与生态环境之间具有相互制约、相互促进的关系。为了使农业和生态环境之间形成良性循环并协调发展，政府应增加对绿化、治污、水土保持的防护林建设等准公共物品的投入，加大改善农业生态环境的力度。

另外，由于农业发展是一个系统工程，光靠政府投入是远远不够的，只有将政府支农纳入整个农业公共政策体系之中，通过发挥市场的力量和政府的引导作用，才能从根本上解决农业问题。农业公共政策体系应当包括以下内容：土地产权政策、农业人力资本政策、农业产业结构调整政策、财政支农政策和农产品流通政策等。

三、政府采购制度

（一）政府采购制度的含义及基本内容

1. 政府采购制度的含义

政府采购制度与政府采购是不同的两个概念。政府采购制度是指一个国家根据本国经济体制和具体国情制定的或在长期政府采购实践中形成的，旨在管理和规范政府采购行为的一系列规则和惯例的总称。政府采购,也称公共采购,是指政府及其所属机构在财政的监督下,以法定的方式和程序,从国内外市场上购买履行其职能所需要的商品和劳务的活动。政府采购不仅是指具体的采购过程,而且是采购政策、采购程序、采购过程及采购管理的总称,是一种对公共采购管理的制度,是一种政府行为。具体分析政府采购的含义如图2-6所示。

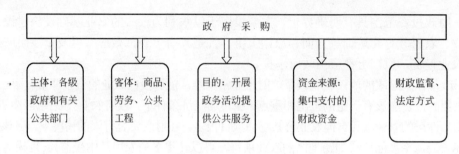

图2-6 政府采购的内涵

与政府采购相对应的另一种采购行为是私人采购。政府采购和私人采购同作为一种市场行为,其根本目标、运作程序和步骤、方法以及所遵循的一般市场规则是一致的,都追求"物有所值"和"价廉物美"的原则和目标。但同时政府采购与私人采购相比又有很大的不同。

(1) 资金来源及性质不同。政府采购是公共资金,主要是财政性资金,因此必须按法律的规定进行采购,并严格执行预算和接受审计、公众监督;私人采购是私营业主或公司法人资金。

(2) 目的动机不同。政府采购的主要目的是为了满足公务活动和公共服务的需要,没有私人(含企业)采购的赢利动机;私人采购的目的主要是为了个人享受或制造和转售,有赢利要求。

(3) 公开程度不同。政府采购过程应该在完全公开的条件下进行,一般情况下,所做的任何事情都必须有可供公开查询的记录,没有秘密可言;私人采购公开的程度相对自由,没有必要透露所有信息。

(4) 操作要求不同。政府采购程序事先应该有严格规定,应在法律和有关管理规定的限制下操作,并在采购文件中明确;私人采购相对随意、灵活。

(5) 经济影响不同。政府采购规模巨大,可以并具有至上的能力,一定程度上可以左右市场,因此采购人员有可能滥用职权,应受到公众和新闻媒体的监督,渎职、失误都要曝光;而私人采购很少有这样的影响力,往往只有重大失误或欺诈才会被曝光。

2. 政府采购制度的基本内容

政府采购制度的基本内容由以下4个方面组成。

(1) 政府采购的法律法规。政府采购的法律法规主要表现为各国分别制定的适应本国国情的《政府采购法》,该项法规包括总则、招标、决议、异议及申诉、履约管理、验收、处罚等内容。

(2) 政府采购政策。政府采购政策包括政府采购的目的,采购权限的划分,采购调控目标的确立,政府采购的范围、程序、原则、方法、信息披露等方面的内容。

(3) 政府采购程序。政府采购程序是指有关购买商品或劳务的政府采购计划的拟订、审批,采购合同的签订,价款确定,履约时间、地点、方式和违约责任等方法的内容。

(4) 政府采购管理。政府采购管理是指有关政府采购管理的原则、方式,管理机构、审查机构与仲裁机构的设置,争议与纠纷的协调和解决等内容。

(二)政府采购制度的意义

我国于 1996 年开始了国际上通行的政府采购试点工作。2002 年,第九届全国人民代表大会通过了《中华人民共和国政府采购法》,并公布自 2003 年 1 月 1 日起实施。政府采购制度的实施对提高财政资金的使用效益,加强国家的宏观调控能力,优化资源配置和抑制腐败现象具有重要作用。

第一,从财政部门自身角度来看,政府采购制度有利于政府部门强化支出管理,硬化预算约束,将市场的竞争机制引入政府消费,在公开、公正、公平的竞争环境下,充分利用买方市场的优势,降低购买成本,提高财政资金的使用效益。

第二,从政府代理人角度来看,政府采购机构通过招标竞价的方式优中选优,可以尽可能地节约资金,提高所购货物、工程及服务的质量,防止重复购置,从而进一步规范政府采购行为,有利于政府采购制度实施效率的提高。

第三,从财政部门代理人与供应商之间的关系角度来看,政府采购制度引入招投标竞争机制,使得采购实体与供应商之间合谋腐败的现象大大减少,在很大程度上避免了供应商与采购实体成为最大受益者而国家成为最大损失者的问题的出现,即通过强化制度约束机制,能够从源头上抑制腐败现象的产生。

(三)政府采购的方式

政府采购方式有两种,即招标性采购和非招标性采购。一般而言,招标性采购方式适用于达到一定金额以上的采购项目,非招标性采购方式则适用于不足一定金额的采购项目。

政府采购的方式可以归结如图 2-7 所示。

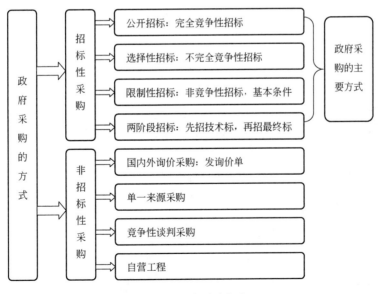

图 2-7 政府采购方式

1. 招标性采购

招标性采购，亦称竞争性招标采购，是国际竞争招标采购、国内竞争招标采购的总称，它是政府采购最常用的方式之一。竞争性招标采购有一套完整的、统一的程序，这套程序不会因国家、地区和组织的不同而存在太大的差别。一个完整的竞争性招标过程由招标、投标、开标、评标、合同授予等阶段组成，招标性采购有4种方式。

（1）公开招标。《招标投标法》第十条第二款规定：公开招标，也称无限竞争性招标，是一种由招标人按照法定程序，在公开出版物上发布招标公告，所有符合条件的供应商或承包商都可以平等参加投标竞争，从中择优选择中标者的招标方式。

（2）选择性招标。选择性招标是指通过公开程序，邀请供应商提供资格文件，只有通过资格审查的供应商才能参加后续招标，或者通过公开程序，确定特定采购项目在一定期限内的候选供应商，作为后续采购活动的邀请对象。

（3）限制性招标。限制性招标是指不通过预先发布公告程序，直接邀请一家或两家以上的供应商参加投标。限制性招标采购方式只适用于一些特殊情况。

（4）两阶段招标。两阶段招标是将国际竞争性招标和国际选择性招标相结合的一种招标方式。具体的做法是，先采用国际竞争性招标，在开标后再邀请其中几家条件好（一般报价也较低）的承包商进行第二阶段的报价，最后确定中标者。

2. 非招标性采购

非招标性采购，是指除招标性采购以外的其他采购方式。达不到招标性采购金额的大量采购活动要采用非招标性采购，有时从经济的角度考虑不适合用招标性采购的采购活动，也采用非招标性采购。非招标性采购的具体方法较多，通常使用的主要有：国内或国外询价采购、单一来源采购、竞争性谈判采购、自营工程等。

（1）国内或国外询价采购。国内或国外询价采购是指采购方向国内外有关供应商发出询价单让其报价，然后在报价的基础上进行比较并确定供应商的一种采购方式。该方式只适用于采购现货或价值较小、规格标准的设备，以及小型、简单的土建工程。

（2）单一来源采购。单一来源采购，也称直接采购，是指达到了竞争性招标采购的金额要求，但所购商品的来源渠道单一，如属于专利、首次制造、合同追加、原有项目的后续扩充等特殊情况下，只能由一家供应商供货。

（3）竞争性谈判采购。竞争性谈判采购是指采购方通过与多家供应商进行谈判，最后从中确定供应商的一种采购方式。这种方式适用于紧急情况下的采购或涉及高科技应用产品和服务的采购。

（4）自营工程。自营工程是土建工程中所采用的一种采购方式，它是指采购方不通过招标或其他采购方式而直接使用当地的施工队伍来承建土建工程。

第三节　转移性支出

转移性支出是指政府按照一定方式，把一部分财政资金无偿地，单方面转移给居民和其他受益者的支出，它体现的是政府的非市场型再分配活动。在财政支出总额中，转移性支出所占的比重越大，财政活动对收入分配的直接影响就越大。市场经济下的各国政府普遍通过转移性支出实现公平职能。转移性支出是密切关注人民生活的支出，主要包括社会保障支出和财政补贴。

一、社会保障支出

（一）社会保障与社会保障支出

社会保障是国家向丧失劳动能力、失去就业机会以及遇到其他事故而面临经济困难的公民提供的基本生活保障。社会保障作为一种经济保障形式，有两个基本特征：第一，社会保障是由政府在社会范围内组织实施的，因而不同于劳动者就业单位为职工举办的经济保障计划；第二，社会保障的受益人为公民中遇到生、老、病、残、失业等事故而亟待获得物质帮助者，这种受益人的选择性是社会保障区别于政府举办的、旨在使公民普遍受益的一般公共福利事业的重要标志。社会保障制度是经济"减震器"，又是社会公民基本生活的"安全网"，在市场经济运行中具有极为重要的意义。我国近年来一直着力于构建我国社会保障制度，这要求借鉴发达国家的社会保障的筹资模式和管理模式，针对我国传统体制下社会保障制度的弊端，进行深入的改革。

社会保障支出（The Expenditure of Social Security）是财政转移支付的重要内容，主要是指国家财政用于社会保障方面的支出，并包括非财政经费安排的社会保障支出。其内容主要包括社会保险支出和社会福利支出（包含社会救济支出或社会补助支出和社会优抚支出）两方面。

（二）社会保障制度的内容

1. 社会保险

社会保险（Social Insurance）是一种为丧失劳动能力、暂时失去劳动岗位或因健康原因面临经济困难的人口提供收入或补偿的一种社会经济制度。社会保险计划由政府举办，强制某一群体将其收入的一部分作为社会保险税（费）形成社会保险基金，在满足一定条件的情况下，被保险人可从基金获得固定的收入或损失的补偿。它是一种再分配制度，其目标是保证劳动力的再生产和社会的稳定。我国现行的社会保险运行模式是社会统筹和个人账户相结合的模式。

社会保险的内容主要包括养老保险、医疗保险、失业保险、工伤保险、生育保险、重大疾病和补充医疗保险等。

（1）养老保险。它是对达到法定年龄退出劳动领域的劳动者，为保障其基本生活需要，由社会保障基金提供的生活补偿费用。养老保险的前提是劳动者在劳动年龄阶段为社会付出了剩余劳动，做出了一定贡献，因此，在劳动者退出劳动领域之后，社会需要对其生活进行保障。在我国，养老社会保险的对象是城镇一切有收入并参加了社会养老保险的劳动者。财政拨款的行政事业单位不在其列，因为这些单位工作人员工资都来自国家财政收入，从长期来说，这部分人员养老保险资金的缴纳和给付都是同一口袋中的支出，属于国家保障性质。

（2）医疗保险。它是指劳动者因疾病、受伤或生育需要治疗时，由社会提供必要的医疗服务和物质保障的一种制度，包括基本医疗保险和大额医疗救助两个部分。医疗保险对于符合条件的被保险人，享受医疗的机会和待遇，一般实行均等的原则，医疗保险通常以医疗保险基金支付部分医疗费的形式向被保险人提供服务。

（3）失业保险。它是指国家通过立法强制实行的，由社会集中建立基金，对因失业而暂时中断生活来源的劳动者提供物质帮助的制度。它是社会保障体系的重要组成部分，是社会保险的主要项目之一。

（4）工伤保险。它是指劳动者在工作中或在规定的特殊情况下，遭受意外伤害或患职业病导致暂时或永久丧失劳动能力以及死亡时，劳动者或其遗属从国家和社会获得物质帮助的一种社会保险制度。

（5）生育保险（Maternity Insurance）。它是国家通过立法，在怀孕和分娩的妇女劳动者暂时中断劳动时，由国家和社会提供医疗服务、生育津贴和产假的一种社会保险制度，即国家或社会对生育的职工给予必要的经济补偿和医疗保健的社会保险制度。

2. 社会福利

社会福利是现代社会广泛使用的一个概念。人们根据他们各自的立场和目的给予这个概念以不同的解释。广义的社会福利是指提高广大社会成员生活水平的各种政策和社会服务，旨在解决广大社会成员在各个方面的福利待遇问题。狭义的社会福利是指对生活能力较弱的儿童、老人、单亲家庭、残疾人、慢性精神病人等的社会照顾和社会服务。社会福利所包括的内容十分广泛，不仅包括生活、教育、医疗方面的福利待遇，而且包括交通、文娱、体育等方面的待遇。社会福利是一种服务政策和服务措施，其目的在于提高广大社会成员的物质和精神生活水平，使之得到更多的享受。同时，社会福利也是一种职责，是在社会保障的基础上保护和延续有机体生命力的一种社会功能。

社会福利制度一般来讲具有 4 个特点：（1）社会福利是社会矛盾的调节器；（2）每一项社会福利计划的出台总是带有明显的功利主义目的，总是以缓和某些突出的社会矛盾为终极目标；（3）社会福利的普遍性，社会福利是为所有公民提供的，利益投向呈一维性，即不要求被服务对象缴纳费用，只要公民属于立法和政策划定的范围之内，就能按规定得到应该享受的津贴服务；（4）社会福利较社会保险而言是较高层次的社会保险制度，它是在国家财力允许的范围内，在既定的生活水平的基础上，尽力提高被服务对象的生活质量。

社会福利一般包括现金援助和直接服务。现金援助通过社会保险、社会救助和收入补贴等形式实现；直接服务通过兴办各类社会福利机构和设施实现。其主要内容有：医疗卫生服务、文化教育服务、劳动就业服务、住宅服务、孤老残幼服务、残疾康复服务、犯罪矫治及感化服务、心理卫生服务、公共福利服务等。其服务对象包括：老年人、残疾人、妇女、儿童、青少年、军人及其家属、贫困者，以及其他需要帮助的社会成员和家庭等。其服务的形式有：人力、物力、财力的帮助，包括国家、集体、个人兴办的社会福利事业的收养，社区服务、家庭服务、个案服务、群体服务等。

3. 社会救济

社会救济是指国家按照法定程序和标准，向因自然灾害或其他社会、经济原因而难以维持最低生活水平的社会成员提供财力或物质援助，以保证其最低生活需求的一种社会保障制度。主要包括自然灾害救济、失业救济、孤寡病残救济和城乡困难户救济等。国家和社会以多种形式对因自然灾害、意外事故和残疾等原因而无力维持基本生活的灾民、贫民提供救助，包括提供必要的生活资助、福利设施，急需的生产资料、劳务、技术、信息服务等。社会救济是向由于各种原因陷入生活困境中的社会成员提供最基本的生活保障的最有效方式。

4. 社会优抚

社会优抚是针对军人及其家属所建立的社会保障制度，是指国家和社会对军人及其家属所提供的各种优待、抚恤、养老、就业安置等待遇和服务的保障制度。

社会优抚是中国社会保障制度的重要组成部分，我国《宪法》第四十五条规定：国家和社会保障残疾军人的生活，抚恤烈士家属，优待军人家属。保障优抚对象的生活是国家和社会的责任。社会优抚制度的建立，对于维持社会稳定，保卫国家安全，促进国防和军队现代化建设，推动经济发展和社会进步具有重要的意义。

（三）社会保障制度的作用

社会保障制度的产生是社会经济发展的必然，它在现代社会中所起的作用表现如下。

1. 保障权利公平

公民享受教育、健康和最低生活保障的权利，在西方被统称为"福利权利"或"社会权利"，被视为对基本公民权的拓展，或社会公民权的一部分。作为社会的一员，每个人都有权享受社会保障，并有权享受他的个人尊严和人格的自由发展所必需的经济、社会和文化方面各种权利的实现。社会保障把保障每个人的生存权、发展权放在首位。享受了全民的社会保障，意味着基本生活得到了保证，从而在一个公平的起点上参与社会竞争。

2. 保障机会公平

机会公平是指任何社会成员只要符合法律规定的条件，都应被覆盖在社会保障范围内，均等地获得社会保障的机会。在中国，一些富人把穷人当作智力低下、不负责任甚至天生懒惰的人。这是不对的，中国的穷人绝大多数勤劳、本分、责任心强，他们之所以受穷在很大程度上是因为受到既得利益集团的阻挠，机会缺乏所致。社会保障制度可使他们中的悲观者前行、无力者有力，增加他们的机会，从而为他们创造一个尽可能公平竞争的起点。

3. 维护规则公平

规则公平指一视同仁，既不能对弱势群体歧视，又不能对特权阶层倾斜。通过社会保障机制，重点保护社会的极端贫困人口（即在绝对生存需求线下的群体）。因为和高收入群体相比，低收入阶层和弱势群体，从风险管理获得的保护也是最不完善的。这就意味着不实施社会保障，他们可能落入所谓"贫困陷阱"之中，形成恶性循环。

4. 调节分配公平

在市场经济下，收入和财富分配依据的是生产要素准则，即生产要素数量多、质量高者获取的收入就多；反之则少。这种收入分配制度与私有财产保护制度相结合，使得社会财富的分配出现两极分化，贫者越贫，富者越富。当财富分配的不公超过一定限度时就会导致严重的社会问题。社会保障制度的建立正是政府利用财政这一手段，实现劫富济贫、缓和财富分配不公平这一社会目标。其结果是在不影响富人生活水平的前提下，保证穷人也能享有最基本的生活。

二、财政补贴

(一) 财政补贴的含义

财政补贴,是指国家财政部门根据国家政策的需要,在一定时期内对某些特定的产业、部门、地区、企事业单位、居民个人或事项给予的补助或津贴。它是财政分配的一种形式,是国家实现其职能的一种手段。财政补贴的构成要素分别是:财政补贴的主体是国家的财政部门,其他部门或单位对其内部成员的补助或津贴都不能被认为是财政补贴。财政补贴的依据是国家在一定时期内社会、经济等方面的有关政策,或者说财政补贴是为了实现一定时期内社会、经济发展的目的。财政补贴的对象包括3个层次:一是地区,即对国家领土范围内某一地区给予补贴;二是部门、单位和个人,即对经济活动中的不同主体给予补贴;三是事项,即对社会经济生活中的某些特定事项给予补贴。由此可见,财政补贴具有针对性,而不是具有统一性、普遍性。

财政补贴不仅仅是一种特殊的财政分配形式,而且还是一种重要的经济调节手段。它通过对物质利益的调整来调节国家、企业、个人之间的分配关系,由此达到促进经济发展、引导消费结构、保持社会稳定的效果。

(二) 财政补贴的内容

财政补贴的内容可以从不同的分类角度进行考察。比如,按补贴环节来分,财政补贴包括生产环节补贴、流通环节补贴、消费环节补贴;按补贴对象划分,财政补贴可分为企业补贴和个人补贴;按补贴的经济性质划分,财政补贴又可分为生产补贴和生活补贴。根据国家预算对财政补贴的分类,目前我国的财政补贴有以下内容。

1. 价格补贴

价格补贴主要包括国家为安定城乡人民的生活,由财政向企业或居民支付的、与人民生活必需品和农业生产资料的市场价格政策有关的补贴。其目的是缓解价格矛盾、稳定人民生活。我国的价格补贴又称政策性补贴,主要包括粮棉油差价补贴、平抑物价等补贴、肉食价格补贴和其他价格补贴。价格补贴的产生,一方面是可以纠正在商品经济不发达的阶段价值规律不能正常发挥作用时而产生的不合理价格结构;另一方面政府可以在调节分配关系、维护社会稳定的过程中,对在价格改革中受损较大的经济主体给予补助;同时也可以优化资源配置,纠正市场缺陷,实现国家的宏观经济目标。

2. 企业亏损补贴

企业亏损补贴又称国有企业计划亏损补贴,主要是指国家为了使国有企业(或国家控股企业)能够按照国家计划生产、经营一些社会需要,但由于客观原因使生产经营出现亏损的产品,而向这些企业拨付的财政补贴。企业发生亏损的原因一般有两种:一种是由于企业经营决策失误或自身经营不善而导致的,称为经营性亏损;另一种是由于企业配合国家实施宏观经济政策而导致的亏损,称为政策性亏损。企业发生的政策性亏损,国家无疑要按照有关规定给予补贴,企业发生的经营性亏损,原则上应由企业自负盈亏。但在我国,由于国家对企业生产经营干预过多,致使企业的经营性亏损和政策性亏损混杂在一起,很难划清界限,而且政策性亏损往往掩盖经营性亏损;同时,由于我国国有企业所占比重大,国有企业的资产掌握在国家手中，因此在实践中，我国对部分经营性亏损也给予了补贴，这是我国企业亏损补贴的特点。

企业亏损补贴与价格补贴有所不同，主要区别在以下几个方面。

（1）价格补贴主要是以私人为直接的受益对象，基于拨给企业的价格补贴也是如此；而企业亏损补贴则是以企业为直接受益对象，尽管它也可能因为企业没破产而间接使企业的员工受益。

（2）价格补贴往往直接关系到私人的生活水准，而企业亏损补贴则往往直接关系到企业的生产经营能否持续下去。

（3）价格补贴多发生在流通环节，是向私人和商业企业提供的；而企业亏损补贴则多发生在生产环节，主要向生产企业提供。

（4）政府之所以将企业亏损补贴拨付给企业，则是为了使得企业在政府政策引起经营价格倒挂的情况下，能够弥补所需的经营费用和获得合理的利润。

3. 财政贴息

财政贴息是指国家财政对使用某些规定用途的银行贷款的企业，就其支付的贷款利息提供的补贴。它实质上等于财政代替企业向银行支付利息。根据规定，财政贴息用于以下用途的贷款：（1）促进企业联合，发展优质名牌产品；（2）支持沿海城市和重点城市引进先进技术和设备；（3）发展节能机电产品等。在具体做法上，财政贴息有半补贴和全补贴两种。

（三）财政补贴的作用

财政补贴具有双重作用。一方面，财政补贴是国家调节国民经济和社会生活的重要杠杆。运用财政补贴特别是价格补贴，能够保持市场销售价格的基本稳定；保证城乡居民的基本生活水平；有利于合理分配国民收入；有利于合理利用和开发资源。另一方面，补贴范围过广，项目过多也会扭曲比价关系，削弱价格作为经济杠杆的作用，妨碍正确核算成本和效益，掩盖企业的经营性亏损，不利于促使企业改善经营管理；如果补贴数额过大，超越国家财力所能，就会造成国家财政的沉重负担，影响经济建设规模，阻碍经济发展速度。

三、税收支出

（一）税收支出的含义

税收支出是指以特殊的法律条款规定的、给予特定类型的活动或纳税人以各种税收优惠待遇而形成的收入损失或放弃的收入。税收支出是由于政府的各种税收优惠政策形成的，因此，税收支出只减少财政收入，并不列为财政支出，是一种隐蔽的财政补贴。由于税收支出与税收征收是两个方向相反的政府政策活动，它直接引起政府所掌握的财力减少，同时使得受益者因享受政府给予的减免税政策而增加其实际收入。因此，税收支出实际上是政府的一种间接性支出，它同其他财政补贴一样，是政府的一种无偿性的转移支出，发挥着财政补贴的功能，所以被纳入政府财政补贴的范畴。具体应该从下面3个方面进行理解。

第一，税收支出在性质上是财政支出，是一种特殊形式的财政支出，属于财政补贴的范畴，它与政府的直接财政支出是有区别的。具体地讲，税收支出是采取税收豁免、优惠税率、纳税扣除、投资抵免、退税、加速折旧等形式减免纳税人的税款而形成的支出；而直接财政支出是将纳税人的税款收缴入国库后,通过财政预算安排的支出。

第二,税收支出是税法体系的有机组成部分,任何国家的税收制度都可以分解为两大部分:一部分是确保国家财政收入而设置的税基、税率、纳税人、纳税期限等条款,西方称之为"正规"税制;另一部分是为改善资源配置、提高经济效率或照顾纳税人的困难而设置的税收优惠条款,它有别于"正规"税制,是以减少纳税人的纳税义务、主动放弃财政收入为特征的。后一部分就是我们所指的税收支出。

第三,税收支出造成的税收损失与偷漏税造成的税收损失之间是有区别的。税收支出是国家为达到特定政策目标主动放弃的税收收入,而偷漏税是纳税人的一种违法行为,其结果是国家应收的税收收入没有收上来。

(二)税收支出的形式

税收支出是国家运用税收优惠调节社会经济的一种手段,根据世界各国的税收实践,税收支出的具体形式主要包括以下几种。

1. 税收豁免

税收豁免是指在一定期间内,对纳税人的某些所得项目或所得来源不予课税,或对其某些活动不列入课税范围等,以豁免其税收负担。常见的税收豁免项目:一类是免除关税与货物税;另一类是免除所得税。

2. 纳税扣除

纳税扣除是准许企业把一些合乎规定的特殊支出,以一定的比率或全部从应税所得中扣除,以减轻其税负。在累计税制下,纳税人的所得额越高,这种扣除的实际价值也就越大。

3. 税收抵免

税收抵免是指纳税人从某种合乎奖励规定的支出中,以一定比率从其应纳税额中扣除,以减轻其税负。在西方,税收抵免形式多种多样,主要的两种形式有投资抵免和国外税收抵免。两者的区别有:投资抵免是为了刺激投资,促进国民经济增长与发展,是通过造成纳税人的税收负担不公平而实现的;而国外税收抵免是为了避免国际双重征税,使得纳税人的税收负担公平。

4. 优惠税率

优惠税率是指对合乎规定的企业课以比一般较低的税率。其适用范围可视实际需要而予以伸缩。一般而言,长期优惠税率的鼓励程度大于有期限的优惠税率,尤其是那些需要巨额投资且获利较迟的企业,常可以从中获得较大的利益。

5. 延期纳税

延期纳税也称"税负延迟缴纳",是指允许纳税人对合乎规定的税收,延迟缴纳或分期缴纳其应负担的税额。该方式适用范围较广,一般适用于各种税,且通常应用于税额较大的税收上。

6. 盈亏相抵

盈亏相抵是指准许企业以某一年度的亏损抵消以后年度的盈余,以减少其以后年度的应纳税款；或是冲抵以前年度的盈余，申请退还以前年度已缴纳的部分税款。一般而言，盈亏相抵办法通常只能适用于所得税方面。

7. 加速折旧

加速折旧是在固定资产使用年限的初期提列较多的折旧。采用这种折旧方法，可以在固定资产的使用年限内早一些得到折旧费和减免税的税款。

8. 退税

退税是指国家按规定对纳税人已纳税款的退还。作为以税收支出形式形成的退税是指优惠退税，是国家鼓励纳税人从事或扩大某种经济活动而给予的税款退还。其包括两种形式，即出口退税和再投资退税。

本 章 小 结

1. 财政支出也称公共财政支出，是指在市场经济条件下，政府为提供公共产品和服务，满足社会共同需要而进行的财政资金的支付。财政支出是政府为实现其职能对财政资金进行的再分配，属于财政资金分配的第二阶段。财政支出首先是一个过程，其次是政府为履行其职能而花费的资金的总和。

2. 财政支出原则包括："量入为出"与"量出为入"相结合原则和公平与效率兼顾原则。

3. 财政支出分类依据主要有按经济性质分类、按国家行使职能范围分类、按财政支出产生效益的时间分类和按国际货币基金组织标准分类4种。

4. 财政支出规模是财政支出总量的货币表现，是衡量一个国家或地区政府财政活动规模的一个主要指标，主要从绝对量和相对量来考察。

5. 购买性支出又称消耗性支出，是指政府用于购买为执行财政职能所需要的商品和劳务的支出，包括购买进行日常政务活动所需要的或者进行政府投资所需要的各种物品和劳务的支出。按照被购买商品和劳务的消费特征，购买性支出可以分为消费性支出和投资性支出两大类。

6. 转移性支出是指政府按照一定方式，将一部分财政资金无偿地、单方面地转移给居民、企业和其他受益者所形成的财政支出，主要由社会保障支出和财政补贴组成，是政府实现公平分配的主要手段。

习 题

一、选择题

1. 政府为履行职能，取得所需商品和劳务而进行的财政资金支付，是（   ）。
A．政府预算　　　　B．财政收入　　　　C．财政支出　　　　D．财政政策

2. 当产生（　　）的结果时，是因为购买性支出增加。
   A. 劳动力的工资率降低　　　　　　　B. 社会生产萎缩
   C. 资本的利润率降低　　　　　　　　D. 国民收入增加
3. 从世界各国的情况看，财政支出总量及占 GDP 比重的变化趋势是（　　）。
   A. 绝对量增长，相对量也增长　　　　B. 绝对量下降，相对量也下降
   C. 绝对量增长，相对量下降　　　　　D. 绝对量下降，相对量增长
4. 我国现行的社会保险运行模式是（　　）。
   A. 全部为社会统筹　　　　　　　　　B. 社会统筹，企业分管
   C. 全部为个人账户　　　　　　　　　D. 社会统筹与个人账户相结合
5. 财政用于文教科学卫生方面的支出属于（　　）。
   A. 补偿性支出　　　　　　　　　　　B. 购买性支出
   C. 转移性支出　　　　　　　　　　　D. 积累性支出
6. 政府增加购买性支出，对社会的生产和就业以及国民收入分配的影响是（　　）。
   A. 对两者的影响都是直接的
   B. 对两者的影响都是间接的
   C. 直接影响社会的生产和就业，间接影响国民收入分配
   D. 间接影响社会的生产和就业，直接影响国民收入分配
7. 改革开放以来，我国各项财政支出中，增长最快的项目是（　　）。
   A. 基本建设支出　　　　　　　　　　B. 文教科学卫生支出
   C. 行政管理支出　　　　　　　　　　D. 国防支出
8. 下列关于文教科学卫生支出的表述中，正确的是（　　）。
   A. 教育属于公共产品，其支出应全部由政府财政承担
   B. 公共卫生支出应由政府财政承担
   C. 应用科学研究的经费应由政府财政提供
   D. 我国现行对事业单位的财政管理方法为全额管理
9. 农业基础设施投资主要应由（　　）承担。
   A. 农民自身　　　B. 商业银行　　　C. 社会力量　　　D. 国家财政
10. 当购买性支出增加时，其对市场价格和企业利润的影响是（　　）。
    A. 价格上升，利润提高　　　　　　　B. 价格上升，利润下降
    C. 价格下降，利润上升　　　　　　　D. 价格下降，利润下降
11. 关于购买性支出与转移性支出的经济影响的说法，正确的有（　　）。
    A. 购买性支出对企业预算约束较强　　B. 购买性支出对政府的效益约束较弱
    C. 转移性支出直接影响社会生产　　　D. 转移性支出对政府的效益约束较强
    E. 转移性支出执行收入分配的职能较强
12. 具有财政补贴性质的退税形式有（　　）。
    A. 多征退税　　　B. 再投资退税　　　C. 误征退税
    D. 提取代征手续费退税　　　　　　　E. 出口退税
13. 下列支出中，属于特殊利益支出的有（　　）。
    A. 国防支出　　　B. 教育支出　　　C. 司法支出

D. 医疗卫生支出   E. 行政支出

14. 企业亏损补贴与价格补贴之间的区别有（　　）。
A. 价格补贴是行政性补贴，企业亏损补贴是法律性补贴
B. 价格补贴的直接受益人是居民，企业亏损补贴的直接受益人是企业
C. 价格补贴的对象是商品，企业亏损补贴的对象是企业
D. 价格补贴是在分配环节上的补贴，企业亏损补贴是在生产环节上的补贴
E. 价格补贴与市场零售商品有关，企业亏损补贴主要与工业生产资料有关

15. 与企业生产效益比较，财政支出效益的特点有（　　）。
A. 计算的所费范围宽   B. 计算的所得范围宽
C. 效益考核全部采取货币指标   D. 择优的方法不同
E. 选择的时间周期不同

二、判断题

1. 近年来，我国行政管理支出占 GDP 的比重、行政管理支出占财政支出的比重呈逐年下降的趋势。（　　）
2. 通常在经济衰退阶段，转移性支出会自动降低。（　　）
3. 政府采购行为的目的是使盈利最大化。（　　）
4. 财政补贴是指国家财政为了实现特定的政治经济和社会目标，向企业或个人提供的一种补偿。主要是在一定时期内对生产或经营某些销售价格低于成本的企业或因提高商品销售价格而给予企业和消费者的经济补偿。（　　）
5. 财政支出是政府为实现其职能对财政资金进行的再分配，属于财政资金分配的第一阶段。（　　）
6. 影响财政支出规模的主要因素包括经济性因素、政治性因素及社会因素。（　　）
7. 购买性支出是指政府按照一定方式，把一部分财政资金无偿地、单方面地转移给居民和其他受益者的支出，它体现的是政府的非市场型再分配活动。（　　）
8. 在财政支出总额中，购买性支出所占的比重越大，政府所配置的资源规模就大，财政活动对生产和就业的直接影响就越大。（　　）
9. 最低费用选择法的难点在于备选方案的确定。（　　）
10. 招标性采购，亦称非竞争性招标采购，是国际竞争招标采购、国内竞争招标采购的总称，它是政府采购最常用的方式之一。（　　）

三、名词解释

1. 财政支出   2. 购买性支出   3. 转移性支出   4. 政府采购制度
5. 社会保障制度   6. 财政补贴   7. 税收支出   8. 国防支出
9. 社会保险   10. 社会福利

四、简答题

1. 试述财政支出的原则。
2. 财政支出有哪些常用分类方法？
3. 试分析财政支出不断增长的成因。
4. 一国财政支出规模应如何衡量？
5. 从经济性质上如何界定财政支出的范围？

6. 分析我国行政、国防、文教科卫财政支出的现状。
7. 分析我国社会保障制度的内容。
8. 转移性支出与购买性支出在社会经济中的地位和作用有何不同?
9. 简述税收支出的含义及其主要形式。
10. 如何正确评价财政补贴在市场经济中的作用?

案例分析

财政支出面临扩张压力

近年来,我国财政支出急剧扩张,在经济增长年均 10%情况下,财政支出增长年均约 20%。

财政扩张既是社会经济高速发展的内在要求,更来自转轨过程中各种矛盾激化和经济全球化过程中竞争白热化所构成的压力。

从经济环境来看,财政支出规模随经济的增长而扩张。我国的 GDP 近年来处于持续高速增加的阶段。根据"瓦格纳法则",当国民收入增加时,财政支出规模会以更大比例扩张;与此同时,R.A.马斯格雷夫认为随着经济发展阶段的演进,政府支出的规模逐渐扩张。而信息时代的到来,致使人们对公共产品的需求有了更宽的比较范围,纳税人对政府支出的"非理性要求"前所未有的巨大,远远大于经济发展阶段政府支出的需求增加的规模。这就是当前我国经济发展阶段演进和信息化发展背景下的财政支出环境。

地方政府之间的"经济竞争"使中央财政支出压力骤然增大。地市级政府领导人为了政绩的需要进行的"经济竞争",主要采用以下这种融资模式:把任内直接投资或担保项目贷款偿还期延迟到任外,而这些资金是政府通过借款、提供政府担保形式筹集的。结果是地方政府的或有负债和潜在负债越积越多,财政支付的潜在风险非常大。根据"李嘉图等价原理",政府发行公债的效应等同于向纳税人征税。地方政府"经济竞争"导致的债务危机是当前我国财政管理体制改革深化过程中潜在的财政支出压力。

从社会环境来看,当前我国社会结构处于全面转型时期,各种社会问题丛生。一方面,和谐社会构建过程中存在诸多社会问题,如文化教育危机、公共健康问题、收入分配问题、三农问题、环境污染问题、缩小地区之间的贫富差距问题。许多新的社会问题也会在较短时期内大量产生,如虚拟经济犯罪问题、电子商务税收流失问题、贫富差距导致的地区安全问题、人口流动与国民待遇问题。另一方面,各种社会问题纠缠在一起,解决一个社会问题必须以另一个社会问题的解决为前提,或者是多个问题一起解决才能治标治本。如"三农问题",涉及农村富余劳动力的转移、城市化建设、农村金融的稳定、农业生产方式、生产结构的提高、乡镇财政解困、农村义务教育财政支持等一系列既相互关联又错综复杂的问题。

从国际政治环境来看,国际投资环境竞争激烈。一方面,随着"北京共识"(对于我国改革开放以来的经济经验,西方学者总结中国模式的简称)持续升温,发展中国家纷纷模仿中国对外开放、吸引外资的模式,抓紧时间进行经济改革,打劳动力成本优势牌吸引国际投资。

这对我国在保证经济增长不受影响的前提下进行财政税收体制的改革造成了压力。另一方面，随着经济全球化的到来，我国的经济事务已经扩展到全世界，但是中国企业走向国际市场的过程中出现了许多不和谐的因素，政府公共财政对外经济管理事务职责的增加，要求提高涉外经济管理的财政支出规模。

（资料来源：首都经济贸易大学财政税务学院财政学精品课案例分析，http: //cz.cueb. edu. cn/page/czx/al-1.html）

问题：
我国近年财政支出急剧扩张的现象正常吗？支出效益如何？

第三章 财政收入

 导读

政府提供公共产品的过程，实际上是政府耗费或运用社会物质财富的过程。财政支出反映的是政府对于社会物质财富的支出和运用，显然，这种支出和运用要以政府占有一定的社会财力为前提，财政收入便是政府为提供公共产品而获取的可供其支配的财力。财政收入的规模、结构及其增长变化趋势，关系着一个国家经济的发展和社会的进步。财政收入分析是财政理论的重要组成部分，而进行财政收入分析的首要前提是对财政收入做出科学的分类。所以，本章将从财政收入的含义入手，着重分析财政收入的分类、规模及结构，并在此基础上进一步分析影响财政收入规模增长变化的主要因素。

 学习重点

本章的学习重点是财政收入的分类与财政收入的规模及其增长变化的影响因素。

 学习难点

本章的学习难点是对我国财政收入的现状分析，以及经济发展水平、生产技术水平、分配政策、价格等因素如何影响财政收入规模进行分析。

 教学建议

本章应主要采用理论联系实际的方式对主要内容进行讲授。要求学生在课后搜集整理有关我国财政收入的相关数据，结合所学知识进行分析。布置课程小论文，加深对财政收入规模增长变化的理解。

第一节　财政收入概述

一、财政收入的含义

财政收入又称公共收入，是指一国政府为了满足其财政支出的需要而参与社会产品分配，自企业、家庭取得的所有收入。财政收入的定义可以从不同角度加以描述，从而有了广义和狭义的区别。所谓广义的财政收入，包括政府的一切进项或收入，主要有税收收入、国债收入、国有资产收入和各种行政收入等。所谓狭义的财政收入，仅仅指政府每年的"定期收入"，即被称为"岁入"的收入，只包括税收收入和除国债外的非税收入，如规费、管理费、政府提供劳务的工本费、公产收入及国内外援助收入等。财政收入是衡量一国政府财力的重要指标，政府在社会经济活动中提供公共物品和服务的范围和数量，在很大程度上决定于财政收入的充裕状况。2011年中国财政收入103 874.43亿元，比2010年增加了20 772.92亿元，增长25%，全年财政收入首次突破10万亿，这意味着中国政府将成为全球第二富裕的政府。

财政收入对于国民经济运行和社会发展具有重要影响：首先，财政收入是国家各项职能得以实现的物质保证，一个国家财政收入规模的大小是衡量其经济实力的重要标志。其次，财政收入是国家对经济实行宏观调控的重要经济杠杆。宏观调控的首要问题是社会总需求与总供给的平衡问题，实现社会总需求和总供给的平衡，包括总量上的平衡和结构上的平衡两个层次的内容。财政收入杠杆既可以通过增收或减收来发挥总量调控作用，又可以通过对不同财政资金缴纳者财政负担大小的调整，来发挥结构调整的作用。最后，财政收入可以调整国民收入初次分配形成的格局，缩小贫富差距，是实现社会财富公平合理分配的主要工具。

为了深入研究影响财政收入的各种因素，探寻增加财政收入的主要途径，加强对财政收入的管理，需要根据各种财政收入的特点和性质，对财政收入的内容进行一定的分类。

二、财政收入分类的依据

财政收入分析可以从多个角度进行，如可以从财政收入的形式、来源、规模和结构等多个角度进行分析。而诸种分析顺利进行的首要条件是，要对财政收入作科学的分类。财政收入分类的必要性源于财政收入的复杂性。如从财政作为以国家为主体的分配活动的角度来看，应将财政收入理解为一个分配过程，这一过程是财政分配活动的一个阶段或一个环节，在其中形成特定的财政分配关系。在商品货币经济条件下，财政收入是以货币来度量的，从这个意义上来理解，财政收入又是一定量的货币收入，即国家占有的以货币表现的一定量的社会产品的价值，主要是剩余产品价值。

具有理论和实践价值的分类似乎应合乎两个方面的要求：一是要与财政收入的性质相吻合。财政收入具有两重性质：第一，财政收入是一定量的公共性质的货币资金，即通过一定筹资形式和渠道集中起来的由国家集中掌握使用的货币资金，是国家占有的以一定量的货币表现的社会产品价值，主要是剩余产品价值。第二，财政收入又是一个过程，即组织收入、筹集资金的过程，它是财政分配的第一阶段或基础环节。所以，财政收入分类应能体现这一特点。二是要同各国实际相适应。如我国是发展中的社会主义国家，经济中的所有制结构和部门结构与其他国家有较大的差别，财政收入的构成自然也与其他国家不同，财政收入的分类必须反映这一现实。按照上述分类的要求，我国财政收入分类应同时采用两个不同的标准：一是以财政收入的形式为标准，主要反映财政收入过程中不同的征集方式以及通过各种方式取得的收入在总收入中所占的比重；二是以财政收入的来源为标准，主要体现作为一定量的货币收入从何取得，并反映各种来源的经济性质及其变化趋势。

三、财政收入的分类

（一）按照财政收入形式分类

按照财政收入形式分类，是指以财政收入的形式为标准进行分类。收入依据不同，财政收入的表现形式也不同。通常，把财政收入分为税收和其他收入两大类。这种分类的好处是突出了财政收入中的主体收入，即国家凭借政治权力占有的税收。税收收入的形成依据的是国家的政治管理权，它在财政收入中占据主导地位，为一般的财政支出提供基本的资金来源，同时也是政府实施经济管理和调控的重要手段。其他形式的财政收入可以统称为非税收入，各有其特定的形成依据，反映不同的收入关系，在财政收入中所占份额相对较小。按照财政收入形式进行分类，主要应用于分析财政收入规模的增长变化及其增长变化的趋势。2015年1月1日，正式实行新的《中华人民共和国预算法》，预算中的一般公共预算收入包括各项税收收入、行政事业性收费收入、国有资源（资产）有偿使用收入、转移性收入和其他收入。

1. 税收收入

税收是政府为实现其职能的需要，凭借其政治权利并按照特定的标准，强制、无偿地取得财政收入的一种形式。通过税收筹集收入去购买及生产政府所提供的产品和服务过程中所必需的投入要素，或者在一国公民或居民间进行购买力的再分配。税收无论是在哪一种社会形态下都是国家筹集财政收入的主要来源，是一国政府的重要经济支柱。

在我国税收收入按照征税对象可以分为五类税，即流转税、所得税、财产税、资源税和行为税。其中，流转税是以商品交换和提供劳务的流转额为征税对象的税收，是我国税收收入的主体税种，占税收收入的60%多，主要税种有增值税、营业税、消费税、关税等。所得税是指以纳税人的所得额为征税对象的税收，我国目前已经开征的所得税有个人所得税、企业所得税。财产税是指以各种财产（动产和不动产）为征税对象的税收，我国目前开征的财产税有土地增值税、房产税、土地使用税、契税。资源税是指对开发和利用国家资源而取得级差收入的单位和个人征收的税收。行为税是指对某些特定的经济行为开征的税收，其目的是为了贯彻国家政策的需要，目前我国的行为税类包括印花税、城市维护建设税等。

在市场经济体制下，税收可以作为政府最有效的财政政策工具，对经济进行宏观调控，实现社会经济资源的优化配置，以达到社会经济稳步发展等目标。税收的这种经济调控职能加强了它在财政收入主要形式中的地位。目前在我国，税收收入占全部财政收入的90%左右，是财政收入的最主要形式。2016年第一季度我国税收收入情况如表3-1所示。

表3-1 2016年1—3月税收总收入和主要税种收入表

单位：亿元

税　目	收　入	增长率（%）
税收收入	32954	7.8
国内增值税	8248	6.6
国内消费税	2987	6.7
进口货物增值税、消费税	2635	-9.0
出口货物退增值税、消费税	3175	-4.9

续表

税 目	收 入	增长率（%）
营业税	5680	14.0
企业所得税	6431	5.5
个人所得税	3150	18.2
房产税	501	10.5
印花税（其中证券交易印花税）	624（356）	-5.4（-15.7）
城镇土地使用税	521	4.7
土地增值税	1127	19.9
车辆购置税	660	-14.6
关税	541	-11.1
契税	1012	15.4
城市维护建设税	1109	8.7
资源税	211	-24.6
耕地占用税	493	14.1
车船税、船舶吨税、烟叶税	199	9.7

（资料来源：中华人民共和国财政部）

2．国有资源（资产）有偿使用收入

国有资源（资产）有偿使用收入是指国家凭借对国有资产的所有权，从国有资产经营收入中所获得的经济利益。其来源是国有企业或国家参股企业的劳动者在剩余劳动时间内为社会创造的剩余产品价值。目前，国有资产收益的形式与数量，主要取决于国有资产管理体制与经营方式。国有资产收益又可以有不同的分类：（1）国有资产收益按其形成来源划分，包括经营性收益和非经营性收益。区分经营性收益和非经营性收益，可以使我们客观评价企业的经营业绩，制定相应的收益分配政策，防止分配中产生不公平现象，对不合理的收入进行限制，实施有效的收入分配调节。（2）国有资产收益按财政管理体制划分，可分为中央收益和地方收益。合理划分中央收益和地方收益，符合党的十六大提出的在坚持国家所有的前提下，充分发挥中央和地方两个积极性，建立中央政府和地方政府分别代表国家履行出资人职责，享有所有者权益、权利、义务和责任相统一，管资产和管人、管事相结合的国有资产管理体制改革的要求，有利于调动地方政府在国有资产管理中的积极性。（3）国有资产收益按初次分配的结果划分，包括企业留存收益和企业上缴收益。

国有资产收益形式取决于国家对国有资产的经营方式。目前，我国国有企业的经营方式，按照资产所有权和经营权分离的程度不同，可以分为国家直接经营、国有企业的承包经营、国有企业的租赁经营和国有企业的股份经营等。在企业的经营方式不同的情况下，其向国家上缴收益的形式和途径也不相同。在国有企业实行利改税以前，国有企业上缴利润是财政收入的一个主要形式，实行利改税以后，利润在财政收入中的比重已经变小，主要依赖于企业所得税这种形式。税收和国有企业上缴利润是两个不同的经济作用，税收体现的是国家凭借

政治权力参与利润分配关系，这是一种刚性、统一、规范化的分配关系，体现社会利益。税收利润则是国家作为生产资料所有者参与国有企业的利润分配，取得国家产权收益，这一层的分配关系是由国家和企业的财产关系派生的，其分配依据是财产权力，体现所有者利益。因此，国家和国有企业之间存在的是这样一种双重的分配关系。

3. 行政事业性收费收入

行政性收费收入是指国家机关、司法机关和法律、法规授权的机构，依据国家法律、法规和省以上财政部门的规定行使其管理职能，向公民、法人和其他组织收取的费用。例如，工商执照费、商标注册费、户口证书费、结婚证书费、商品检验费以及护照费。

4. 其他收入

其他收入在财政收入中占的比重不大，但包括的项目多、政策性强。

（1）罚没收入。罚没收入是指工商、税务、海关、公安、司法等国家机关和经济管理部门按规定依法处理的罚款和罚没品收入，以及各部门、各单位依法处理追回的赃款和赃物变价收入。

（2）国家资源管理收入。国家资源管理收入是指各单位经国家批准开采国家矿藏等资源，按规定向国家缴纳的管理费，如矿山管理费、沙石管理费等。

（3）公产收入。公产收入是指国有山林、芦苇等公产的产品收入，政府部门主管的公房和其他公产的租赁收入，以及公产变价收入等。

（4）专项收入。专项收入属于专款专用项目，同财政支出中的"专项支出"相对应。其目的是为了调动各级财政和有关部门组织专项收入的积极性，保证专项事业的发展。这项收入主要包括：征收排污费收入、征收城市水资源费收入、教育费附加收入等。

5. 转移性收入

如国际组织援助捐赠收入、对外贷款归还收入、收回国外资产收入、国有土地使用权有偿使用收入等。

（二）按财政收入来源分类

无论国家以何种方式参与国民收入分配，财政收入过程总是和该国的经济制度和经济运行密切相关。如果把财政收入视为一定量的货币收入，它总是来自国民收入的分配和再分配。经济作为财政的基础和财政收入的最终来源，对财政分配过程和财政收入本身具有决定的作用。按财政收入来源的分类，有助于研究财政与经济之间的制衡关系，有利于选择财政收入的规模和结构，并建立经济决定财政、财政影响经济的和谐运行机制。

按财政收入来源分类，包括两种不同的种类：一是以财政收入来源中的所有制结构为标准，将财政收入分为国有经济收入、集体经济收入、中外合营经济收入、私营经济或外商独资经济收入、个体经济收入等；二是以财政收入来源中的部门结构为标准，将财政收入分为工业部门和农业部门收入，轻工业部门和重工业部门收入，生产部门和流通部门收入，第一产业部门、第二产业部门和第三产业部门收入等。这种分类的目的主要是为了体现财政收入从何取得，反映各种收入来源的经济性质。

第二节　财政收入规模

一、财政收入规模的含义

财政收入规模是指一国政府在一个财政年度内所拥有的财政收入总水平。财政收入规模是衡量一国政府财力的重要指标,很大程度上反映了政府为社会提供公共产品和服务的能力。财政收入的持续增长是任何一个政府追求的目标,也是现代社会不断发展、政府职能不断扩大、财政开支不断增加的需要。

对一个国家或者一个社会而言,财政收入的规模一定要适当,既不能过大,也不能过小。如果财政收入规模过大,政府集中的财力过多,就会压缩企业与个人的生产和消费,企业不能扩大再生产,个人不能按意愿消费,市场就会走向萧条,经济就会出现萎缩,全社会的经济效率就会受到影响;如果财政收入规模过小,政府的职能受到限制,不能满足公众对公共产品的需求,同样会降低社会的经济效率。财政收入的规模既要满足政府支持的需要,又要保证经济的持续发展。因此,财政收入规模是人们关注的热点问题。

二、财政收入规模的衡量指标

财政收入规模的大小可以从静态和动态两个角度来进行分析,并分别采用两个不同的指标来描述:一是可以从静态的角度来描述,这是绝对量指标;二是可以从动态的角度来描述,这是相对量指标。

(一)财政收入规模的绝对量及其衡量指标

财政收入规模的绝对量是指一定时期内财政收入的实际数量。该指标表现了一国政府在一定时期内的具体财力有多大,因而这一指标适用于财政收入计划指标的确定、完成情况的考核及财政收入规模变化的纵向比较。衡量财政收入规模的绝对指标是财政总收入,而财政收入的绝对指标系列则具体反映了财政收入的来源、构成、形式和数量。2012 年,全国税收收入完成 110 740 亿元(不包括关税和船舶吨税,未扣减出口退税),比 2011 年增长 11.2%,增收 11 175 亿元。其中,税务部门组织收入 95 866 亿元,比 2011 年增长 11.5%,增收 9 907 亿元;海关代征进口税收完成 14 874 亿元,比 2011 年增长 9.3%,增收 1 268 亿元。全国共办理出口退税 10 429 亿元,比 2011 年增长 13.3%,增加 1 224 亿元。

(二)财政收入规模的相对量及其衡量指标

财政收入规模的相对量是在一定时期内财政收入与有关经济和社会指标的比率。该指标主要反映一国政府参与国民生产总值分配的程度(财政的集中程度)有多高,因而具有重要的分析意义,其分子根据反映对象和分析目的的不同可以运用不同口径的指标。衡量财政收入相对规模的指标通常有以下 3 个。

1. 财政收入占国内生产总值的比例

这一指标综合体现了政府与微观经济主体之间占有和支配社会资源的关系,进而影响经济运行和资源配置的力度、方式和地位等。

2. 税收收入占国内生产总值的比例

财政收入的相对规模在很大程度上可由税收收入占国民生产总值的比例体现出来。税收收入占国民生产总值的比例又称宏观税率，它是衡量一国（地区）宏观税负水平高低的基本指标。

3. 非税收入占国内生产总值的比例

非税收入占国内生产总值的比例反映了一国（地区）的国内生产总值中由政府以各种非税收入形式占有或支配的份额。

近年来我国财政收入规模情况如表3-2和图3-1所示。

表 3-2　财政收入的绝对规模和相对规模

年 份	财政收入（亿元）	财政收入占GDP的比重（%）
2000	13 395.23	13.50
2001	16 386.04	14.94
2002	18 903.64	15.71
2003	21 715.25	15.99
2004	26 396.47	16.51
2005	31 649.29	17.30
2006	39 343.62	18.79
2007	51 304.03	19.90
2008	61 330.40	19.50
2009	68 518.30	20.09
2010	83 101.51	20.70
2011	103 874.43	21.97
2012	117 253.52	22.57
2013	129 209.64	22.71
2014	140 350.00	22.05
2015	155 216.65	22.75

（资料来源：根据《政府工作报告》和《预算报告》等经济数据整理而成。中华人民共和国国家统计局，http://www.stats.gov.cn/tjsj/ndsj/2009/indexch.htm）

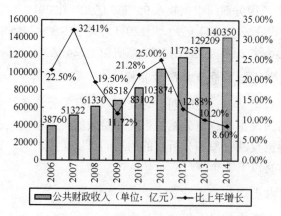

图 3-1　2006—2014年公共财政收入及其增长速度

（资料来源：数字来自中国统计年鉴2014，http://www.stats.gov.cn/tjsj/ndsj/2009/indexch.htm）

三、影响财政收入规模的因素

从历史上看,保证财政收入持续稳定增长始终是世界各国的主要财政目标,而在财政赤字笼罩世界的现代社会,谋求财政收入增长更为各国政府所重视。但是,财政收入规模多大,财政收入增长速度多快,不是或不仅仅是以政府的意愿为转移的,它要受各种政治经济条件的制约和影响。这些条件包括经济发展水平、生产技术水平、价格及收入分配体制等,其中最主要的是经济发展水平和生产技术水平。

（一）经济发展水平和生产技术水平对财政收入规模的影响

1. 经济发展水平对财政收入规模的影响

从理论上看,经济发展水平反映一个国家的社会产品的丰富程度和经济效益的高低。经济发展水平高,社会产品丰富及其净值——国民生产总值就多,一般而言,则该国的财政收入总额较大,占国民生产总值的比重也较高。当然,一个国家的财政收入规模还受其他各种主客观因素的影响,但有一点是清楚的,就是经济发展水平对财政收入的影响表现为基础性的制约,两者之间存在源与流、根与叶的关系,源远则流长,根深则叶茂。

经济发展水平对财政收入规模的影响还可以从定量角度,运用回归分析方法进行分析,回归分析是考察经济活动中两组或多组经济数据之间存在的相关关系的数学方法,其核心是找出数据之间相关关系的具体形式,得出历史数据,借以总结经验,预测未来。

假设 Y 代表财政收入,X 代表国民生产总值,最简单的回归关系是线性回归,即假定 X、Y 之间存在线性关系如下:

$$Y = \alpha + \beta X$$

式中:α 和 β 为待定系数。

由此可确定这种相关关系是否存在,如果存在,可计算出 α 和 β 值。β 值越大,财政收入和国民生产总值的相关度就越高。这里需要说明一点:尽管回归分析是一种科学的定量分析方法,但其应用也是有条件的,当有关经济变量受各种非正常因素影响较大时,应用回归分析就不一定能得出正确的结论。为了解决此类问题,在进行回归分析之前往往需要做一些数据处理,通常在数据中剔除非正常的和不可比的因素。

2. 生产技术水平对财政收入规模的影响

生产技术水平也是影响财政收入规模的重要因素,但生产技术水平是内含于经济发展水平之中的,因为一定的经济发展水平总是与一定的生产技术水平相适应,较高的经济发展水平往往是以较高的生产技术水平为支柱的。所以,对生产技术水平制约财政收入规模的分析,事实上是对经济发展水平制约财政收入规模的研究的深化。

简单地说,生产技术水平是指生产中采用先进技术的程度,又可称之为技术进步。技术进步对财政收入规模的制约可从两个方面来分析:一是技术进步往往以生产速度加快、生产质量提高为结果。技术进步速度较快,GDP 的增长也较快,财政收入的增长就有了充分的财源。二是技术进步必然带来物耗比例降低。经济效益提高,产品附加值所占的比例上升。由于财政收入主要来自产品附加值,所以技术进步对财政收入的影响更为直接和明显。随着我国改革开放的不断深入,技术进步的速度正以前所未有的态势在加快,其对我国经济增长的贡献也日益突出,并且技术进步带来的经济效益的大幅度提高,直接对我国财政收入规模产生积极的影响。因此,促进技术进步、提高经济效益,是增加财政收入首要的有效途径,在我国更是如此。

(二) 分配政策和分配制度对财政收入规模的制约

如果说经济增长决定了财政赖以存在的物质基础,并对财政收入规模形成了根本性约束,那么政府参与社会产品分配的政策倾向则确定了财政收入的水平。我国改革开放以来的财政收入变化趋势大体走出了一条马鞍形的轨迹,而同时期的 GDP 规模却是呈持续性增长态势。这说明,在一定时期内,在经济总量增长的前提下,财政收入规模(特别是相对规模)并非总是与其保持同样的变化格局。究其原因,主要是国家为适应经济改革深化的要求而调整分配政策所引起的。

制约财政收入规模的另一个重要因素是政府的分配政策和分配体制。经济决定财政,财政收入规模的大小,归根结底受生产发展水平的制约,这是财政学的一个基本观点。经济发展水平是分配的客观条件,而在客观条件既定的条件下,还存在通过分配进行调节的可能性。所以,在不同的国家(即使经济发展水平是相同的)和一个国家的不同时期,财政收入规模也是不同的。一国政府在收入分配中越是追求公平,政府进行收入再分配的力度就会越大,政府要求掌握的财力就会越多。在国民收入或者社会产品水平同等的情况下,政府再分配的力度越大,财政收入规模就会越大。从收入分配的表现形式上看,其对财政收入规模的作用有两个:一是收入分配政策能够影响剩余产品在国民生产总值的比重会越大;二是收入分配政策直接决定财政收入占剩余产品的份额。一般来说,计划经济体制国家比市场经济体制国家更强调收入分配公平,因而在剔除其他因素影响下,前者的财政规模会相对大一些。

从以上分析可以看出,在经济体制改革中调整分配政策和分配体制是必要的,但必须有缜密的整体设计,并要考虑国家财政的承受能力。改革开始以至于以后多年来对分配政策和分配体制的调整缺乏有序性,存在过急过度的弊病,削弱了财政的宏观调控能力,造成资金分散与保证国家重点建设的严重矛盾。因此,在提高经济效益的基础上,整顿分配秩序,调整分配格局,适当提高财政收入占国民收入的比重,是深化改革中应有的课题。

(三) 价格对财政收入规模的影响

财政收入是一定量的货币收入,它是在一定的价格体系下形成的,又是按一定时点的现价计算的,所以,由于价格变动引起的 GDP 分配的变化也是影响财政收入增减的一个不容忽视的因素。

价格变动对财政收入的影响,首先表现在价格总水平升降的影响。在市场经济条件下,价格总水平一般呈上升趋势,一定范围内的上涨是正常现象,持续地、大幅度地上涨就是通货膨胀;反之,则为通货紧缩。随着价格总水平的上升而财政收入同比例的增长,则表现为财政收入的"虚增",即名义增长而实际并无增长。在现实经济生活中,价格分配对财政收入的影响可能出现各种不同的情况。(1) 财政收入增长率高于物价上升率,其高出的部分为财政收入的实际增长;(2) 物价上升率高于财政收入增长率,财政收入名义上正增长,而实际上负增长,财政收入实际上是下降的;(3) 财政收入增长率与物价上升率大体一致,财政收入只有名义增长,而实际不增不减。

在现实经济生活中,价格分配对财政收入增减的影响,主要取决于两个因素:一是引发物价总水平上升的原因；二是现行的财政收入制度。

一般来说，连年的财政赤字通常是通货膨胀的重要原因。假如物价总水平的上升主要是由财政赤字引致的，即流通中过多的货币量是因弥补财政赤字造成的结果，国家财政就会通过财政赤字从 GDP 再分配中分得更大的份额；在 GDP 只有因物价上升形成名义增长而无实际增长的情况下，财政收入的增长就是通过价格再分配机制实现的。因此，财政收入的增量通常可分为两部分：一部分是 GDP 正常增量的分配所得；二是价格再分配所得。后者即为通常所说的"通货膨胀税"。

决定价格对财政收入影响的另一个因素是现行财政收入制度。如果是以累进所得税为主体的税制，纳税人适用的税率会随着名义收入增长而提高，即出现所谓"档次爬升"效应；当然也会随着名义收入下降而降低档次，从而财政在价格再分配中所得份额将有所增减。如果实行的是以比例税率的流转税为主体的税制，这就意味着税收收入的增长率等同于物价上涨率，财政收入只有名义增长，而不会有实际增长。如果实行的是定额税，在这种税制下，税收收入的增长总要低于物价上涨率，所以财政收入即使有名义增长，而实际必然是下降的。

另外，价格变动的情况不同，造成价格变动的原因不同，对财政收入规模的影响也不相同。在一定的财政收入制度下，当商品的比价关系向有利于高税商品（或行业）变动时，即高税商品价格涨幅大于低税商品价格涨幅时，财政收入会有更快的增长，即财政收入的规模将会变大；反之，当商品的比价关系向有利于低税商品（或行业）变动时，即低税商品价格涨幅大于高税商品价格涨幅时，财政收入的规模将会变小。

除了价格总水平外，价格结构性的变化也会引起财政收入的变化。因为不同商品的价格变化会引起不同部门或行业收入的变化，致使财政收入部门结构发生变化，会对财政收入规模产生影响。

第三节　财政收入结构

财政收入结构可以根据研究角度的不同和对实践分析的不同进行分析。目前，各国学者主要从财政收入分项目构成、财政收入所有制构成、财政收入部门构成等方面对财政收入结构进行分析。

一、财政收入分项目构成

财政收入分项目构成，是指按财政收入形式分析财政收入的结构及其变化趋势。这种结构的发展变化，是我国财政收入制度变化的反映。

在过去的计划经济体制下，财政收入对国有企业主要采取上缴利润和税收两种形式。由于实行统收统支体制，区分上缴利润和税收并没有实质性的意义，而且长期存在简化税制、以利代税的倾向，所以直到改革前夕的 1978 年，以上缴利润为主的企业收入项目仍占财政收入的 50%以上。改革开放后，随着经济体制改革的逐步深化，税收才逐步取代上缴利润，至今已占主导地位。1993 年的第一步"利改税"迈出了重要的一步，就是对国有企业开征企业所得税。1994 年的第二步"利改税"又将原先已经简并的工商税重新划分为产品税、增值税、营业税和盐税，同时开征或恢复了资源税等其他一些税种，这就大大增强了税收的财政收入作用和经济调节作用。为了适度集中财力，1983 年开始征集能源交通重点建设基金，1989 年开始征集预算调节基金，1991年又开始征集教育费附加。但随后对国有企业又改制并在较长一段时间内实行企业包干制。企业包干实际上就是将已经开征的国有企业所得税包干上缴，而且不是按固定比例上缴，是按包干合同分别核定每个企业上缴的金额或比例，实际上已经失去了税收的性质。但为了维持"利改税"已经取得的成果，在财政核算上仍将包干收入计入税收项下，这样在形式上维持了税收在财政收入中的主导地位。1994年，工商税实行全面改革，同时停止了能源交通重点建设基金和预算调节基金的征集，从此才最终奠定了税收在财政收入中的主导地位。1996年，各项税收占财政收入的95.3%，各项税收中工商税收占76.3%，工商税收中增值税、消费税、营业税三税共占88%，企业收入从1994年开始从财政收入项目中消失。这些数字说明，目前我国财政收入的比重逐年上升，非税收收入的比重逐年下降，直到今天，财政收入结构已发生了根本性的转变。这个转变既显示了我国三十多年改革的成果，又坚定了我国财税进一步改革的决心和信心。我国财政收入分项目构成如表3-3所示。

表3-3 中央和地方公共财政主要收入项目 （2013年）

单位：亿元

项 目	公共财政收入	中 央	地 方
合计	**129 209.64**	**60 198.48**	**69 011.16**
税收收入	**110 530.70**	**56 639.82**	**53 890.88**
国内增值税	28 810.13	20 533.81	8 276.32
国内消费税	8 231.32	8 231.32	
进口货物增值税、消费税	14 004.56	14 004.56	
出口货物退增值税、消费税	-10 518.85	-10 518.85	
营业税	17 233.02	78.44	17 154.58
企业所得税	22 427.20	14 443.86	7 983.34
个人所得税	6 531.53	3 918.99	2 612.54
资源税	1 005.65	45.34	960.31
城市维护建设税	3 419.90	176.30	3 243.60
房产税	1 581.50		1 581.50
印花税	1 244.36	455.55	788.81
其中：证券交易印花税	469.65	455.55	14.10
城镇土地使用税	1 718.77		1 718.77
土地增值税	3 293.91		3 293.91
车船税	473.96		473.96
船舶吨税	43.55	43.55	
车辆购置税	2 596.34	2 596.34	
关税	2 630.61	2 630.61	
耕地占用税	1 808.23		1 808.23
契税	3 844.02		3844.02
烟叶税	150.26		150.26
其他税收收入	0.73		0.73
非税收入	**18 678.94**	**3 558.66**	**15 120.28**
专项收入	3 528.61	406.39	3 122.22
行政事业性收费	4 775.83	278.48	4 497.35
罚没收入	1 658.77	45.43	1 613.34
其他收入	8 715.73	2 828.36	5 887.37

（资料来源：中华人民共和国国家统计局，http://www.stats.gov.cn/tjsj/ndsj）

二、财政收入所有制构成

财政收入所有制构成是指来自不同经济成分的财政收入所占的比重。这种结构分析的意义，在于说明国民经济所有制构成对财政收入规模和结构的影响及其变化趋势，从而采取相应的增加财政收入的有效措施。

财政收入按经济成分分类，包括来自国有经济成分的收入和来自非国有经济成分的收入两个方面。对财政收入作进一步细分，则有来自全民所有制经济的收入、集体所有制经济的收入、私营经济的收入、个体经济的收入、外资企业的收入、中外合资企业的收入和股份制企业的收入。我国经济以公有制为主体，国有经济居支配地位，同时允许并鼓励发展城乡个体经济、私营经济、中外合资经营企业和外商独资企业。在过去传统经济体制下，国有经济居绝对主导地位，自然财政收入主要来自国有经济。

但是，自从改革开放以来，集体经济及其他非国有经济的发展速度远远超过国有经济，在 GDP 以及工业总产值中所占的比重迅速提高，而它们所提供的财政收入的增长速度却相对缓慢，同这些经济成分的增长速度不相称。出现这种情况的原因主要有以下几点：一是税率高的企业，如石化、烟酒等行业主要还是由国有企业经营，相应的国有经济上缴的比重较大。二是改革开放以来，长期未能实现税制的统一，特别是外商投资企业能够享受到许多内资企业不能享受的税收优惠政策，目前虽有改善，但是效果并不明显。这种税收政策的倾斜，自然把重负压在国有经济身上。三是集体经济和个体经济以小型企业居多，征管难度较大，税收征管上存在抓大轻小的倾向，税收管理漏洞较大。

虽然，改革开放后，随着城乡集体经济、个体经济、私营经济的发展以及三资企业的增加和财税管理制度的进一步完善，来自这些经济成分的财政收入相应增加。国有经济上缴的收入占整个财政收入的比重也随之发生了一些变化，但国有经济作为财政收入支柱的地位基本不会改变。

三、财政收入的部门构成

财政收入部门结构分析在于说明，各生产流通部门在提供财政收入中的贡献及其贡献程度。这里的部门有双重含义：一是按传统意义上的部门分类，分为工业、农业、建筑业、交通运输业及服务业等；二是按现代意义上的产业分类，分为第一产业、第二产业和第三产业。这两种分类的依据虽然不一样，但对财政收入部分结构分析的意义却是一致的。

按照传统意义上的分类，工业和农业是国民经济中的两大部门。但是由农业部门直接提供的财政收入的比重是比较低的，一般为 5%左右。然而，农业是国民经济的基础，是其他部门赖以发展的基本条件，没有农业的发展，其他部门的发展及其所能提供的财政收入都将受到制约，从这个意义上说，农业也是财政收入的基础。农业部门提供的财政收入表现为两种形式：一种形式是直接上缴的农业（牧）税。由于我国农业的劳动生产率较低，农业部门的经济收益较低，通过税收上缴财政的只占全部财政收入中的很小一部分。2006 年，我国为了减轻农民负担，原来征收的农业税已全面取消。另一种形式是间接提供财政收入。即农业创造的一部分价值是通过为工业提供原材料，而转到工业部门来实现的。农业的丰歉，对本年度特别是下年度财政收入有重大的影响。因为农业丰歉与工业特别是轻工业部门产值的增长有密切的联系。

工业是创造 GDP 的主要部门,当然也是财政收入的主要来源。过去我国工商税收是在生产环节征收,所以工业部门提供的财政收入在整个财政收入中所占的比重较高,1985 年以前一直占到 60%以上。随着税制的改革,主要是实行增值税以后,所占比重虽有所下降,但仍占 40%左右,仍然是财政收入的主要来源。因此,加快企业改革,特别是国有大中型企业的改革,提高经济效益,减少亏损,仍然是财政收入增长的关键所在。

除工农业部门以外,其他部门对财政收入增长的贡献率在快速增长。从我国 1994 年实行税制改革以来,增值税和营业税的作用大大加强了,其中商业流通部门提供的财政收入增长迅速。另外,随着我国房地产业和各种服务业的快速发展,这些行业已经成长为我国财政收入的非常重要的来源。

现代产业结构的分类与传统的产业结构分类不同,但又是相互交叉的。现代产业结构分类可将产业结构分为第一产业、第二产业和第三产业。第一产业的生产物取之于自然,包括农业、畜牧业、林业等。第二产业的属性是取自于自然的加工生产物,包括采矿业、制造业、建筑业、煤气、电力等工业部门。以上两大产业部门都是有形物质财富的生产部门。第三产业部门则属于繁衍于有形物质财富之上的无形财富的生产部门,包括商业、金融业及保险业、运输业、服务业、公益事业等部门,简称为广义的服务业。应当说明的是,部门结构属于传统的核算方法,已经不能完全适应市场经济发展的要求,而按第一、第二、第三产业分类是我国改革后的现行核算方法的分类,更具有实际意义。在发达国家,第三产业占 GDP 的比重已达 60%以上,提供的财政收入占全部财政收入的 50%以上。目前,我国的第三产业已呈现出快速增长的势头,随着改革开放的不断深化和经济的快速发展,第三产业将以更快的速度增长,成为财政收入的重要财源。为此,必须加强对第三产业部门的管理,建立科学化、系统化的管理制度,并加强税收的征收管理,通过大力发展第三产业来进一步推动财政收入的不断增长。1978 年以来,我国财政收入的产业结构构成如表 3-4 所示。

表 3-4　我国财政收入的产业结构构成

指标	总量指标(亿元)					平均增长速度(%)		
	1978 年	1990 年	2000 年	2007 年	2008 年	1979—2008 年	1991—2008 年	2001—2008 年
国内生产总值	3 645.2	18 667.8	99 214.6	257 305.6	300 670.0	9.8	10.3	10.2
第一产业	1 027.5	5 062.0	14 944.7	28 627.0	34 000.0	4.6	4.0	4.2
第二产业	1 745.2	7 717.4	45 555.9	124 799.0	146 183.4	11.4	12.5	11.3
第三产业	872.5	5 888.4	38 714.0	103 879.6	120 486.6	10.8	10.4	10.8

(数据来源:中华人民共和国国家统计局,http://www.stats.gov.cn/tjsj/ndsj/2009/indexch.htm)

由于各个国家的产业结构总是处在不断地调整和变化中,因此,在行业间存在平均利润率作用的情况下,财政收入的部门结构分析可以通过不同部门提供的收入在全部财政收入中的比重来反映不同产业部门在国民经济中的地位,提供财政收入比重较高的部门通常在国民经济中处于较重要的地位,反之则地位较弱。这种结构状态如果与各产业在国民经济结构中的实际地位相一致,又与政府产业政策的取向基本一致,则可以维持目前政府与各部门之间的分配关系;而如果这种结构与各产业在国民经济中的实际地位不一致,则反映了财政现行分配政策上的偏向性。如果追求收入分配的中性政策，则应对现行分配政策进行调整。

本章小结

1. 财政收入又称公共收入，是指一国政府为了满足其财政支出的需要而参与社会产品分配，自企业、家庭取得的所有收入。

2. 我国财政收入主要分类方法有：按财政收入的形式、按财政收入的来源、按财政收入的管理方式分类3种。

3. 财政收入规模是指一国政府在一个财政年度内所拥有的财政收入总水平。财政收入规模是衡量一国政府财力的重要指标，很大程度上反映了政府为社会提供公共产品和服务的能力。

4. 影响财政收入规模的因素主要有：经济发展水平和生产技术水平、分配政策和分配体制、价格因素。

5. 财政收入结构可以根据研究角度的不同和对实践分析的不同进行分析。目前，各国学者主要从财政收入分项目构成、财政收入所有制构成、财政收入部门构成等方面对财政收入结构进行分析。

习 题

一、选择题

1. 政府以国家信用为依托取得的财政收入是（　　）。
   A．存款　　　　　　B．国债　　　　　　C．税收　　　　　　D．罚款

2 影响财政收入规模的因素有（　　）。
   A．经济发展水平　　B．分配政策　　　　C．价格水平　　　　D．税收征管水平

3. 财政收入规模的衡量方法（　　）。
   A．绝对规模　　　　B．相对规模　　　　C．数量规模　　　　D．质量规模

4. 财政收入实际增长是指（　　）。
   A．财政收入增长率高于物价上升率　　　B．财政收入增长率低于物价上升率
   C．财政收入增长率等于物价上升率　　　D．财政收入增长率高于GDP增长率

二、判断题

1. 预算内收入是按照国家财政、财务制度规定，不纳入国家预算，由各地区、各部门、各单位自收自支、自行管理使用的财政性资金。（　　）

2. 财政收入作为财政活动的基本阶段，是一个组织收入、筹集资金的过程。（　　）

3. 财政收入规模与财政支出规模密切相关，但在变化趋势上一般不具有一致性。（　　）

4. 一个国家取得多少财政收入也就决定了公共部门和私人部门之间的资源配置问题。

(   )

5. 在我国社会主义市场经济时期，财政收入主要是为满足全社会生产建设资金需要。(   )

三、名词概念

1. 财政收入　　2. 财政收入形式　　3. 财政收入来源　　4. 财政收入规模
5. 预算内收入　6. 预算外收入　　　7. 国有资产收益　　8. 财政收入结构

四、问答题

1. 财政收入的分类方法有哪些？
2. 财政收入有哪些形式，各自的主要特征是什么？你认为我国的哪些财政收入形式是合理的，为什么？
3. 衡量财政收入规模的指标有哪些？
4. 影响财政收入规模的主要因素是什么？
5. 如何从财政收入的产业来源角度理解财政收入结构？
6. 我国转型时期的财政收入比重为什么会先降后升？
7. 通货膨胀或通货紧缩对我国的财政收入规模各会有什么影响，作用机制分别是什么？

案 例 分 析

财政收入规模分析

财政收入的规模对财政支出的保障和宏观经济的运行具有重大意义，但财政收入持续快速增长对宏观经济和微观经济是否存在较大的负面影响成为社会关注的焦点。1978年至2015年我国财政收入增长变化情况见表3-5。

表3-5　1978年至2015年我国财政收入增长变化情况

年　份	财政收入（亿元）	比上年增长（%）	财政收入占GDP的比重（%）
1978	1 132.26	29.50	31.06
1980	1 159.93	1.18	25.52
1985	2 004.82	22.03	22.24
1989	2 664.90	13.05	15.80
1990	2 937.10	10.21	15.73
1991	3 149.48	7.23	14.46
1992	3 483.37	10.60	12.94
1993	4 348.95	24.85	12.31
1994	5 218.10	19.99	10.83
1995	6 242.20	19.63	10.27
1996	7 407.99	18.68	10.41

续表

年　份	财政收入（亿元）	比上年增长（%）	财政收入占 GDP 的比重（%）
1997	8 651.14	16.78	10.95
1998	9 875.95	14.16	11.70
1999	11 444.08	15.88	12.76
2000	13 395.23	17.05	13.50
2001	16 386.04	22.33	14.94
2002	18 903.64	15.36	15.71
2003	21 715.25	14.87	15.99
2004	26 396.47	21.60	16.51
2005	31 649.29	19.90	17.30
2006	39 343.62	24.30	18.79
2007	51 304.03	32.40	19.90
2008	61 330.40	19.50	19.50
2009	68 518.30	11.70	20.09
2010	83 101.51	21.30	20.70
2011	103 874.43	25.00	21.97
2012	117 253.52	12.88	22.57
2013	129 209.64	10.20	22.71
2014	140 350.00	8.60	22.05
2015	155 216.65	5.80	22.75

（数据来源：根据《政府工作报告》和《预算报告等》经济数据整理而成，中华人民共和国国家统计局，http://www.stats.gov.cn/tjsj/ndsj/2009/indexch.htm）

问题：

根据表中数据和实际查找资料，分析我国财政收入规模变化以及原因？重点关注最近 5 年引起财政收入增速下降的原因？

第四章

国债原理与制度

 导读

国债作为一国中央政府的债务，是一种为弥补财政赤字而筹集的资金，本身既有天然的财政属性，又有附带的金融属性。本章主要介绍国债的含义与特征，国债的产生及发展，国债的发行和偿还，国债负担以及国债市场等相关原理与制度。掌握这些原理与制度的基本内涵，是学习本章的主要目的。

 学习重点

本章的学习重点是国债的功能，国债负担的含义，国债规模的衡量以及国债市场的功能。

 学习难点

本章的学习难点是国债负担的内涵以及国债负担数量界限的衡量。

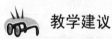 教学建议

本章内容主要采用理论分析和案例分析相结合的方法讲解有关国债的基本理论与基本知识。让学生课下登录相关网站，了解当前我国国债业务开展情况。

第一节 国债概述

一、国债的含义与特征

（一）国债的含义

国债是指国家或政府以债务人的身份，采取信用的方式，向国内外取得的债务。它是国家财政收入的一种特殊形式，是政府调节经济的一种重要手段。政府在发行国债后，与一般的债务人一样，是需要偿还的，政府偿还国债的资金最终来源还是税收。从这个意义来说，国债是一种变相的、延期缴纳的税收。

对于国债的概念可以从 3 个方面来理解。其一，国债是国家（政府）信用的主要形式。政府的财政分配活动一般采取无偿的方式，但不排除在一定情况下采取有借有还的信用方式。国家（政府）信用，是指国家（政府）以债务人或债权人身份，运用信用方式筹集财政收入

和运用财政支出。在我国,国债是国家信用的最主要形式。其二,国债是财政收入的一种特殊形式。因为不论是发行债券还是借款,都意味着财政收入的增加,所以国债是筹集财政收入的一种手段。同时,国债不同于具有强制性和无偿性的税收和罚没收入。其三,国债是政府掌握的重要经济杠杆之一。在当今世界各国,国债的作用已经不仅仅是局限于平衡财政预算,弥补财政赤字,它还是政府调节经济,实行宏观调控,促进经济稳定和发展的一个重要经济杠杆。

(二)国债的特征

1. 国债的财政特征

国债作为政府财政收入的一种重要形式,与政府的税收相比较,具有如下特征。

(1)自愿性。自愿性是指国债的发行或认购建立在认购者自愿承购的基础上。认购者是否认购、认购多少,完全由认购者自主决定,国家不能指派具体的认购人,这与税收的强制性有区别。

(2)有偿性。有偿性是指对政府而言,通过发行国债筹集的财政资金是一种负债,必须按期偿还。除此之外,政府还要按事先规定的认购条件向债权人支付一定数额的暂时让渡资金使用权的报酬,即利息。

(3)灵活性。灵活性是指国债发行与否以及发行量的多少,一般由政府根据财政资金的余缺状况和社会承受能力灵活地加以确定,而非通过法律形式预先规定。国债这一灵活性特点与税收的固定性有区别。

2. 国债的金融特征

国债属于财政范畴的同时,在现实中又是一种金融商品。国债作为一种特殊的债券,其特殊性主要表现在以下几个方面。

(1)安全性高。国债是政府发行的债券,由政府承担还本付息的责任,是国家信用的体现。在各类债券中,国债的信用等级通常被认为是最高的,投资者购买国债,是一种较安全的投资。

(2)流通性强。国债是一国政府的债务,它的发行量一般都非常大。同时,由于国债的信誉高,竞争力比较强,市场属性好,所以,许多国家国债的二级市场十分发达。发达的二级市场为国债的转让提供了方便,使其流通性大大增强。

(3)收益稳定。投资者购买国债,可以得到一定的利息。国债的付息由政府保证,其信用度最高、风险最小,因此,对于投资者来说,投资国债的收益是比较稳定的。此外,假如投资者认购国债后到二级市场上转让,因国债的本息多数固定并有保障,所以其转让价格一般不会像股票那样容易出现大的波动,转让双方也能得到相对稳定的收益。

(4)免税待遇。国债是政府的债务,为了鼓励人们投资国债,大多数国家规定对于购买国债所得的收益,可以享受税收上的免税待遇。这使国债与其他收益证券相比有了免税优势。

二、国债的种类

国债的类型较多,可根据研究问题的需要而采用不同的分类标准。其分类标准主要有以下几种。

（一）按国债发行主体分类

从国债的发行主体来看，国债可以分为中央政府国债和地方政府国债。中央政府国债列入中央政府的预算，主要用于弥补财政预算的赤字，既可以用于经常性支出，又可以用于资本性支出。地方政府国债原则上不可以用来弥补财政预算的赤字，一般用于特殊目的的地方性受益的资本性支出。

（二）按偿还期限分类

按偿还期限的长短，国债可以分为短期国债、中期国债和长期国债。但国债期限的划分并无统一的标准。大多数西方国家认为，偿还期限在1年以内的国债称为短期国债；偿还期在1年以上10年以内的国债称为中期国债；偿还期限在10年或10年以上的国债称为长期国债。

（三）按发行地域分类

按发行地域分类，国债可以分为国内债券（简称内债）和外债。内债是政府以债务人身份向本国境内的居民或单位发行的国债。内债是一国国债的主要组成部分，外债是政府在国外举借的债务。从世界各国经济发展历史看，一国往往因本国游资有限，内债不足应付所需，而向外国借债。外债是一国国债总额中不可或缺的组成部分，但所占比例要低于内债。

（四）按国债利率的形式分类

从国债的利率形式来分，国债可分为固定利率国债和浮动利率国债。固定利率国债是国债采用的一般形式，指的是票面利率固定，到期按票面利率计息，不受经济形势的影响。浮动利率国债指的是国债发行时对票面利率不予固定，随着经济形势的变化，政府决定票面利率的多少，这在通货膨胀时期有利于政府推销国债。我国在通货膨胀时期，曾对国债实行保值补贴，实际上就是一种浮动利率国债，目的是不使购买国债者因通货膨胀而遭受损失。

三、国债的功能

国债作为一种财政收入的形式，它的出现在历史上要比税收晚得多。从国债的产生和发展的历史角度来分析，国债的功能主要有以下3个方面。

（一）弥补财政赤字

随着社会经济的发展，政府职能不断扩大，财政支出也日益增加，按照以往的做法，仅仅依靠税收已经不能满足政府支出的需要，只能采取借债的方法来补充财政资金的不足，国债由此而产生。因此可以看到，国债本身就是与财政赤字相联系的财政收入形式，是作为弥补财政收支差额的来源而产生的。弥补财政赤字是国债最基本的功能。

弥补财政赤字一般有3种形式：增加税收，向中央银行透支或发行货币，举借国债。以发行国债的方式弥补财政赤字，一般不会影响经济发展，可能产生的副作用也很小。这是因为：第一，发行国债只是部分社会资金的使用权的暂时转移，使分散的购买力在一定期间内集中到国家手中，流通中的货币总量一般不会改变，一般不会导致通货膨胀。第二，国债的认购通常遵循自愿的原则，通过发行国债获取的资金基本上是社会资金运动中游离出来的部分，也就是企业和个人闲置不用的资金，将这部分资金暂时集中使用，当然不会对经济发展产生不利的影响。

当然，对国债弥补财政赤字的功能不能绝对化，不能把国债视为医治财政赤字的灵丹妙药。这是因为：一方面，财政赤字过大，导致债台高筑，还本付息的压力又会引致赤字的进一步扩大，互为因果，最终会导致财政收支的恶性循环。另一方面，社会的闲置资金是有限的，国家集中过多往往会侵蚀经济主体的必要资金，从而降低社会的投资和消费水平。

（二）筹集建设资金

举债弥补赤字只是临时性的，扩大建设规模才是国债发行的主要目的。从国债发行方式、目的和用途上看，许多国家在发行国债时对国债的目的和用途有明确的规定，有的国家还以法律形式对国债的发行进行约束。我国 20 世纪 50 年代发行的"国家经济建设国债"和 80 年代中期发行的一些国债就明确规定了发行的目的是为了筹集建设资金。从国债收入的性质上看，国债筹集建设资金的功能，隐含着国债可以是稳定的、长期的收入，国家发行国债就可以在经常性收入之外安排更多的支出。国债作为稳定的、长期的财政收入是可行的。（1）社会资金的运动是一个连续不断的过程，而在这一过程中游离出的闲散资金也是持续和稳定的，发行国债具有可靠的来源保证。（2）国债发行遵循自愿认购和有借有还的信用原则，容易为社会接受。（3）世界各国的经济发展程度不同，资金占有量及充裕程度也不同，因而不仅可以发行内债筹集本国资金，还可以发行外债引进其他国家资金。

（三）调节国民经济的发展

随着社会的发展、国家职能的不断扩大，对国民经济实施管理已经成为国家的重要任务。适时适当地利用国债政策，可以有效地调节和影响国民经济的发展。发行国债意味着政府集中支配的财力的增加，而国债收入投放方向的不同，对社会经济结构的影响也不相同：用于生产建设，将扩大社会的积累规模，改变既定的积累与消费的比例关系；用于消费，则扩大社会的消费规模，使积累和消费的比例关系向消费倾斜；用于弥补财政赤字，就可以平衡社会总供给和社会总需求关系等。国债调节国民经济的作用主要表现在以下两个方面。

（1）国债作为一种财政政策手段，可以发挥调节社会总供给与总需求的功能。从对社会总供给的影响来看：一方面，国债有利于增加社会总供给，不管是内债还是外债，只要运用得当，投入社会再生产过程，就能促进经济增长，扩大未来的社会产出，从而扩大社会供给总量。另一方面，用国债资金进行政府投资，可以调节投资结构，促进产业结构调整，优化供给结构。国债的宏观调控功能更主要地表现在对社会总需求的调节上。一方面，国债能从多个角度调节社会需求总量。另一方面，当国债的来源和运用不同时，就会改变社会需求结构。因此，政府可以根据不同时期的经济状况，灵活地运用国债，以实现社会总供给和社会总需求在总量上和结构上的平衡。

（2）国债可作为货币政策工具，发挥调节经济的功能。国债不仅是财政政策手段，而且也是货币政策的工具。存款准备金、再贴现和公开市场业务被称为中央银行实施货币政策的三大法宝。其中，公开市场业务是中央银行运用最频繁的日常管理手段。中央银行通过公开市场操作，买卖有价证券，吞吐基础货币，不仅可以有效地调节商业银行的流动性，而且还会对利率结构产生影响，从而影响整个社会的信用规模与机构。由于短期国债具有安全性好、流动性强的优点，成为各国中央银行进行公开市场业务的首选工具。

四、国债的产生与发展

国债是在私债的基础上产生和演变而来的,并随着资本主义的发展,国债获得了制度上的确立与发展。

(一)国债的产生

根据苏联大百科全书《国家国债》记载,公元前 4 世纪,古希腊和古罗马出现了国家向商人、高利贷者和寺院借债的情况,这是有关国债的最早记载。不过,古代社会的国债是少量的、偶然的。现代意义上的国债制度是在封建社会末期,随着资本主义生产关系的产生和发展而建立起来的。

12 世纪末期,在当时经济极为发达的意大利城市佛罗伦萨,其政府曾向金融业者筹集国债,其后热那亚和威尼斯等城市相继效仿。在 14 世纪和 15 世纪期间,意大利各城市政府几乎都发行了国债。15 世纪末 16 世纪初,随着美洲新大陆的发现和欧洲去往印度航路的开通,资本主义生产关系有了很大发展,国债也随之发展起来。16 世纪和 17 世纪上半叶,欧洲各国面临严重的金融问题和财政困难,政府举债此时已成为一种经常现象。政府发债的原因很多,而且在不同年代发债的动因各不相同,概括起来有以下 3 点。

第一,从政府的支出需求看,资本主义国家的对外扩张引起了财政支出的过度膨胀,迫使资本主义国家不得不扩张国债的规模。

第二,从发行的物质条件来看,充裕的社会闲置资金是发行国债的物质条件,只有在商品货币经济发展到一定水平时,社会上才会有充足和稳定的闲置资金。资本主义制度下生产力的巨大发展和经济增长促使社会闲置资金规模不断扩大,给国债发行提供了大量的、稳定的资金来源。

第三,资本主义时期金融机构的发展和信用制度的完善为发行国债提供了必需的技术条件。

(二)国债的发展

现代意义上的国债制度的确立和发展,是在资本主义取得政权以后。国债的发展时期可以划分为自由资本主义时期和垄断资本主义时期两个发展阶段。

1. 自由资本主义时期的国债发展阶段

这一阶段的国债是随着西欧资本主义列强的先后崛起而不断发展的。16 世纪末,资本主义列强国荷兰为顺应当时国内资本充斥的情况,并使资本家获得更多利息,也为满足自身对海外扩张的支出需要,政府发行了大量国债。到 17 世纪末,荷兰经济地位被英国取代,国债的发展就转向了英国。至 1856 年财政年度,英国国债总额已达 8.08 亿英镑,不过,以后随着减债基金的实施和财政实际盈余的专门偿债,英国国债的数额也逐渐减少并稳定下来。

2. 垄断资本主义时期的国债发展阶段

在垄断资本主义时期,为延缓和克服频繁出现的经济危机,垄断资产阶级利用扩大国债的发行数量来应对危机。以美国为例,1930 年爆发世界经济危机,美国不得不施行扩大财政支出的罗斯福新政,迫使美国政府举借大量国债,从而使得 1930 年到 1939 年的联邦政府债务总额高达 404 亿美元。接着,第二次世界大战又将美国国债推向了一个新的高峰,美国国债在 1941 年为 563 亿美元，到 1945 年二战结束时猛增到 2 587 亿美元。二战后，刺激经济发展的赤字财政政策和庞大的军费供应仍是美国国债迅速增长的主要原因。2011 年，美国国债总额达到了 140 000 亿美元，美国已经踏上"财政悬崖"。根据美国白宫预算办公室（CBO）预计，如果以目前每天增加 35 亿美元新债的速度增长，美国政府的债务总额将会在 10 年后飞涨至 26 万亿美元，而到 2035 年，美国联邦债务将占 GDP 的 180%，财政体系将处于崩溃的边缘。

（三）我国国债的形成与发展

我国国债在近代经历了一个曲折的过程。首先，作为国债重要组成部分的外债，是伴随着西方列强对中国的军事侵略和掠夺而来的。从 1853 年到 1949 年的近百年中，旧中国的历届政府共借外债约 62.5 亿元。其次，旧中国的国内举债经历了清政府时期、北洋军阀政府时期和国民党政府时期，除清政府三次国内发债失败以外，后二者均进行了资本主义方式的举债。这些国债主要应用于战争费用、军政开支和官僚资本的建立，变相掠夺和吸纳了广大人民的大量财富。

新中国成立以来，我国对国债政策的认识与运用也经历了一个曲折的过程。这一过程大致可分为以下 3 个阶段。

第一阶段：改革开放以前。

从总体上看，这一阶段国债政策的作用没有得到充分发挥。在这一阶段，我国共筹集国债资金 92.77 亿元，这些国债资金都是 20 世纪 50 年代筹集的，为国民经济恢复和国家重点建设发挥了作用。但 1958 年，我国停止了内债和外债的发行，并于 1965 年还清外债、1968 年偿清了全部内债，1969 年 5 月 11 日《人民日报》宣布我国成为既无内债又无外债的国家。这是由我国当时所处的国内外经济环境决定的。

第二阶段：从 1981 年到 1995 年。

这一阶段利用国债筹集建设资金的功能正式确立和运用。在这一阶段，由于放权让利改革，致使财政支出增加较多，出现了财政赤字，于是，政府利用国债政策筹集资金来弥补赤字。经过几年的探索和实践，人们逐步认识并确立了国债是财政筹集建设资金的重要手段之一。与此同时，我国国债流通市场建设也在迅速发展。1988 年，在哈尔滨等七大城市进行了建立国债流通市场的首批试点。到 1991 年，又将国债流通转让市场开放到地市级以上城市，加上同时进行的国债承购包销试验的成功，标志着我国国债市场初步形成。国债市场的发展为国债规模的扩大提供了便利条件。

第三阶段：从 1996 年至今。

这一阶段国债政策的宏观调控功能正式确立。在这一阶段，在继续发挥国债政策筹资功能的基础上，国债政策的宏观调控功能开始发挥。1996 年 4 月 9 日，中国人民银行首次向 14 家商业银行总行买进 219 亿元面值的国债，我国国债政策作为宏观调控重要手段的功能正式确定。至此，我国国债政策实现了由单一筹资功能向具有筹资与调控双重功能的转变。1988 年，我国国债政策首次以筹资与调控双重身份登上宏观调控的大舞台，作为积极财政政策的核心唱上了主角。国债的发行及其利用不但部分地解决了各项经济建设和社会事业发展缺少资金的问题，而且本身也成为政府调控宏观经济的重要政策工具。

第二节　国债发行与偿还

国债发行与偿还是中央政府举借国债的重要环节。科学地发行与偿还国债不仅会大幅度减少政府的筹资成本，而且还会从起步开始促进国债市场发展。

一、国债的发行

国债的发行涉及国债发行的价格和国债发行的方式。

（一）国债的发行价格

受国债供求关系的影响，国债的发行价格围绕国债票面价值上下波动，会有平价发行、折价发行和溢价发行 3 种情况。

1. 平价发行

平价发行是指按国债标明的票面金额出售，政府按票面金额取得收入，到期按票面金额还本。国债发行收入与偿还本金支出相等，有利于政府财政收入的计划管理和财政预算的顺利执行。

政府债券按照票面值出售，必须有两个前提条件：一是市场利率要与国债发行利率大体一致。如市场利率高于国债利率，按票面值出售便无法找到认购者或承购者。市场利率低于国债利率，按票面值出售，财政将遭受不应有的损失。二是政府的信用必须良好。唯有在政府信用良好的条件下，人们才会乐于按票面值认购，国债发行任务的完成才能有足够的保障。

2. 折价发行

折价发行就是按低于票面金额的国债发行价格出售。政府按低于票面金额的折价取得收入，到期按票面金额还本。国债发行收入低于偿还本金的支持，这对于国家财政不利，甚至还会影响市场利率的稳定。

债券的发行价格低于票面值的原因是多种多样的：压低发行价格比提高国债的利息率更能掩盖财政拮据的实际情况，不致引起市场利息率随之上升而影响经济的正常发展；在发行任务较重的情况下，为了鼓励投资者踊跃认购而用减价的方式给予额外利益，是更重要的原因。

3. 溢价发行

溢价发行就是按高于票面金额的国债发行价格出售，政府按高于票面金额的溢价取得收入，到期按票面金额还本，国债发行收入高于偿还本金的支出。但溢价发行偿还期长，利息支出有可能与收入相抵，不利于未来财政收入的计划管理和财政预算的顺利执行，另外也有损国家信用，不利于今后国债的发行。

政府债券能按高于票面值的价格出售，只有在下述两种情况下才能办到：一是国债利息率高，高于市场利息率以致认购者有利可图；二是国债利率原与市场利率大体相当，但当债券出售时，市场利率出现下降，以致政府有可能提高债券出售价格。

比较上述 3 种发行价格，从政府财政的角度看，第一种发行价格即平价发行可以说是最为有利的。首先，采用这种价格发行国债，政府可按事先规定的票面值取得预期收入，又按此偿还本金,除需按正常的利息率支付一定的债息外,不会给政府财政带来额外负担。其次,按照票面值出售债券,不会对市场利率带来上涨或下降的压力,抛开政府经济政策的因素不论,这是有利于经济的稳定的。而且,债券面额与发行价格一致,还有助于避免债券的投机之弊。第三种发行价格即溢价发行,虽可在发行价格上为政府带来一些价差收入,但因溢价只有在国债利率高于市场利率的情况下才能办到,财政也要为此承受高利支出,而且,由于其收入不规则,也不利于财政收支的计划管理。至于第二种发行价格即折价发行,则既不能为财政按票面值带来预期收入,偿还本金支出又要大于实际国债收入,而且还有可能影响市场利率的稳定,对财政更为不利。

(二)国债的发行方式

1. 承购包销方式

承购包销方式,是由拥有一定规模和较高资信的中介机构组成承购包销团,按一定条件向财政部门直接承购包销国债,并由其负责在市场上转售,未能售出的余额均由承销者自行认购。

承购包销方式的特征是:第一,这种方法通过承销合同确定财政部门与承销团体的权利和义务,双方不是代理关系而是买卖关系,两者在确定发行条件方面是平等的,承销团体承担推销的风险。第二,发行价格和利率一般由政府与承销团体通过讨价还价协商决定,或由政府根据市场价格和利率单方面决定,较为符合资金的市场供求状况。目前,日本、德国、加拿大等国比较多地采取这一方式,这也是我国 20 世纪 90 年代中后期的主要发行方式之一。

2. 公募拍卖方式

公募拍卖方式也称公开招标方式,是指财政部门事先不规定国债的发行价格或发行利率,由投标人直接竞价,然后财政部门根据投标所产生的结果来发行国债。中标者既可以按一定的价格向社会转售,也可以自己持有国债成为国债认购者。公募拍卖方式根据所竞标的物不同,分为价格招标和收益率招标。价格招标是指以国债的发行价格作为标的物的招标发行方式。在价格招标方式下,国债的利率与票面价格之间的联系固定不变,投标者根据固定利率及对未来金融市场利率变化的预期进行投标,投标价格可低于面值,也可高于面值。所有中标者根据各自不同的投标价格购买国债的招标方式称为美国式招标,所有中标者都按统一价格购买国债的招标方式称为荷兰式招标。收益率招标是指以国债的实际收益率为标的物的招标发行方式。在收益率招标方式下,财政部门只确定发行规模和票面价格,发行国债的收益率由投标者投标确定,财政部门从报出的最低收益率开始依次选定认购者,直至完成预定的发行量。

3. 直接发行方式

直接发行方式亦称承受发行法,是指财政部门直接与认购者谈判出售国债的推销方式。直接发行方式的主要特征是:第一,推销机构只限于政府的财政部门,如财政部,由它们直接与认购者进行交易,而不通过任何中介或代理机构。第二,发行对象主要限于机构投资者,如商业银行、储蓄银行、保险公司、社会保险基金等。第三,发行条件通过直接谈判确定,即在国债销售之前,由政府召集各机构投资者分别就国债发行的利息率、出售价格、偿还方法、期限等条件进行谈判并协商确定。直接发行方式主要用于某些特殊类型国债的推销。

4. 连续经销方式

所谓连续经销方式，是指财政部门通过金融机构或邮政系统的网点持续卖出国债的方式。连续经销方式的特征是：第一，财政部门与金融机构或邮政系统是一种代理关系，财政部门按代销额的一定比例向代理销售机构支付委托手续费，代理销售机构不承担任何推销的风险。第二，发行条件可以灵活调整，即发行之前政府不预先规定国债的发行利率和发行价格，而是可以在经销期间根据市场行情变化相机抉择。第三，经销期限不限定，代理销售机构可以持续经销，直至完成预定的发行数量。

从实践来看，各国很少只采用一种国债发行方式，往往是几种方式并用，即采取所谓的组合发行方式。

二、国债的偿还

国债的偿还是指国家依照信用契约，对到期国债支付本金和利息的过程，它是国债运行的终点。国债的偿还主要涉及两个问题：一是偿还的方式；二是偿还资金的来源。

（一）国债的偿还方式

因国债的种类不同，其还本付息的方式也不尽相同。下面重点介绍几种国债的还本付息方式。

1. 期满一次偿还法

期满一次偿还法又称一次性还本付息法，即按照国家发行时约定的偿还期限，到期后一次偿还全部本息的一种偿还方法。采用期满一次偿还法的优点是国家债券还本管理工作简单，易于操作，且不必为国家债券的还本付息频繁地筹集资金，同时也便于持券者计划安排资金投向；缺点是国家集中一次性偿还国债本息，有可能造成国家财政支出的急剧增加，给中央财政带来较大的压力，同时增加了社会的资金运转量，容易引起资金市场的波动，不利于国家经济的发展。

2. 抽签分步偿还法

抽签分步偿还法，是指在国债偿还期内，分年度确定一定的偿还比例，由国家对中央政府的债券还本采取定期专门抽签的方法，确定各次归还债券的号码，如约偿还，直到偿还结束，全部国债中签偿清为止的一种方式。抽签分为一次性抽签和分次抽签两种。一次性抽签是对国家发行的某个时期债券，在它到期前的某个时间举行抽签仪式，集中把各个年度每次还本债券的号码全部抽出来，通过新闻媒介或其他方式将中签号码公布，通知债券持有者。分次抽签是对国家发行的某个时期的国债，按分批还本的次数定期抽签，以确定还本债券的号码，分几批还本就分几次抽签。

3. 分期还本偿还法

分期偿还法，是指中央政府对一种债券规定几个还本期，每期按一定比例还本，直至债券到期为止，本金全部偿还完毕。分期还本偿还法可以分散国债偿还对国库的压力，避免集中偿还可能给中央财政带来的困难，对政府发行的国债产生一种较强的债务约束；同时，分期还本偿还法还可以满足投资者对不同流动性的需求。但该方法由于在国债发行之初就规定了偿还顺序及额度，是强制性偿还制度下缺乏灵活性的一种还本付息方法；同时，由于国债偿还期限不同，收益率也会不同，从而人为造成债券市场价格的不稳定；而且该方法手续繁杂，工作量大，对偿债机构和债券持有者都不方便，故较少采用。

4. 提前偿还法

提前偿还法又称市场购销偿还法或买销法，是中央政府在市场上按照国债行市，适时购进国债，从此在该债券到期前逐步清偿，以致这种国债期满时已全部或绝大部分被中央政府持有。该方法实际上是以间接方式进行的还本付息，因而又称间接偿还法。它主要适用于各种期限的上市国债，并以短期国债为主，而且一般以自由性偿还制度为前提。在自由性偿还制度下，政府可以从债券市场上选择合适的国债种类，以市场价格适量购入。

（二）国债偿还资金的来源

国债的偿还，需要有一定的资金来源。偿还债务的资金来源主要依靠税收收入、预算盈余、偿债基金及债务收入等。

1. 税收收入

一般来说，在一国的财政收入中税收收入相对稳定，因此，以税收收入作为偿债的资金来源比较稳定可靠。具体而言，税收收入作为偿还国债的最基本的资金来源，理由在于：（1）税收收入是政府财政收入的主要来源。尤其是在现代，几乎所有国家税收占财政收入的比重都非常高。（2）从国债的使用来看，国债无非是用来弥补政府财政赤字或是用于建设，弥补财政赤字的资金理应来源于税收，如果因基础性、公益性的项目建设而发行债券，政府并不能直接取得收入，这部分国债最终还需要用税收来偿还。另外，在平衡预算下，以税偿债不会影响市场货币总量，也不会影响市场物价总水平。

2. 预算盈余

预算盈余是国家预算执行结果收大于支的余额，即财政结余。以财政结余作为偿债资金的来源，就是用上年的财政结余来支付本年应偿还的国债本息。事实上，财政结余是一种潜在的偿债资金来源，现实可行性并不大。首先，从财政结余的使用方向上看，财政结余一般首先用于财政储备，弥补投资不足，兴办社会事业等，偿还国债并不是财政结余的第一位的使用方向。其次，财政结余作为偿债资金的来源，每年能够偿还国债本息的规模直接取决于财政是否结余和结余多少。当今世界多数国家的政府都存在财政赤字，很少出现财政结余的年份，以财政结余作为偿债资金来源，在许多国家已经没有多少现实意义。

3. 偿债基金

偿债基金是一种政府设立的专门用于偿还债务的资金。政府每年根据预算安排，从国库中拨出一部分资金，用以收买国债。如果买回的国债未到期，仍然计算利息，此项利息连同次年国库新拨出的资金一起再并入偿债基金之中，继续收买国债。这样可以通过复利积累，使债务不致对政府形成太大的压力，甚至可以提前偿清债务。在国债尚未还清之前，每年的预算拨款不能减少，以逐年减少债务。因此，偿债基金又称为减债基金。设立偿债基金为国债的偿还提供了稳定的资金来源，可以平衡各年度的偿债负担，使偿债能够有计划地进行。从短期看，设立偿债基金会减少政府当期的可支配收入；从长期看，国债发行和偿还连年滚动，偿债基金可以起到均衡各年偿债负担的作用。从债务管理角度而言，建立偿债基金后，可以把债务收入和支出从正常预算收支中独立出来，便于更好地对债务资金的使用效果进行管理和监控。

4. 债务收入

债务收入即所谓的借新还旧，就是国家通过发行新的债券为到期债券筹措偿还资金。以债务收入作为国债还本付息的资金来源，实际上是延长了债务期限，推迟了偿债时间。这是大多数国家偿还国债的主要资金来源。由于当今世界上各国国债累积数额十分庞大，每年到期债务额已远非国家财政预算所能负担。为偿还这些债务，需通过发行新的国债为到期债务筹措还债资金。这已经成为中央政府偿还到期债务的基本手段。

第三节　国债负担及国债管理

一、国债负担含义

国债负担是指国债的发行和偿还所产生的经济负担。国债既是国家按照信用原则形成的借贷关系，这种借贷关系中的债权人、债务人客观上就存在着经济负担问题。

（1）债务人负担。政府作为债务人来讲，借债到期必须还本付息，这关系到政府的声誉。政府借债要还本付息就是一个名副其实的负担问题，只能量力而行。一国政府举债，如果不从本国实际出发，单纯为满足政府支出需要而举债过量，势必导致债台高筑不能自拔，造成财政危机。

（2）债权人负担。从债权人来看，用于购买国债的资金应该是认购者（地方政府、企事业单位和居民个人）拥有的暂时闲置资金，即认购者满足本身生产经营和个人生活消费之后的余额。这个余额用于购买国债，实际上减少了认购者用于其他方面支出的经济行为，这就不能不考虑自身的购债能力。所以，国债发行必须考虑认购人的实际负担能力。

（3）纳税人和其他劳动者负担。从政府偿还国债的资金来看，归根到底来源于税收和国有企业上缴的利润这些无偿收入。税收和上缴的利润是企业单位和其他劳动者交纳的。这直接或间接形成纳税人负担。因为"国债实际上是捐税的预征"，所以，一国国债发行往往形成债权人、债务人和纳税人的负担。并不像西方资产阶级学者所认为的国债不会增加人民负担，"国债只不过是右手欠了左手的债"或者说 "国债只是社会一连串的财富的转移，即无直接货币负担，又无直接货币利益"。也不像萨缪尔森在其著作《经济学》中所讲的，"国债不像石块那样压在国家的肩头，使它的国民承受石块的负担"。

国债的负担可以从购买、使用和偿还的具体环节来考察。

（一）从购买国债的环节来看

从购买国债的环节来看，只要认购国债者不是被迫认购的，对购买者就不会造成负担。虽然国债与储蓄和公司债券是有明显区别的，但从投资的角度看，都是可供选择的投资工具。国债也是一种生息的投资工具，所以，投资者购买国债是其在衡量了收益与风险后的理性选择，不会成为其负担。

（二）从使用国债的环节来看

政府利用国债筹措到了一笔资金，是否形成国债负担，就要看筹措这笔资金的必要性，以及使用这笔资金的具体效果。如果政府利用国债的效果很差，基本上是用于既无经济效益又无社会效益的消耗性的政府开支上，这就既有"挤出效应"，又会给社会造成负担，即本来这笔钱可以用于产生较好社会效益和经济效益的项目上。可见，所谓国债负担，要看国债产生的社会效益是否小于其机会成本，倘若是肯定的，那就存在国债负担；反之就不存在。

（三）从偿还国债的环节看

政府虽然是偿还国债的主体，但政府本身不产生收入，政府收入来源于税收，也就是从单位和个人那里征集得来的税收。从政府的角度看，政府无所谓负担问题，因为它一方面向单位和个人借钱；另一方面又向单位和个人征税，用征收到的钱还债。这就是"左手向右手借钱"。显然，如果没有国债的话，纳税人本来不会缴纳这么多的税收。从这个角度看，对纳税人产生了负担。对纳税人是否真的造成了负担，就要对使用国债所产生的效益与其成本进行比较。诚然，政府使用国债，主要是用于提供公共产品，不用于私人商品的生产，这给国债使用效果的评价带来很大的困难，因为它缺乏货币计量的手段。但是，从理论上进行这种比较，仍然是必要的。从总体上看，如果国债产生的社会经济效益大于其成本，国债的净效益是正数，不存在国债的总体负担问题；反之，就存在国债的负担问题。但不存在总体负担问题不等于每个纳税人都不存在负担问题。只有在每个纳税人为还本付息所缴纳的税款与其从国债所产生的效益相对称的情况下，纳税人才不存在国债负担问题。然而国债在实际中往往是根据能力原则运作的，所以，国债的受益者与国债的负担者是不对称的。承认国债的受益者与国债的负担者的不对称，既是实际的，又是有益的。

二、国债负担的数量界限

既然国债受债权人、债务人、纳税人的负担能力所制约，所以发行国债有一定的限度，不能无度地发债，这就需要研究发行国债的数量界限。这个数量界限就是国债的限度。

当代世界各国都把通过发行国债筹集资金，看成是解决政府支出不足的重要手段。但国债的发行数量不是无限制的，特别是把债务收入当成财政资金来源时，更要研究它的可行性和数量界限。否则会引起债台高筑，发生财政危机的严重后果。任何一个国家的借债数量都要受国民经济发展状况和人民负担能力等多种因素制约。

那么，一个国家发行国债的数量空间多大才算是合理的呢？其数量界限如何确定？这是一个难以准确回答的实际问题。因为各国的经济发展水平不同，政治因素和历史背景制约着国债发行的数量。所以，国债的限度只能从各国国情出发，结合各个时期的经济和政治条件来分析，然后才能得出合乎实际的结论。当然这并不是说一个国家的国债规模无法进行数量分析。从国内外国债学术研究的理论和实务现状看，国家举债的限度主要参考以下3个指标。

（一）国债依存度

国债依存度是表示国债发行额占当年财政支出的比例，即当年财政支出中有多大份额是依靠发行国债来满足的。财政当年国债依存度的计算公式为：

$$国债依存度 = \frac{当年国债发行额}{当年财政支出} \times 100\%$$

国债依存度这一指标有两种计算方法：一是当年的国债发行额与当年整个国家财政支出的比值，也称为国家财政债务依存度；二是当年国债发行额与中央财政支出的比值，也称中央财政债务依存度。一个国家财政支出依赖国债的程度，究竟多大为宜，不能一概而论，为了避免财政支出过度膨胀，一般说，国债依存度不应过高。债务依存度过高，表明财政支出过分依赖债务收入，也反映了财政的脆弱性，并潜伏着财政危机的可能。国际上公认的控制线是国家财政债务依存度为15%～20%，中央财政债务依存度为25%～30%。国债务依存度既直接反映了当年国债所引起的财政负担，同时也反映了国债偿还对财政支出的依赖程度，对当年国债发行规模有较大的参考作用。

（二）国债负担率

国债负担率是指到计算期为止，国家历年发行的国债尚未偿还的累积余额与当年国内生产总值的比例。这个指标反映着国家累积债务的总规模，是研究控制债务问题和防止出现债务危机的重要依据。国债负担率的计算公式如下：

$$国债负担率 = \frac{国债累积余额}{国内生产} \times 100\%$$

国债负担率是计量国债规模的宏观指标，不仅揭示了一国国民的国债负担情况，也反映了国债规模增长与GDP增长的相互关系。发达国家财政收入占GDP的比重较高，一般在40%～50%，因此，一般而言，国际公认的《马斯特里赫特条约》规定的成员国政府债务余额占国内生产总值的比重不应超过60%，这60%即为债务余额的警戒线。

（三）国债偿债率

国债偿债率是指当年到期国债还本付息额占当年财政收入的比例。债务收入的有偿性，决定了国债规模必然受到国家财政资金状况的制约，因此，要把国债规模控制在与财政收入相适应的水平上。国债偿债率的计算公式为：

$$国债偿债率 = \frac{当年国债还本付}{当年财政收} \times 100\%$$

国债是以国家为主体按信用原则举借的债务，不仅需要偿还，而且必须支付一定的利息，国债还本付息的最终来源是依靠国民收入和财政收入。从偿还的角度来说，由于在国民收入中只有一部分收入归国家支配，因此，政府的偿债能力将取决于财政预算收支状况及预算收入中用于偿债的比重，国际公认的国债偿债率应控制在8%～10%。

近年来，我国国债负担率、国债依存度及国债偿债率的具体情况参见表4-1。2015和2016年中央财政国债余额情况参见表4-2。

表 4-1　我国国债负担率、国债依存度及国债偿债率

单位：%

年　　度	国债负担率	国债依存度	国债偿债率
2002	16.1	25.8	13.1
2003	16.6	24.5	13.2
2004	16.1	23.6	13.4
2005	15.8	20.4	12.3
2009	17.5	21.2	13.5
2010	16.7	19.8	12.6
2011	15.2	14.3	10.7
2012	14.9	11.5	7.7
2013	15.2	12.1	6.0
2014	15.8	11.8	6.4
2015	16.4	12.1	6.8

（资料来源：根据《中国统计年鉴》、《中国财政年鉴》有关数据计算）

表 4-2　2015 年和 2016 年中央财政国债余额情况表

单位：亿元

项　　目	预算数	决算数
一、2014 年末国债余额实际数		95 655.45
内债余额		94 676.31
外债余额		979.14
二、2015 年末国债余额限额	111 908.35	
三、2015 年国债发行额		21 285.06
内债发行额		20 987.47
外债发行额		297.59
四、2015 年国债还本额		10347.58
内债还本额		10 196.30
外债还本额		151.28
五、2015 年末国债余额实际数		106 599.59
内债余额		105 467.48
外债余额		1132.11
六、2015 年执行中削减中央财政赤字		
七、2016 年中央财政赤字	14 000.00	
八、2016 年末国债余额限额	125 908.35	

注：1.本表国债余额包括国债、国际金融组织和外国政府贷款。除此之外，还有一部分需要政府偿还的债务，主要是偿付金融机构债务，以及部分政府部门及所属单位举借的债务等，这部分债务在规范管理后纳入国债余额。

2. 本表 2014 年外债余额实际数按照国家外汇局公布的 2014 年 12 月外汇折算率计算，2015 年外债发行额和外债余额实际数按照国家外汇局公布的 2015 年 12 月外汇折算率计算，2015 年外债还本额按照当期汇率计算。受外币汇率变动影响，2015 年末外债余额实际数≠2014 年外债余额实际数+2015 年外债发行额-2015 年外债还本额。

（资料来源：中华人民共和国财政部网站。）

除以上指标外，针对外债还有一些风险指标进行量化控制。（1）外债偿还率，指偿还外债本息与当年贸易和非贸易外汇收入之比。偿债率是一个临界线，超过20～25％的偿债率，是偿债能力有问题的信号，如果超过还债能力仍过度借入，就有可能到期不能偿还或违约，影响借款国的国家信誉。（2）外债负债率，指外债余额与当年国内生产总值之比。目前，国际上比较公认的负债率安全线为20％。（3）外债债务率，指外债余额与当年贸易和非贸易外汇收入之比。在债务国没有外汇储备或不考虑外汇储备时，这是一个衡量外债负担和外债风险的主要指标。债务率的国际公认安全标准是小于100％。近年数据资料详见表4-3。

表4-3 近年外债风险指标

单位：％

年份	偿债率	负债率	债务率
1985	2.70	5.19	56.00
1986	15.40	7.27	72.10
1987	9.00	9.40	77.10
1988	6.50	9.97	87.13
1989	8.30	9.20	86.37
1990	8.70	13.55	91.60
1991	8.50	14.91	91.90
1992	7.10	14.35	87.95
1993	10.20	13.63	96.55
1994	9.10	16.60	78.04
1995	7.60	14.64	72.39
1996	6.00	13.58	67.73
1997	7.30	13.75	63.19
1998	10.90	14.33	70.41
1999	11.20	14.02	68.71
2000	9.20	12.16	52.13
2001	7.50	15.35	67.90
2002	7.89	13.94	55.45
2003	6.85	13.37	45.23
2004	3.19	13.61	40.15
2005	3.07	13.14	35.44
2006	2.09	12.48	31.89
2007	1.98	11.13	29.00
2008	1.78	8.63	24.67
2009	2.87	8.59	32.16
2010	1.63	9.26	29.25
2011	1.72	9.48	33.31
2012	1.62	8.96	32.78
2013	1.57	9.09	35.59
2014	1.91	8.64	35.19

注：本表资料由国家外汇管理局提供。

三、国债管理

国债管理是指财政部代表中央政府制定并执行中央政府债务结构（包括债务品种结构和债务期限结构）管理计划或战略的过程，目标是在中长期的时间范围内，尽可能采用最低的资金成本和可承受的市场风险的管理方式，确保中央政府的筹资及支付需求得到及时满足。目前，我国国债管理制度主要包括国债余额管理制度、国债计划管理制度和国债计划执行制度。

2013年，我国实际举借国债16 949亿元。经全国人民代表大会批准，2013年末国债余额限额为91 208亿元。2013年末实际国债余额为86 747亿元，占国内生产总值的15.2%，较2012年末上升0.3个百分点。从国债余额品种结构看，2013年末实际国债余额中，内债为85 836亿元，外债为910亿元，分别占全部国债余额的99%和1%。

在衡量财政风险时，通常将欧洲《马斯特里赫特条约》提出的赤字和债务标准作为参考。《马斯特里赫特条约》规定，成员国财政赤字占当年GDP的比例不应超过3%；政府债务总额占GDP的比例不应超过60%。需要说明的是，《马斯特里赫特条约》是20世纪90年代欧共体成员国加入欧洲经济货币联盟的标准，是在特殊历史条件下制定的安全系数很高的风险控制标准，并非科学论证的结果，只有一定的参考价值。2011年我国中央财政赤字占GDP的比重为1.4%，2011年末中央财政国债余额占GDP的比重为15.3%。同时，还应看到，我国还有一定的隐性赤字和债务，仍要注重防范财政风险，促进财政经济可持续发展。

第四节 国债市场及其功能

国债市场作为政府发行和买卖国债的关系总和，是中央政府筹资的重要渠道，也成为政府宏观调控政策的重要工具和场所。

一、国债市场

国债市场，是国债发行和流通市场的统称，是买卖国债的场所。国债市场按照国债交易的层次或阶段可分为两个部分：一是国债发行市场；二是国债流通市场。国债发行市场指国债发行场所，又称国债一级市场或初级市场，是国债交易的初始环节。一般是政府与证券承销机构如银行、金融机构和证券经纪人之间的交易，通常由证券承销机构一次全部买下发行的国债。国债流通市场又称国债二级市场，是国债交易的第二阶段。一般是国债承销机构与认购者之间的交易，也包括国债持有者与政府或国债认购者之间的交易。它又分证券交易所交易和场外交易两类。证券交易所交易指在指定的交易所营业厅从事的交易，不在交易所营业厅从事的交易即为场外交易。

国债发行市场与流通市场是国债市场两个重要组成部分，两者相辅相成。从发行市场看，国债发行市场是流通市场的前提和基础环节。首先要发行国债，然后才谈得上流通国债。发行市场规定国债发行的条件、方式、时间、价格和发行国债的利率，对国债流通市场都会起重要影响。

从流通市场看，流通市场是国债顺利发行的重要保证。由于流通市场为发行市场发行的债券提供了变现的场所，使国债的流动性有了实现的可能。所以，国债流动性的高低直接影响和制约着国债的发行。如果一种债券流通性好、变现性强，投资者认购的热情就高涨；反之，投资者不愿认购，就会造成发行困难。

国债的发行市场和流通市场应成为一个有机整体。只有这样，才能既有利于降低发行成本，又有助于投资者降低变现成本。所以要求国债的发行和流通市场要有机地衔接起来，实现发行和流通一体化。

（一）国债发行市场

国债发行市场，在狭义上，是指国债发行者将新国债销售给投资者的场所；在广义上，则是泛指实现国债销售的完整过程。国债发行市场的组成要素有市场主体、市场客体和市场运行形式。市场主体，即国债发行市场的参与者，包括发行者、投资者、中介机构等。市场客体是指国债发行市场买卖的对象，即新国债。通常情况下，国债的发行者与国债的投资者之间并不发生直接联系，一般是通过国债发行的中介机构来完成国债的发行和认购。国债发行的中介机构主要包括银行、证券公司和经纪人等，由他们首先承购国债，然后再向投资者出售。

世界各国较为公认的一个规范的国债发行市场应该包括这几个方面：第一，利率水平的确定通过市场供求调节。市场资金的多少是相对的，利率可以调节资金的供求。利率在市场中表现为债券的价格，利率高时，债券价格低；反之，利率低时，债券价格高。当利率水平处于供需曲线的交点时，则可用最低的成本筹集到最大数量的资金。第二，以机构为承销或投标的主体。直接向个人发行，发行环节多，发行时间长，发行成本高，因此，个人不宜作为发行的主体，很多国家只在发行储蓄债券时使用这种方式。大多数国家主要是向银行和其他中介机构发行，个人主要在二级市场上购买国债。第三，主要由机构投资人投资购买。机构投资人具有资金稳定、投资期限长等特点，最适合购买国债。由机构投资人直接投资国债，可以降低成本，延长国债的期限。

（二）国债流通市场

国债流通市场，狭义上是指国债持有者将其持有的已发行、未到期的国债转让给新投资者的场所；广义上，国债流通市场不仅仅指转让国债的有形柜台，而且泛指完成国债转让的整个过程。按照国债流通市场的组织形式可将其划分为场内市场和场外市场两类。

场内市场专指证券交易所内的国债交易，交易主体主要有证券经纪商和证券交易商等。证券经纪商代理客户买卖债券，赚取手续费，不承担交易风险；证券交易商为自己买卖债券，赚取差价，承担交易风险。国债的转让价格是通过竞争形成的，交易原则是"价格优先"和"时间优先"。场内市场交易的特点包括：一是有集中、固定的交易场所和交易时间；二是有较严密的组织和管理规则，包括自律性的管理机构和管理制度及从业人员；三是采用公开竞价交易方式，是持续性的双向拍卖市场；四是有完善的交易设施和较高的操作效率。我国目前场内市场由上海证券交易所和深圳证券交易所组成，参与者主要是证券公司和信托机构。

场外市场是相对于场内市场而言的，泛指在证券交易所以外的市场进行的债券交易。场外市场交易的证券大多为未在交易所挂牌上市的证券，也包括一些上市证券。场外市场是不固定交易场地和交易时间的无形市场，在场外市场上，投资人之间直接或间接（通过经纪人）采用协商议价的方式进行交易。场外市场的优点有：一是交易规则灵活，手续简便，为个人投资者投资于国债流通市场提供更方便的条件，可以吸引更多的个人投资者；二是交易的覆盖面和价格形成机制不受限制，方便中央银行进行公开市场操作；三是有利于商业银行低成本、大规模地买卖国债；四是有利于促进各市场之间的价格、收益率趋于一致。

国债流通市场存在的典型交易方式包括：第一，国债现货交易。这是指交易双方在成交后立即交割或在极短的期限内办理交割的一种交易方式。其作用在于，一方面可满足购买者的投资需要，另一方面可满足卖出者的变现需求。第二，国债期货交易。这是指以标准化的国债期货合约为交易对象的交易方式。交易者可以通过套期保值的方式规避因利率、通货膨胀等因素引起的国债价格波动的风险。所谓套期保值，是指投资者同时在期货市场和现货市场上进行数量相等、买卖方向相反的交易，通过预先"锁定"收益的方式来达到降低风险、减少损失的目的。第三，国债回购交易。这是指国债持有者在卖出一笔国债时，约定于未来某一时间以事先约定的价格再将等量的该种国债买回的交易方式。与这一程序相反的交易，则称逆回购交易。国债回购交易实际上是以国债为担保物，期限在一年以内的一种短期资金融通。

二、国债市场的功能

（一）实现国债的顺利发行和偿还

国债作为财政政策工具，国债市场具有顺利实现国债发行和偿还的功能。如前所述，国债通过国债市场发行，而国债市场的发展是国债顺利发行的条件，只有国债市场发展了，债券的流动性得到保证，投资者可以很容易地进入或退出市场，通过频繁的交易为债券进行合理定价，国债的发行才能受到社会的认同和欢迎。组建承销团制度，使国债发行逐步规范，提高了发行的透明度，基本上规范了发行主体和承销机构在国债市场的操作行为，明确了各自的权利和义务，保证了国债发行的平稳进行。

（二）合理有效调节社会资金的运行，提高社会资金效率

国债作为金融政策工具，国债市场具有调节社会资金的运行和提高社会资金效率的功能。在国债二级市场上，国债承销机构和国债认购者以及国债持有者从事的直接交易，国债持有者和国债认购者从事的间接交易，都是社会资金的再分配过程，最终使资金需求者和国债需求者得到满足，使社会资金的配置趋向合理。若政府通过中央银行直接参与国债交易活动，以一定的价格售出或回收国债，就可以发挥诱导资金流向和活跃债券交易市场的作用。这种功能具体表现在诸多方面。

（1）国债市场是一国金融市场的重要组成部分。由于国债风险小、同质性强、规模大，是其他金融资产（如商业票据、证券化资产、金融债券等）定价的基准和众多衍生金融资产（如回购、期货、期权等）的基础资产，同时也是交易者对冲风险的重要工具。一个富于流动性的国债市场，在提高金融体系的效率，保持金融体系稳定方面，具有重要的意义。国债市场形成的国债期限结构，能够反映市场的参与者对利率变化预期和长期利率趋势，为货币政策的实施提供信息，使得货币政策的意图能够有效传导。

（2）国债市场拓宽了居民的投资渠道。在一个活跃的市场，社会资金可以很方便地流入流出，企业居民的富余资金可以投入股市获取利益，需要兑换又可及时在市场上卖出债券，增加了投资渠道，丰富了居民的金融资产替代选择。包括国债市场在内的债券市场和股票市场相互配合产生不同类型的投资工具，为投资者提供了可供选择的收益——风险组合，投资

者能根据外部环境的变化适时调整自己的投资策略,这是金融市场有效运作的基础。

(3) 国债市场的发展有利于商业银行资本结构的完善,有利于降低不良资产率,使其抗风险能力大大扩大。国债是微观金融机构进行风险和流动性管理的重要工具,是机构投资者在进行投资组合、减小资产风险时可供选择的一种重要的资产。

(4) 国债市场是连接货币市场和资本市场的渠道。一些本来不宜进行长期产权投资的短期资金,例如企业暂时不用的闲置资金,也有可能参与到资本市场的投资中来。尽管一个企业的资金可能只能在这个市场上停留两三个月,但新的短期投资者会形成新的接替关系,由此就可以实现全社会投资规模的扩大。

(5) 国债是央行在公开市场上最重要的操作工具。在不够活跃的国债市场里,央行吞吐基础货币,调节社会信用总量的能力会受到限制,资产价格容易过度波动。而国债市场的壮大,有助于中央银行公开市场操作业务的开展,使中央银行的货币政策从直接控制为主逐步向市场化为主的间接调控转变。

本 章 小 结

1. 国债是指国家或政府以债务人的身份,采取信用的方式,向国内外取得的债务。它是国家财政收入的一种特殊形式,是政府调节经济的一种重要手段。政府在发行国债后,与一般的债务人一样,是需要偿还的,政府偿还国债的资金最终来源还是税收。

2. 国债作为一种财政收入的形式,它的出现在历史上要比税收晚得多。从国债的产生和发展的历史角度来分析,国债的功能主要有弥补财政赤字,筹集建设资金,调节国民经济的发展。

3. 国债是在私债的基础上产生和演变而来的,并随着资本主义的发展,国债获得了制度上的确立与发展。

4. 国债的偿还,需要有一定的资金来源。偿还债务的资金来源主要依靠税收收入、预算盈余、偿债基金及债务收入等。

5. 国债负担是指国债的发行和偿还所产生的经济负担。国债既是国家按照信用原则形成的借贷关系,这种借贷关系中的债权人、债务人客观上就存在着经济负担问题。衡量国债负担率的指标有国债依存度、国债负担率和国债偿债率。

6. 当代世界各国都把通过发行国债筹集资金,看成是解决政府支出不足的重要手段。但国债的发行数量不是无限制的,特别是把债务收入当成财政资金来源时,更要研究它的可行性和数量界限。否则会引起债台高筑,发生财政危机的严重后果。

7. 国债市场作为政府发行和买卖国债的关系总和,是中央政府筹资的重要渠道,也成为政府宏观调控政策的重要工具和场所。下面重点介绍国债市场与我国国债市场的发展和完善。国债市场是国债发行和流通市场的统称,是买卖国债的场所。国债市场按照国债交易的层次或阶段可分为两个部分:一是国债发行市场;二是国债流通市场。

习 题

一、选择题

1. 国债的财政特征主要有（   ）。
   A. 有偿性   B. 自愿性   C. 灵活性
   D. 无偿性   E. 固定性

2. 我国国债的功能包括（   ）。
   A. 筹集建设资金   B. 调节收入分配   C. 调节国际收支
   D. 弥补财政赤字   E. 调节国民经济的发展

3. 国债的最基本的功能是（   ）。
   A. 弥补财政赤字   B. 筹集建设资金
   C. 调节货币流通   D. 调节国民经济的发展

4. 国债因其有很高的信誉，故经常被称为（   ）。
   A. 信誉债券   B. 公共债券
   C. 金边债券   D. 契约债券

5. 在国债的偿债资金来源中，在理论上成立，而实际生活中很难实现的是（   ）。
   A. 建立偿债基金   B. 依靠财政盈余
   C. 通过财政列支   D. 举借新债

6. 下列关于国债的说法不正确的是（   ）。
   A. 是由中央政府举借的债务   B. 是非经常性财政收入
   C. 不列入国家预算   D. 遵循"有借有还"的信用原则

7. 发行短期国债从财政上说，其主要的目的是（   ）。
   A. 平衡国家收支   B. 平衡社会总需求
   C. 平衡国库短期收支   D. 发展基础设施建设

8. 各国政府偿还国债的基本手段是（   ）。
   A. 设立偿债基金   B. 依靠财政盈余
   C. 通过预算列支   D. 举借新债

9. 国债的发行价格包括（   ）。
   A. 平价发行   B. 溢价发行   C. 折价发行   D. 议价发行

10. 国债的担保物是（   ）。
    A. 国库   B. 政府信誉   C. 国家储备   D. 国家财政

二、判断题

1. 国债负担率反映了财政支出对债务式财政收入的依赖程度。（   ）
2. 国债流通市场一般发生在政府与证券承销机构之间的交易，以及国债持有者或政府与国债认购者之间的交易。（   ）
3. 国债偿债率是指一国一定时期的国债累积发行余额与当年GDP的比率。（   ）
4. 国债的财政特征表现为：自愿性、有偿性和灵活性。（   ）

5．国际上公认控制线是国家财政债务依存度为 8%～10%。（　　）

三、名词概念

1．国债　　2．国债市场　　3．国债依存度　　4．国债负担率　　5．国债偿债率

四、问答题

1．简述国债的含义与特征。

2．国债具有哪些功能？

3．如何理解国债负担？

4．衡量国债规模合理与否的指标有哪些？请运用这些指标对我国国债规模现状进行分析。

5．国债还本付息的资金来源有哪些？

6．如何完善我国国债市场？

案 例 分 析

分析中国外债结构

表 4-4　2001—2014 年中国外债总体情况

金额单位：十亿美元

	外债余额	贸易信贷	登记外债余额	短期外债余额	短期外债占比
2001	203.30	54.8	148.50	83.77	41.21%
2002	202.63	57.6	145.03	87.08	42.97%
2003	219.36	62.3	157.06	102.77	46.85%
2004	262.99	80.9	182.09	138.71	52.74%
2005	296.54	106.3	190.25	171.64	57.88%
2006	338.59	119.6	218.99	199.23	58.84%
2007	389.22	148.7	240.52	235.68	60.55%
2008	390.16	129.6	260.56	226.28	58.00%
2009	428.65	161.7	266.95	259.26	60.48%
2010	548.94	211.2	337.74	375.70	68.44%
2011	695.00	249.2	445.80	500.90	72.07%
2012	736.99	291.5	445.49	540.93	73.40%
2013	863.17	336.5	526.67	676.63	78.39%
2014	895.46	334.4	561.06	683.36	76.32

（资料来源：国家外汇管理局官网）

问题：

中国外债的结构以及风险评估？

第五章

国家预算及预算管理体制

 导读

国家预算是政府的基本财政收支计划，是政府集中和分配资金、调节社会经济生活的主要财政机制。与一般预算不同，它是具有法律效力的文件，我国现行国家预算管理的法律规范是 2015 年 1 月 1 日起实施的《中华人民共和国预算法》。本章将结合中国实际，系统阐述国家预算一般原理及相关基本问题。通过本章的学习，了解国家预算的编制、审批、执行和决算的过程，理解国家预算的组成，以及预算管理体制的实质，掌握国家预算编制的原则以及现行的预算管理体制问题。

 学习重点

国家预算的含义、原则、程序、分类、改革，预算管理体制的内容，分税制的内容。

 学习难点

国家预算的组成，我国国家预算的改革，分税制的进一步完善。

 教学建议

以课堂讲授为主，适当结合案例教学和理论与实践相结合的方法，引导学生分析每年最新的国家预算和决算的资料。

第一节　国家预算

一、国家预算的含义、原则和组成

（一）国家预算的含义

国家预算，也称为政府预算，是指经法定程序审核批准的具有法律效力的政府年度财政收支计划。国家预算是国家有计划地筹集、分配和管理财政资金的重要工具，是调节社会经济生活的主要财政机制，是国家财政管理的主导环节。预算由预算收入和预算支出组成，政府的全部收入和支出都应当纳入预算，不再设立预算外资金项目。

从形式上看，国家预算就是按一定标准将财政收入和支出分门别类地列入特定的表格，可以使人们清楚地了解政府的财政活动，反映国家支配的财力规模和来源以及国家财力分配使用的方向和构成。从实际经济内容来看，国家预算的编制是对财政收支的计划安排。预算的执行是财政收入的筹措和财政支出的使用过程，是国家预算执行的总结。所以，国家预算反映国家和政府活动的范围、方向和政策。同时，由于国家预算和决算要经过国家权力机构的审批才能生效，因而又是国家的重要立法文件，体现国家权力机构和全体公民对政府财政活动的监督。

2014年8月31日，实行20多年的《中华人民共和国预算法》更新换代了，2015年1月1日，正式实行新的《中华人民共和国预算法》。

（二）国家预算的原则

国家预算的原则是指导一国预算立法、编制及执行等阶段所必须遵循的原则。它是伴随着国家预算制度的产生而产生，并随着社会经济和预算制度的发展而不断发展的。在不同历史发展时期和不同国家里有着不同的预算原则，其间影响较大并为世界大多数国家所接受的预算原则，主要有以下5项。

1. 公开性

国家预算反映国家和政府活动的范围、方向和政策，与全体公民的切身利益息息相关，因此，国家预算的内容及其执行情况必须采取一定的形式公布，让民众了解财政收支情况，也便于公众监督和有利于预算效率的提高。

2. 可靠性

政府在预算编制时，应认真收集各种相关资料，依据社会经济发展的趋势，运用科学的计算方法，做出准确切实的预测，力求数据指标的科学性，不得假定、估算，更不能编造，谋求预算的稳定可靠。

3. 完整性

国家预算必须是完整的，包括全部法定收支项目，不能少列收支，或造假账、预算外另列预算，使收支计划能完整地反映实际收支内容。也就是说，政府所有的财政活动都不能脱离预算管理。该列入国家预算的一切财政收支都必须反映在国家预算中，国家允许的预算外收支，可以另编预算外收支预算，也应在国家预算中有所反映。

4. 统一性

在分级财政体制中，各级政府都设有本级财政部门，也有相应的预算，但这些预算都是国家预算的组成部分，所有地方政府预算连同中央预算一起共同组成统一的国家预算。这就要求设立统一的预算科目，每个科目都要严格按统一的口径、程序计算和填列。

5. 年度性

各级政府预算的编制和实现必须按法定财政年度编制，要反映全年的财政收支活动，不允许将不属于本财政年度财政收支的内容列入本年度的国家预算之中。

财政年度，也称预算年度，是法定的国家预算收支计划的起止日期。依据财政年度起止时间的不同，财政年度有历年制和跨年制两种。历年制财政年度的起止时间同公历年度的起止时间相同,即从1月1日起到同年的12月31日止,我国即实行历年制财政年度。跨年制财政年度跨两个日历年度,中间历经12个月。如美国的财政年度是从每年的10月1日开始,到次年的9月30日止。

（三）国家预算的组成

国家预算的组成是指国家预算的组织结构,全国预算由中央预算和地方预算组成。地方预算由各省、自治区、直辖市总预算组成。可以从纵向和横向两方面来了解。

从纵向角度来看,我国政府预算是与国家政权的分级管理相适应的。凡是一级政权都应有一级财政,有一级财政就要相应建立一级预算。我国《宪法》规定,国家机构由全国人民代表大会、国务院、地方各级人民代表大会和各级人民政府组成。与政权结构相适应,首先是国家预算由中央预算和地方预算组成,预算管理实行分级分税体制;同时结合我国行政区域的划分,《中华人民共和国预算法》规定设立五级预算:中央预算,省、自治区、直辖市预算,设区的市、自治州预算,县、自治县、不设区的市、市直辖区预算,乡、民族乡、镇预算。具体如图5-1所示。

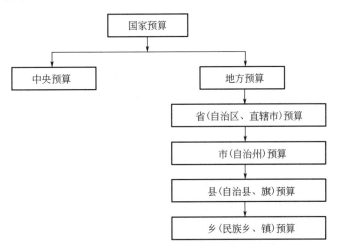

图5-1 我国国家预算的纵向体系

从横向角度来看,一级预算具体可分为总预算、本级预算和单位预算。地方各级总预算由本级预算和汇总的下一级总预算组成;下一级只有本级预算的,下一级总预算即指下一级的本级预算。没有下一级预算的,总预算即指本级预算。本级预算由各部门单位预算组成。部门单位预算由各级主管部门所属行政事业单位预算汇编而成。行政事业单位预算是经批准的各级政府机关及所属行政事业单位在某一预算年度内的收入与支出计划,是国家预算的重要组成部分和处理政府财政与行政事业单位预算资金缴拨的基本依据。具体如图5-2所示。

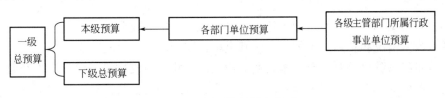

图5-2 一级预算的横向体系

二、国家预算的分类

最初的国家预算是十分简单的，政府把财政收支数字按一定程序填入特定的表格，国家预算就形成了。因此，通常将国家预算称为政府收支一览表。随着社会经济生活和财政活动逐步复杂化、预算政策多样化、预算制度的复杂化，预算出现了更多的形式。为进一步认识和研究政府预算，依据不同的标准对政府预算进行分类，划分出不同的类别。

（一）按预算编制的形式分类

按编制的形式分类，国家预算可以分为单式预算和复式预算。

单式预算是将政府全部财政收支汇集编入一个总预算之内，形成一个收支项目安排对照表。因此，单式预算可以统一反映政府未来年度可以筹集和使用的社会产品总量，便于政府统筹安排财政资金。同时，它简单明了，能够清晰地反映政府财政的全貌，便于公众监督预算收支的实施。但是，单式预算没有区分各项财政收支的经济性质，不利于政府对复杂的财政活动进行深入的分析和管理。

复式预算把预算年度内的全部财政收支按收入来源和支出性质，分别编成两个或两个以上的预算，从而形成两个或两个以上的收支对照表。复式预算的典型形式是双重预算：（1）经常预算；（2）资本预算（这两类预算也称普通预算和特别预算、经费预算和投资预算等）。虽然各国使用的复式预算名称和具体项目不尽相同，但从内容上看，经常预算主要包括政府一般行政性支出，如政府日常活动的经费支出以及一般性的拨款等。经常预算的收入来源，主要包括各项税收收入以及一部分非税收入。在一般情况下，经常预算应保持收支平衡并有结余，结余额转入资本预算。资本预算主要包括政府的各项资本性支出，如政府对公营企业的投资、对公共工程项目的投资、战略物资储备、政府贷款以及偿还国债等支出。政府的资本预算收入来源，主要包括经常预算转来的结余额、国债收入等。

复式预算与单式预算相比，由于它将财政收支分别按其性质编入不同的预算之中，各项收支之间建立了明确的对应关系，可以比较准确地反映财政收支的平衡状况，便于政府更加科学合理地使用资金，有利于国家对经济活动进行深入分析和控制调节。

我国曾一度编制单式预算，目前已不再编制单式预算。按照2015年实行的新的《中华人民共和国预算法》规定：中央预算和地方各级政府预算按照复式预算编制，预算包括一般公共预算、政府性基金预算、国有资本经营预算、社会保险基金预算。

一般公共预算、政府性基金预算、国有资本经营预算、社会保险基金预算应当保持完整、独立。政府性基金预算、国有资本经营预算、社会保险基金预算应当与一般公共预算相衔接。

一般公共预算是对以税收为主体的财政收入，安排用于保障和改善民生、推动经济社会发展、维护国家安全、维持国家机构正常运转等方面的收支预算。

政府性基金预算是对依照法律、行政法规的规定在一定期限内向特定对象征收、收取或者以其他方式筹集的资金，专项用于特定公共事业发展的收支预算。政府性基金预算应当根据基金项目收入情况和实际支出需要，按基金项目编制，做到以收定支。

国有资本经营预算是对国有资本收益做出支出安排的收支预算。国有资本经营预算应当按照收支平衡的原则编制，不列赤字，并安排资金调入一般公共预算。

社会保险基金预算是对社会保险缴款、一般公共预算安排和其他方式筹集的资金，专项用于社会保险的收支预算。社会保险基金预算应当按照统筹层次和社会保险项目分别编制，做到收支平衡。

级预算应当遵循统筹兼顾、勤俭节约、量力而行、讲求绩效和收支平衡的原则。

各级政府应当建立跨年度预算平衡机制。

（二）按预算编制的方法分类

按预算的编制方法分类，国家预算可以分为零基预算和增量预算。

零基预算是对新的预算年度财政收支计划指标的确定，不考虑以前年度的收支执行情况，而是以"零"为基础，结合经济发展情况及财力可能，从根本上重新评估各项收支的必要性及其所需金额的一种预算形式。零基预算的核心是打破基数加增长的预算编制方法，预算项目及其金额的确定不受以往年度"既成事实"的限制，强调一切从计划的起点开始，从合理性和可能性出发，改进本年度预算执行过程中花钱不当或方法不妥的地方，有利于加强预算管理，提高预算的科学性。但零基预算要求高，耗时长，工作量大，若运用不够得当，就不能排除不合理因素的影响，不利于调整利益格局和发挥预算职能。

增量预算，是指预算年度的财政收支计划指标的确定，是以上年度财政收支执行数为基础，再考虑新的年度国家社会经济发展需要加以调整确定。因此，增量预算与以前财政年度财政收支的执行情况及新的财政年度国家经济发展趋势密切相关。增量预算的最大特点是保持了国家预算的连续性，但是随着财政收支规模的不断扩大，这种方法可能会导致当期预算不科学，预算调整过多、约束性差等一系列问题。

（三）按预算分级管理的要求分类

按预算分级管理的要求划分，国家预算可以分为中央预算和地方预算。

中央预算是指中央政府预算，由中央各部门（含直属单位）的预算及地方向中央的上解收入、中央对地方的返还或补助数额组成。

地方预算是由地方各级政府预算组成，包括本级各部门（含直属单位）的预算及下级政府向上级政府上解的收入、上级政府对下级政府的返还或给予补助的数额。

（四）按预算支出分类汇总依据的不同分类

按预算支出分类汇总依据的不同分类，国家预算可以分为功能预算和部门预算。

功能预算是一种不分组织单位和开支对象，而是按照政府的概括目标或职能对开支进行分类的预算方法。其优点是便于了解政府在行使各职能方面的财政支出是多少，缺点是部门没有一本完整的预算，各部门预算只反映预算内收支，不反映预算外资金，这就很难全面、准确地反映分部门财政收支状况。

部门预算是由政府各部门编制，经财政部门审核后报立法机关审议通过，反映部门所有收入和支出的预算，即一个部门一本预算。部门预算的收支分类是按政府的组成结构来进行的，即先按部门进行分类，然后在部门内部按所属预算单位进行分类。这种分类方式可以明确政府各部门的收支规模和财政权力，可以完整地反映政府的活动范围和方向，增强了预算的透明度和调控能力。部门预算是市场经济国家普遍采用的预算编制方法。

三、国家预算的编制、审批、执行和决算

预算的基本程序有 4 个阶段：编制、审批、执行和决算，这 4 个阶段构成了一个预算周期。在预算形成与执行的过程中，财政部门是编制预算、预算拨款和预算监督管理的政府职能机构。

（一）国家预算的编制和审批

国家预算的编制是政府预算周期的起点，各级政府预算在各级政府的领导下，由各级财政部门负责组织编制。

各级预算应当根据年度经济社会发展目标、国家宏观调控总体要求和跨年度预算平衡的需要，参考上一年预算执行情况、有关支出绩效评价结果和本年度收支预测，按照规定程序征求各方面意见后，进行编制。

各级政府依据法定权限做出决定或者制定行政措施，凡涉及增加或者减少财政收入或者支出的，应当在预算批准前提出并在预算草案中做出相应安排。

按照 2015 年实行的《中华人民共和国预算法》的要求，中央一般公共预算中必需的部分资金，可以通过举借国内和国外债务等方式筹措，举借债务应当控制适当的规模，保持合理的结构。对中央一般公共预算中举借的债务实行余额管理，余额的规模不得超过全国人民代表大会批准的限额。国务院财政部门具体负责对中央政府债务的统一管理。地方各级预算按照量入为出、收支平衡的原则编制，除本法另有规定外，不列赤字。

经国务院批准的省、自治区、直辖市的预算中必需的建设投资的部分资金，可以在国务院确定的限额内，通过发行地方政府债券举借债务的方式筹措。举借债务的规模，由国务院报全国人民代表大会或者全国人民代表大会常务委员会批准。省、自治区、直辖市依照国务院下达的限额举借的债务，列入本级预算调整方案，报本级人民代表大会常务委员会批准。举借的债务应当有偿还计划和稳定的偿还资金来源，只能用于公益性资本支出，不得用于经常性支出。

除前款规定外，地方政府及其所属部门不得以任何方式举借债务。

各级预算支出应当依照本法规定，按其功能和经济性质分类编制。

国家预算草案形成后，必须经过法律程序审核批准，才构成正式的国家预算计划。国家预算的审批权限属于各级立法机构，在我国即各级人民代表大会。各级立法机构每年定期召开会议，履行审批国家预算的职权。全国人民代表大会审查中央和地方预算草案及中央和地方预算执行情况的报告；批准中央预算和中央预算执行情况的报告；改变或者撤销全国人民代表大会常务委员会会关于预算、决算的不适当的决议。全国人民代表大会常务委员会会监督中央和地方预算的执行；审查和批准中央预算的调整方案；审查和批准中央决算；撤销国务院制定的同宪法、法律相抵触的关于预算、决算的行政法规、决定和命令；撤销省、自治区、直辖市人民代表大会及其常务委员会会制定的同宪法、法律和行政法规相抵触的关于预算、决算的地方性法规和决议。

按照现行《预算法》的规定，中央预算由全国人民代表大会审批，地方各级预算由本级人民代表大会审批。在履行审批手续之前，财政部门要代表政府向人民代表大会报告国家预算（草案）编制的方针政策、收支安排的具体情况、存在的问题和采取的措施。报告后，经

过一般性讨论质疑、常设委员会的专业性审查后，提交全体代表表决通过。经过立法程序审核批准后的国家预算即为正式的国家预算，产生法律效力，成为年度预算活动的法定依据。这一国家预算将由财政部门按照级次逐级下达，由各级政府和预算执行机构遵照执行。

（二）国家预算的执行

政府预算的执行是指各级政府依照立法机构批准的预算方案，组织筹集预算收入、安排和使用预算支出的活动与过程。预算执行是预算目标的实现过程，也是整个预算工作程序的重要环节。其内容包括组织收入、拨付支出及预算调整等多项内容，这些都必须按照法律和规定的程序进行。在我国，各级预算由本级政府组织执行，具体工作由本级财政部门负责。各部门、各单位是本部门、本单位的预算执行主体，负责本部门、本单位的预算执行，并对执行结果负责。

1. 组织预算收入

预算收入的执行是预算收入的实现过程。在我国，税务机关、财政机关和海关等部门是政府预算收入的征收部门，因而也是预算收入的主要执行部门。在收入征收的过程中，执行部门必须依据国家相关的法律法规及时、足额地征收应征收的预算收入，不得随意增收或减收，并将所征得的收入及时足额地缴入国库，不得截留、占用或挪用预算收入。

另一方面，有预算收入上缴任务的部门和单位，必须依照法规的规定，将上缴的预算资金及时、足额地上缴国库。

国库对组织的财政收入要及时收纳、划分和报解，按规定办理收入退库。县级以上各级预算必须设立国库，具备条件的乡（民族乡、镇）也应设立国库。中央金库业务由中国人民银行办理，地方国库业务依照国务院的有关规定办理。

2. 拨付预算支出

预算支出的执行是支出目标的实现过程。预算管理部门和政府所属的相关公共部门是支出执行的主体。财政部门要按预算计划、规定用途、工作进度和交易合同等发出支付命令，国库要根据财政部门支付命令及时、足额拨款，以保证政府部门履行其职能。

3. 预算调整

预算调整，是指经过批准的各级政府预算，在执行过程中因实际情况发生变化需要改变原预算安排的行为。因为，政府财政预算毕竟是一个收支计划，在实际执行的过程中，由于各种情况的变化，会影响预算的平衡，为实现预算平衡，或者为了保证预算执行的平稳，财政部门要不断地按规定进行预算调整。预算调整是预算执行中的一项重要程序。预算调整根据其调整的幅度不同分为全面调整和局部调整。

（1）全面调整。全面调整实际上是对预算重新编制，这种情况罕见。

（2）局部调整。局部调整可以在预算总规模不变或预算总规模稍有调整的两种状态下进行。

在改变预算总规模状态下的调整措施有：①追加或追减预算；②动用预备费；③经费留用；④预算划转。预算划转是指在预算执行中，由于行政区划或企事业单位隶属关系有所改变，因而必须按照改变的隶属关系进行预算划转调整。

各级政府对于必须进行的预算调整，应当编制预算调整方案，并提请本级人民代表大会常务委员会审查和批准。未经批准,不得调整预算。

在预算执行中,因上级政府返还或者给予补助而引起的预算收支变化,不属于预算调整,但应向本级人民代表大会常务委员会报告有关情况。

(三)国家预算的决算

国家决算是指经过法定程序批准的年度政府预算执行结果的会计报告,包括报表和文字说明两部分。尚未经过法定程序批准之前的年度政府预算执行结果的会计报告称为决算草案。

国家决算反映年度国家预算收支的最终结果,也是国民经济活动在财政上的集中反映。通过编制国家决算可以系统地整理和积累财政统计资料,总结一年来各项经济活动的重要经验。同时,也可以总结一年来预算工作的经验,为提高下一年度预算工作水平创造条件。

国家决算的组成与国家预算的组成基本相同。每一级预算都要编制决算。国家决算的编审,是从执行预算的基层单位开始,自下而上逐级进行编审汇总而成的。年度终了,先由各级执行预算的基层单位编制单位决算,报送同级财政部门。财政部门将单位决算汇总编制本级决算,并同政府一级财政决算一起汇总编制本级总决算,报送上级财政部门。如此逐级上报,最后由财政部将地方财政决算和中央财政决算汇总编成国家决算,并提请全国人民代表大会审核批准。

四、我国国家预算的改革

改革开放以来,为了加强预算管理,提高支出效益,中央和地方各级财政部门以及其他预算支出部门进行过不少探索。近年来,全国人大常务委员会、国务院、财政部连续推出关于支出管理的几项重大改革。以下仅对编制部门预算、实行国库集中收付制度作详细介绍。

(一)部门预算

1. 部门预算的内容

部门预算改革始于 2000 年,是当前我国财政改革的主要内容。部门预算是以部门为依托,反映部门所有收入和支出的预算。部门预算由政府各部门编制,各部门预算由本部门所属各单位预算和本部门机关经费预算组成。编制部门预算要求各部门按照财政部门的统一规定和标准表格,全面、系统、准确地将本部门一般预算收支情况、基金收支情况以及预算外收支情况等都编入部门预算,即部门的所有开支都要在预算中加以反映,预算中没有列出的项目不得开支。

部门预算的基本含义包括:一是部门是预算编制的基础单元,因而财政预算从部门编起,从基层单位编起;二是财政预算要落实到每一个具体部门,一个部门一本预算,改变财政资金按性质归口管理的做法,财政将不同性质的财政性资金统一编制到使用这些资金的部门;三是部门本身要有严格的资质要求,限定那些与财政直接发生经费关系的一级预算单位为预算部门。部门预算可以说是一个综合预算,既包括一般预算收支计划,又包括政府基金预算收支计划;既包括正常经费预算,又包括专项支出预算;既包括财政预算内拨款收支计划,又包括财政预算外资金收支计划。

2. 编制部门预算的重要意义

(1)编制部门预算有利于提高国家预算的透明度。编制部门预算,可以全面体现国家预算的公开性、可靠性、完整性和统一性原则,避免预算编制和执行中人为的随意性,防止"暗箱"操作,加强廉政建设。

(2)编制部门预算有利于提高预算的管理水平。编制部门预算,使预算编制和执行的程序和流程制度化、规范化和科学化,从而有利于财政部门控制预算规模和优化支出结构,有利于使用资金的部门和单位合理使用财政资金,充分发挥财政资金的效益。

(3)编制部门预算有利于社会监督。编制部门预算,使预算细化到部门、项目,有利于各级人大履行立法监督职能,有利于审计部门履行财政审计职能,社会各界也可以清晰地了解预算的编制与执行情况,发挥社会监督作用。

(二)国库集中收付制度

1. 我国过去国库支付制度及其存在的问题

我国国库制度改革的最终目标是借鉴西方国家实行的"国库单一账户制度",即实行集中收付制度。目前由于国库收入制度改革的条件尚不成熟,本着先简后繁的原则,第一步先实行集中支付制度,而后再实行国库集中收付制度。

过去的国库支付制度是一种分散支付制度,也就是将预算确定的各部门和各单位年度支出总额按期拨付到各部门和各单位在商业银行开设的账户,由各部门各单位分散支付使用。这种支付制度存在以下缺陷:(1)缺乏严格的预算约束和预算监督机制,容易滋生腐败和寻租等违法和违纪行为;(2)财政资金周转过程中的沉淀资金分散于各部门和各单位,不利于充分发挥财政资金的使用效益;(3)不利于预算管理制度的全面改革,比如,编制部门预算和实行政府采购制度的改革要求与国库支付制度相互配套,如果仍实行分散支付制度,就不可能真正实现政府采购和编制部门预算。

2. 国库集中支付制度的内容

国库集中支付制度,就是对预算资金分配、资金使用、银行清算及资金到达商品和劳务供应者账户的全过程集中进行全面的监控制度。它的要点如下。

(1)财政部门在国库或国库指定的代理银行开设统一的账户,各单位在统一账户下设立分类账户,实行集中管理,预算资金不再拨付给各单位分设账户保存。

(2)各单位根据自身履行职能的需要,可以在经批准的预算项目和额度内自行决定所要购买的商品和劳务,但要由财政部门直接向供应商支付货款,不再分散支付。

(3)除某些特殊用途外,购买商品和劳务的资金都要通过国库直接拨付给商品和劳务供应商。

集中支付制度不能从根本上改变各部门、各单位对预算资金的支配权和使用权,但由财政部门集中掌握预算资金的支付权,从而可以考核资金的使用是否符合规定而决定是否给予支付,防止滥收滥支的违纪现象,提高资金使用效益。将采购资金直接由国库拨付给商品和劳务供应商,不再通过任何中间环节,财政部门则可以掌握资金的最终流向,杜绝在预算执行中克扣、截留、挪用等现象,有利于反腐倡廉。

第二节 预算管理体制

一、预算管理体制的含义和内容

（一）预算管理体制的含义

预算管理体制是处理中央和地方以及地方各级政府之间的财政关系的基本制度。预算管理体制的核心是各级预算主体的独立自主程度以及集权和分权的关系问题。预算管理体制是国家预算编制、执行、决算以及实施预算监督的制度依据和法律依据，是财政管理体制的主导环节。

（二）预算管理体制的内容

预算管理体制的根本任务是通过划分预算收支范围和规定预算管理职权，促使各级政府明确各自的责权利，发挥各级政府理财的积极性，促进国民经济和社会事业发展。

预算管理体制的内容主要包括以下几个方面。

1. 预算管理主体和层次的规定

国家预算管理级次的规定与一国的政权机构和行政区划存在密切联系。由于各国的政权机构和行政区划的特点不同，政权级次以及预算级次的划分也不尽相同。我国的政权机构分为五级，相应的预算管理主体也分为中央、省、市、县、乡五级。

2. 国家预算管理权限的划分

预算管理权指国家预算方针政策、预算管理法律法规的制定权、解释权和修订权；国家预决算的编制审批权；预算执行、调整和监督权等。

3. 预算收支范围的划分

预算收支范围的划分，是在中央和地方政府之间划分收支范围以及确定划分收支范围的方法等问题的总称。预算收支范围的划分反映了各级预算活动的范围和财力分配的大小，是正确处理中央与地方之间分配关系的重要方面。

4. 预算调节制度和方法

预算收支范围的划分并不能完全解决各级政府财政收支的均衡问题，因而须在既定的预算收支划分的基础上进行收支水平的调节，这种调节称为转移支付制度。具体来说，政府间财政转移支付实质上是存在于政府间的一种再分配形式。它是以各级政府之间所存在的财政能力差距为基础，以实现各地公共服务水平的均等化为主旨而实行的一种财政资金转移或财政平衡制度。

二、我国预算管理体制的形式

根据财力的集中与分散、财权的集权与分权的程度不同，可将我国预算管理体制大体上分为以下 4 种类型。

（一）统收统支的预算管理体制

统收统支的预算管理体制也称高度集中的预算管理体制，这种体制的基本特点是财力与财权高度集中于中央，地方组织的财政收入全部上缴中央，地方一切开支由中央核拨。这种"统收统支"的预算管理体制使地方的财权很小。除了新中国成立初期外，我国20世纪60年代的3年经济调整时期和"文化大革命"时期的某些年份里，曾实行过这种类型的体制。这在当时特定的历史条件下，对集中必要的财力恢复和调整国民经济起过积极的作用，但它不利于发挥地方各级财政部门当家理财的积极性，在正常时期不宜采取这种预算管理体制。

（二）以中央集权为主，适当下放财权的预算管理体制

这种预算管理体制的特点是财力和财权的相当大部分仍集中在中央，同时给地方一定的机动财力和财权，但都比较小。在这种体制下，由中央统一制定预算政策和制度，地方按预算级次实行分级管理，由中央核定地方收支指标，由中央统一进行地区间的调剂，收大于支的地方向中央财政上缴收入，支大于收的地方则由中央财政给予补助。在1953—1980年的多数年份里，实行的就是这种体制。它比统收统支体制前进了一大步，但仍不利于充分调动地方的积极性。

（三）多种形式的预算包干体制

这种预算管理体制的特点是在中央统一领导和统一计划下，地方有较大的财权，地方财力大大增强。预算包干体制对原体制有重大突破，是我国预算管理体制的一次重大改革。这种体制充分调动了地方理财的积极性，但也存在不少问题。这些问题主要是指：中央集中的财力过少，中央财政收入占全部财政收入的比重下降，中央财政负担过重；中央与地方的收入之间相互挤占，关系没有理顺；地方财力大大增强，多投资于利润大、见效快的项目，加剧了当时的经济过热现象。

（四）分税制分级预算管理体制

这是我国现行预算管理体制，是我国在借鉴国际上发达国家的先进经验并结合我国国情的基础上，于1994年实行的在分税制基础上的分级预算管理体制。其基本内容是：根据中央政府和地方政府的不同职能划分支出范围，按税种来划分中央收入和地方收入；分别设置机构，分别征税；中央预算通过转移支付制度实现对地方预算的调剂和控制。

按照2015年1月1日实行的新的《中华人民共和国预算法》规定：国家实行中央和地方分税制。国家实行财政转移支付制度。财政转移支付应当规范、公平、公开，以推进地区间基本公共服务均等化为主要目标。财政转移支付包括中央对地方的转移支付和地方上级政府对下级政府的转移支付，以为均衡地区间基本财力、由下级政府统筹安排使用的一般性转移支付为主体。

三、我国现行的预算管理体制

（一）分税制的含义

分税制是指在中央与地方之间以及地方各级之间，以划分各级政府事权为基础、以税收划分为核心相应明确各级财政收支范围和权限的一种分级财政管理体制。

分税制的内涵极为丰富，包括分税、分权、分征、分管。分税是按地方事权和地方预算支出需要，把税收划分为中央税、地方税、中央和地方共享税。分权是指划分各级政府在税收方面的立法权、征管权和减免权。分征是指分别设置国税和地税两套税务机构，分别征税。中央政府设置国家税务局，负责中央税和共享税的征收；地方政府设置地方税务局，负责地方税的征收，以保证各级税收收入能够稳定、足额入库。分管是指中央政府和地方政府分别管理和使用各自的税款，涵养税源，不得相互混淆、平调或挤占。建立规范化的中央预算对地方的转移支付制度，实现中央对地方的宏观调控和调节地区之间的财力分配，这是实现分税制预算管理体制的关键。

（二）分税制的内容

1. 中央与地方的事权和支出划分

依据现行中央政府与地方政府事权的划分，中央财政主要承担国家安全、外交和中央国家机关运转所需经费，调整国民经济结构、协调地区发展、实施宏观调控所必需的支出以及由中央直接管理的事业发展支出。中央主要承担国防、武警、重点建设、中央单位事业经费和中央单位职工工资五大类支出。具体包括：国防费、武警经费、外交和援外支出、中央级行政管理费、中央统管的基本建设投资、中央直属企业的技术改造和新产品研制费、地质勘探费、由中央财政安排的支农支出、由中央负担的国内外债务的还本付息支出，以及中央本级负担的公检法支出和文化、教育、卫生、科学等各项事业费支出。

地方财政主要承担本地区政权机关运转所需支出以及本地区经济、事业发展所需支出。其包括地方行政管理费，公检法支出，部分武警经费，民兵事业费，地方统筹的基本建设投资，地方企业的技术改造和新产品研制经费，支农支出，城市维护和建设经费，地方文化、教育、卫生等各项事业费，价格补贴支出以及其他支出。

2. 中央与地方收入的划分

根据事权与财权相结合的原则，按税种划分中央与地方的收入，将维护国家权益、实施宏观调控所必需的税种划分为中央税；将同经济发展直接相关的主要税种划为中央与地方共享税；将适合地方征管的税种划为地方税，并充实地方税种，增加地方税收收入。

中央固定收入包括：关税，海关代征增值税和增值税，消费税，中央企业所得税，地方银行和外资银行及非银行金融企业所得税，铁道部门、各银行总行、各保险总公司等集中缴纳的收入（包括营业税、所得税、利润和城市维护建设税），中央企业上缴利润等。从2004年开始，出口退税由中央与地方共同负担。

地方固定收入包括：地方企业上缴利润，城镇土地使用税，固定资产投资方向调节税，城市维护建设税，房产税，车船使用税，印花税，屠宰税，耕地占用税，契税，遗产税和赠与税，土地增值税，国有土地有偿收入等。

中央与地方共享收入包括增值税、资源税、证券交易印花税、企业所得税和个人所得税等。其中，增值税按照《全面推开营改增试点后调整中央与地方增值税收入划分过渡方案》（国发〔2016〕26号）中央分享增值税50%，地方按税收缴纳地分享增值税的50%，所有行业企业缴纳的增值税均纳入中央和地方共享范围。资源税按不同的资源品种划分，大部分资源税作为地方收入，海洋石油资源税作为中央收入；证券交易印花税原定中央与地方各分享

50%，1997年以后对证券交易印花税的分享比例进行了几次调整，到2002年中央为97%，地方为3%；所得税方面除铁路运输、国家邮政、四大国有商业银行、三家政策性银行、中石化及中海油等企业外，其他企业所得税和个人所得税收入实行中央与地方按统一比例分享，2003年以后中央分享60%，地方分享40%。

3. 各级政府间实行转移支付制度

国家实行财政转移支付制度。财政转移支付应当规范、公平、公开，以推进地区间基本公共服务均等化为主要目标。

财政转移支付包括中央对地方的转移支付和地方上级政府对下级政府的转移支付，以为均衡地区间基本财力、由下级政府统筹安排使用的一般性转移支付为主体。

按照法律、行政法规和国务院的规定可以设立专项转移支付，用于办理特定事项。建立健全专项转移支付定期评估和退出机制。市场竞争机制能够有效调节的事项不得设立专项转移支付。

上级政府在安排专项转移支付时，不得要求下级政府承担配套资金。但是，按照国务院的规定应当由上下级政府共同承担的事项除外。

从实际执行情况来看，1992年党的十四大提出建立社会主义市场经济体制的目标后，在立足国情的基础上，借鉴成熟市场经济国家的经验，相继实施了分税制财政体制改革、所得税收入分享改革和出口退税负担机制改革等措施，符合市场经济一般要求的政府间财政关系框架初步形成（见表5-1和表5-2）。

表5-1 现行中央地方支出责任划分

中央财政支出	国防、武警经费，外交支出，中央级行政管理费，中央统管的基本建设投资，中央直属企业的技术改造和新产品试制费，地质勘探费，中央安排的农业支出，中央负担的国内外债务的还本付息支出，以及中央负担的公检法支出和文化、教育、卫生、科学等各项事业费支出
地方财政支出	地方行政管理费、公检法经费、民兵事业费，地方统筹安排的基本建设投资，地方企业的改造和新产品试制经费，地方安排的农业支出，城市维护和建设经费，地方文化、教育、卫生等各项事业费以及其他支出

表5-2 现行中央地方收入划分

中央固定收入	关税，海关代征消费税和增值税，消费税，铁道部门、各银行总行、各保险公司总公司等集中交纳的收入，未纳入共享范围的中央企业所得税、中央企业上交的利润等
中央与地方共享收入	增值税中央分享50%，地方按税收缴纳地分享增值税的50%；纳入共享范围的企业所得税和个人所得税中央分享60%，地方分享40%；资源税按不同的资源品种划分，海洋石油资源税为中央收入，其余资源税为地方收入；证券交易印花税中央分享97%，上海、深圳分享3%
地方固定收入	地方企业上缴利润，城镇土地使用税，城市维护建设税（不含铁道部门、各银行总行、各保险公司总公司集中交纳的部分），房产税，车船税，印花税（不含证券交易印花税），耕地占用税，契税，烟叶税，土地增值税，国有土地有偿使用收入等

与行政管理体制相适应，现行财政体制遵循"统一领导，分级管理"的基本原则。按现行财政体制安排，中央政府仅与省级政府进行收支划分和转移支付，省以下财政体制由各地省级政府在中央指导下，结合本地实际情况确定。从目前的情况看，大部分地区都按照分税

制的要求，划分了省以下各级政府的收支范围，并建立了较为规范的省对下转移支付体系。同时，不断探索创新财政管理方式，27个省份在1080个县实施了省直管县财政管理方式改革，约2.86万个乡镇实施了乡财县管财政管理方式改革。

中央本级收入并不完全用于中央本级自身的支出，其中相当大的部分是用于对地方税收返还和转移支付，形成地方财政收入来源，并由地方安排财政支出。如，2011年中央对地方税收返还和转移支付39 921.21亿元。其中，税收返还5 039.88亿元，增长0.9%；一般性转移支付18 311.34亿元，增长38.3%，主要用于调节地区之间财力差距，中西部地区在其中所占比例约88.7%；专项转移支付16 569.99亿元，增长17.4%，主要用于体现中央政策意图、发挥宏观调控作用的项目，资金分配也考虑了地区间财力差异，中西部在其中所占比例为79.4%。因此，最终形成的全国公共财政支出中，中央本级支出为16 514.11亿元，仅占全国公共财政支出的15.1%；地方本级支出为92 733.68亿元，占全国公共财政支出的84.9%。从资金来源看，地方公共财政支出中平均有43%的资金来源于中央财政转移支付，其中中西部地区公共财政支出平均50%以上的资金来源于中央税收返还和财政转移支付。

我国目前中央财政集中收入比例尚未达到1994年分税制财政体制改革设定的60%的目标，在国际上也是偏低的。根据国际货币基金组织《政府财政统计年鉴（2010）》中的有关数据计算，2009年，全球大部分国家特别是单一制国家中央财政收入占全国财政收入的比重保持在60%以上，如英国、法国、西班牙，分别为90.1%、83.6%和65.6%。在实行联邦制的澳大利亚、德国、美国，这一比重依次为73.7%、66.6%、51.5%。在俄罗斯和南非，这一比重分别为69.7%、81.2%。

我国地区间发展差异较大，经济发展不平衡，社会发展水平差距较大，自然条件也千差万别，中央财政适度集中财力有利于实施有效的地区均衡政策，推动基本公共服务均等化，促进区域协调发展。我国东部地区人口相对较少，但却是财政收入的"主产区"。2011年，东部地区人口占全国的32%，公共财政收入占全国的56%；中西部地区人口占68%，公共财政收入仅占44%。如果地区间经济相对均衡、税源分布相对均匀，中央财政确实可以少集中一些，但在东西差距较为明显的现实国情下，中央如果不适度集中收入并通过转移支付等支持中西部地区发展，地区间财力差距会更大，公共服务均等化、地区间协调发展、社会和谐等就无从谈起。我国自2016年5月1日起，以2014年为基数核定中央返还和地方上缴基数。中央上划收入通过税收返还方式给地方，确保地方既有财力不变。中央集中的收入增量通过均衡性转移支付分配给地方，主要用于加大对中西部地区的支持力度。

（三）分税制的进一步完善

1. 进一步明确中央与地方政府事权的划分范围

我国目前政府职责的划分还不能适应社会主义市场经济的要求，"缺位"和"越位"并存，如基础教育、基础科学、卫生保健等投入不足；同时，政府行政干预多，充分发挥市场调节作用少，对经济运行中出现的问题，未能娴熟驾驭，甚至不得不借助于行政命令等，如政府负责企业的亏损补贴、价格补贴等。现行的分税制是以目前既定的事权划分为基础的，所以，尽快明确各级政府的职能、划清各自的事权范围，是分税制进一步完善的前提。

2. 进一步调整和规范预算收入的划分

2002年，中央对所得税分享办法进行了重大调整，企业所得税打破行政隶属分享办法，改成中央与地方按6∶4的比例分成。近年来，中央财力的集中程度显著提高。当然，适当集中中央的财权财力，对加强中央政府的宏观调控能力是非常必要的，但是如果集中的程度过大、速度过快，必然会对地方各级财政造成负面影响。目前，中央财政收入占全国财政总收入的比重已经接近60%，而中央所承担的事权平均在30%左右，地方则达到70%左右。地方各级政府在财权逐步减少的总体趋势下，事权并没有相应减少，出现严重不对称，这也是一些县、乡财政普遍反映的困难之一。

3. 实行规范的转移支付制度

转移支付制度是分税制预算管理体系的一个重要组成部分，是中央政府实行宏观调控的重要手段，因为实行分税制并不要求地方政府拥有足以自我平衡的财政收入，仅仅是使地方财政预算拥有一定量的稳定收入，其差额由中央财政预算补助，从而实现中央财政对地方财政的调控。目前，我国实行的税收返还制度就是转移支付制度的一种形式，但该制度还很不规范。税收返还实际是维护既得利益的"基数法"的延续，而规范的转移支付制度要求逐步过渡到按客观因素测定标准收支，因此，逐步减少税收返还也是进一步完善转移支付制度的关键。

4. 完善地方税收体系

建立中央与地方两套税收体系是分税制的一个重要内容。目前，我国地方税收体系尚不完善，地方没有"当家"的税种，不利于调动地方涵养税源的积极性。根据存在的问题，需要做以下工作：一是要扩大地方税收规模，增强地方政府预算自求平衡的能力；二是要扩大地方对地方税收的立法权和执法权，除了一些重要的地方税种需要由中央统一立法外，还应该给予地方开设一些地方税种的权利；三是各级政府都应有自己的主体税种，以保证各级财政有稳定的收入来源。

本 章 小 结

1. 国家预算是指经法定程序审核批准的具有法律效力的政府年度财政收支计划。目前，影响较大并为世界大多数国家所接受的预算原则有公开性、可靠性、完整性、统一性和年度性。国家预算的组织结构，可以从纵向和横向两方面来了解。从纵向角度来看，我国由中央、省、市、县、乡五级预算组成；从横向角度来看，一级预算具体可分为总预算、本级预算和单位预算。

2. 依据不同的分类标准和依据，国家预算可以划分为不同的种类。按编制的形式分类，国家预算可以分为单式预算和复式预算；按预算的编制方法分类，国家预算可以分为零基预算和增量预算；按预算分级管理的要求划分，国家预算可以分为中央预算和地方预算；按预算支出分类汇总依据的不同分类，国家预算可以分为功能预算和部门预算。

3. 预算管理体制是处理中央和地方以及地方各级政府之间的财政关系的基本制度。预算管理体制的核心,是各级预算主体的独立自主程度以及集权和分权的关系问题。我国现行预算管理体制是分税制。分税制是在划分中央与地方政府事权的基础上,按税种划分各级政府财政收入的一种预算管理体制。

习 题

一、选择题

1. 要求政府的所有财政收支都要反映在预算中,不得隐瞒、造假账,不得有预算以外的财政收支,这是（　　）原则对预算的要求。

　　A. 公开性　　　　　B. 可靠性　　　　C. 完整性　　　　D. 统一性

2. 财政收支计划指标是在以前财政年度的基础上,按新的财政年度的经济发展情况加以调整之后确定的预算,该种预算称为（　　）。

　　A. 增量预算　　　　B. 复式预算　　　C. 单式预算　　　D. 零基预算

3. 国家的基本财政计划称为（　　）。

　　A. 经济计划　　　　B. 政府预算　　　C. 收支方案　　　D. 政府决算

4. 单式预算和复式预算的划分标志为（　　）。

　　A. 预算的形式　　　　　　　　　　　B. 预算的分级管理
　　C. 预算内容的分合关系　　　　　　　D. 预算的组成环节

5. 我国的预算体系由（　　）组成。

　　A. 中央和地方两级预算　　　　　　　B. 中央、省、市三级预算
　　C. 中央、省、市、县四级预算　　　　D. 中央、省、市、县、乡五级预算

6. 目前影响较大并为世界大多数国家所接受的预算原则有（　　）。

　　A. 公开性　　B. 可靠性　　C. 完整性　　D. 统一性　　E. 年度性

7. 国家预算的基本程序有（　　）阶段。

　　A. 预算编制　　　　B. 预算审批　　　C. 预算的执行　　D. 预算决算

8. 以预算分级管理的要求为依据对国家预算进行分类,国家预算可分为（　　）。

　　A. 中央预算　　　　B. 地方预算　　　C. 复式预算　　　D. 单式预算

9. 下列选项属于国库集中支付制度要点的有（　　）。

　　A. 财政部门开设统一的账户
　　B. 各预算单位在统一账户下设立分类账户
　　C. 各预算单位可以在经批准的预算项目和额度内自行决定所要购买的商品和劳务
　　D. 预算单位购买商品的资金可由购买单位直接支付给商品供应商,无须经过国库划拨

10. 按预算的编制方法的不同,国家预算可分为（　　）。

　　A. 零基预算　　　　B. 增量预算　　　C. 复式预算　　　D. 单式预算

二、判断题

1. 各级政府预算的编制和实现必须按法定财政年度编制,要反映全年的财政收支活动,

不允许将不属于本财政年度财政收支的内容列入本年度的国家预算之中。（　　）

2．按照2014年新修订的预算法规定，我国不允许设立预算外资金。（　　）

3．各级政府对于必须进行的预算调整，应当编制预算调整方案，并提请本级人民代表大会常务委员会审查和批准。未经批准，不得调整预算。（　　）

4．我国现在实行的是以中央集权为主，适当下放财权的预算管理体制。（　　）

5．国防、武警、重点建设、中央单位事业经费和中央机关单位职工工资支出应当由中央财政负担。（　　）

三、名词概念

1．国家预算　　2．单式预算　　3．复式预算　　4．零基预算　　5．增量预算
6．功能预算　　7．部门预算　　8．预算外资金　9．预算管理体制　10．分税制

四、问答题

1．简述国家预算的原则。
2．简述我国国库集中支付制度的内容。
3．简述预算管理体制的内容。
4．简述分税制预算管理体制的内容。
5．如何进一步完善分税制预算管理体制？

案 例 分 析

印度的中央与地方财政分配关系

印度是联邦制国家，中央与地方实行分级分税制的财政管理体制，在划分事权、财权的基础上，形成了中央、邦、市三级独立预算。

1．从中央与邦的财政收支划分看

财政收入划分为中央固定收入、地方固定收入、中央和地方共享收入三类。中央财政固定收入主要包括：关税、法人所得税、利息税、赠与税、福利税、联邦领地占用税、中央非税收入、债务收入等。地方财政固定收入主要包括：销售税、农业所得税、土地收入、印花税、特种商品税、交通税、旅游税、地方非税收入、来自中央政府的补助等。中央与地方共享收入主要包括：个人所得税和产品税等。

中央与地方的财政支出划分上，中央财政支出主要包括：中央计划项目支出、债务还本付息支出、国防支出、行政管理支出、社会公益事业费、经济部门事业费、对地方的财政补助等。地方财政支出主要包括：地方计划项目支出、行政管理费、社会公益事业费、经济部门事业费、对市级政府的财政补助等。

中央财政在整个财政体系中占支配地位，财权财力的集中程度较高。中央财政收大于支，邦和市支大于收。中央本级筹集的财政收入占全国三级政府财政总收入的70%以上，邦和市加在一起接近30%。中央用于本级的支出则不到三级政府财政总支出的一半，所余的财力用于自上而下对邦政府的补助。

2. 从中央与邦的财政资金往来看

印度中央与地方财政关系是通过财政委员会制定的五年财政计划确定的,即由财政委员会具体确定每五年中央与地方的收入分成比例及财政补助,一旦被议会批准,就具有法律效力,在执行过程中不得调整。中央对邦的资金分配关系体现中央实施各邦之间的"横向均等化",即通过中央政府自上而下进行补助,调节各邦间的发展和平衡。中央政府对 25 个邦级政府实行补助,近年来邦级政府的财力约有 40%来自中央政府的补助拨款。中央政府对地方政府的财政补助制度,实际上是对不同邦在收入、支出两方面因自然、社会、经济、种族等各种因素而形成的客观差异,以及因政策目标、努力程度和工作效率等因素而形成的主观差异加以调节,给予各地不同数量的补助数额,从而使自然、经济环境迥异的不同地区的公民,都能得到基本同等水平的公共服务。而能够实行这种补助的一个必要前提,就是前面所述印度中央政府因收大于支而掌握着可用于补助的一定数量的财力,其操作的关键环节是由联邦委员会制定五年财政计划,使转移支付能够比较合理地量化和具体化。

(资料来源:http://jpkc.swufe.edu.cn/2004/swufe007/kczy/jxal/c15.htm)

问题:

印度在处理中央与地方财政关系上的做法对我们有什么启示?

第六章
财政平衡与财政政策

 导读

各国政府在经济发展的任何阶段都会面临财政收支总量关系的协调问题，判断一个国家或政府的财政是否平衡，从而合理调节以实现社会总供求平衡是财政上的重要问题。财政政策是一国政府为实现一定的宏观经济目标，调整财政收支规模和收支平衡的指导原则及其相应的措施。在政府部门管理调控经济时，往往需要将财政政策和货币政策配合使用来对经济进行调节。如何正确理解财政政策与货币政策配合使用的必要性以及配合方法并灵活地运用到实际经济生活，这是学习本章的主要目的。

 学习重点

通过本章的学习，要求学生掌握财政平衡的含义、计算口径与类型，理解财政平衡与社会总供求平衡的内在关系，掌握财政政策的含义与分类，并理解财政政策与货币政策协调配合的必要性和可行性。

 学习难点

把握财政平衡与社会总供求平衡的内在关系，从而认识财政赤字对整个经济活动所产生的重大影响及其弥补方式，并理解如何运用财政政策与货币政策的协调配合进行宏观调控，熨平经济波动。

 教学建议

第一节以课堂讲授为主，第二节建议结合案例教学和引导学生查阅课外相关资料进行分析以及撰写课程小论文。

第一节 财政平衡

一、财政平衡的概念

财政平衡是指财政收支在量上的对比关系，即在预算年度内政府预算收入与预算支出在总量上的对比关系。两者对比不外有 3 种结果：一是收大于支，表现为结余；二是支大于收，表现为赤字;三是收支相等,表现为平衡。

国家预算作为一种平衡表,收与支是恒等的。但就其经济内容分析,收支只能在理论上相等,在实际经济生活中财政收支相等的情况几乎是不存在的。现实中常见的是预算结余和预算赤字。而且当今世界有预算结余的国家也为数很少,就现代市场经济国家而言,预算逆差表现为收支对比的常态,财政赤字已经成为世界性的经济现象。财政平衡只作为收支对比的一种理想状态为各国编制和执行预算提供追求和考核的目标。因此,在研究财政平衡和财政赤字之前,应首先树立科学的财政平衡观,正确理解财政平衡。

二、财政收支不平衡的原因

造成财政收支不平衡的原因很多,归纳起来主要表现在以下几个方面。

(一)外部冲击

外部冲击是指对一国国民收入有很大影响,但本国不能左右的外部事件。它是来自国际的影响因素,是不可控的因素。从影响一国的财政收支来看,最主要的外部冲击因素表现为:进出口商品价格的变动;外债成本的变动和国外援助规模的变动。

(二)无弹性税制

税收收入弹性是指在现行的税率或税法情况下,税收收入变动的百分比与国民收入变动的百分比之间的比例关系,一般将税收收入弹性小于 1 的税制称为无弹性税制。在无弹性税制情况下,随着生产发展和国民收入增加,税收收入增加的比例小于国民收入或国内生产总值增加的比例。税收收入占 GDP 的比例无疑会下降,而财政支出一般不会减少反而还要增加。所以,相对减少的税收收入与绝对增加的财政支出不相匹配,最终导致财政不平衡,或继续增大财政赤字规模。

(三)国有企业的经营状况

我国国有企业的经营状况是影响财政平衡与否的重要因素。因为国有企业的生产经营活动在整个国民经济中占重要地位甚至是主导地位,而且来自国有企业的财政收入在我国财政收入总额中占有很大的比重。国有企业的生产经营状况的好坏,直接关系到国家财政的平衡状况。国有企业的经营状况,一方面影响其对财政收入的贡献率;另一方面,如果国有企业亏损了,政府需要增加企业亏损补贴。因此,国有企业的经营状况从财政收入和支出两方面增加了财政平衡的压力,无疑是我国赤字连年不断的一个重要原因。

(四)超支或短收

财政支出扩张是造成财政不平衡的经常性因素。就短期或年度支出超支而言,导致财政支出长期扩张的原因主要有:纯粹的政治原因;政府为了实现某些特殊目标临时增加公共支出;受国际示范效应的冲击,实施在目前经济发展水平还不能得到融资的福利计划或为加速国防现代化导致的军费支出与日俱增。

短收主要表现在税收上。税收是政府筹集财政收入的主要手段之一,税收收入的变化直接关系到财政平衡状况。在其他条件不变的情况下,如果在某一财政年度内,生产经营活动停滞不前,国民收入水平低于预期水平或者有所下降,在累进税制下,税收收入下降的幅度要高于生产下降的水平;税收结构不合理,税率偏高,也可能造成短收;税务管理软化,缺乏应有的法律威严，导致许多侵蚀国家利益的行为，使国家收入大量流失。

（五）意外事件

当遇到严重自然灾害时，增支减收成为必然，当年财政甚至以后年度的财政平衡与否就要受到影响。

三、财政赤字（或结余）的计算方法

（一）财政赤字及计算方法

财政赤字是指财政年度中财政支出大于财政收入导致的财政不平衡的一种财政现象，它反映了财政年度内国家财政收入入不敷出的基本状况。财政的结余或赤字的计算方法不同，得出的财政收支所处的状态可能会有差别，财政结余或赤字的计算方法问题主要涉及如何看待债务收入问题，即债务收入是否作为正常的财政收入来计算的问题，通常有两种不同的计算方法。

（1）赤字或结余＝（经常收入＋债务收入）－（经常支出＋债务支出）
（2）赤字或结余＝经常收入－经常支出

两种口径的差别在于：债务收入是否计入经常收入，以及债务的清偿是否计入经常支出。按第一种口径，债务收入被视为经常财政收入，相应的债务还本付息也计入经常支出，当今世界各国对债务收入的处理方法各不相同；按第二种口径，债务收入不列入经常收入，相应的债务的偿还也不列为经常支出，但利息的支付却列入经常支出。这种方法为世界上众多国家所采用，如美国等。国际货币基金组织编制的《政府财政统计年鉴》，也是按照这种方法来计算各国财政赤字或结余的。

（二）财政赤字的弥补及对经济的影响

财政发生赤字后，一般需要采用一定的方法予以弥补，不同的弥补方法对经济运行会产生不同的影响。

1. 增加税收

增加税收包括开征新税、扩大税基和提高税率。首先，由于税收的法律规定性，决定了不管采用哪一种方法增加税收，都必须经过一系列的法律程序，这使增加税收的时间成本增大，难解政府的燃眉之急。其次，由于增加税收必定加重负担，减少纳税人的经济利益，所以纳税人对税收的增减变化是极为敏感的，这就使得政府依靠增税来弥补财政赤字的目的难以实现，从而使增税议而不决。最后，拉弗曲线告诉我们，单纯地提高税率在临界点之后是会导致投资萎缩、经济滞后的。因此，增税不是弥补财政赤字的稳定可靠的方法。

2. 增发货币

一国的财政赤字可以通过向中央银行申请融资来解决。财政部可以直接向中央银行借款或透支，当中央银行货币的发行仅仅是为了弥补财政赤字，而无相应的产出与之对应，就会导致过多的货币追求过少的商品，出现通货膨胀。财政部也可以采取间接的方式，向公众出售国债，随后中央银行在公开市场上购入国债，即中央银行将债务货币化。这两种方式其实在本质上是一样的，都是政府通过增加基础货币为财政赤字融资，即赤字货币化，都会引起

货币供应量的成倍增加,从而导致信用膨胀和通货膨胀。因此,用增发货币来弥补财政赤字是不可取的。

1995年以前,我国的一部分财政赤字是通过向中央银行直接借款或透支来弥补的。1995年通过的《人民银行法》规定,中央银行不得向财政提供借款和透支,亦不得直接购买政府债券。但是目前我国中央银行通过公开市场业务购买国债,间接地为财政赤字融资的现象依然存在。

3. 发行公债

发行国债为赤字融资的方法被称为债务融资或赤字债务化。发行公债是世界各国弥补财政赤字的普遍做法,而且被认为是一种可靠的弥补途径。但是债务作为弥补财政赤字的来源,会随着财政赤字的增长而增长。另外一方面,就是债务是要还本付息的,债务的增加也会反过来加大财政赤字。当前许多国家,有发达国家也有发展中国家,都面临赤字与债务同时增长的局面。发达国家主要担心的是债务带来的排挤效应及巨额债务终将导致债务货币化的前景。发展中国家也担心会产生不良后果:公债信誉下降,债券不易发行,出现债务危机,被迫发行货币偿还本息等。

四、财政平衡与社会总供求平衡

财政平衡实质上是体现政府行为的财政收支活动所形成的商品物资的供给与货币购买力之间的平衡。在社会经济生活中,政府行为以及财政收支必然融入社会收支总量之中,成为社会总供求的一部分,在其他因素不变的条件下,财政平衡与否,直接影响社会总供求的平衡。因此,政府进行宏观调控的最终目标就是实现社会总供给与社会总需求的平衡。所谓社会总供给,是指一个国家或地区一定时间内由物质生产部门和非物质生产部门提供的商品总量和付费劳务总量;所谓社会总需求,是指一个国家或地区在一定时期内,在有支付能力的范围内使用和消费的商品总量和付费劳务总量。二者之间的恒等关系式为

$$C+S+T+M=C+I+G+X$$

恒等式的左边代表总供给的收入流量,由消费 C、储蓄 S、税收 T 和进口额 M 构成;右边代表总需求的支出流量,由消费 C、投资 I、政府支出 G 和出口额 X 构成。这个恒等式可以理解为:不论经济处于何种状态,在给定的时间内,作为总供给的收入流量恒等于作为总需求的支出流量,即

$$收入流量=支出流量$$

从恒等式可以看出,政府的所有支出,无论是赤字支出还是非赤字支出,都汇入支出流量而构成总需求。因此可以根据上述恒等式推导出描述财政赤字的预算恒等式,即

$$G-T=(S-I)+(M-X)$$

恒等式左边表示预算收支平衡状况。当 $G>T$ 时,政府预算出现赤字;当 $G<T$ 时,有财政结余。等式的右端由两个部分组成,它们实际上是两个不同的账户,S 和 I 是储蓄、投资账户,M 和 X 是对外贸易经常账户。当 $S>I$ 时,非政府部门的储蓄大于投资,有结余资金;反之,则非政府部门的储蓄、投资账户出现赤字。当 $M<X$ 时,贸易经常账户有盈余;反之,则贸易经常账户出现赤字。这个预算恒等式可以理解为

$$财政赤字=储蓄、投资账户结余+贸易经常账户赤字$$

上述公式表明：当政府预算出现赤字，就可以由非政府部门的储蓄结余来抵补。反之，当社会总供给和总需求失调时，政府也可以通过财政收支对其起到调节作用。

因此，正确理解财政平衡和社会总供求的关系应包含以下几个方面。

（1）财政平衡是社会总供求平衡中的一个组成部分，必须从国民经济的整体平衡研究财政平衡，就财政本身研究财政平衡难以得出全面的正确的结论。

（2）财政平衡是实现社会总供求平衡的一种手段。国民经济整体平衡的目标是社会总供求的大体平衡，财政平衡不过是其中的一个局部平衡，因而对社会总供求平衡而言，财政平衡本身不是目的，而是一种手段。

（3）财政平衡可以直接调节社会总需求。国民收入决定因素中的消费、储蓄、投资及进出口属于个人和企业的经济行为，是通过市场实现的，而财政收支属于政府行为，因而财政收支平衡是掌握在政府手中进行宏观调控的手段。财政平衡可以直接调节社会总需求，间接调节社会总供给。

第二节　财政政策

财政政策是一国政府为实现一定的宏观经济目标，调整财政收支规模和收支平衡的指导原则及其相应的措施。

一、财政政策的目标

财政政策目标就是财政政策所要实现的期望值。从具体目标来说，不同国家不同时期，财政政策的目标是不同的。按照国际惯例，各国一般都把社会总供给与社会总需求的基本平衡、经济增长稳定、物价稳定、充分就业、收入的公平分配、国际收支平衡等作为财政政策宏观调控的目标。从我国目前状况看，财政政策的主要目标是充分就业、物价稳定、经济增长和国际收支平衡。

（一）充分就业

充分就业并不意味着没有失业现象，而是把失业率限定在一定范围内。由于价值观念的不同，充分就业在具体的数量指标上各不相同。较为保守的一些经济学家认为失业率在2%～3%为充分就业；而有些经济学家认为只要失业率低于 5%就可以算是充分就业。现在，大多数经济学家认为失业率不超过 4%为充分就业。当实际失业率超出该标准时，就采取各种政策手段予以调节，增加就业机会，以确保社会经济的稳定。

理论上，一般把失业划分为 4 种类型。（1）摩擦性失业。在短期内，由于信息的不透明或者获得信息花费的成本较高，社会中总有一部分人处于寻找工作的状态，这部分失业人口被称为摩擦性失业人口。（2）结构性失业。指劳动力的供给与需求在职业、技能、地区分布等结构上的长期不协调所引起的失业。（3）季节性失业。指某些行业的生产因季节性变化产生间歇性的需求不足所造成的失业。这种失业带有某种规律性，除非在淡季使工人及时转到另一行业，否则这种失业是不可避免的。（4）周期性失业。这是指由于经济周期的存在，某些时期市场中对商品和劳务的总需求不足所导致的失业。

前 3 种失业的存在可能与劳动力市场和商品市场的实际结构性特征有关，也可能与市场信息的不完全性、寻找工作的成本和劳动力转移的成本有关。由这些因素引起的失业称为自然失业。自然失业与周期性失业相对应，后者是经济萧条时期出现的失业，经济复苏之后可以慢慢消失，但是自然失业是难以通过反周期的办法消除的。

（二）物价稳定

物价稳定是经济稳定的重要标志，但物价稳定并不是冻结物价，而是把物价总水平的波动约束在经济稳定发展可容纳的区间，也就是避免过度的通货膨胀或通货紧缩。通货膨胀的非均衡性会给经济生活带来不良的影响，它既会导致社会资源的配置失当，也会引起收入和财富的再分配，损害某些集团的利益。因此，抑制通货膨胀、稳定物价水平成为财政政策的主要目标之一。当然，抑制通货膨胀并不等于将价格总水平的增长控制为零。一般认为，温和的通货膨胀能在一定程度上刺激投资，是加速经济增长的润滑剂。通货紧缩则会严重挫伤经营者的信心，抑制企业的投资积极性，降低经济效率。因此，客观上要求政府利用财政收支与总供求之间的内在联系，既抑制通货膨胀，又防止通货紧缩。从美国等发达国家的实践来看，当经济增长能够达到潜在的或合理的水平时，价格总水平上涨幅度保持在 2%～3%是比较理想的。

（三）经济增长

经济增长是指在一个特定时期内社会所生产的总产量和总收入或人均生产量和人均收入的持续增长，一般用人均 GDP 的增长率来表示。经济增长关键是保持合理的增长速度。经济增长的实质就是关于社会的即期消费和未来消费之间的平衡问题。增加储蓄和投资，就是牺牲一部分即期消费，而把节约下来的资源用于发展生产，使未来的消费达到更高的水平。政府运用税收、公债等财政工具，能有效地调节消费和投资之间的关系。因此，财政政策在推进经济增长的过程中，要处理好储蓄和消费的关系，保持适度的社会储蓄率和经济增长速度，同时发挥财政在产业结构调整中的作用。

（四）国际收支平衡

国际收支是指在一定时期内，一国居民和外国居民经济往来的系统记录。这些经济往来按性质可分为两类：经常项目和资本项目。前者主要记录商品和劳务的进出口；后者主要记录资本的输出入。国际收支平衡主要是指资本流出、流入的平衡和进出口的平衡。国际收支以平衡为最佳，略有顺差或略有逆差也都可以看作国际收支的平衡。在当今社会，国际收支是否平衡对于社会总供求的平衡、国内货币稳定、经济稳定、经济发展都有重要影响，随着我国改革开放的推进，这种影响将越来越大。从国际收支造成的经济影响看，各国政府更关心的是国际收支逆差。长期的国际收支逆差会导致国际储备不断减少，本币地位不断下降。同时，政府被迫大量举借外债，利息的偿付导致本国资源的大量流出，不仅进一步恶化国际收支，而且还会削弱国家在世界经济中的地位。因此，在国际收支平衡中，重要的是外汇收支差额和偿债率要适当。这就要求将外汇收支差额控制在合理的范围之内，既保持一定的外汇储备，又不要太多。同时，在利用外资、举借外债时必须保持适度规模。持续的国际收支顺差会导致外汇储备不断增加。过多的外汇储备意味着一国财力和物力的大量闲置和浪费。另外，外汇储备过多，容易导致一国货币汇率的升值，对商品的出口造成一定的压力。因此，各国政府也同样应该避免大量的持续的国际收支顺差。

二、财政政策的工具

财政政策目标的实现，依赖于相应的政策工具或手段。一般说来，可供选择的财政政策工具主要包括税收、财政支出、公债和财政预算等。

（一）税收

税收作为调节手段，一是调节社会总供给和总需求的关系，二是调节收入分配关系。这些调节作用主要通过税率的确定、税种的选择、税负的分配以及税收优惠和税收惩罚等规定体现出来。当社会总供求不平衡时，政府可以通过调节税率进行宏观调控。政府提高税率，会对民间部门经济起收缩作用，相应的民间部门的需求将下降；反之，政府降低税率，会对民间部门经济起扩张作用，需求将相应的上升，产出也相应地减少。政府部门税种的选择，制定的差别税率以及税负转嫁都将影响个人与企业的生产经营活动以及各经济主体的行为，从而调节收入分配关系。另外，在各国税法中还不同程度地保留着某些税收优惠性和惩罚性的措施，这些措施在运用上具有较大的灵活性，并且影响着财政政策目标的实现。

（二）财政支出

（1）购买性支出。购买性支出可分为财政投资支出和财政消费支出。财政投资支出是中央政府和地方政府用于固定资产方面的支出，政府通过财政投资，可以扩大或缩小社会总需求，调整国民经济结构，改善社会投资环境，以刺激私人投资。财政消费支出是中央政府和地方政府用于产品和劳务的经常性支出，由国防、文教卫生及其他政府活动等支出内容构成。政府通过消费政策可以直接增加或减少社会总需求，引导私人生产发展方向，调节经济周期性波动。

购买性支出的增减，将直接影响个人收入的增减和社会总消费的增减，进而影响到国民收入的增减。其影响程度取决于政府购买乘数的大小。可见，购买性支出作为财政政策的工具，是实现反经济周期的手段之一。

（2）转移性支出。转移性支出是政府将财政资金用于社会救助、社会保险和财政补贴等费用的支付。按用途不同可分为社会救助与保险支出、财政补贴支出两类。前者占财政支出的比例远大于后者。社会救助支出是将一部分财政资金无偿转移到低收入阶层，以保障其最低生活需要；社会保险支出是国家通过立法形式，采取强制手段，通过国民收入的分配和再分配，保障法定受保人在未来遭受年老、疾病、工伤、残疾、失业、死亡等风险而丧失或减少收入来源时，给予其本人和家属一定物质帮助以满足其基本生活需要的行为。社会救助和社会保险政策，都是实现收入公平分配的主要工具。财政补贴可分为消费性补贴和生产性补贴，二者的调节效果有所区别。消费性补贴是对人们日常生活用品的价格补贴，其作用是直接增加消费者的可支配收入，鼓励消费者增加消费需求。生产性补贴主要是对生产者的特定生产投资活动的补贴，如生产资料价格补贴、利息补贴等，其作用等同于对生产者实施减税政策，可直接增加生产者的收入，从而提高生产者的投资和供给能力。因此，在有效需求不足时，主要增加消费性补贴；在总供给不足时，主要增加生产性补贴，可以在一定程度上缓和供求矛盾。

(三) 公债

公债最初是政府组织收入、弥补财政赤字的重要手段。随着信用制度的发展，它已成为调节货币供求、协调财政与金融关系的重要政策工具。国债的作用主要通过国债规模、持有人结构、期限结构、国债利率等综合体现出来，政府可以通过调整国债规模，选择购买对象，区分国债偿还期限，制定不同国债利率等来实现财政的目标。在现代信用经济条件下，国债的市场操作是沟通财政政策与货币政策的主要载体，通过国债的市场操作，可以协调两大政策体系的不同功能。

(四) 财政预算

预算调节经济的作用主要反映在财政收支的规模和收支差额上。赤字预算体现的是一种扩张性财政政策，在有效需求不足时，可以对总需求的增长起到刺激作用。盈余预算体现的是紧缩性财政政策，在总需求过旺时，可以对需求膨胀起到有效的抑制作用。平衡预算体现的是一种中性财政政策，在总需求和总供给相适应时，可以保持总需求的稳定增长。财政预算主要用于提高充分就业水平，稳定价格，促进经济增长及约束政府的不必要开支。

三、财政政策的类型

(一) 根据财政政策在调节经济周期过程中发挥作用方式分类

1. 自动稳定的财政政策

自动稳定的财政政策指财政的某些制度性安排本身具有内在的调节功能，能够根据经济波动情况，无需借助外力而自动地发挥稳定作用，如累进个人所得税、失业救济金、福利计划和社会救助支出等。财政政策的自动稳定器功能主要表现在以下两个方面。

(1) 税收的自动稳定功能。累进征收的个人所得税制，对经济活动水平的变化相当敏感。其调节机理是将纳税人的收入与适用的累进税率相挂钩，即纳税人收入越多，累进所得税的边际税率越高。这样，当经济处于繁荣时，税收自动增加，缩小社会总需求，抑制经济过热；当经济处于萧条时，税收自动减少，扩大总需求，从而刺激经济复苏。

(2) 公共支出的自动稳定功能。政府的转移支付水平一般与社会成员的收入呈逆相关。经济增长速度越快，就业岗位越多，社会成员的收入水平越高，进入社会保障范围的人数越少，则社会保障支出的数额自动减少，以转移支付形式形成的总需求相应减少；反之则相应增加。这样，政府的转移支付机制随着经济发展的兴衰，自动增加或减少社会保障支出和财政补贴数额，能够自动起到调节总需求、熨平经济波动的作用。

自动稳定器是保证宏观经济正常运行的第一道防线，能够在一定程度上熨平宏观经济的周期性波动，但是却无法完全消除宏观经济波动所产生的负面影响。

2. 相机抉择的财政政策

指政府根据总需求和总供给的现实情况，灵活改变税收和财政支出，以达到实现总供求平衡、熨平经济波动的目标。按照早期的财政政策理论，相机抉择的财政政策包括汲水政策和补偿政策。

(1) 汲水政策。所谓汲水政策，指的是在经济萧条时增加一定数额的公共投资，促使经济自动恢复活力。汲水政策有4个特点：① 它是一种诱导景气复苏的政策，即以经济本身具有的自发恢复能力为前提的治理萧条的政策;② 它的载体是公共投资,以扩大公共投资规模作为启动民间投资的手段;③ 财政支出规模是有限的,不进行超额的支出,只要能使民间投资恢复活力即可;④ 它是一种短期的财政政策,随着经济萧条的消失而不复存在。

(2)补偿政策。所谓补偿政策,指的是政府有意识地从当时经济状态的反方向出发,调节景气变动幅度的财政政策,以达到稳定经济的目的。比如,在经济繁荣时期,为了减少通货膨胀因素,政府通过增收节支等政策,抑制和减少民间的过剩需求;而在经济衰退时期,为了减少通货紧缩,政府又必须通过增支减收的政策来增加消费和投资需求,谋求整个社会经济有效需求的增加。

(二)根据财政政策调节国民经济总量的不同功能分类

1. 扩张性财政政策

扩张性财政政策,又称为膨胀性财政政策或"松"的财政政策,是指通过财政收支规模的变动来增加和刺激社会的总需求,在社会总需求不足时,通过扩张性财政政策使总需求与总供给的差额缩小以至平衡。扩张性财政政策的主要内容是减少政府税收和增加财政支出。

减少政府税收包括降低税率、废除旧税以及实行免税和退税,一般来说,减税可以增加民间的可支配收入,是扩大民间社会需求的重要途径。增加财政支出包括增加公共工程的开支,增加政府对物品或劳务的购买,增加政府对个人的转移性支出。政府开支的增加一方面可以直接形成社会总需求,另一方面也可以刺激私人消费和投资,从而间接增加总需求,在政府支出乘数的作用下,还可以引起国民收入和就业量的成倍增长。

2. 紧缩性财政政策

紧缩性财政政策是指通过财政收支规模的变动来减少和抑制总需求,在国民经济已出现总需求过剩的情况下,通过紧缩性财政政策可以消除通货膨胀,达到供求平衡。紧缩性财政政策的主要内容是增加政府税收和减少财政支出。

增加政府税收包括提高税率和设置新税,两种措施都可以减少民间的可支配收入,降低他们的消费需求和投资能力。减少财政支出包括减少公共工程的开支,减少政府对物品和劳务的购买,减少政府对个人的转移性支出,这样可以降低政府的消费需求和投资需求。无论是增加税收还是减少政府开支,都是抑制消费膨胀和投资膨胀的有效措施。

3. 中性财政政策

中性财政政策是指财政收支活动对社会总需求的影响保持中性,既不产生扩张效应,也不产生紧缩效应。在一般情况下,中性财政政策要求财政收支保持平衡。但是,中性财政政策并不等于预算收支平衡,因为通过支出结构的调整和税收政策的调整,同样可以对经济发挥调节作用,并且平衡预算本身也具有乘数效应。

四、财政政策的传导机制和效应

(一)财政政策的传导机制

财政政策传导机制,就是财政政策在发挥作用的过程中,各种政策工具通过某种媒介体的相互作用形成的一个有机联系的整体。财政政策发挥作用的过程,实际上就是财政政策工具变量经由某种媒介体的传导转变为政策目标变量的复杂过程。财政政策主要通过货币供应、收入分配和价格等媒介将财政政策工具的作用传导出去。

1. 财政政策工具与货币供给

财政政策最核心的传导媒介是社会的货币供应。因为所有财政收支的增减都需要通过货币供给量作为媒介作用于总需求，同时，财政政策的实施往往必须取得货币政策的配合。

2. 财政政策工具与收入分配

收入分配表现在各个方面，就财政政策传导分析而言，主要表现为对企业利润收入和个人收入分配的影响。政府支出政策特别是消耗性支出和公共工程支出，都会最终增加企业收入，税率的调整也会直接影响企业的税后利润水平。财政政策对个人收入分配的影响主要体现在会改变居民个人实际支配收入的变化上。调高或者调低税率最终会减少或者增加个人实际支配收入；增加或者减少补贴，则会增加或者减少居民可实际支配的收入。居民个人收入的变化会影响其消费行为和储蓄行为，以及劳动的积极性，在一定程度上可能导致人们在工作和休闲之间的重新选择。

3. 财政政策工具与价格

价格是在市场经济条件下引导资源配置的最为灵活的杠杆，财政支出政策所引起的某些商品价格变动，甚或是扩张性财政政策所产生的货币扩张效应最终都会引起价格的变动，从而对经济产生影响，实现财政政策目的。

（二）财政政策的效应

财政政策效应即财政政策作用的结果，包含两方面的含义：一是财政政策对社会经济活动产生的有效作用；二是在财政政策的有效作用下社会经济做出的反应。财政政策在其作用过程中产生的效应主要表现在以下几个方面。

1. "内在稳定器"效应

财政政策的"内在稳定器"无须借助外力就可以直接产生调控效果，这种内在的、自动产生的稳定效果可以随着社会经济的发展，自行发挥调节作用而不需要政府专门采取干预行动。

2. 乘数效应

财政政策的乘数效应包括三方面的内容：第一，投资或公共支出乘数效应。它是指投资或政府公共支出变动引起的社会总需求变动对国民收入增加或减少的影响程度。一个部门或企业的投资会转化其他部门的收入，这个部门把得到的收入在扣除储蓄后用于消费或投资，又会转化为另一部门的收入。如此循环下去，就会导致国民收入以投资的倍数递增。以上道理同样适用于投资的减少。投资的减少将导致国民收入以投资的倍数递减。公共支出乘数的作用原理与投资乘数相同。第二，税收乘数效应。它是指税收的增加或减少引起国民收入倍增地减少或增加的程度。由于增加了税收，消费和投资需求就会下降，一个部门收入的下降又会引起另一个部门收入的下降，如此循环，国民收入就会以税收增加的倍数下降，这时税收乘数为负。反之税收乘数为正值。一般来说，税收乘数小于投资乘数和政府公共支出乘数。第三，预算平衡乘数效应。它指的是当政府支出的扩大与税收的增加相等时，国民收入的扩大量正好等于政府支出的扩大量或税收的增加量；当政府支出的减少与税收的减少相等时，国民收入的缩小量正好等于政府支出的减少量或税收的减少量。

乘数效应包括正反两个方面：当政府投资或公共支出扩大、税收减少时，对国民收入有加倍扩大的作用，从而产生宏观经济的扩张效应；当政府投资或公共支出削减、税收增加时，对国民收入有加倍收缩的作用，从而产生宏观经济的紧缩效应。

3. 奖抑效应

奖抑效应主要是指政府通过财政补贴、各种奖惩措施、优惠政策对国民经济的某些地区、部门、行业、产品及某种经济行为予以鼓励、扶持或者限制、惩罚而产生的有效影响。

4. 货币效应

一方面，财政政策的货币效应表现为政府投资、公共支出、财政补贴等本身形成的一部分社会货币购买力，从而对货币流通形成直接影响，产生货币效应；另一方面，财政政策的货币效应主要体现在公债上，公债政策的货币效应又取决于公债认购的对象和资金来源。如果中央银行用纸币购买公债，这无异于增加纸币发行，从而产生通货膨胀效应；如果商业银行购买公债，且可以用公债作为准备金而增加贷款的话，那么，也会导致货币发行增加，从而使流通中的货币增加。

五、财政政策与货币政策的配合

（一）财政政策与货币政策相互配合的必要性

财政政策与货币政策相互配合的必要性是由财政政策与货币政策的不同特点决定的。

1. 财政政策和货币政策目标的侧重点不同

财政政策与货币政策都能对社会供求的总量和结构进行调节，但财政政策更多地偏重于公平。财政政策是影响和制约社会总产品和国民收入分配的重要环节，它的主要责任是直接参与国民收入的分配并对集中起来的国民收入在全社会范围内进行再分配，调节各经济主体间的利益差别，保持适当合理的分配差距，以防止过度的收入悬殊，并从收入和支出两部分影响社会总需求的形成。货币政策则更多地偏重于效率。货币政策的实施是国家再分配货币资金的主要渠道，是在国民收入分配和财政再分配基础上的一种再分配，主要是通过信贷规模的伸缩来影响消费需求和投资需求，进而引导资源流向效益好的领域。

2. 财政政策和货币政策的作用机制不同

财政政策直接作用于社会经济结构，间接作用于供需总量平衡；而货币政策则直接作用于经济总量，间接作用于经济结构。从财政政策看，它对总供给的调节，首先表现为对经济结构的调节，财政政策对总需求的调节主要通过扩大或缩小支出规模，达到增加或抑制社会总需求的目的，但这种调节从根本上说也是以调节社会经济结构为前提的。货币政策则通过货币投放和再贷款等措施控制基础货币量，通过存款准备金率和再贴现率等手段控制货币乘数，实现对社会总需求的直接调节，达到稳定货币和稳定物价的目的。当然，货币政策也可以根据国家产业政策，通过选择贷款方向，间接对结构发生调节作用。

3. 财政政策和货币政策的传导机制不同

财政的分配活动直接和政府联系在一起,任何财政政策工具的运用和财政政策的实施,都是政府直接作用的结果,因此,财政政策更具有政府直接性、行政性和强制性传导机制的特点;而货币政策是一种间接的政策,无论是利率的升降还是贴现率的变化,都需要通过引导企业或居民改变自身的经济行为才能取得调节效果,对企业和居民来说并不具有直接的强制力,货币政策较多地表现了传导机制的间接性、主导性和灵活性。

4. 财政政策和货币政策的时滞性不同

时滞性是指在政策制定和执行过程中出现的时间滞后的现象,包括认识时滞、行政时滞、决策时滞、执行时滞和效果时滞。其中,认识时滞、行政时滞和决策时滞为内部时滞,执行时滞和效果时滞为外部时滞。财政政策需要改变现行的政策与制度,这种改变多数需要立法机构的审批,因而内部时滞较长;但由于财政政策直接影响消费总量和投资总量,从而直接影响社会的有效需求,因而外部时滞较短。而货币政策直接由中央银行决策,通过利率、存款准备金率等政策工具的运用引导经济活动的改变,对社会总需求的影响是间接的。因此,货币政策与财政政策相比,内部时滞较短而外部时滞较长。

(二)财政政策与货币政策的配合模式

由于财政政策与货币政策对总需求结构产生不同的影响,对产出和利率水平也会产生不同的影响,因此只有将两者有效地结合起来,以一方优势弥补另一方的不足,才能更好地发挥其对宏观经济的调控作用。在不同的经济状况下,财政政策和货币政策可以有多种不同的配合方式。

1. 扩张的财政政策与扩张性的货币政策搭配

这种搭配即"双松"政策。松的财政政策主要是通过减少税收和扩大财政支出规模来刺激社会总需求的增加。松的货币政策主要是通过降低法定准备金率、降低利息率而扩大信贷支出的规模,以抵消财政政策的"挤出效应";增加货币的供给来影响和拉动社会总需求。这种"双松"政策配合的结果,能够比较迅速地激发社会总需求的增加,主要在社会需求严重不足,生产资源大量闲置,解决失业和刺激经济增长成为宏观调控首要目标时采用。

2. 紧缩性的财政政策与紧缩性的货币政策搭配

这种搭配即"双紧"政策。紧的财政政策主要通过增加税收、压缩财政支出来抑制社会总需求的增长。紧的货币政策是指通过提高法定准备金率、提高利息率、减少货币供应量来抑制投资和消费支出。这种政策的组合效应,会有效地制止需求增长过猛和通货膨胀,抑制经济增长过热势头,但可能带来经济的滑坡,增长缓慢,甚至陷于衰退的境地。这种政策主要在社会总需求极度膨胀,社会总供给严重不足,物价大幅攀升,抑制通胀成为首要的经济目标时采用。

3. 扩张性的财政政策与紧缩性的货币政策搭配

松的财政政策有助于克服需求不足和经济萧条,紧的货币政策,能缓和财政政策所造成的通货膨胀压力。这种政策的配合,可以在保持经济一定增长的同时,尽可能地避免通货膨胀。但这种政策组合的长期实行,会造成财政赤字居高不下,对汇率和国际收支产生不良影响。这种组合主要在通胀与经济停滞并存,产业结构和产品结构失衡,治理滞胀,刺激经济增长成为首要目标时采用。

4. 紧缩性的财政政策与扩张性的货币政策搭配

紧的财政政策可以抑制社会总需求,限制社会集团和个人消费,防止经济过热和通货膨胀;松的货币政策能鼓励投资,促进经济增长。这种政策的组合,能改善资源配置,并有助于资金积累,在控制通货膨胀的同时,保持适度的经济增长。但如果松紧度掌握不好,货币政策过松,难以抑制通货膨胀。这种组合适于财政赤字较大,物价基本稳定,经济结构合理,但企业投资不旺,经济处于轻度衰退时采用。

本 章 小 结

1. 财政平衡是指财政收支在量上的对比关系,即在预算年度内政府预算收入与预算支出在总量上的对比关系。实际经济生活中,财政收支相等的情况几乎是不存在的。

2. 财政赤字是指财政年度中财政支出大于财政收入导致的财政不平衡的一种财政现象,反映了财政年度内国家财政收入入不敷出的基本状况。财政发生赤字后,需要采用一定的方法予以弥补。一般来说,弥补财政赤字的方法主要有增加税收、增发货币和发行公债等。

3. 财政平衡是社会总供求平衡中的一个组成部分,可以直接调节社会总需求。

4. 财政政策是一国政府为实现一定的宏观经济目标,调整财政收支规模和收支平衡的指导原则及其相应的措施。财政政策的目标有充分就业、物价稳定、经济发展和国际收支平衡。其所采用的工具包括税收、支出、公债和预算等。

5. 财政政策和货币政策是国家调控宏观经济的两个基本手段。由于两者在调节经济的活动中发挥的作用不同,所以要达到理想的调控效果,需要将财政政策和货币政策协调配合运用。二者的搭配有双松、双紧、一松一紧和一紧一松4种模式。

习 题

一、选择题

1. 财政政策的目标主要有(   )。
   A. 物价相对稳定   B. 收入的合理分配
   C. 经济适度增长   D. 社会生活质量提高

2. 财政政策所采用的工具有(   )。
   A. 税收   B. 公债   C. 公共支出   D. 政府预算

3. 财政政策传导机制的媒介体有(   )。
   A. 收入分配   B. 货币供应   C. 价格   D. 信贷

4. 根据财政政策具有调节经济周期的作用来划分，财政政策可分为（   ）。
   A．自动稳定的财政政策　　　　　　　　B．扩张性财政政策
   C．相机抉择的财政政策　　　　　　　　D．紧缩性财政政策
5. 下列（   ）货币政策与财政政策的组合可以有效地避免和遏止通货膨胀。
   A．松的财政政策和松的货币政策
   B．紧的财政政策与紧的货币政策
   C．紧的财政政策和松的货币政策
   D．松的财政政策和紧的货币政策
6. 外在时滞主要包括（   ）。
   A．决策时滞　　　　B．执行时滞　　　　C．效果时滞　　　　D．认识时滞

二、判断题

1. 财政平衡不存在虚假平衡。（   ）
2. 在经济运行中，只存在总量失衡问题。（   ）
3. 政府债务是政府负债的存量，预算赤字则是政府负债的流量。（   ）
4. 基于我国正处于经济较不发达的社会主义初级阶段的现状，我国财政政策的主要目标应设定为谋求尽可能快的经济增长。（   ）
5. 汲水政策和补偿政策是相机抉择的财政政策的两种主要形式。（   ）
6. 紧的财政政策和松的货币政策的配合目的在于保持经济适度增长的同时尽可能地避免通货膨胀。（   ）
7. 从外在时滞来看，财政政策措施要通过立法机构，经过立法程序，决策时滞较长；相比之下，货币政策可由中央银行的公开市场业务直接影响货币数量，时滞比较短。因此，货币政策可比财政政策更快达到目标。（   ）
8. "双紧"政策搭配适合在治理滞涨、刺激经济增长成为首要目标时采用。（   ）

三、名词概念

1. 财政平衡　　　　　　2. 财政赤字　　　　　　3. 社会总供求平衡
4. 财政政策　　　　　　5. 汲水政策　　　　　　6. 补偿政策
7. 扩张性财政政策　　　8. 紧缩性财政政策　　　9. 中性财政政策
10. "内在稳定器"　　　11. 相机抉择的财政政策

四、问答题

1. 分析财政政策工具。
2. 财政政策的传导机制及效应。
3. 分析财政政策与货币政策配合的必要性。
4. 试联系我国目前的经济发展形势存在的问题，讨论我国应当采取何种财政政策与货币政策的搭配模式。

案 例 分 析

我国财政政策的实践

图 6-1 是 2015 年中国财政政策实施过程中的部分资料。

（资料来源： 曾金华. 2015 年财政政策回眸：积极财政政策推动经济提质增效.中国经济网—《经济日报》，2016 年 02 月 15 日．）

问题：

根据图中资料分析 2015 年中国政府主要采取的财政政策工具及其内容。

第二篇 税收篇

第七章　　税收原理
第八章　　税收制度与税收管理制度
第九章　　流转税
第十章　　所得税
第十一章　财产税
第十二章　资源税与行为税
第十三章　国际税收

第七章 税收原理

 导读

本章是税收篇的基础知识，主要介绍税收的概念和分类，税收的现代课税原则，税负转嫁的形式与税负转嫁的影响因素，税收在经济生活中的宏微观经济效应等。通过本章的学习，要求学生了解税收的一些基本概念和相关知识，为以后章节的学习打下基础。

 学习重点

税收转嫁问题，现代课税公平与效率原则问题，税收的宏微观经济效应问题。

 学习难点

税收的宏微观经济效应问题。

 教学建议

教师要以适当的讲解，并配合案例分析以及课堂讨论，帮助学生理解税收基础理论知识。

第一节 税收概述

一、税收的基本概念

（一）税收定义

自古以来，税收问题关系国计民生，影响社会安定，既是重大的经济问题，又是重大的政治问题。

税收是国家依据法律规定，按照固定比例对社会产品进行的强制、无偿的分配，它是财政收入的主要形式。到了现代社会，税收已成为政府对经济进行宏观调控的重要手段。

税收定义包含着丰富的内涵，具体内容大致可归纳为5个方面。

1. 税收是由政府征收的

即只有政府（包括中央政府和地方政府）才能行使征税权，其他任何组织或机构均无征税权。税收征收的主体只能是代表社会全体成员行使公共权力的政府。

2. 政府征税凭借的是国家的政治权力

国家的权力分为两种,一种是财产权力,一种是政治权力。政府征税正是凭借政治权力,并以法律的形式予以明确规定,因而可以依法强制地向社会成员征税。

3. 政府征税的目的是满足整个社会公共产品的需要

国家在履行其公共职能过程中必然要有一定的公共支出。公共支出一般情况下不能由公民个人、企业采取自愿出资的方式,而只能采用由国家(政府)强制征税的方式,由经济组织、单位和个人来负担。国家征税的目的是满足政府经费开支的需要、满足社会公众对公共物品的需求、满足国家提供公共产品的需要,其中包括政府弥补市场失灵,促进公平分配等需要。同时,国家征税也要受到所提供公共产品规模和质量的制约。税收成为各国政府对经济进行宏观调控的重要政策手段。

4. 按照法律规定的条件和标准征税

凭借国家的政治权力,把劳动者创造的一部分社会产品用税收的形式集中到国家手中,是依靠法律规定的条件和标准进行的。国家通过制定税法及其实施细则,凭借它来要求纳税人将其收入或财产的一部分以货币或实物的形式转移给国家,具有强制性。若没有税法,无论法人还是自然人都会感到无所适从,难以纳税。

5. 税收属于分配范畴

国家征税就是把一部分社会产品从其他社会成员中强制地、无偿地转变为国家所有,在全社会范围内统一分配使用。同时,政府征税的结果,必然引起社会各成员间占有社会产品和国民收入分配比例的变化,使得一部分社会成员占有的比例增加,另一部分社会成员占有的比例减少。

(二)现代税收的本质

税收在本质上是以满足公共需要为目的,由政府凭借政治权力(公共权力)进行分配而体现的特殊分配关系。

1. 税收的本质是一种分配关系

当税收参与社会产品各部分价值分配时,必然导致政府与产品价值原拥有者之间的利益分配关系。税收是国家取得财政收入的一种重要工具,其本质是一种分配关系。国家要行使职能必须有一定的财政收入作为保障。取得财政收入的手段多种多样,如税收、发行货币、发行国债、收费、罚没,而税收收入是大部分国家取得财政收入的主要形式。我国自 1994 年税制改革以来,税收收入占财政收入的比重基本维持在 90% 以上。在社会再生产过程中,分配是连接生产与消费的必要环节,在市场经济条件下,分配主要是对社会产品价值的分割。税收解决的是分配问题,处于社会再生产的分配环节,因而它体现的是一种分配关系。

2. 税收是一种特殊的分配关系

(1)税收分配关系的特殊性首先应从税收分配的"目的"着眼。

(2)税收分配关系特殊性的进一步理解在于税收分配的依据。

(3)税收分配关系的特殊性还可从社会财富分配的层面去理解,我们知道,社会财富的分配可以分为两个层次，即初次分配与再分配。

国家征税的依据是政治权力，它有别于按要素进行的分配，征税的目的是满足社会公共需要，国家参与的分配更多的是再分配过程。国家通过征税，将一部分社会产品由纳税人所有转变为国家所有，因此征税的过程实际上是国家参与社会产品的分配过程。国家与纳税人之间形成的这种分配关系与社会再生产中的一般分配关系不同。分配问题涉及两个基本问题：一是分配的主体；二是分配的依据。税收分配是以国家为主体所进行的分配，而一般分配则是以各生产要素的所有者为主体所进行的分配；税收分配是国家凭借政治权力进行的分配，而一般分配则是基于生产要素所进行的分配。

二、税收的形式特征

税收特征，亦称"税收形式特征"，是指税收分配形式区别于其他财政分配形式的质的规定性，与其他分配形式相比所具有的不同点。税收特征是由税收的本质决定的，是税收本质属性的外在表现，是区别税与非税的外在尺度和标志，也是古今中外税收的共性特征。税收的形式特征通常被概括为三性，即强制性、无偿性和固定性。

（一）强制性

税收强制性，是指税收凭借国家政治权力征收，通过强制手段对国民收入分配中已实现的收入进行再分配。强制的含义是指：一方面国家依法获得各种税的征税权；另一方面使纳税人的纳税义务成立。

强制性是国家的政治权力在税收上的法律体现，是国家取得税收收入的根本前提。它也是与税收的无偿性特征相对应的一个特征。正因为税收具有无偿性，才需要通过税收法律的形式规范征纳双方的权利和义务，对纳税人而言依法纳税既是一种权利，更是一种义务。

因此，纳税人必须依法纳税，尽其纳税义务；如果不依法纳税，就要受到法律的制裁。税务机关可以通过加收滞纳金、罚款、通知银行扣缴入库、扣押财产和最终提请法院强制执行等种种办法和制度，进行强制征收；而对于构成税务犯罪的，司法机关还要追究刑事责任。

税收的强制性特征使其与公债、政府收费和接受捐款等财政收入形式区别开来，是税收形式的最根本特征。与税收形式相比，政府发债取决于债权人的认购意愿，政府收费有着直接的服务对象，政府接受捐款更是依赖于捐款者的行为选择，这些都不具有强制性的形式特征。

（二）无偿性

税收的无偿性，是指国家征税以后对具体纳税人既不需要直接偿还，也不付出任何直接形式的报酬，纳税人从政府支出中所获利益通常与其支付的税款不完全成一一对应的比例关系。无偿性是税收的关键特征，它使税收明显地区别于国债等财政收入形式，决定了税收是国家筹集财政收入的主要手段，并成为调节经济和矫正社会分配不公的有力工具。

税收的这个特征是针对具体纳税人而言，即税款交纳后，国家与纳税人之间不再有直接的返还关系。它和我们后面要讲的国债、收费等财政收入形式不同，也与银行信用不同，它们都是需要偿还或付出代价的。

(三) 固定性

税收的固定性，指税收是国家通过法律形式预先规定了对什么征税及其征收比例等税制要素，并保持相对的连续性和稳定性，即使税制要素的具体内容也会因经济发展水平、国家经济政策的变化而进行必要的改革和调整，但这种改革和调整也总是要通过法律形式事先规定，而且改革调整后要保持一定时期的相对稳定。基于法律的税收固定性始终是税收的固有形式特征，税收固定性对国家和纳税人都具有十分重要的意义。对国家来说，可以保证财政收入的及时、稳定和可靠，可以防止国家不顾客观经济条件和纳税人的负担能力，滥用征税权力；对于纳税人来说，可以保护其合法权益不受侵犯，增强其依法纳税的法律意识，同时也有利于纳税人通过税收筹划选择合理的经营规模、经营方式和经营结构等，降低经营成本。

税收的这一特点又与上缴利润和各种罚没收入不同。它既把国家和企业、个人的分配关系通过法律的形式固定下来，从而保证了财政收入的稳定性，也有利于维护纳税人的合法权益。

税收三性是一个完整的统一体，它们相辅相成、缺一不可。其中，无偿性是核心，强制性是保障，固定性是对强制性和无偿性的一种规范和约束。税收是以上三性的统一，只有同时具备这3个特征才构成税收。

三、税收的分类

世界各国的税收制度不同，税种名称不同，且多少不一，有的几十种，有的上百种，为了便于分析研究，有必要对税种从不同角度进行分类。

(一) 按课税对象的性质分类

这是最基本的一种分类方法，我国现行税种按课税对象可分为五大类：对流转额的征税、对所得额的征税、对行为的征税、对资源的征税、对财产的征税。

西方经济学把税收主要划分为三类：商品劳务税类、所得税类和财产税类。对行为征税划在商品劳务中的消费税里。

流转税，又称商品税，是指以商品流转额或非商品流转额为征税对象的税种。如增值税、消费税和关税等。

所得税，是指以纳税人的总收益或纯收益为征税对象的税种。如企业所得税、个人所得税等。

财产税，是指以纳税人所有或占有的财产为征税对象的税种。它主要有两种类型：一是对纳税人占有或移转的财产进行征税；二是对纳税人占有的财产的增值部分进行征税。如土地增值税、遗产税、房产税等。

资源税，是指以各种自然资源及其级差收入为征税对象的税种。如资源税、城镇土地使用税、耕地占用税等。

行为税，即政府出于调节和影响纳税人社会经济行为的目的而设立的税收。如印花税、车船使用税等。

(二) 按计税依据分类

按税收的计量 (或计征) 标准分类，可分为从价税和从量税两大类。

从量税，是以征税对象的数量（如重量、长度、面积、容积、件数等）为课征标准，根据单位税额计算税额的税种。计税数量单位的确定和计算，在方法和手续上都极为方便易行。但从量税的税负轻重不能与物价变动因素相联系，在物价上涨时税额不能随之增加，使税收遭受损失。为此，从量税在设计上常常将同类物品区分为不同的税目，对价格高的规定较高的固定税额，对价格低的规定较低的固定税额。如资源税、车船税、土地使用税等。

从价税，是指以征税对象的价格或金额为课征标准，根据一定的比率计算税额的税种。从价税的税负轻重与征税对象的价格或金额高低的变化成正比关系。在物价上涨时，税额也随之增加，能保证税收的稳定。同时，从价税中的累进税其税负轻重还受到征税标准高低的影响。国家通过不同税率结构的设计，可以非常有效地实现量能纳税和公平税负，并达到各种调节目的。如增值税、关税、消费税等。目前，世界各国所实行的大部分税种均属于从价税，只有少数几种税属于从量税。

从税率的使用情况看，从价税多使用比例税率，而从量税多使用定额税率。

（三）按税收与价格的关系分类

按税收与价格的关系分类，可分为价内税和价外税两大类。

价内税，即计税价格中含有税金的一类税收，如我国的消费税。

价外税，即计税价格中不含有税金的一类税收，如我国的增值税。

在从价计税的场合下，课税对象的货币量（以流转税为例）称商品流转额。计税价格分为含税价格和不含税价格两种。含税价格是指法定构成要素，包括成本、利润和流转税税金三要素的价格。不含税价格是指法定构成要素，只包括成本和利润两个要素的价格。凡是以含税价格计税的税收称为价内税，凡是以不含税价格计税的税收称为价外税。无论是价内税还是价外税，流转税金都可能由消费者买方承担，其实际结果取决于供求关系。

（四）按税种的隶属关系分类

按税收管理权限和使用权限分类，可分为中央税、地方税和中央地方共享税三大类。

中央税，即隶属于中央政府、专门为中央政府预算筹资的税收，包括关税、海关代征消费税和增值税、消费税、车辆购置税。

地方税，即隶属于地方政府、专门为地方政府预算筹资的税收，包括城镇土地使用税、耕地占用税、土地增值税、房产税、车船税、契税、印花税等。

共享税，即税收收入可以在中央政府和地方政府之间共享的税收。如增值税：中央分享75%，地方分享25%。企业所得税：铁道部、各银行总行及海洋石油企业缴纳的部分归中央，其余部分中央分享60%，地方分享40%。证券交易印花税：中央分享97%，地方分享3%。城市维护建设税：铁道部、各银行总行、各保险总公司集中缴纳部分归中央政府，其余部分归地方政府。

（五）按税负能否转嫁分类

按税负能否转嫁分类，可分为直接税和间接税两大类。

直接税，是指税负由纳税人直接承受而不转嫁于他人的税种。直接税以归属于纳税人的所得和财产为征税对象，即税收法律主体与税收经济主体保持一致。这类税收的纳税人也就是负税人，税款由负税人直接向税务机关缴纳。

直接税的显著特点如下。

（1）直接税的纳税人较难转嫁其税负。

（2）直接税税率多采用累进税率，根据纳税人所得和财产的多少决定其负担水平。

（3）直接税中的所得税，可以根据纳税人的生存能力和状况设置相应的减免额，使纳税人的基本生存权利得到保障。

直接税比较符合现代税法税负公平和量能纳税的原则，对于社会财富的再分配和社会保障的满足具有特殊的调节作用。

直接税特别是所得税的计算征收，涉及纳税人的各种复杂情况及采用累进税率等问题，比较烦琐困难，易产生税务纠纷。

直接税的存在与商品经济的发展水平有着密切的关系。世界上各经济发达国家（除法国等少数国家外）均以各种直接税特别是所得税为主要税种。

间接税，是指税负能由纳税人转嫁于他人承受的税种。该税收的纳税人一般并不是负税人。间接税主要是对商品和劳务的流转额征税，纳税人通常把间接税款附加到或合并于商品价格或劳务收费标准之中，实际是由消费者最终承担税负。

间接税的特点如下。

（1）税负转嫁特征明显，税收法律主体与税收经济主体多不一致。

（2）间接税不能体现现代税法税负公平和量能纳税的原则。

（3）间接税几乎可以对一切商品和劳务征税，其征税对象普遍、税源丰富。

（4）间接税具有突出的保证财政收入的内在功能。

间接税的计算与征收无须考虑生产、经营成本与是否盈利等因素，只要一经发生应税项目，就可实现税收。因此，间接税具有突出的保证财政收入的内在功能。间接税的计算和征收，无须考虑到纳税人的各种复杂情况并采用比例税率，较为简便易行。间接税的存在与商品经济的发展水平有着密切的关系。在经济较为落后的发展中国家，几乎均以各种间接税作为主要税种。

一般认为，所得税和财产税属于直接税，而商品税属于间接税。

第二节 税收原则

税收原则既是制定税收政策、设计税收制度的指导思想，也是鉴别税制优劣的准则。现代国家税收原则主要包括公平与效率两个方面。

一、现代西方税收原则

自20世纪30年代以来，随着世界经济形势的变化，经济学家们对市场机制和国家（权力）职能认识的不断提高，人们对税收原则的认识也随之变化。从现代经济学理论角度来看，目前国际上通常公认的税收原则可归纳为两个主要方面：一是效率原则，二是公平原则。

（一）效率原则

税收效率原则指政府课税必须使社会所承受的非税款负担为最小，即以较少的税收成本换取较多的税收收入。要求国家征税要有利于资源的有效配置和提高税收行政管理效率。它包括税收的经济效率和行政效率两个方面的内容。

1. 税收的经济效率

税收的经济效率指税收对经济资源配置、对经济机制运行的消极影响越小越好。资源的优化配置一般以帕累托最优效率定义，如果生产资源在各部门之间的分配和使用已经达到这样一种状态——生产资源无论如何重新配置，已经无法使任何一个人的境况变好，并且也不会使其他人的境况变坏，这种生产资源配置状态为最大效率。税收要促进社会生产力的发展，不影响或很少影响国民经济的正常运行。超额负担越小，税收的经济效率越高；反之，税收的经济效率越低。

税收的经济效率就是通过正确制定税收政策改善资源配置状况，减少经济效率的损失。因此，税种选择、税基选择和税率选择都应该有助于提高社会资源的利用效率，促进资源配置的优化，产生使经济效益增加的效应。

2. 税收的行政效率

税收的行政效率是指以较少的征管费用和执行费用换取较多的税收收入。征管费用和执行费用越小，税收的行政效率越高，反之，税收的行政效率越低。

税收是通过强制性手段将一部分资源从私人部门转移到政府部门。这种转移会造成资源的耗费，即各种税务支出。经济学家们将这些税务支出分为政府征管成本和纳税人缴纳成本。

行政效率要求政府税收征管成本支出要力求最少，以保证国家取得更多的收入。如果征管成本支出过大，会使相当一部分税收收入被抵消掉，最终造成国家财政收入的不足。因此，必须尽量节省开支，采用先进的征管手段进行管理。

另一方面也必须努力使纳税人的缴纳成本支出最少。要求税收制度能方便纳税人，使纳税人很容易理解和掌握税法，节省他们在这方面花费的时间、精力和费用，同时还要减少纳税人逃税的企图和机会。

税收的行政效率的衡量指标如下。

（1）质量指标。衡量税收制度效率状况的质量指标一般是从税种结构、税基大小、时滞长短以及执行程度等方面考察，分别归类为集中性指标、侵蚀性指标、时滞性指标以及执行性指标。

集中性指标（Concentration Index），在某种既定的税制体系下，如果相对少量的税种和税率就能筹措到大部分税收收入，那么，这种税制就是优良的税制。因为一般而言，集中程度越高，税制的透明度就越高，管理就越容易。

侵蚀性指标（Erosion Index），估算实际税基与潜在税基相接近的程度。无论是发展中国家还是发达国家，税基侵蚀是税收制度的主要问题之一。税基侵蚀一般有两种原因，一是合法措施，如免税期、税收豁免、纳税扣除、进口关税减免、零税率等；二是非法行为，如逃税、走私等。不管是合法措施还是非法行为，其结果都是使实际税基大大低于其潜在税基。

时滞性指标（Lags Index），衡量的是税款的实际缴纳（入库）时间与其应缴纳时间的差距，称之为征收时滞（Collection Lags），可分为合法时滞（Legal Lags）和拖欠时滞（Delinquency Lags）。

执行性指标（Enforcement Index），如果一种税制由于来自纳税人的阻力而得不到有效执行，法定税制与有效税制之间的偏差就可能大到足以使合法税制失去其存在的意义。这种情况常常与不重视对不遵章纳税行为的处罚制度有关。由于政府一般不花任何货币成本就可以加重处罚，而改善管理通常需要追加支出，所以，有人建议，与逃税行为做斗争的最好方法是实行重罚而不是改进管理。

（2）成本指标。成本指标一般包括管理费用或征收费用、纳税费用或服从费用以及政治费用。

依据税收学的最新研究成果，税务费用（Taxation Cost）一般包括管理费用或征收费用（Administrative Cost or Collection Cost）、纳税费用或服从费用（Compliance Cost）以及政治费用（Political Cost）。毋庸置疑，在其他条件相同的情况下，税务成本越低，这种税制就越好。从目前来看，征收成本占税收收入的比重，有些国家为2%～3%，而有些国家为7%～8%。一般来说，销售税和外贸税的征收成本大大低于所得税。

（二）公平原则

税收公平原则是指政府征税要使各个纳税人承受的负担与其经济状况相适应，并使各纳税人之间的负担水平保持均衡。

税收的公平原则，要求政府依据社会福利公平准则，运用税收工具，对市场所决定的分配的前提条件和分配结果进行调节。这是由于种种原因，社会财富和个人所得分配是不均等的。因而，税收作为矫正收入分配悬殊的作用日趋重要，公平原则也日益受到重视。税收学界一般把公平原则进一步区分为两个概念：横向公平和纵向公平。

1. 税收的横向公平

税收的横向公平是指对于具有相同纳税能力的纳税人，应当缴纳相同的税，即以同等方式对待经济情况和条件相同的纳税人，使他们税后仍具有同样的福利水平。这里公平是以纳税能力作为依据的。但纳税能力却可以分别用个人收入、个人支出和个人财富这3个指标来衡量，每个指标的选用不同会涉及征税对象或税基的选择。

（1）个人收入指标。个人收入是个人货币收入的统称。一般认为，收入最能反映纳税人的纳税能力，收入的增加意味着支出能力的增加和增添财富能力的增强。个人收入反映了个人的纳税能力。作为衡量指标，个人收入具有较大的透明度，易于掌握、管理，但也存在由于纳税人本人及家庭成员数量与劳动能力的各异而使纳税能力的确定具有技术上的困难。

（2）个人支出指标。个人支出是个人收入扣除个人净储蓄后的余额。若个人收入大于个人支出，其余额为正值；个人收入小于个人支出，其余额为负值。个人支出也能反映个人的纳税能力。作为衡量指标，它具有鼓励节俭和储蓄，加速资本形成的作用，但也会因为个人（家庭）情况不同，个人支出极其分散，从而使纳税能力的确定也具有技术上的困难。

（3）个人财富指标。个人财富是个人收入的积累，包括动产和不动产、有形财产和无形财产等。纳税人可以利用财富赚取收入，增强纳税能力。因此，个人财富也能反映个人的纳税能力。作为衡量指标，也存在一些不足，主要在于财富与收益往往是不对等的，财富的管理（尤其是动产或无形资产）比收入、支出更不易掌握。

对个人收入、个人支出和个人财富这3个指标进行比较，个人收入是目前衡量纳税人纳税能力最主要的指标。因此，公平税收主要是以个人收入为征税基础，同时，根据具体情况，也适当选择个人支出或个人财富作为征税基础。

2. 税收的纵向公平

税收的纵向公平是指对于具有不同纳税能力的纳税人，应当缴纳不同数额的税，即以不同的方式对待经济情况和条件不同的纳税人，纳税能力强的纳税人要比纳税能力弱的纳税人承担更重的税收负担率。西方经济学家曾经提出效用牺牲理论来衡量纵向公平，即如果政府征税使每个纳税人的效用牺牲程度相同或均等，那么税收就达到了纵向公平。效用牺牲的衡量标准也有3种：边际效用均等牺牲、绝对效用均等牺牲和比例效用均等牺牲。

概括来说，衡量课税或纳税是否公平，主要有以下两种主张。

（1）能力原则。能力原则要求纳税人应当按照他们的支付能力纳税，或者说，他们缴纳的税收数量要与他们的支付能力成正比。通常分为客观说和主观说。

如果某种税同等地对待同样的人，那么，这种税就是横向公平的。也就是说，如果在征税前，两个人具有相同的福利水平，在征税之后，他们的福利水平也应是相同的。纵向公平标准说的是税收制度如何对待福利水平不同的人。

（2）受益原则。受益原则要求，纳税人应根据其从公共服务中获得的利益纳税。税收学者认为，纳税人从不同的公共服务中获得的利益不同，导致纳税人之间的福利水平不同，结果是享受相同利益的纳税人具有相同的福利水平，应缴纳相同的税（横向公平）；而享受到较多利益的纳税人具有较高的福利水平，就应缴纳较高的税（纵向公平）。

受益原则的三大缺陷如下。

第一，受益原则的应用因公共物品的集体消费性质而受到极大限制。

第二，受益原则的应用因公共物品的内在性质难以确定受益的多少。

第三，受益原则的应用很可能使某些税种具有很大的扭曲性。

二、我国社会主义市场经济中的税收原则体现

（一）财政原则

（1）财政收入要足额、稳定。一方面，开征一些新的直接税税种，如在全社会范围内普遍征收社会保障税，对遗产和赠与行为征收遗产税和赠与税，对股票等有价证券的交易行为开征证券交易税等。另一方面，要加强对现有直接税税种的征收管理，减少税收流失，从而逐步提高直接税收入在全部税收收入中的比重。

（2）财政收入要适度、合理。政府征税，包括税制的建立和税收政策的运用，应兼顾需要和可能，做到取之有度。

（二）公平原则

我国社会主义市场经济下的税收公平原则应具有两层内涵：税负公平和机会均等。

税负公平，是指纳税人的税收负担要与其收入相适应，这既要求做到税收的横向公平，又要求达到纵向公平。要实现税负公平，就要做到普遍征收、量能负担，还需要统一税政、集中税权，保证税法执行上的严肃性和一致性。

机会均等，是基于竞争的原则，通过税收杠杆的作用，力求改善不平等的竞争环境，鼓励企业在同一起跑线上展开竞争，以达到社会经济的有序发展。要实现机会均等，就必须贯彻国民待遇原则，实现真正的公平竞争。

（三）效率原则

效率原则，一方面要求提高税收的经济效率，使税收对市场微观活动的效率损害达到最小化；另一方面要求提高税收的行政效率，即税收的征管费用和执行费用最小化。提高征税效率，需要做到以下几点。

首先，要加强计算机网络建设，提高税收征管的现代化程度，这是提高我国征管效率的根本途径。

其次，要改进管理形式，实现征管要素的最佳结合。

最后，要健全征管成本制度，精兵简政、节约开支。

（四）法治原则

法治原则的内容包括两个方面：税收的程序规范原则和征收内容明确原则。前者要求税收程序（包括税收的立法程序、执法程序和司法程序）法定，后者要求征税内容法定。要实现依法治税，需要做到以下几点。

首先，要做到有法可依，这是法治原则的前提。

其次，要从严征管。要实现依法治税，还必须使用现代化手段，兴建税务信息网络。

最后，还必须加强税收法制教育。

第三节 税收负担与税负转嫁

一、税收负担

税收负担简称税负，一般而言，是指纳税人或负税人因国家征税而承受的利益损失或经济利益转移。它反映一定时期内，社会产品在国家和纳税人之间税收分配数量关系和纳税人或征税对象的税收的量度状况。

税收负担一般用相对值表示，反映一定时期纳税人的实纳税额与其征税对象价值的比率，即税收负担率。这个比率通常被用来比较各类纳税人或各类征税对象的税负水平的高低，因而是各国政府研究制定和调整本国税收政策的重要依据。

税收负担是税收制度的核心问题。它一方面关系着国家从总体预算上向纳税人征多少税才能满足国家财政的需要，另一方面关系到广大纳税人可以承受的税负能力的大小。税收负担对生产、生活以及税收政策的制定有很大的影响。在税收负担分析上，可以从宏观税负和微观税负两方面进行研究。

（一）宏观税负分析

宏观税负水平是从一个国家的整个社会或国民经济角度来考虑分析税收负担状况，是税收负担分析中的一个最重要的分析指标。

1. 衡量总体税负的国民经济的总量指标

能够衡量总体税负的国民经济的总量指标主要有国民收入、国民生产总值和国内生产总值。

国民收入是指一个国家的物质生产部门在一定时期内新创造的价值。

国民生产总值是指一个国家在一定时期内各个企业或部门生产最终产品和提供劳务的货币总额。

国内生产总值是指一个国家的国民生产总值加上本国居民投在国外的资本和服务收入，剔除外国居民投在本国的资本和服务收入。

这3个指标均不包括已消耗的生产资料的转移价值，均是生产中新创造的价值，它们是社会生产中分配的对象和结果，是税收分配的客体，可以作为衡量税负总水平的重要依据。

2. 衡量宏观税负的国民经济的指标

国际上对宏观税负的衡量主要有3个指标。

（1）国民收入税收负担率。它是指一定时期内税收收入总额与国民收入的比率（T/NT）。

（2）国民生产总值税收负担率。它是指一定时期内税收收入总额与国民生产总值的比率（T/GNP）。

（3）国内生产总值税收负担率。它是指一定时期内税收收入总额与国内生产总值的比率（T/GDP）。这是我国反映税收总体负担水平的重要指标。

3. 宏观税负因素分析

纵观世界各国经济的发展，我们可以发现，不同国家在同一时期或同一国家在不同时期，其宏观税负差异较大，这种现象不是人们主观意志的结果，而是由各种复杂的客观因素共同作用的结果。这些因素大致可归纳为三个方面：经济发展水平因素、国家政府职能因素和国家财政收入结构因素。

（1）经济发展水平因素。税收负担水平同经济发展水平存在着比较密切的关系。一般认为，经济发展水平同税收负担水平呈正相关。在经济发展水平较低的情况下，人均收入较少，其中可供国家集中使用的部分也比较小，税负水平只能较低。而经济发展水平较高且人均收入较多的情况下，国家才能支配其中的较大部分，税负水平也才会较高。

西方经济学家们对许多国家的税负进行了统计与分析，得出了人均国民生产总值与国民生产总值税收负担率之间的数据关系。税收负担水平随人均GNP增加而递增。由于人均GNP基本反映了一个国家的经济发展水平，一般情况下，经济发展水平同税收负担水平呈正相关。

（2）国家政府职能因素。税收作为财政收入的主要来源，是为了满足政府职能的需要，保证政府执行国家公共事务的各项开支。

政府职能的范围，必然影响宏观税负的高低。如果一个国家政府的职能范围较小时，它的各项开支也比较少，对税收收入的需求也比较少，宏观税负就可以比较低。反之，如果国家职能范围较大，支出开支较大，则宏观税负就较高。世界一些经济发展水平大体相同的国家的宏观税负水平不一样，主要原因就在于国家政府职能范围不完全相同造成的。

（3）财政收入结构因素。税收是国家取得财政收入的一种手段，除了税收之外，国家财政收入还有非税收入和发行国债等收入。

在多种收入形式并存的情况下，国家对其他财政收入形式的依赖程度直接影响税收的规模，相应地影响宏观税负的水平。如果非税收入高些、国债发行的规模大些，宏观税负的水平就会低些，反之则会相对高些。世界上一些经济发展水平相近、政府职能相近的国家，宏观税负水平不一样，主要原因就在于国家财政收入的结构不同所致。

综上所述，这3个因素均对宏观税负起制约作用，但其作用各不相同。其中，从根本上起决定作用的是经济发展水平。它不仅决定宏观税负水平高低的可能性,而且决定国家政府职能的适宜范围与规模,决定宏观税负水平高低的必要性。

(二)微观税负分析

微观税负水平是从企业或个人,即纳税人或负税人个体来考察分析税收负担状况,也是税收负担分析中的一个重要的分析指标。

1. 微观税负的指标

国际上对企业和个人税收负担的衡量主要有两个指标。

(1)企业盈利税负率。它是指一定时期内企业实际缴纳的各种税收与企业税利总额的比率。

(2)个人所得税负率。它是指一定时期内个人实际缴纳的各种税收与个人所得总额的比率。

2. 微观税负因素分析

企业税收负担和个人税收负担变化受多种因素影响,主要因素有两个方面。

(1)企业税收负担主要受一国经济体制变化、税制结构变化和税收制度变化的影响。当市场经济较发达,企业自主权较大时,税负就会较低;当企业所得税在税收总额中所占比重较低时,税负就会相对较轻;当税收优惠条件较充足时,边际税率就会降低,同样也会降低企业的税收负担。

(2)个人税收负担主要受一国分配制度、税制结构和个人所得税制度的影响。当个人收入来源渠道较广,个人收入水平较高时,税负将会有所提高;当个人所得税在税收总额中所占比重上升时,个人税负也将会随之上升;当个人所得税实行累进税率时,由于累进税率具有弹性,将会随个人收入增加而税负上升。

二、税负转嫁

(一)税负转嫁与归宿的概念及特征

1. 税负转嫁的概念及特征

所谓税负转嫁(Tax Shifting),亦称税收负担转嫁,是指纳税人在名义上缴纳税款之后,主要以改变价格的方式将税收负担转移给他人的过程。税负是在运动着的,总要由纳税人或其他人来承担。税负运动的结果形成3种不同的形态,展示税负转嫁的不同程度。

(1)税负完全转嫁。即纳税人将自己应负担的税款全部转嫁给他人负担。

(2)税负部分转嫁。即纳税人将自己负担的税款的一部分转嫁给他人负担,余下部分则由自己负担。

(3)税负完全不转嫁。即纳税人缴纳的税款全部由自己负担,不转给他人负担。纳税人具有独立的经济利益是税负转嫁存在的主观条件,自由价格机制的存在是税负转嫁存在的客观条件。

税负转嫁的特征如下。

(1)税负转嫁是和价格的升降直接关联的,而且价格的升降是由税负转嫁引起的。

(2)税负转嫁是各经济主体之间税负的再分配,也就是经济利益的再分配,税负转嫁的结果必然导致纳税人与负税人的不一致。

（3）税负转嫁是纳税人的一般行为倾向，是纳税人的主动行为。如果纳税人纳税后不能将税负转嫁给他人，而由自己承担，则该纳税人是税负的直接承担人（称为直接税负）。如果纳税人在纳税后可以将税负转嫁给他人，由别人承担，则该纳税人是税负的间接承担人（称为间接税负）。

2. 税收归宿

所谓税收归宿（Tax Incidence），是指税收负担的最终归着点或税收转嫁的最终结果，它表明转嫁的税负最后是由谁来承担的。

税负转嫁往往不是一次性的，它会随着生产流通领域环节不断发生税收转嫁与再转嫁现象。如生产企业转嫁给批发商，批发商再转嫁给零售商，零售商还可再转嫁给消费者。当税收不能再转嫁时，称为税收归宿，即总存在一个不可能再转嫁而要自己负担税款的负税人。

税收归宿是税负运动的终点或最终归着点。按纳税人和负税人的关系，可以把税收归宿分为法定归宿和经济归宿两种。其中，法定归宿是指依税法规定的法定纳税人所承担的税负归着点；经济归宿是指随经济运动而不断转嫁以后的实际负税人所承担的税负归着点。

（二）税负转嫁的形式

纳税人将税负转嫁给他人负担的途径和方法很多，可以归纳为 6 种形式：税负前转、税负后转、税负消转、税负辗转、税负叠转和税收资本化。

1. 税负前转

税负前转亦称顺转或向前转嫁。它是指企业将所纳税款通过提高商品或生产要素价格的方法，转嫁给购买者或者最终消费者承担，这是最为典型、最具普遍意义的税负转嫁形式。例如，在生产环节课征的税款，生产企业就可以通过提高商品出厂价格而把税负转嫁给批发商，批发商再以类似的方式转给零售商，零售商最后将税负转嫁给终极的消费者。这样，消费者必须付出包括诸环节全部或部分税款在内的价格才能购进所需的商品。可见，名义上的纳税人是各环节的商品或劳务的提供者，但真正的负税人却是消费者。

尽管税负前转是税负转嫁的基本形式，但是并非意味着所有税负都可以通过这一方式转移出去。从各国的情况来看，能够进行税负前转的，主要是那些难以查定税源的商品，即那些征税时无法确定其最终负担者是谁的税种，如对香烟征收的消费税，香烟的消费者实际上是消费税的负担者，但由于预先并不能确定每包香烟的消费者（或购买者）是谁，因而只能以香烟为标准，并以其制造者和销售者为纳税人，由制造者和销售者将税款转移给消费者或购买者。类似香烟消费税的还有其他消费税、货物税、关税、营业税等税种，它们的共同点在于，随着课税商品的转移，将税负加在价格之上，与商品同时转移落到消费者身上。

一般来说，前转既可以一次完成，也可以多次完成或通过多次才能完成，通过多次才能完成的前转称为复前转。如，对甲课税，甲转嫁给乙，乙又转嫁给丙，丙又转嫁给丁，丁为税负的归宿者，转嫁过程经历了 3 个环节，这就是复前转。

2. 税负后转

税负后转也称税负逆转或税负向后转嫁，就是纳税人已纳税款因种种原因不能向前转给购买者和消费者，而是向后逆转给货物的生产者。比如，批发商纳税后，因为商品价格下降，已纳税款难于加在价格之上转移给零售商，批发商不得不要求厂家退货或要求厂家承担全部或部分的已纳税款。此时，厂家宁愿承担部分或全部税款而不愿接受退货，这样就将税款向后转嫁了。另一种情况，如批发商所纳之税，原已转嫁给零售商，后因课税商品价格昂贵而需求减少，零售商不能顺转给消费者，而只能后转给批发商或厂家。可见，税负后转是指商品由于课税造成涨价，市场需求减少，商品销售量减少，迫使销售者和生产者同意减价出售，税款不由购买者或消费者承担，而是由生产者或经营者承担。

3. 税负消转

税负消转是一种独特的经济现象。它是指一定的税额在名义上分配给纳税人后，既不能前转也不能后转，而是要求企业对所纳税款完全通过自身经营理财业绩的提高和工艺技术的改进等手段，自行补偿其纳税的损失，使税负在国民收入的增加部分中自行消失，故而又称做税收消化。

税负消转常须具备一定的条件，如生产经营成本递减、商品的销售量尚有扩大的弹性、生产技术与方法尚有改进的余地、物价有上升的趋势等。正是如此，课税商品在生产与流通中增获的利益才足以抵消税负而有余，纳税人也就不用提高商品价格，即可保持原有的利润水平，所课之税因此就无形消失、自我消化了。但是，无论企业内部税负消转的程度如何，都毕竟是对企业既得利益的冲抵，因为倘若无此项税收负担，企业实际利益将会相应地增加。因此，税负消转不是税负转嫁中的普遍形式，也不属于税负转嫁要解决的问题，只是在实际中有一定的意义罢了。

4. 税负辗转

税负辗转是指税收前转、后转次数在两次以上的转嫁行为。比如棉花课税后可以转嫁给纱商，纱商又可以转嫁给布商，布商再转嫁给消费者，这是向前辗转转嫁。反过来，布被课税后，因需求减少，价格下降，布商可以将税负逆转给纱商，纱商逆转给棉花商，棉花商再逆转给农民，这是向后辗转转嫁。辗转转嫁随社会分工的深入和细致而日益普遍。

5. 税负叠转

在现实经济生活中，前转、后转和消转等方法对纳税人来说，采取其中一种方法往往达不到转嫁税负的目的而需几种方法同时使用，通常就称几种转嫁方法同时使用的方法为叠转。例如织布厂将税负一部分用提高布匹价格的办法转嫁给印染厂，一部分用压低棉纱购进价格的办法转嫁给纱厂，一部分则用降低工资的办法转嫁给本厂职工等。严格地说，税负叠转并不是一种独立的税负转嫁方式，而是前转与后转等的结合。

6. 税收资本化

税收资本化也称资本还原，这是一种特殊的税负转嫁。其主要特征是：课税商品出售时，买主将今后若干年应纳的税款，从所购商品的资本价值中预先扣除。今后若干年名义上虽由买主按期纳税，但这税款实际上已全部由卖主负担。这种情况多发生于土地买卖或其他收益来源较为永久性的财产（如政府公债和公司债券）。例如，某房地产公司购买一块1000平方米土地，购买价款800万元，每平方米土地每年缴纳的城镇土地使用税是10元，未来70年的税款共计70万元，该公司将预期缴纳的70万元税款转嫁给土地出售者，进而实际的购买地款为 800－70＝730（万元），此后该公司每年支付1万元的土地使用税，但实际上税款是由土地出售者负担的。

税收资本化是将今后若干年应纳的税款预先作一次性的转移，而其他转嫁形式是在每一次经济交易时将税款即时转移。

(三) 影响税负转嫁的因素

一般认为，价格自由波动是税负转嫁的基本前提条件，商品供求弹性、市场结构、课税制度等则是税负转嫁的制约和影响因素。

1. 商品供求弹性

在商品经济中，市场调节的效应往往使税收负担能否转嫁和如何转嫁在很大程度上取决于市场上的供求状况。在自由竞争的市场中，课税商品的价格受供求规律的制约，市场上商品的供给和物价的涨落，都非一个生产者或一群生产者所能操纵的。商品价格一有变化，需求就随着发生变动，而供给也会发生相类似的变化。

(1) 需求弹性与税负转嫁。需求弹性是指商品或生产要素的需求量对市场价格变动的反应的敏感程度。一般用需求弹性系数表示，其公式为

$$需求弹性系数 = \frac{需求变动百}{价格变动}$$

一般来讲，需求弹性系数越大，需求量对市场价格变动的反应越敏感。依据需求弹性的差异，税负转嫁可以分为 3 种情形进行考察。

① 需求完全无弹性，即需求弹性系数等于 0。需求完全无弹性，说明当某种商品或生产要素因政府课税而导致企业加价出售时，购买者对价格的变动毫无反应，其购买量不会因为价格的提高而受到影响。在这种情况下，企业完全可以通过提高商品或生产要素的价格的方式将税负向前顺次转嫁给其他需求者直至终极的消费者。

② 需求缺乏弹性，即需求弹性系数大于 0 小于 1。如果购买者或消费者对于提供商品或生产要素的企业进行税款加价的行为反应较弱，即其购买量下降的幅度低于价格提高的幅度，便表明相关商品或生产要素的需求缺乏弹性。此时，因价格提高的阻力较小，企业便可以比较容易地将所纳税款通过前转的方式实现转嫁。

③ 需求富有弹性，即需求弹性系数大于 1。当企业把所纳的税款附加于商品或生产要素价格之上而诱发购买者强烈反应时，就意味着这些商品或生产要素的需求有较大的弹性。此时，购买者的欲望将会大大受到抑制，从而导致有关企业商品或生产要素购买量的下降幅度超过价格上涨的幅度，甚至完全停止购买行为，当然购买者也可能选择某替代品满足需求。当出现这种情形时，表明企业的定价已超过极限，其结果是，企业提价得到的边际效益抵补不了销量减少的边际损失，致使企业不得不调低价格或阻止价格提高。一旦出现这种情形，企业所纳的税款便无法进行顺向转嫁，而只能谋求逆转给前面的供应者负担。倘若后转不得以实现，企业在作为直接的纳税者的同时，又不得不成为终极的负税者。

(2) 供给弹性与税负转嫁。供给弹性揭示出商品或生产要素的供给量对市场价格变动反应的敏感程度。一般用供给弹性系数来表示，其公式为

$$供给弹性系数 = \frac{供给量变动百}{价格变动}$$

供给弹性的大小对企业税负转嫁的影响，亦可区分 3 种情况进行考察。

① 供给完全无弹性，即供给弹性系数等于 0。供给完全无弹性，说明当某种商品或生产要素因政府征税而价格不能提高时，生产及供应企业对价格的相对下降没有任何反应，其生产量不会因价格下降而减少。在这种情况下，企业只能将所纳的税款谋求向后转嫁，甚至无法进行转嫁。

② 供给缺乏弹性，即供给弹性系数大于 0 小于 1。供给弹性系数小，表明当某种商品或生产要素因政府征税而价格得不到相应的提高时，生产及供应企业往往会因生产条件、转产困难等因素的限制而未能或无法对价格的相对下降做出较为强烈的反应，其实际生产供应量调减的幅度不会很大，通常低于价格相对下降的幅度。由于此时生产供应量基本还是维持原有水平，故而价格难有较大幅度的升降，也就导致企业无法将所纳税款以前转的方式转移出去，更主要的便是考虑能否实现逆转并通过怎样的途径进行。

③ 供给富有弹性，即供给弹性系数大于 1。供给富有弹性，意味着当某种商品或生产要素因政府课税而价格不能相应提高时，供应者将会对价格的相对下降做出强烈的反应，使得其生产供应量的下降幅度大于价格相对下降幅度。这种情形，一方面表明价格有些偏低，影响市场供应量，使供应量减少，从而隐藏着价格上涨的趋势；另一方面，由于有效生产供应量的不断减少，渐已出现供不应求，进而直接推动价格趋涨。基于这种考虑，企业便可以将所纳税款的大部分甚至全部以商品加价的方式实现前转，使税负落于购买者身上。

（3）供求弹性与税负转嫁。供给弹性与需求弹性的比值即为供求弹性。由于供求间制衡统一的关系，决定了企业税负转嫁及其实现方式不能片面地依从其中某一方面，而必须根据供给弹性和需求弹性的力量对比及转换趋势予以相机决策。一般而言，当供给弹性大于需求弹性，即供求弹性系数大于 1 时，企业应优先考虑税负前转的可能性；反之，如果供求弹性系数小于 1，则进行税负后转或无法转嫁的可能性比较大。如果供给弹性系数等于需求弹性系数，则税款趋于买卖双方均分负担。综合分析，可以得出这样的结论：税负转嫁是商品经济发展的客观存在。依此为基点，直接纳税的企业通常会把能够转嫁出去的税收仅仅作为虚拟的成本（或称为额外的成本），而把不可转嫁的税收视为真正的成本。因此，西方人把纳税人和负税人一致的税种称为直接税种，把纳税人和负税人不一致的税种称为间接税种。

2. 市场结构

由于市场结构不同，税负转嫁情况也不同。税负转嫁后存在于经济交易之中，通过价格变动实现，价格自由变动是税负转嫁的基本前提条件，市场结构不同，商品价格所处的状态不同，税负转嫁的程度就有区别。市场结构一般有完全竞争、不完全竞争、寡头垄断和完全垄断 4 种。

（1）完全竞争市场结构下的税负转嫁。在完全竞争市场结构下，任何单个厂商都无力控制价格，因而不能把市场价格提高若干而把税负向前转嫁给消费者，只有通过该工业体系才能在短期内部分地利用提价的办法转嫁给消费者。但在长期供应成本不变的情况下，各个厂商在整个工业体系下形成一股力量，则税负可能完全转嫁给消费者。

（2）不完全竞争市场结构下的税负转嫁。商品的差异性是不完全竞争的重要前提。在不完全竞争市场结构下，单个厂商虽很多，但各个厂家可利用其产品差异性对价格做出适当的调整，借以把税负部分地向前转嫁给消费者。

(3) 寡头垄断市场结构下的税负转嫁。寡头是指少数几家企业供应市场某种商品的大部分，各家都占市场供应量的一定比重。它们的产品是一致的，或稍有差别。寡头垄断的价格波动不像一般竞争工业那样大。他们总是互相勾结，达成某种协议或默契，对价格升降采取一致行动。因此，如果对某产品征收一种新税或提高某种税的税率，各寡头厂商就会按早已达成的协议或默契并在各家成本同时增加的情况下，自动按某一公式各自提高价格，而把税负转嫁给消费者负担（除非该产品需求弹性大或差异大）。

(4) 完全垄断市场结构下的税负转嫁。垄断竞争市场是指某种商品只有一个或少数几个卖主的市场结构，并且没有代用品。垄断厂商可以采取独占或联合形式控制市场价格和销售量，以达到获得最大利润或超额利润的目的。如果某垄断产品为绝对必需品，且需求无弹性又无其他竞争性的代用品，则垄断者可以随意提价，不会影响销售量，税负就可以全部向前转嫁给消费者。

如果需求有弹性，则垄断厂商不能把税额全部向前转嫁给消费者，而只能考虑部分前转、部分后转。因为如果全部前转，可能引起价格太高，需求量减少，达不到最大利润。但不管怎样，在完全垄断市场结构下，垄断厂商可以随时改变价格，把税负向前转嫁给消费者。

3. 课税制度

课税制度中税种的设置及各个要素的设计差异，如课税范围的宽窄、税率的形式和高低、课税方法等，都对税负转嫁有一定的影响。

(1) 税种性质。商品交易行为是税负转嫁的必要条件，一般来说，只有对商品交易行为或活动课征的间接税才能转嫁，而与商品交易行为无关或对人课征的直接税则不能转嫁或很难转嫁。如营业税、消费税、增值税和关税等一般认为是间接税，税负可由最初纳税人转嫁给消费者，这类税的税负还可以向后转嫁给生产要素提供者来承担。而个人所得税、公司所得税、财产税等一般认为是直接税，税负不能或很难转嫁。

(2) 税基宽窄。一般情况下，税基越宽，越容易实现税负转嫁，反之，税负转嫁的可能性便会趋小。原因在于，税基宽窄直接决定着购买者需求选择替代效应的大小，进而影响市场供求弹性的程度及转嫁态势，导致税负转嫁或易或难的变化。如果对所有商品课税，购买者需求选择替代效应就小，税负转嫁就较容易，反之，如果只对部分商品课税，且课税商品具有替代效应，税负就不易转嫁。

(3) 课税对象。对生产资料课税，税负辗转次数多，容易转嫁，且转嫁速度快。对生活资料课税，税负辗转次数少，较难转嫁，且转嫁速度慢。

(4) 课税依据。税收计算的方法大致可以分为从价计征和从量计征两种。从价计征，税额随商品或生产要素价格的高低而彼此不同，商品或生产要素价格昂贵，加价后税额必然亦大，反之，价格越低廉，加价后税额亦微小。因此，在从价计征的方法下，通过商品加价转嫁税负难以被察觉，转嫁较容易。但从量计征则完全不同，在此方法下，每个单位商品的税额很明显，纳税人很容易察觉到是一种额外的负担，因而必然想方设法提高商品价格把税负转嫁给消费者，但或轻或重的税负同样易直接为购买者所察觉。因此，如果需求方面有弹性，税收负担便无法转嫁。

(5) 税负轻重。税负轻重也是税负转嫁能否实现的一个重要条件。在其他条件相同的情况下，如果一种商品的税负很重，出卖者试图转嫁全部税负就必须大幅度提高价格，势必导致销售量的减少。

4. 企业决策者市场价值判断及行为观念

企业决策者市场价值判断及行为观念对税负转嫁也有重要的影响。相同市场供求弹性的同一商品，往往会因企业决策者不同的行为偏好或价值的判断而产生差异的税负转嫁效果。因为在许多情况下，企业决策者个人偏好是一回事，市场作用则是另一回事。

市场需求弹性大的商品，企业未必就不愿生产经营，相反，对于那些需求弹性小的商品，企业也未必会进行投资。供给弹性变动亦有同样的情况。如当课征某种新的货物税时，往往会造成课税商品价格上涨，否则生产经营企业便会因无利可图，或者抑减生产供应量，或者转移生产方向，选择替代产品，一旦课税商品回升至某种程度时，在利润的驱动下，企业必然会增加该项产品的有效供应量，最后上升的价格随着供应量的增加又渐趋税收附加时的水平。而倘若企业不随价格的变动做出相应的投资决策，或企业决策者更偏好于其他商品的生产经营，那么，以上变化就不可能实现。

（四）税负转嫁与归宿的一般规律

第一，商品课税较易转嫁，所得课税一般不易转嫁。

第二，供给弹性较大、需求弹性较小的商品的课税较易转嫁，供给弹性较小、需求弹性较大的商品的课税不易转嫁。

第三，课税范围宽广的商品较易转嫁，课税范围狭窄的难以转嫁。

第四，对垄断性商品课征的课税容易转嫁，对竞争性商品课征的税较难转嫁。

第五，从价课税的税负容易转嫁，从量课税的税负不容易转嫁。

第四节　税收效应

税收效应是指政府课税所引起的各种经济反应。政府课税除为满足财政所需外，总是要对经济施加某种影响。但其影响的程度和效果如何，不一定会完全符合政府的最初意愿，纳税人对政府课税所做出的反应可能和政府的意愿保持一致，但更多的情况可能是与政府的意愿背道而驰。比如课税太重或课税方式的不健全，都可能使纳税人不敢去尽心尽力地运用自身的生产能力。又如政府课征某一种税，是想促使社会资源配置优化，但执行的结果可能是社会资源配置更加不合理。凡此种种，都可归于税收的效应。

税收效应在理论上常分为正效应与负效应、收入效应与替代效应、中性效应与非中性效应、激励效应与阻碍效应等。在实际分析中，根据需要，税收的效应还可进一步分为储蓄效应、投资效应、产出效应、社会效应、心理效应等。

一、税收宏观作用机制

（一）税收的平衡作用机制

税收的平衡作用机制是指税收在实现总供给与总需求平衡过程中产生的影响和作用。

在总供求失衡时，政府可以运用税收和财政支出手段直接调节消费总量或投资总量，使社会总供求达到均衡。即，当社会总需求大于总供给，出现需求膨胀时，政府可以采取紧缩性财政政策，通过增加税收或减少财政支出的方式，减少民间消费，或削减企业投资，从而使总需求水平下降，消除通货膨胀，缓解过旺需求对供给的压力；当社会总需求小于社会总供给，出现总供给过剩时，政府可采用扩张性财政政策，通过减少税收或增加财政支出的方式，增加民间消费能力，促使企业增加投资，使总需求水平上升，防止通货紧缩，抑制经济衰退。

（二）税收的协调作用机制

税收的协调作用机制是指税收在协调国民经济结构（或说优化资源配置）过程中产生的影响和作用。

1. 税收促进产业结构协调

对人民生活的必需品确定较低税率，使这类商品可以以较低的价格供应市场，保证人民的基本生活需要；而对非必需品或奢侈品确定较高税率，将生产经营者获得收益的较大部分作为税收上缴政府财政，防止过高收益对社会资源流向的不合理诱导。

2. 税收促进地区结构协调

在税制的规定中给予经济欠发达地区更多的优惠照顾，改善这些地区的投资环境，提高投资者对经济欠发达地区投资的预期收益，引导更多资源流向该地区。

3. 税收促进资本市场结构协调

税收对不同投资方式的制度规定不同会引起资本不同方向的流动。

（三）税收的稳定作用机制

税收的稳定作用机制是指在经济周期波动中税收自动地或人为地进行逆向调节，减缓经济波幅，避免资源浪费的一种经济调节机制。

税收的"内在稳定器"作用机制可以理解为：当经济处于高速增长时期，税收随着纳税人收入的增加而增加，从而减少纳税人的可支配收入，缩减纳税人的投资与消费能力，自动地抑制社会总需求的过度扩张；当经济处于衰退时期，税收随纳税人收入的减少而递减，从而增加纳税人的可支配收入，推动社会总需求的增加。

税收的"相机抉择"作用机制可以理解为：当经济处于高速增长时期，政府可以人为地选择增加税收的抑制性政策来防止经济的过度膨胀。而由于不同税种、不同税制要素对经济作用的环节和层面是不同的，因而政策手段的选择可以有明确的针对性。

（四）税收的调节作用机制

税收的调节作用机制是指税收对市场机制形成的个人收入分配差距过大进行的调节。

税收在缩小个人收入差距中的作用就是将税前收入分布曲线向"绝对平均曲线"推进。其主要做法，如在个人所得税中采用累进税制的方式，对高收入者多征税，对低收入者不征税或少征税，从而使高收入者与低收入者税后所得差距缩小；再如，个人所得税免征额、生计费用扣除等的规定也可以提高其调节收入的有效性。

（五）税收的乘数作用机制

税收的乘数作用机制是指税收增减引起的国民经济变化量与税收变化量之间的倍数作用。

税收的变动会影响企业或个人的可支配收入，而企业或个人的可支配收入又是影响投资和消费的决定性因素。政府增加税收，就会减少企业或个人的可支配收入，从而减少其投资与消费的数量，并进而使整个社会的投资、消费总量萎缩，反之亦然。而每一轮投资或消费又是下一轮收入的取得，这样一轮一轮地运转下去，初始一个单位收入的增减会使国民收入产生几倍于此的效应。

二、税收微观作用机制

（一）税收对劳动投入的作用机制

（1）税收对劳动投入的收入效应。从其收入效应看，由于征税使劳动者劳动收入减少，个人可支配收入减少，个人不得不增加劳动投入，以此来弥补由于征税而损失的个人收入。

（2）税收对劳动投入的替代效应。从其替代效应看，政府对个人的征税不仅使劳动者劳动收入减少，而且提高了劳动相对于"闲暇"的"价格"，或者说，个人将以更高的代价才能获得与未征税时相同的劳动收入。由于劳动与"闲暇"两种商品相对价格的变化，使得纳税人在两种商品的选择中更倾向于选择"价格"较低的闲暇，而减少对劳动的投入。

（二）税收对储蓄的作用机制

（1）税收对储蓄的收入效应。税收对储蓄的收入效应表现为：如果仅对个人现实收入征税，对储蓄利息收入不征税，则由于征税减少了纳税人的可支配收入，又由于边际消费倾向和边际储蓄倾向是固定不变的假设前提，纳税人会随着可支配收入的减少，等比例地减少现实的消费与储蓄，从而降低个人的储蓄水平。

（2）税收对储蓄的替代效应。税收对储蓄的替代效应表现为：在对利息收入课税的情况下，税收降低了储蓄的收益水平，使储蓄相对于现实消费的"相对价格"提高。

（三）税收对消费的作用机制

（1）税收对消费总量的影响。税收对消费总量的影响可理解为：由于纳税人可支配的收入可以分为消费与储蓄两大用途，个人用于消费的收入等于其总收入减去储蓄后的余额。所以，税收对消费总量的影响实际上与税收对储蓄的影响恰恰相反，即增加储蓄的效应就是减少消费的效应，减少储蓄的效应就是增加消费的效应。

（2）税收对消费结构的影响。税收对消费结构的影响通常是通过商品税的形式间接实现的。政府对某种商品征税后，当生产经营者意图通过提高商品价格的方式将税负转嫁给消费者负担时，这种商品的价格就会上涨，就会改变这种商品与未被课税商品的比价关系，从而造成消费者在选购商品时，减少对已税商品的购买，相应地增加对未被课税商品的购买量。

（四）税收对投资的作用机制

（1）税收对投资总量的影响。政府对投资收益征税，减少了投资者对投资的预期收益，降低了投资对投资者的吸引力，抑制了其进一步投资的意愿，从总体上讲，最终就会减少社会投资总额。政府在运用税收对投资总量的调整中，既可以采取直接减免税的方式，也可以采用再投资退税等方法。

（2）税收对投资结构的影响。在统一税制下，政府对不同投资项目征收相同的税收，此时，税收只影响投资者的投资水平，不会引起投资的结构性变化，投资结构由市场供求来决定。而如果政府对不同的投资项目采用不同的税收政策，那么，税收不仅会影响投资者的投资水平，而且会影响其投资方向。引起投资结构、投资方向变化的税收政策既可以体现为征税模式、税率的调整，也可以体现为征税依据、税收优惠的变更。

本 章 小 结

1. 税收是国家依据法律规定，按照固定比例对社会产品进行的强制、无偿的分配，它是财政收入的主要形式。税收在本质上是以满足公共需要为目的，由政府凭借政治权力（公共权力）进行分配而体现的特殊分配关系。

2. 税收的形式特征通常被概括为三性：强制性、无偿性和固定性。

3. 税收的分类。按课税对象的性质分类，可分为五大类：流转税、所得税、行为税、资源税、财产税。按税收的计量（或计征）标准分类，可分为从价税和从量税两大类。按税收与价格的关系分类，可分价内税和价外税两大类。按税收管理权限和使用权限分类，可分为中央税、地方税和中央地方共享税三大类。按税负能否转嫁分类，可分为直接税和间接税两大类。

4. 目前，国际上通常公认的税收原则可归纳为两个主要方面：一是效率原则，二是公平原则。

5. 税收负担一般用相对值表示，反映一定时期纳税人的实纳税额与其征税对象价值的比率，即税收负担率。

6. 税收转嫁是指纳税人在名义上缴纳税款之后，主要以改变价格的方式将税收负担转移给他人的过程。可以归纳为6种形式：税负前转、税负后转、税负消转、税负辗转、税负叠转和税收资本化。

7. 一般认为，价格自由波动是税负转嫁的基本前提条件，商品供求弹性、市场结构、课税制度等则是税负转嫁的制约和影响因素。

8. 在实际分析中，根据需要，税收的效应还可进一步分为储蓄效应、投资效应、产出效应、社会效应等。

习　　题

一、选择题

1. 下列选项中，属于中央政府固定收入的有（　　）。
   A. 国内消费税　　　　B. 个人所得税　　　C. 营业税　　　　D. 关税

2. 税收的特征主要表现在（　　）。
   A. 强制性　　　　　　B. 及时性　　　　　C. 固定性　　　　D. 无偿性

3. 税收法律关系中的征税主体，包括（　　）。
   A. 国家税务局　　　　B. 海关　　　　　　C. 税务局　　　　D. 代扣代缴

单位

4．国家税收课征的依据是国家的（   ）。
   A．政治权力　　　　　B．财产权力　　　　C．管理权力　　　D．财产与政治权力
5．亚当·斯密提出的税收原则是（   ）。
   A．平等原则　　确实原则　　税务行政原则　　节约原则
   B．平等原则　　效率原则　　确实原则　　　便利原则
   C．平等原则　　确实原则　　便利原则　　　节约原则
   D．平等原则　　财政原则　　确实原则　　　便利原则

二、判断题

1．税务机关在征税过程中，是否征税或征收多少税款，可以与纳税人协商议定。（   ）
2．税收转嫁是指纳税人主要以改变价格的方式，将其应纳税款的一部分或者全部转移给他人负担的过程。（   ）
3．税收采取的是自愿缴纳方式。（   ）
4．现代西方经济学家认为，良好的税制应该符合的两大原则是公平与节约原则。（   ）

三、名词概念

1．税收　　2．税负转嫁　　3．效率原则　　4．公平原则　　5．税收负担

四、问答题

1．简述市场经济条件下税收的效应。
2．简述现代税收制度遵循的原则。
3．简述税负转嫁的一般规律。
4．税负转嫁的形式与影响税负转嫁的因素。

案 例 分 析

谨慎使用税负转嫁

1．案例内容

佳乐思公司是一家专门生产家用电器的企业，成立于1994年，生产经营状况一直良好，1998年由于偷漏税被税务机关查处。这次事件使该企业补缴税款及罚款共12万元，该企业经理胡某认为这次查处给企业带来了巨大损失，应想办法弥补回来。

1999年3月，企业经理胡某决定提高产品出售价格，通过税负转嫁方法将税款最终转移到消费者身上。经过这次调价，该企业的产品销售数量较调价前大幅下降，企业实际效益反而减少。

经研究讨论决定，该企业于1999年8月再次将价格调回，第二个月销售量虽有小额上升，但企业实际收益仍在下降。

（资料来源：http：//www.chtax.com/view.jsp?tab=ssch&dataID=155433&title=%C6%F3%D2% B5%CB%F9%B5%C3%CB%B0%CB%B0%CA%D5%B3%EF%BB%AE&kindID=4）

2. 案例评析

本案例涉及企业税负转嫁的运用问题。

税负转嫁是以价格为手段,通过经济交往,将税收负担转移给别人的过程。税负转嫁一般有以下几种形式:顺转、逆转、叠转和消转。

顺转就是厂商通过提高产品售价的方法将税负转移给消费者的过程。本案例中佳乐思公司采用的就是这种方法。

逆转就是厂商通过压低原料进价的方法将税负转移给原材料提供厂商的过程。

叠转则是企业既采用顺转,又采用逆转进行税负转嫁的过程。

消转其实不属于严格意义上的税负转嫁,它是指纳税人通过降低成本,使税负在盈利中自行消化的过程。

将税负转嫁出去是任何纳税人都存在的愿望,但把这种愿望转化为现实取决于客观条件,这就是商品的需求弹性和供给弹性。

需求弹性是指商品的需求量对价格变动的反应程度。在其他条件不变的情况下,商品的需求弹性越小,则价格变动对买方的需求影响越小,税负越容易转嫁。反之,需求弹性越大,则税负越不容易转嫁。

本案例中,由于佳乐思公司生产的家用电器属于大众产品,其需求弹性较大,价格调高会使销售额下降,因而实际效果不好。

供给弹性是指商品的供给量对价格变动的反应程度。在其他条件不变的情况下,商品的供给弹性越大,税负越易转嫁,反之则不易转嫁。

本案例中,佳乐思公司提价后销量大减,按理说价格下降时,销量会上升,但由于价格的下调给别人一种不可信赖的感觉,使人认为产品质量有问题,因而销售额只是小幅上升,而且恢复又需要一定时间,故使该企业实际收益再次下降。

3. 案例讨论

(1)分析不同市场(完全竞争、垄断竞争、寡头垄断、完全垄断)的税负转嫁情况。

(2)分析佳乐思公司应采取什么措施转嫁税负、提升企业收益?

第八章

税收制度与税收管理制度

 导读

　　税收制度的确立是为实现税收职能服务的。随着一国生产力发展水平、生产关系性质、经济管理体制、产业结构以及国家的税收政策等的变化，一国税收制度的内容不断发生变化。因此，掌握税收制度的构成要素、类型，以及如何通过税收管理制度保障税收征纳关系的顺利实现，对于理解各国税收制度具有实践意义。

 学习重点

　　通过本章的学习，要求学生掌握税收制度的概念、要素、类型，了解税收征收管理制度的发展变化并掌握其主要内容。

 学习难点

　　理解税收制度的构成要素。

 教学建议

　　建议结合我国税收制度和税收管理制度的内容及发展变化趋势，引导学生查阅课外相关资料进行分析与学习。

第一节　税收制度

一、税收制度的内涵

　　税收制度是指国家通过立法程序规定的各种税收法令和征收管理办法的总称，其核心是主体税种的选择和各税种的搭配问题。税收制度有广义和狭义之分。狭义的税收制度是指国家以法律或法令形式确定的各种课税办法的总和，包括税种的设置、各税种的具体内涵，体现税收的征纳关系；广义的税收制度是指税收基本法规、税收征收管理体制、税收征收管理制度以及国家机关之间因税收管理而发生的各种关系。本节主要分析狭义的税收制度。

二、税收制度的要素

虽然各国开征了很多税种，内容各不相同，作用差别较大，但其主要构成要素是基本相同的，主要包括以下几个方面。

（一）税收主体

税收主体是指税收法律关系的主体。由于税收法律关系体现的是国家和纳税人之间的税收分配关系，所以，税收主体分为征税主体和纳税主体。征税主体是指具有征税权力的国家或地区；纳税主体是指法律规定的直接负有纳税义务的单位或个人。纳税人可以是自然人，也可以是法人。纳税人与负税人是两个既有区别又有联系的概念。负税人是指实际或最终承担税款的单位和个人。在同一税种中，纳税人与负税人可以是一致的，也可以是不一致的。如果纳税人能够通过一定的途径把税款转嫁或转移出去，纳税人就不再是负税人；否则，纳税人同时也是负税人。

（二）税收客体

税收客体又称课税对象，是指税法规定的征税的标的物，是区分不同税种的重要标志。如消费税的课税对象是特定的应税消费品，增值税的课税对象是增值额，财产税的课税对象是纳税人拥有或使用的财产。

（三）税率

税率是指税额与税收客体的数量关系或比例关系，是计算应纳税额的尺度，是税收制度的中心环节。税率的高低，体现着征税的深度，反映着国家在一定时期内的税收政策和经济政策，直接关系着国家的财政收入和纳税人的税收负担。税率通常可以分为以下3种形式。

1. 比例税率

比例税率是对征税对象只规定一个征税比率，不论其数额的大小，都按同一比率征税。它是目前应用最为广泛的税率。在具体运用上，可以采取不同的表现形式，如行业差别比例税率、产品差别比例税率、地区差别比例税率、幅度比例税率、有起征点的比例税率等，体现鼓励先进、鞭策落后的政策意图。

2. 累进税率

累进税率是指按课税对象数额的大小划分为若干等级，每个等级由低到高规定相应的税率，课税对象数额越大，适用的税率就越高。累进税率一般适用于所得课税。累进税率按照其累进依据和计算方法的不同，可以分为全额累进税率和超额累进税率。

全额累进税率是按课税对象数额适用的最高级次的税率统一征税；超额累进税率是课税对象按数额大小划分为若干不同的等级，每个等级由低到高分别规定税率，各等级分别计算税额，一定数额的课税对象可同时适用几个等级税率。

全额累进税率和超额累进税率各有优缺点，全额累进税率计算比较简便，但是税负不够合理；超额累进税率计算比较复杂，但税负比较合理。为了解决超额累进税率计算方法复杂的问题，可采用速算扣除数的方法予以解决。

速算扣除数是按全额累进税率计算的税额减去按超额累进税率计算的税额的差额，用公

式表示为

$$速算扣除数＝全额累进税额－超额累进税额$$

按超额累进税率计算并使用速算扣除数的应纳税额的公式为

$$应纳税额＝应纳税所得额×适用税率－速算扣除数$$

3. 定额税率

定额税率又称固定税额，是按单位课税对象直接规定固定的税额，而不采用百分比的形式，它是税率的一种特殊形式。定额税率在计算上比较简单，而且采用从量计征方法，不受价格变动的影响。它的缺点是税收负担不尽合理，因而只适用于特殊的税种，如我国的车船税、资源税和屠宰税等。

（四）纳税环节

纳税环节是税法规定的从商品生产到消费的流转过程中缴纳税款的环节。商品从生产到消费一般经过许多流转环节，例如工业品一般经过工业生产、商业采购、商业批发和商业零售等环节。按照纳税环节多少，税收分为3种课征制度：只在一个流转环节征税；在两个流转环节征税；在每个流转环节都征税。正确确定纳税环节关系到税款能否及时、足额缴入国库，对于平衡税负，保证国家财政收入，便于征收管理和监督具有重要的意义。

（五）纳税期限

纳税期限即税法规定的纳税人缴纳税款的时间界限，也是纳税的最后时点。我国现行各种税制规定的纳税期限有按天（如1天、3天、5天、10天、15天等）缴纳，也有按月、季度、年、按次缴纳的期限，一般由各地税务机关根据纳税人的具体情况确定，但纳税期限一经确定，不得随意改变。

（六）附加、加成和减免税

附加、加成和减免是对纳税人税收负担的调整措施。附加和加成属于加重纳税人负担的措施。所谓附加是指在正税之外，附加征收的一部分税款。一般来说，附加收入是为了解决地方机动财力的需要，留给地方使用。加成是对特定纳税人的一种加税措施，加一成即加征正税税额的10%，依此类推。

减税、免税以及与此相关的起征点和免征额属于减轻纳税人负担的措施。减税是减征部分税款。免税是免缴全部税款。免征额是指征税对象中免予征税的数额。起征点是税法规定的课税对象开始征税时应达到的一定数额。起征点与免征额的区别是：课税对象未达到起征点时，不征税，但达到起征点时，全部课税对象都要征税；而对有免征额的课税对象，只有就其超过免征额的部分课税。

（七）违章处罚

违章处罚是对纳税人违反税法的行为所规定的惩罚措施，并用以保障税收活动的正常进行。纳税人的违章行为一般包括偷税、抗税、漏税、欠税等。偷税是指纳税人使用欺骗手段，不履行国家税法规定的纳税义务的违法行为。抗税则主要是采用明显的、公开的以及暴力的方式拒绝履行纳税义务的违法行为。漏税是指纳税人因非主观的原因造成未缴纳或少缴纳国家税款的行为。欠税是指纳税人未按税法规定如期纳税，拖欠国家税款的违章行为。国家对违章行为的处罚方式主要有批评教育、强行扣款、加收滞纳金、罚款及追究刑事责任等。

三、税收制度的类型

（一）单一税制

单一税制是指一个国家只征收一种税的税收制度。这种税制只在理论上存在，难以在实践中施行。在税收理论发展史上，与不同时期的政治主张、经济学说相呼应，曾有不少学者提出过实行单一税的理论主张，大致可分为单一土地税、单一消费税、单一财产税和单一所得税等。

单一税制的主张之所以能产生，是因为主张者们认为单一税有如下的优点：(1) 征税范围明确，便于征纳；(2) 课税次数较少，有利于生产流通；(3) 纳税人易于接受，减少苛扰之弊；(4) 稽征手续简单，可以减少征管机构，节约征管费用。反对单一税制主张的许多学者则认为单一税制有如下缺点：(1) 无法保证财政收入的充裕、稳定和可靠，也不能充分发挥税收对社会经济的有效调控作用；(2) 课税来源单一，容易导致税源枯竭，妨碍国民经济协调发展；(3) 课税对象单一，无法实现税负公平。由于单一税制结构存在很多缺陷，因而它只不过是一种纯理论上的设想，只停留在理论讨论阶段，至今世界各国无一付诸实施，各国实行的税收制度都是复合税制。

（二）复合税制

复合税制是指一个国家同时开征两个以上税种的税收制度。由于复合税制具有多种税同时征收的特点，可在税制系统内部各税种之间发挥相互协调、相辅相成的功效；就财政收入而言，税源广，弹性充分，能保证财政收入充裕可靠；就税收政策而言，具有平均社会财富，稳定国民经济的功能；就税收负担而言，税收落点全面、普遍、公平；就税收作用而言，多种税并用可以充分发挥税收的作用。鉴于复合税制具有以上优点，世界各国均采用复合税制，我国采用的也是复合税制。

在当今世界各国，复合税制普遍包括若干税种，每一税种都有不同的课税对象，但所有税种的纳税人不外乎企业和个人，这就对税制设计提出了更高的要求。在选择税种、税源，确定税目、税率等方面，应根据本国国情，既要考虑能否符合税收原则的要求，还要考虑每种税之间的关系和搭配，更要考虑税收负担和征管能力。

几经变革，目前，我国共有增值税、消费税、企业所得税、个人所得税、资源税、城镇土地使用税、房产税、城市维护建设税、耕地占用税、土地增值税、车辆购置税、车船税、印花税、契税、烟叶税、关税、船舶吨税等 17 个税种。其中，15 个税种由税务部门负责征收；关税和船舶吨税由海关部门征收，另外，进口货物的增值税、消费税也由海关部门代征。

四、税收制度的发展

（一）古老的直接税税制

税收制度最早实行的是简单的直接税税制。在以土地私有制为基础的奴隶社会和封建社会，由于课税对象和社会财富极为有限，因此劳动者的人身和以房屋为主体的财产成为提供税收的重要源泉。由于早期的直接税是以课税对象的某些外部标准（如人口多少、土地面积大小、房屋数量等）规定税额，而不考虑纳税人实际支付能力，也不存在任何扣除，所以其税收负担是极不公平的。而且税率一般固定不变，缺乏灵活性和弹性，因而不能满足调节经济和提供政府财政收入的需要。

（二）以间接税为主体的税制

早期的间接税也是非常简单的，早在封建社会已被许多国家采用。如商品进出口税、盐税、茶税、渔税、市场税等，但由于当时商品经济极不发达，间接税的课征范围窄，在财政和经济中的地位也不重要。进入到资本主义社会，生产力得到了惊人的发展，客观上为间接税的推行提供了条件，关税、消费税、产品税、销售税等税种得以发展。到了18世纪中叶，传统的直接税税收体系逐渐被以关税、消费税等为主的间接税税收体系所取代。

间接税为主体的税收体系之所以能够取代直接税税收体系，其原因主要是以下几点。

（1）商品税是一种对物税，税源充裕，课征范围广泛，并且富有弹性，有利于组织政府财政收入；同时，商品税课征方便，可以及时组织财政收入。

（2）间接税较直接税更为隐蔽，可以顺应人们的要求，达到资产阶级宣传的"减轻税负"的目的。

（3）推行间接税有利于资本主义工商业发展。只要被征税的商品能够按照售价顺利销售，纳税人缴纳的税款就可以转嫁到消费者头上，从而保证了资本家个人利益不受或少受侵犯。

（4）推行间接税有利于限制和削弱封建势力。由于间接税的征税对象涵盖很多高档消费品，而这些高档消费品主要由封建贵族消费，因此对其征税，无形中将封建贵族和大地主的财富从他们手中转移到资本主义政府手中，进而从经济上削弱了封建势力。

但是在间接税运行一段时间后，资产阶级发现这种税制开始阻碍资本主义经济发展，同资产阶级利益时常发生矛盾。主要表现为两方面：（1）国境消费税即关税成为实行自由贸易政策的桎梏；（2）国内消费税的范围扩展到全部生活必需品和资本工业品，且税率不断提高，对于资本主义发展造成了相当大的消极影响。因此，标志着现代直接税税收制度的现代所得税制度应运而生。

（三）现代直接税税制

与古老的直接税相比，现代所得税具有税源充裕、有弹性、符合各项税收原则、税收负担合理、对经济没有直接的阻碍等优点，能保证国家的财政收入，能有效地进行收入再分配，具有调节经济和收入差距、促进公平分配的作用。因此一些主要资本主义国家于19世纪末、20世纪初相继推行所得税。第二次世界大战后，所得税在资本主义国家得到了普遍推广。

综上所述，世界税制模式发展经历了一个由原始直接税到间接税再到现代直接税即所得税这样一个"否定之否定"的历史过程。不过，现代世界各国因各自的国情不同，其税制模式选择尚处在这个发展过程的不同阶段上。一般来说，经济发展较迟缓的欠发达国家大都实行以间接税为主体的税制模式，资本主义发达国家则采用所得税为主体的税制模式。

发展中国家之所以仍然以间接税为主，其原因主要有以下几个方面：（1）发展中国家经济发展水平比较低，相应人均收入水平也比较低，推行以所得税为主体的税制，不能保证政府开支需要；（2）发展中国家税收征管水平一般较低，所得税相对于商品税而言比较复杂，因此以商品税为主体比较切实可行；（3）商品税比所得税隐蔽，大多是从价计征，比较容易为纳税人所接受，对私人投资和储蓄的影响也较小。

但是同时我们也应该看到，在某些以所得税为主体的发达国家，其经济发展已经被现行税率较高、税前扣除过滥、逃税严重和课税不公等问题所困扰，其中有的国家正考虑由所得税为主体的税制模式转向以增值税为主体的税制模式。因此，以增值税为主体的现代间接税税制模式的发展前景广阔。

五、税制结构

（一）税制结构的概念

所谓税制结构是指构成税制的各税种在社会再生产中的分布状况及相互之间的比重关系。税制结构的研究范围主要包括主体税种的选择以及主体税与辅助税的配合等问题。主要包括 3 个层次：第一个层次是不同税类的地位和相互关系；第二个层次是同一税类内部和不同税类的各个税种之间的相互关系；第三个层次是各个税制要素之间的相互关系。税制结构是一国税制体系建设的主体工程，合理的设置各类税种，从而形成一个相互协调、相互补充的税制体系，是有效发挥税收职能作用的前提，也是充分体现税收公平与效率原则的有力保证。

（二）税制结构的分类

通常可以把税制结构分为单一主体税种的税制结构和双主体税种的税制结构两大类。

1. 单一主体税种的税制结构

单一主体税种的税制结构根据主体税种的不同，在当今世界各国主要存在两大模式，一个是以所得税为主体，另一个是以商品税（流转税）为主体。

在以所得税为主体的税制结构中，个人所得税、社会保障税、企业所得税占据主导地位，同时辅之以选择性商品税、关税和财产税等，以弥补所得税功能的欠缺。在以商品税为主体的税制结构中，一般营业税、增值税、销售税、货物税、消费税等税种作为国家税收收入的主要筹集方式，其税额占税收收入总额比重大，并对社会经济生活起主要调节作用，而所得税、财产税、行为税等作为辅助税，发挥弥补商品税功能欠缺的作用。

当前，世界上的经济发达国家大多实行以个人所得税（含社会保险税，下同）为主体税种的税制结构。这一税制结构的形成与完善建立在经济的高度商品化、货币化、社会化的基础之上，并经历了一个长期的演变过程。目前发达国家形成以个人所得税为主体的税制结构主要取决于以下客观条件：发达国家较高的人均收入水平为普遍课征个人所得税提供了基本条件；发达国家经济的高度货币化及其社会城市化程度为个人所得税的课征提供了良好的外部社会条件；发达国家较为健全的司法体制以及先进的税收征管系统为个人所得税的课征提供了现实条件。

2. 双主体税种的税制结构

双主体税种的税制结构即以所得税、商品税为双主体的税制结构。在这类税制结构中，商品税和所得税并重，均居主体地位。这两类税收的作用相当，互相协调配合，兼容两种税制模式的各自优势，可更好地发挥税收的整体功能，既能保持流转税征税范围广、税源充足、保证财政收入的及时性和稳定性以及征收简便等特点，也能发挥所得税按负担能力大小征收、自动调节经济和公平分配等特点，即两个主体税类优势互补。自 1994 年税制改革以来，我国一直坚持"流转税与所得税并重的多种税、多环节征收"的复合税制结构。

大多数发展中国家（特别是低收入国家）实行以商品税（指国内货物、劳务税和关税等）为主、所得税和其他税为辅的税制结构。同发达国家的税制结构比较，发展中国家的税制结构更突出国内商品税的地位。这种税制结构的形成是与发展中国家的社会经济状况紧密相连的，尤其受到发展中国家较低的人均收入和落后的税收征管水平等因素的制约。

（三）影响税制结构的因素

1. 生产力发展水平

税收取自于社会财富，生产力水平的高低直接决定着人均国生产总值的高低，经济发展水平影响税收收入的源泉。

2. 经济结构

经济结构决定税源结构，从而决定税制结构。税制结构只能建立在既定的经济结构之上，受既定的经济结构的影响。以产业结构为例，产业结构直接影响着税种的设置和不同税种的地位，有什么样的产业才有什么样的税源，有什么样的税源，才能根据这样的税源开征相应的税种。

3. 政府调节经济的意图

由于不同税种对经济具有不同的调节作用，各国政府调节经济的意图不同，税制结构就会不同。

4. 税收征管水平

税制结构的预期目标要通过税收征管来实现，一定的税收征管水平又会制约税制结构的选择。

5. 历史原因

一个国家税制结构的选择，会受历史传承、重大事件（如战争）等因素影响。

6. 国际影响

在国际经济一体化的今天，一国税制还往往受到别国税制的影响。税收的国际竞争，会使各国关注别国税制的变化，以避免在国际竞争中处于劣势地位。

专栏8-1

我国税制改革的历史演进

从新中国成立到现在，我国的税制建设经历了从建立、发展到逐步完善的过程，基本上顺应了从传统的计划经济向有计划的商品经济最终向社会主义市场经济体制过渡的要求。

一、1994年以前的税制演进

新中国的税收制度是在1950年确立的。任何一种税收制度都是适应特定的政治经济条件建立的。1994年以前，我国税制主要经历了4次大的变革。1953年，我国进入第一个五年计划，税制改革的核心内容包括3个方面：开征商品流通税，即从原来征收货物税的品目中划出一部分改征商品流通税；修订货物税和营业税；取消特种消费行为税，取消或停征除牲畜交易税以外的其他交易税。1956年，我国完成了社会主义改造，1958年进行工商税制改革，此次税制改革的内容包括：实行工商统一税，取代原有的货物税、商品流通税、营业税和印花税；建立工商所得税，即把原有的工商业税中的所得税改为一个独立的税种；在全国范围内统一税制。1966年开始，我国进入10年动乱时期，此次改革实际上是对20多年建立起来的较为完善的税制的一种破坏和摧残。1973年，我国进行了新一轮工商税制改革。具体包括：合并税种，把工商统一税及其附加、对企业征收的城市房地产税、车船使用牌照税和屠宰税及盐税合并为工商税；简化税目和税率。1978年，党的十一届三中全会决定全党的工作中心转移到社会主义现代化建设上来，开始实行全面的改革开放政策。在1979—1993年期间进行了工商税制改革，从1979年开始的税制改革实际上是对我国税制的一次重建。主要包括：商品课税方面，陆续开征产品税、增值税、营业税、消费税和一些地方工商税收取代原有的工商税；在所得税方面，陆续开征国营企业所得税、集体企业所得税、城乡个体工商户所得税、私营企业所得税、个人收入调节税，健全了所得税体系；在财产和资源税方面，陆续开征或恢复城市房地产税、车船使用税、土地使用税、资源税和盐税；在涉外税收方面，陆续开征了中外合资企业所得税，外国企业所得税和个人所得税。另外，国家为了达到某些特定的政治经济目的，还开征了建筑税，国营企业工资调节税、奖金税等，期间已经建成了包含30多个税种的较为完整的税收体系。

二、1994年税制的重大改革

1994年，为建立和完善市场经济，加强国家宏观调控，进行以分税制为主要内容的财政体制改革，理顺中央与地方分配关系，尽快与国际惯例接轨，我国进行了一次重大的工商税制的全面改革。

（一）1994年税制改革的指导思想和原则

1994年税制改革的指导思想是：统一税法，公平税负，简化税制，合理分权，理顺分配关系，保障财政收入，建立符合社会主义市场经济要求的税制体系。1994年税制改革遵循的原则如下。

（1）要有利于加强中央的宏观调控能力。在税制改革过程中，要调整税制结构，合理划分税种和确定税率，实行分税制，理顺中央与地方的分配关系；通过税制改革，逐步提高税收收入占国民生产总值的比重，提高中央财政收入占整个财政收入的比重。

（2）要有利于发挥税收调节个人收入相差悬殊和地区间经济发展差距过大的作用，促进协调发展，实现共同富裕。

（3）体现公平税负，促进平等竞争。公平税负是市场经济对税收制度的一个基本要求，要逐步解决目前按不同所有制、不同地区设置税种税率的问题，通过统一企业所得税和完善流转税，使各类企业之间税负大致公平，为企业在市场中实现平等竞争创造条件。

（4）体现国家产业政策，促进经济结构的有效调整，促进国民经济整体效益的提高和持续发展。

（5）简化、规范税制。在税制改革过程中，要取消与经济形势发展不相适应的税种，合并那些重复设置的税种，开征一些确有必要开征的税种，实现税制的简化和高效；在处理分配关系的问题上，要重视参照国际惯例，尽量采用较为规范的方式，保证税制的完整，以利于维护税法的统一性和严肃性。

（二）1994年税制改革的内容

（1）流转税改革。建立起以规范化增值税为核心的、与消费税、营业税互相协调配套的流转税制，增值税征收范围延伸到批发和零售，消费税同增值税交叉征收，服务业继续征收营业税。流转税改革后适用于内外资企业。

（2）所得税改革。所得税改革分别表现为企业所得税改革和个人所得税改革。从1994年起统一内资企业所得税，为以后条件成熟再统一内外资企业所得税打下了基础。统一内资企业所得税后，取消国有企业调节税和能源交通重点建设基金，同时用税法规范企业所得税前的列支标准，并取消税前还贷，把原来的个人所得税、个人收入调节税和城乡个体工商业户所得税合并为个人所得税。

（3）其他税种的改革。其他税种的改革包括：开征土地增值税；研究开征证券交易税和遗产税；简并税种，取消盐税、集市交易税、牲畜交易税、特别消费税、烧油特别税、奖金税和工资调节税，其中特别消费税和烧油特别税并入起特殊调节作用的消费税，盐税并入资源税；将屠宰税和筵席税下放省级地方管理。

1994年税制改革涉及面广，政策性强，是新中国税制建设历史上的重要里程碑式的改革。

三、2003—2010年的新一轮税制改革

自从1994年全面改革工商税制以来，我国社会经济状况发生了巨大的变化。如果说1950年至1983年我国实行的是计划经济的税收制度，则1983年至1994年实行的是有计划商品经济的税收制度，到2003年，我国经济已进入市场化发展时期，启动新一轮税制改革有了新的动因。

首先，社会经济发展水平呼唤改革，这体现在两个方面：一是市场化程度明显提高，需要适应市场经济的税收制度相配合；二是居民收入分配差距拉大，即农村内部收入差距、城镇内部收入差距、城乡之间收入差距、地区之间的收入差距都不同程度地拉大，需要税收制度的变革进行调节。

其次，从国家宏观经济政策角度看，宏观经济运行态势呈现出新的特征，如出现了公共财政框架下的税收问题、内外区别对待呼唤国民待遇问题、如何启动低收入者的消费需求问题、构建自动稳定的税收结构的问题。

再次，税收征收管理能力加强，体现在税收实际征收率迅速提升。我国税收的实际征收率在1994年仅为50%左右，但到2003年，已经达到70%以上。

最后，国际税收制度的发展也在促进我国的税制改革。在经济全球化趋势下，税收国际竞争日趋

激烈，传统税收模式受到冲击，国际税收竞争日趋激烈，这些都是我国新一轮税制改革的新的动因。

2003年启动的新一轮税制改革遵循12字原则：简税制、宽税基、低税率、严征管。新一轮税制改革的主要内容有：统一企业所得税制度；适当扩大消费税的征收范围；增值税转型；强化个人所得税的征收管理；加快农村税费制度的改革；全面调整出口退税政策；适时择机开征物业税；大力推进环境税收制度的建立和完善；适时开征燃油税。

2008年以后，我国又开始了对税制的进一步完善，这次调整从内外资企业所得税的合并开始，之后全面推行了消费型增值税，并对增值税、消费税、营业税条例及实施细则进行了修订。

2007年3月16日，以"两税合并"为主旨的《企业所得税法》在全国人大第五次会议上审议通过，统一了企业所得税的扣除办法和计税办法，统一并降低了企业所得税税率（统一为

25%），统一了内外资企业的所得税税收优惠政策，并决定从2008年开始实施。2008年3月1日以后将个人所得税的免征额提高到每月2 000元，大大减轻了工薪阶层的税收负担。2009年1月1日起，在全国所有地区、所有行业全面实施增值税转型改革，鼓励企业技术改造。重新修订并实施新的增值税、消费税、营业税条例及实施细则。另外，国务院决定自2009年1月1日起实施成品油税费改革，取消原在成品油价外征收的公路养路费、航道养护费、公路客货运附加费、水路运输管理费、水运客货运附加费等六项收费，逐步有序取消政府还贷二级公路收费；国务院同时决定，将价内征收的汽油消费税单位税额每升提高0.8元，即由每升0.2元提高到1元；柴油消费税单位税额每升提高0.7元，即由每升0.1元提高到0.8元；其他成品油消费税单位税额相应提高。至此我国基本实现了税制的简化和高效的统一。

（资料来源：[1]蔡秀云．财政与税收．北京：首都经济贸易大学出版社；[2]戴罗仙．财政学．湖南：中南大学出版社）

第二节　税收管理制度

税收管理是国家财政管理和财政监督的重要组成部分，是国家组织财政收入的基础性工作，也是贯彻实施国家税收政策法规、实现税收职能、发挥税收作用的基本保证。

一、税收管理制度的概念及分类

税收管理是国家以法律为依据，根据税收的特点及其客观规律，对税收参与社会分配活动全过程进行决策、计划、组织、协调和监督控制的一系列活动。保证税务管理活动实施的法律、法规、规章、规范共同构成税收管理制度。

税收管理制度有广义和狭义之分。广义的税收管理制度按其管理内容可划分为4类：（1）税收法制管理制度。该制度涉及税法的制定和实施，具体包括税收立法、税收执法和税收司法全过程的制度。（2）税收征收管理制度。这是一种执行性管理制度，是指税法制定之后，税务机关组织、计划、协调、指挥税务人员，将税法具体实施的制度，具体包括税务登记管理、纳税申报管理、税款征收管理、减税免税及退税管理、税收票证管理、纳税检查和税务稽查、纳税档案资料管理。（3）税收计划管理制度。该制度主要包括税收计划管理、税收重点税源管理、税收会计管理、税收统计管理等方面的制度。（4）税务行政管理制度。该制度又称税务组织管理制度，是有关税务机关内部的机构设置和人员配备的制度和规范，具体包括：税务机构的设置管理、征收机关的组织与分工管理、税务工作的程序管理、税务人员的组织建设与思想建设管理、对税务人员的监督与考核、税务行政复议与诉讼的管理等方面的制度和规范。狭义的税收管理制度是指税收征收管理制度，这是征纳双方关注的焦点。在税收问题上，除了税制设计外，政府最重要的工作莫过于强化税收征收管理，税收征收管理是税务管理的核心，在整个税务管理工作中占有十分重要的地位。

二、税收管理制度的功能

税收管理对于决定实际的或有效的税收制度起着关键作用。要保证国家满足公共需要和行使职能的需要，使税收能够及时、足额地上缴国库，并充分发挥税收的职能作用，就离不开税收管理制度的规范。

(一)保护征纳双方的利益

税收管理过程实质上就是依法确保税收收入的过程。税收管理制度作为管理依据和规范，可以要求征纳双方严格遵守税法，依法征税和纳税，做到有法可依，有章可循，即规范纳税人的纳税行为，规范征收机关和税务人员的征税行为，尤其是提高执法人员的执法意识，尽量减少违规执法或执法不当的现象，保护征纳双方的权益。

(二)实现税收职能

税收管理制度是税收制度得以顺利实施的重要保证，也是税收职能得以实现的重要保证。征收管理活动是围绕着税款征收这一中心任务展开的，征收管理制度的制定和实施可以保证税款征收工作的顺利完成，在管理过程中能够了解国民经济发展情况、纳税人对税法的执行情况、税制设计是否符合客观经济状况，并能及时把这些信息反馈给国家决策机关，实现税收的财政职能、调节职能和监督职能。

(三)完善法律法规体系

税收制度和税收管理制度都是国家法律法规体系的重要组成部分。税收管理制度从程序和管理角度规范征纳双方行为，在税收制度层面不可或缺。

三、税收征收管理制度的主要内容

(一)税务登记

税务登记是税收征管过程的首要环节，是征纳双方法律关系成立的书面依据。税务登记亦称纳税登记，是税务机关对纳税人的生产经营活动及其他应税活动、行为实行法定登记的一项管理制度，也是纳税人履行纳税义务向税务机关办理的一项法律手续。税务登记通常分为开业登记、变更登记、停复业登记和、注销登记和报验登记5种类型。

(二)账簿与凭证管理

账簿、凭证管理是征纳双方依法治税的主要凭据。账簿亦称账册，是纳税人用来全面、系统、连续记录和反映其全部经营业务的簿籍，是编制报表的依据，也是保存会计资料的载体。凭证是纳税人据以登记账簿的会计核算工具，也是记载经济业务、明确经济责任的重要书面依据。账簿、凭证管理包括两类内容：一是会计凭证的填制与审核；二是账簿的设置与登记。其中，完税凭证是纳税人或扣缴义务人依法履行纳税义务的书面证明，也是税务机关依法检查纳税人或扣缴义务人是否按期足额缴纳税款或已代扣代缴税款的重要依据之一。所谓完税凭证是指由国家税务机关统一印制，税务人员向纳税人征收税款或纳税人向国家金库缴纳税款所使用的一种专用凭证。

(三)纳税申报

纳税申报是纳税人发生纳税义务后，在税法规定的期限内向主管税务机关提交书面报告的一种法定手续，也是税务机关办理征税业务、核实应纳税款、开具完税凭证的主要依据。纳税申报是目前世界上实行自行报税征管模式的主要特征。这种"自行报税、税务机关抽样审计、征税服务社会化"三者相结合的征管模式，普遍为西方发达国家所采用。我国1994年的税制改革也同样提出了建立"以申报纳税和优化服务为基础，以计算机网络为依托，集中征收、重点稽核"的税收征收管理模式。这种自行报税征管模式的关键在于纳税申报质量的优劣。

（四）税款征收

税款征收是整个税收征管过程的核心环节，它不仅关系到税收收入能否满足政府的财政需要，而且直接影响税收政策在国民经济宏观调控中的作用力度。税款征收是指国家税务机关依照税收法律、法规，将纳税人应税款项组织入库的执法过程总称。它从一个侧面反映了纳税人依法缴纳税款的遵法与守法过程。

税款征收方式具体表现为以下几种。

（1）查账征收，是指税务机关按照纳税人提供的账表所反映的经营情况，依照适用税率计算缴纳税款的方式。这种方式一般适用于财务会计制度较为健全，能够认真履行纳税义务的纳税单位。

（2）查定征收，是指税务机关根据纳税人的从业人员、生产设备、采购原材料等因素，对其产制的应税产品查实核实产量、销售额并据以征收税款的方式。这种方式一般适用于账册不够健全，但是能够控制原材料或进销货的纳税单位。

（3）查验征收，是指税务机关对纳税人应税商品，通过查验数量，按市场一般销售单价计算其销售收入并据以征税的方式。这种方式一般适用于经营品种比较单一，经营地点、时间和商品来源不固定的纳税单位。

（4）定期定额征收，是指税务机关通过典型调查，逐户确定营业额和所得额并据以征税的方式。这种方式一般适用于无完整考核依据的小型纳税单位。

（5）代扣代缴、代收代缴，是指负有扣缴或收缴税款的法定义务人负责对纳税人应纳的税款进行代扣代缴、代收代缴的方式。

（6）委托代征，是指委托代征人以税务机关的名义征收税款，并将税款缴入国库的方式。这种方式一般适用于小额、零散税源的征收。

（7）其他方式，如邮寄纳税、利用网络申报、用 IC 卡纳税等方式。

为了保证税款能够及时、足额入库，我国《税收征管法》还明确了税收保全措施。税收保全措施是指税务机关对可能由于纳税人的行为或者某种客观原因，致使以后税款的征收不能保证或难以保证的案件，采取限制纳税人处理或转移商品、货物或其他财产的措施。税收保全的措施包括：（1）书面通知纳税人开户银行或者其他金融机构冻结纳税人相当于应纳税款的存款；（2）扣押、查封纳税人的价值相当于应纳税款的商品、货物或其他财产。

（五）发票管理

发票是在购销商品、提供劳务服务以及从事其他经营活动过程中，向对方开出的收款或付款凭证。发票管理是指税务机关依法对发票印制、领购、开具、取得和保管的全过程进行的组织、协调、监督等一系列管理工作。我国的发票主要分为 6 种，包括工商企业发票、私营企业和个体工商业户发票、涉外企业发票、临时经营发票、专用发票和特种发票。

(六) 税务检查

税务检查亦称纳税检查，是税务机关根据国家税收法律、法规以及财务会计制度的规定，对纳税人是否正确履行纳税义务的情况进行检查和监督，以充分发挥税收职能作用的一种管理活动。税务检查是整个税收征管过程中最为关键的环节。

(七) 法律责任

法律责任是违法主体因其违法行为所应承担的法律后果。税收的法律责任是指在税收征管活动中，纳税人、扣缴义务人不能正确履行纳税义务所应承担的法律后果。按其性质，可以划分为税收违法行政法律责任和刑事法律责任两种类型。税收违法行政法律责任是指税收法律关系的主体违反了税收行政管理法律、法规，尚不构成税收刑事法律责任，按照处罚的形式可以分为行政处分和行政处罚。税收违法刑事法律责任是指税收法律主体违反税收法律规定，情节严重构成犯罪所应承担的法律责任。主要有偷税罪、抗税罪、伤害罪、杀人罪、行贿罪、诈骗罪、受贿罪、玩忽职守罪等。犯罪所要承担的法律责任就是刑罚。刑罚分为主刑和附加刑。主刑有管制、拘役、有期徒刑、无期徒刑、死刑5种；附加刑有罚金、剥夺政治权利、没收财产等。

(八) 税务代理

所谓税务代理是指税务代理人在国家法律规定的代理权限和范围内，受纳税人、扣缴义务人的委托，代为办理税务事宜的各项行为的总称。税务代理应遵循自愿委托原则；独立、公正的原则；依法代理、严格管理的原则。

专栏8-2

我国税收管理制度的改革实践

一、我国税收征管改革的历史沿革

从20世纪50年代到80年代初，我国实行计划经济体制时期的税收征管模式，税收征管采取的是"一员进厂、各税统管、征管查合一"的征管模式，即税务专管员全能型管理模式。

1988年，我国税收征管模式进行改革，开始实施有计划的商品经济时期的税收征管模式，由传统的全能型管理向按税收征管业务职能分工的专业化管理转变，建立"征、管、查三分离"或"征管与稽查两分离"的征管模式。由税收征管方式的突破到税收征管体系的全面改革是我国税收征管理论与实践的重大发展。

1993年，我国开始建立社会主义市场经济体制下的税收征管模式，国务院批转的《国家税务总局工商税制改革方案》(即1994年税制改革方案)提出"建立申报、代理、稽查三位一体的税收征管新格局"。1996年，国务院批转的国家税务总局《关于深化税收征管改革的方案》，进一步明确我国税收征管改革的目标模式是"以纳税申报和优化服务为基础，以计算机网络为依托，集中征收，重点稽查"，2004年7月，在全国税收征管工作会议上，谢旭人提出"强化管理"。"以纳税申报和优化服务为基础"是指，从纳的方面看，纳税人自行申报纳税是法定义务；从征的方面看，纳税服务是行政执法的组成部分。纳税申报和优化服务在税收征管工作中处于基础地位。"以计算机网络为依托"体现了推进税收信息化建设，注意人机结合。"集中征收"则强调地域上相对集中地受理审核申报纳税资料和征收税款。"重点稽查"体现强威慑力,注重防范与查处相结合。"强化管理"是对税收征管的总要求,其中突出了加强税源管理。

二、税收征管理论与实践的发展

(一)对税收征管效率的再认识

提高税收工作的质量和效率,是税收征管工作的基本目标。税收征管的质量和效率是税收征管改革的核心问题。征管的质量直接影响税法能否被准确贯彻执行,这就要求提高执法规范度,要严格执法、公正执法、文明执法,确保各项税收政策落实到位。亚当·斯密提出的"最少征收费用"原则,就体现了征管效率的思想。但是过去我国长期重视降低征税成本,忽视纳税成本(遵从费用、奉行费用)。检验税收征管水平的4项标准应该是:执法规范、征收率高、成本降低、社会满意。这4项标准的第二、三项是效率标准。征收率高,使税款实征数不断接近法定应征数,保持税收收入与经济协调增长,作为参考指标,要保持税收(分解为各税种相对于税基)增长的弹性系数大于1,使宏观税负水平逐步得到提高。成本降低,意味着既要降低税务机关的征税成本,又要降低纳税人的纳税成本。目前,有学者提出了税收征管总成本的概念,提出应该从征税成本、纳税成本、税款损失流失规模这3个方面(税收征管总成本)来全面考虑税收的效率。

(二)开展对政府税收征管能力的研究

征管能力是政府对税收进行征管的主观能力和客观环境的综合反映,体现在征管技术手段、征管队伍素质、政府及政府部门对税收的支持、税收法制环境4个方面。与发达国家相比,目前我国税收征管能力整体较低,地区差异大且差异在不断扩大。

(三)提出纳税服务的理念

纳税服务已经被界定为一种行政行为,强调服务也是一种管理。在公共财政框架之下,政府正努力改善和提高税务部门和税务人员的形象。纳税服务与税务管理有着密切的联系,纳税服务是加强税收管理的一项基础性工作。强化纳税服务不会弱化管理,通过服务方便纳税人及时足额纳税,可以提高税收管理的质量与效率。从这个意义上讲,服务不仅仅是税务机关对纳税人履行的一种义务,也是税务机关提高管理水平的重要措施。加强税收管理,可以有效地维护和保障纳税人的合法

权益,促进税收的公平、公正,更好地为纳税人服务。因此,管理中体现服务,进一步提高税收征管的质量与效率,可以促进税收各项工作的全面进步。

(四)税源监控理论与实践得到发展

税源管理是税收征管的基础和核心,要多管齐下,全面、准确掌握各税种税基的规模和分布情况,对税源实行动态监管。加强税源监管的举措主要有9个方面:强化税收经济分析、加强纳税人户籍管理、全面落实税收管理员制度、深入开展纳税评估、积极实施分类管理、加强发票管理、推广税控收款机、密切国税局和地税局之间的协作、推进税务部门与各有关部门的协调配合。

(五)税务管理员制度的改革与完善

税务管理员制度不同于传统的税收专管员制度。1951年产生的税收专管员制度遵守"驻厂办事规则",一人到户,各税统管,是保姆式的以征代纳。1988年以后取消了税收专管员制度,要求纳税人主动纳税,税务机关提供柜台式服务,但疏于管理。2004年,国家税务总局开始进行以完善税务管理员制度为中心的改革,这是对传统税收专管员制度的扬弃。税务管理员的主

要职责是按片负责对纳税户的税源管理工作,不直接从事征税和稽查工作。"管户"与"管事"相结合的税务管理员制度是深化税收征管改革要求下对原有税收专管员制度的扬弃和发展,最大限度地调动和激发了税务人员的积极性和创造性,使税收管理富于人性化。但是,任何制度在创立之初并不是完美无缺的,税务管理员制度还要在实践中不断完善和发展,才能够更好地加强税源管理、提高纳税服务,进一步提升税收征管的质量和效率。

(资料来源:蔡秀云. 财政与税收. 北京:首都经济贸易大学出版社)

本 章 小 结

1. 税收制度的构成要素主要包括税收主体、税收客体、税率、纳税环节、纳税期限、附加、加成和减免以及违章处罚等。

2. 税收制度基本可以分为单一税制和复合税制两种类型。税收制度大致经历了由简单的直接税制到以间接税为主的税制,再发展到现代直接税为主的税制或以间接税和直接税为主体的双主体税制。

3. 税收管理制度有广义和狭义之分。广义的税收管理制度包括税收法制管理制度、税收征收管理制度、税收计划管理制度和税收行政管理制度。狭义的税收管理制度是指税收征收管理制度。

4. 税收征收管理制度主要包括税务登记、账簿与凭证管理、纳税申报、税款征收、发票管理、税务检查、法律责任与税务代理。

习 题

一、选择题

1. 累进税率又可分为(   )形式。
   A. 全额累进税率　　　B. 比例税率　　　C. 超额累进税率　　D. 定额税率

2. 影响税制结构的主要因素是(   )。
   A. 社会经济发展水平　　　　　　　　B. 税收管理水平
   C. 国家政策取向　　　　　　　　　　D. 纳税人的要求

3. 税务登记是税务机关对纳税人的生产经营活动及其他应税活动、行为实行法定登记的一项管理制度,也是纳税人履行纳税义务向税务机关办理的一项法律手续。下列不属于税务登记的是(   )。
   A. 开业登记　　　　　　B. 纳税登记　　　C. 停复业登记　　D. 注销登记

4. 整个税收征管过程中最为关键的环节是(   )。
   A. 税务登记　　　　　　B. 纳税申报　　　C. 税款征收　　　D. 税务检查

5. 整个税收征管过程的核心环节是(   )。

A．税务登记   B．纳税申报   C．税款征收   D．税务检查

二、判断题

1. 纳税人就是负税人，即最终负担国家征收税款的单位和个人。（　　）
2. 课税对象是税收制度的基本要素之一，是税区别费的主要标志。（　　）
3. 我国现行税制是以流转税、所得税为主体，其他税与之相互配合的复合式税制体系。（　　）
4. 当税务机关有根据认为纳税人有逃避纳税义务时，可以在规定的纳税期之前，责令纳税人限期缴纳应缴纳税款、滞纳金或者责成纳税人提供纳税担保。（　　）
5. 税收法律关系的主体违反了税收行政管理法律、法规，尚不构成税收刑事法律责任的，可能会被判处无期徒刑或有期徒刑。（　　）

三、名词概念

1. 税收制度   2. 征税主体   3. 征税客体   4. 累进税率
5. 全额累进税率   6. 超额累进税率   7. 附加   8. 加成
9. 单一税制   10. 复合税制   11. 税收管理制度

四、问答题

1. 税收制度主要有哪些构成要素？
2. 税收制度包括哪几种类型，分别具有哪些优缺点？
3. 税收管理制度从广义上讲应包括哪些内容？
4. 联系我国目前的经济发展形势，分析我国应如何加强税制结构及税收征收管理制度的改革。

案 例 分 析

美国税制的演变

美国税收制度的发展大体经历了 3 个阶段：以关税为主体的间接税阶段，以商品税为主体的复税制阶段和以所得税为主体的复税制阶段。

1. 以关税为主体的间接税阶段（1783—1861 年）

在 1783 年美国宣布正式独立之前，由 13 个殖民地组成的大陆国会没有宪法赋予的课税权，因此无法在美国建立一套统一的税收制度。1787 年，美国成立联邦共和国，通过了新宪法。新《宪法》规定，联邦政府拥有独立的课税权，各州将进口关税让渡给联邦政府，作为联邦政府的主要收入来源。同时，新宪法还规定联邦政府可以课征酒税等间接税，而各州政府主要课征财产税、人头税等直接税。这样，一套以关税为主体的间接税体系开始在美国建立起来。

美国关税制度几经更改，税率不断提高，到 1861 年平均税率已达 24%左右，其所组织的收入约是其他财政收入的 5~10 倍，关税成为这一时期美国税收制度中最重要的税种。

2. 以关税为主体的间接税制向以商品税为中心的复税制转化阶段（1861—1913 年）

  1861 年美国南北战争爆发，为了筹措经费，经国会通过，联邦政府开始对年所得在 800 美元以上的个人征收 3%的个人所得税。1862 年，对《个人所得税法》进行了修改，规定对超过 1 万美元的年所得，税率提高为 5%，从而使个人所得税稍具累进性。战争结束后，个人所得税遭到了纳税人的一致反对，1872 年，《个人所得税法》被废止。从 1861 年到 1913 年，美国绝大多数的联邦税收收入仍来源于间接税，其中关税与国内货物税的比例几乎相等。特别是联邦政府从 1861 年起，扩大了国内消费税的课征范围并提高了税率，使关税收入历史性地退居次要地位。1913 年，美国宪法修正案重新恢复开征所得税，从而逐步确立了以商品税为主体税种的税制框架，所得税在税收收入中的比重逐年提高。

  3．以所得税为主体的复税制阶段（1913 年至今）

  1913 年是美国税制从商品课税为主走向所得课税为主的分界线。但此时，所得税的纳税户仅占全国总户数的 1%，其收入占联邦税收的比重也仅为 5%。由于第二次世界大战急剧增加军需，所得税作为良好的筹资工具开始发挥作用。1913 年所得税收入只有 0.35 亿美元，到 1920 年就达到 49 亿美元，7 年间增加了一百多倍。战后，所得税不但没有削减，反而呈上升趋势，至 1927 年所得税收入占税收总收入的比重达到 64%。1943 年制定的"现行付税法"从立法角度确立了凡有收入，必须纳税的付税原则，从而使所得税的税基不断扩大，所得税税种也随之增加。

  （资料来源：http：//www.ctax.org.cn/news/rdzt/lshy/gjjj/t20060508_353827.shtml）

  问题：

  1．美国税收制度的发展经历了哪几个阶段，不同的阶段分别具有哪些优缺点？

  2．试结合我国经济发展的实际国情以及现行税收制度的主要内容，分析我国处于哪个阶段，今后的发展趋势如何？

第九章 流转税

 导读

流转税又称商品税,是指以商品和劳务的流转额为课税对象的税类。我国现行税制中属于流转税的税种有增值税、消费税、关税。流转税在各国的税收体系中占有十分重要的地位,并且是许多国家的主要税收来源。在我国,流转税是主体税种,占税收收入的60%左右,是我国目前最大的税类。本章主要讲述流转税各税种的税制构成要素及应纳税额的计算。通过本章的学习,应了解流转税的基本知识,理解各税种的概念及特点,掌握各税种的纳税人、征税范围及应纳税额的计算。

 学习重点

1. 增值税的税收制度构成要素。
2. 消费税的税收制度构成要素。
3. 关税的税收制度构成要素。

 学习难点

结合实际掌握增值税、消费税和关税的计算方法。

 教学建议

以课堂讲授为主,采用理论与实践相结合的方法讲解和分析4个税种税收制度的内容,采用案例法讲解4个税种应纳税额的计算。

第一节 流转税概述

一、流转税的概念

流转税是指以商品流转额和非商品营业额为课税对象的税种的统称。商品流转额是指在商品交换(买进和卖出)过程中发生的交易额;非商品营业额是指从事非商品生产经营而发生的货币金额,即提供劳务取得的营业服务收入额或为取得劳务而支付的货币金额。

流转税对保证国家及时、稳定、可靠地取得财政收入有着重要的作用。同时,它对调节生产、消费也有一定的作用。因此，流转税一直是我国的主体税种。就我国现行税制而言，属于流转税的税种有增值税、消费税和关税。

二、流转税的特点

流转税同其他税类相比，具有以下特点。

（一）课税对象的普遍性

流转税是以商品交换并形成销售收入为前提的，它不仅包括了所有的商品，还包括各种非商品性的服务。在现代社会中，商品是社会生产、交换、分配和消费的对象，商品生产和商品交换是社会生产成果最普遍的表现形式，对商品的课税自然是最具普遍性的税类。正因为流转税课税对象的普遍性，使得流转税税源充足，保证了国家财政收入的充裕。

（二）以流转额为计税依据

流转税的计税依据是商品和非商品的流转额。这里的流转额既可能是流转总额，也可能是流转的增值额，由此也就形成了流转税的各个税种之间的主要差别。由于流转税以流转额为计税依据，在税率既定的前提下，税额的多少只取决于商品和劳务价格的高低及流转额的多少，而与成本和盈利水平无关。

（三）计征简便

由于流转税以流转额为计税依据，不需要核算成本和盈利水平，其税率又采用比例税率和定额税率形式，所以计税征税都十分简便。

（四）税负容易转嫁

流转税属于间接税，其纳税人与负税人往往不一致，纳税人可以通过商品或劳务加价的办法将税负转嫁给消费者，或者通过压价的办法转移给前一道供应方。

第二节　增值税

一、增值税概述

（一）增值税的概念

增值税是指在中华人民共护国境内销售货物，提供加工修理修配劳务，销售服务、无形资产或者不动产（以下称应税行为）以及进口货物的单位和个人，就其货物销售或提供应税劳务、应税服务的增值额和货物进口金额为计税依据而课征的一种流转税。该税最早发源于丹麦，于1954年创建于法国，以后在西欧和北欧各国迅速推广，现在已经成为许多国家广泛采用的一个国际性税种。

对增值税概念的理解，关键是要理解增值额的含义。增值额是指企业或者其他经营者从事生产经营或者提供劳务，在购入的商品或者取得劳务的价值基础上新增加的价值额。可以从以下3个方面理解：(1) 从理论上讲，增值额是指生产经营者在生产经营过程中新创造的那部分价值，相当于商品价值（$C+V+M$）中的（$V+M$）部分，在我国相当于净产值或国民收入部分；（2）就一个生产单位而言，增值额是这个单位商品销售收入额或经营收入额扣除非增值项目价值后的余额；（3）就一项货物来看，增值额是该货物经历的生产和流通的各个环节所创造的增值额之和，也就是该项货物的最终销售价值。

（二）增值税的特点

1. 以增值额为课税对象

增值税是以增值额而不是以销售全额为课税对象，有效地解决了重复征税问题。这是增值税最本质的特点。

2. 具有征收的广泛性

增值税是对商品生产、流通和劳务服务中多个环节的新增价值或商品的附加值征收的一种流转税。凡是纳入增值税征收范围的，只要经营收入中有增值额就要征税。因此，增值税的课税范围涉及商品生产、流通的各个领域，从而使它成为对生产经营实行普遍调节的一个中心税种。

3. 具有税收中性

根据增值税的计税原理，流转额中的非增值因素在计税时被扣除。因此，对同一商品而言，无论流转环节的多与少，只要增值额相同，税负就相等，不会影响商品的生产结构、组织结构和产品结构。

4. 实行税款抵扣制度

在计算纳税人应纳税款时，要扣除商品在以前生产环节已负担的税款，以避免重复征税。从世界各国来看，一般都实行凭购货发票进行抵扣的办法。

5. 实行价外税制度

在计税时，作为计税依据的销售额中不包含增值税税额，以消除增值税对成本、利润和价格的影响，有利于形成均衡的生产价格。

（三）增值税的类型

在实践中，各国实行的增值税都是以法定增值额为课税对象的。所谓法定增值额，就是各国政府税法中所规定的据以计算增值税应纳税额的增值额。法定增值额和理论增值额往往不相一致。一般情况下，实行增值税的国家在计算法定增值额时，对外购原材料、燃料、辅助材料等流动资产价款都允许抵扣，但对于外购的固定资产的抵扣，各国的规定则不尽相同。根据对外购固定资产处理方式的不同，将增值税分为生产型增值税、收入型增值税和消费型增值税。

1. 生产型增值税

生产型增值税是以纳税人的销售收入（或劳务收入）减去用于生产、经营的外购原材料、燃料、辅助材料等流动资产价值后的余额作为法定的增值额，但对购入的固定资产及其折旧均不予扣除。既不允许扣除购入固定资产的价值，也不考虑生产经营过程中固定资产磨损的那部分转移价值（即折旧）。由于这个法定增值额等于工资、租金、利息、利润和折旧之和，其内容从整个社会来说相当于国民生产总值，所以称为生产型增值税。我国在 2009 年以前实行的就是生产型增值税。

2. 收入型增值税

收入型增值税除允许扣除外购流动资产的价值以外，对于购置用于生产、经营用的固定资产，允许将已提折旧的价值额予以扣除。即对于购入的固定资产，可以按照磨损程度相应地给予折旧扣除。这个法定增值额，就整个社会来说，相当于国民收入，所以称为收入型增值税。

3. 消费型增值税

消费型增值税允许将购置流动资产的价值和用于生产、经营的固定资产价值中所含的税款，在购置当期全部一次扣除。虽然固定资产在原生产经营单位作为商品于出售时都已征税，但当购置者作为固定资产购进使用时，其已纳税金在购置当期已经全部扣除。因此，就整个社会而言，这部分商品实际上没有征税，所以说这种类型增值税的课税对象不包括生产资料部分，仅限于当期生产销售的所有消费品，故称为消费型增值税。我国从 2009 年 1 月 1 日起实行消费型增值税。

3 种增值税类型的具体区别，现举例说明如下。

【例 9-1】 某企业实现销售收入 100 万元，购入流动资产 40 万元，购入固定资产 36 万元，当期计提折旧 5 万元，分别确定不同类型增值税的法定增值额，具体如表 9-1 所示。

表 9-1 不同类型增值税的法定增值额

单位：万元

增值税类型	销 售 额	扣除外购流动资产	扣除外购固定资产	法定增值额
生产型	100	40	0	60
收入型	100	40	5	55
消费型	100	40	36	24

二、增值税的纳税人

根据《中华人民共和国增值税暂行条例》的规定，凡在中华人民共和国境内销售货物，提供加工修理修配劳务，销售服务、无形资产或者不动产（以下称应税行为），以及进口货物的单位和个人，为增值税的纳税人。

中华人民共和国境外的单位或者个人在境内提供应税劳务，在境内未设有经营机构的，以其境内代理人为扣缴义务人；在境内没有代理人的，以购买方为扣缴义务人。

增值税实行凭专用发票抵扣税款的制度，客观上要求纳税人具备健全的会计核算制度和能力。在实际经济生活中我国增值税纳税人众多，会计核算水平差异较大，大量的小企业和个人还不具备用发票抵扣税款的条件，为了既简化计算和征收，也有利于减少税收征管漏洞，将增值税纳税人按会计核算水平和经营规模分为一般纳税人和小规模纳税人两类纳税人，分别采取不同的增值税计税方法。

（一）小规模纳税人的认定标准

小规模纳税人是指年销售额在规定标准以下，并且会计核算不健全，不能按规定报送有关税务资料的增值税纳税人。所称会计核算不健全是指不能正确核算增值税的销项税额、进项税额和应纳税额。

根据《增值税暂行条例》及其实施细则的规定，小规模纳税人的认定标准如下。

（1）从事货物生产或者提供应税劳务的纳税人，以及以从事货物生产或者提供应税劳务为主，并兼营货物批发或者零售的纳税人，年应征增值税销售额（以下简称应税销售额）在50万元以下（含本数，下同）的。

（2）对上述规定以外的纳税人，年应税销售额在80万元以下的。

（3）年应税销售额超过小规模纳税人标准的其他个人按小规模纳税人纳税。

（4）非企业性单位、不经常发生应税行为的企业可选择按小规模纳税人纳税。

（二）一般纳税人的认定标准

一般纳税人是指经营规模达到规定标准、会计核算健全的纳税人，通常为年应税销售额超过《增值税暂行条例实施细则》规定的小规模纳税人标准的企业和企业性单位。会计核算健全，是指能够按照国家统一的会计制度规定设置账簿，根据合法、有效凭证核算。

现行制度还规定下列纳税人不属于一般纳税人。

（1）年应税销售额未超过小规模纳税人标准的企业。

（2）个人（除个体经营者以外的其他个人）。

（3）非企业性单位。

（4）不经常发生增值税应税行为的企业。

另外，年应税销售额未超过财政部、国家税务总局规定的小规模纳税人标准以及新开业的纳税人，可以向主管税务机关申请一般纳税人资格认定。

税法对一般纳税人和小规模纳税人在纳税方法、适用税率以及发票使用方面都分别做出了如下规定。

（1）一般纳税人的纳税方法是用当期销项税额抵扣当期进项税额后的余额作为应纳税额；小规模纳税人的纳税方法是按照销售额和规定的征收率计算应纳税额的简易办法，并不得抵扣进项税额。

（2）一般纳税人适用于17%、13%、11%、6%的税率纳税，小规模纳税人适用于3%的征收率纳税。

（3）一般纳税人销售货物或应税劳务，除另有规定外必须使用专用发票；小规模纳税人只能使用普通发票（可以通过代开的形式使用专用发票）。

除国家税务总局另有规定外，一经认定为一般纳税人后，不得转为小规模纳税人。

三、增值税的征税范围

根据《增值税暂行条例》的规定，将增值税的征税范围分为一般规定和具体规定。

（一）征税范围的一般规定

现行增值税征收范围的一般规定包括以下几种。

1. 销售货物

货物是指有形动产，包括电力、热力、气体在内。销售货物，是指有偿（从购买方取得货币、货物或者其他经济利益）转让货物的所有权。

2. 进口货物

进口是指从我国境外移送货物至我国境内。

3. 提供的加工、修理修配劳务

加工是指受托加工货物，即委托方提供原料及主要材料，受托方按照委托方的要求制造货物并收取加工费的业务；修理修配是指受托对损伤和丧失功能的货物进行修复，使其恢复原状和功能的业务。提供加工、修理修配劳务（以下称应税劳务），是指有偿提供加工、修理修配劳务。单位或者个体工商户聘用的员工为本单位或者雇主提供加工、修理修配劳务不包括在内。

4. 销售服务、无形资产或不动产

销售服务，是指提供交通运输服务、邮政服务、电信服务、建筑服务、金融服务、现代服务、生活服务。

销售无形资产，是指转让无形资产所有权或者使用权的业务活动。无形资产，是指不具实物形态，但能带来经济利益的资产，包括技术、商标、著作权、商誉、自然资源使用权和其他权益性无形资产。

销售不动产，是指转让不动产所有权的业务活动。不动产，是指不能移动或者移动后会引起性质、形状改变的财产，包括建筑物、构筑物等。

（二）征税范围的具体规定

除了上述的一般规定以外，某些特殊项目或行为是否属于增值税的征税范围，还需要具体确定。

1. 属于征税范围的特殊项目

（1）货物期货（包括商品期货和贵金属期货），应当征收增值税，在期货的实物交割环节纳税。

（2）银行销售金银的业务，应当征收增值税。

（3）典当业的死当物品销售业务和寄售业代委托人销售寄售物品的业务，均应征收增值税。

（4）集邮商品（如邮票、首日封、邮折等）的生产以及邮政部门以外的其他单位和个人销售的，均征收增值税。

（5）邮政部门发行报刊，其他单位和个人发行报刊，均征收增值税。

（6）电力公司向发电企业收取的过网费，应当征收增值税，不征收营业税。

2. 属于征税范围的特殊行为

（1）视同销售货物行为。单位或者个体工商户的下列行为属于视同销售货物：①将货物交付其他单位或者个人代销；②销售代销货物；③设有两个以上机构并实行统一核算的纳税人，将货物从一个机构移送至其他机构用于销售，但相关机构设在同一县（市）的除外；④将自产或者委托加工的货物用于非增值税应税项目；⑤将自产、委托加工的货物用于集体福利或者个人消费；⑥将自产、委托加工或者购进的货物作为投资，提供给其他单位或者个体工商户；⑦将自产、委托加工或者购进的货物分配给股东或者投资者；⑧将自产、委托加

工或者购进的货物无偿赠送其他单位或者个人。上述 8 种行为应该确定为视同销售货物行为，均要征收增值税。

（2）混合销售行为。一项销售行为如果既涉及服务又涉及货物，为混合销售。从事货物的生产、批发或者零售的单位和个体工商户的混合销售行为，按照销售货物缴纳增值税；其他单位和个体工商户的混合销售行为，按照销售服务缴纳增值税。

（3）兼营。纳税人兼营销售货物、劳务、服务、无形资产或者不动产，适用不同税率或者征收率的，应当分别核算适用不同税率或者征收率的销售额；未分别核算的，从高适用税率。纳税人兼营免税、减税项目的，应当分别核算免税、减税项目的销售额；未分别核算的，不得免税、减税。

四、增值税税率

我国增值税税率设计是以价外税为基础，遵循中性和简便原则，考虑到大多数纳税人的承受能力等诸多因素确定的。目前，我国对一般纳税人采取两档增值税税率即基本税率和低税率，对小规模纳税人采用一档征收率，对出口产品实行零税率。

（一）基本税率

增值税一般纳税人销售或者进口货物，除列举的外，税率均为 17%；提供加工、修理修配劳务的，税率也为 17%。

为公平税负，规范税制，促进资源节约和综合利用，自 2009 年 1 月 1 日起，将部分金属矿、非金属矿采选产品的增值税税率由原来的 13%低税率恢复到 17%，如铜矿砂及其精矿（非黄金价值部分）、镍矿砂及其精矿（非黄金价值部分）、纯氯化钠、未焙烧的黄铁矿、石英、云母粉、天然硫酸钡（重晶石）等。

（二）低税率

增值税一般纳税人销售或者进口下列货物，按低税率计征增值税，低税率为 13%。
（1）粮食、食用植物油、鲜奶。
（2）自来水、暖气、冷气、热水、煤气、石油液化气、天然气、沼气、居民用煤炭制品。
（3）图书、报纸、杂志。
（4）饲料、化肥、农药、农机、农膜。
（5）国务院及其有关部门规定的其他货物。农产品、音像制品、电子出版物和二甲醚。

（三）营业税改增值税税率

（1）提供有形动产租赁服务，税率为 17%。
（2）提供交通运输、邮政、基础电信、建筑、不动产租赁服务，销售不动产，转让土地使用权，税率为 11%。
（3）提供现代服务业服务（有形动产租赁服务除外）、增值电信服务，税率为 6%。
（4）境内单位和个人发生的跨境应税行为，税率为零。具体范围由财政部和国家税务总局另行规定。如中华人民共和国境内（以下称境内）的单位和个人提供的国际运输服务、航天运输服务、向境外单位提供的在境外消费的研发服务和设计服务，适用增值税零税率。

（四）征收率

1. 一般规定

考虑到小规模纳税人经营规模小，且会计核算不健全，难以按上述增值税税率计税和使用增值税专用发票抵扣进项税款，因此实行按销售额与征收率计算应纳税额的简易办法。根据财税〔2014〕57号，财政部、国家税务总局关于简并增值税征收率政策的通知，小规模纳税人增值税征收率一律为3%，不再设置工业和商业两档征收率。征收率的调整，由国务院决定。

2. 其他按照简易办法征收增值税的优惠规定

（1）小规模纳税人适用。

① 小规模纳税人（除其他个人外，下同）销售自己使用过的固定资产，减按2%征收率征收增值税。按下列公式确定销售额和应纳税额。

销售额＝含税销售额÷（1＋3%）

应纳税额＝销售额×2%

② 小规模纳税人销售自己使用过的除固定资产以外的物品，应按3%的征收率征收增值税。按下列公式确定销售额和应纳税额。

销售额＝含税销售额÷（1＋3%）

应纳税额＝销售额×3%

（2）一般纳税人适用。

① 一般纳税人销售自己使用过的固定资产和旧货，按简易办法依3%征收率减按2%征收增值税政策。按下列公式确定销售额和应纳税额。

$$销售额＝含税销售额÷（1＋3\%）$$

$$应纳税额＝销售额×2\%$$

② 一般纳税人销售货物属于下列情形之一的，按照简易办法依照3%征收率征收增值税：寄售商店代销寄售物品（包括居民个人寄售的物品在内）；典当业销售死当物品；经国务院或国务院授权机关批准的免税商店零售的免税品。

③ 一般纳税人销售自产的下列货物，按照简易办法依照3%征收率征收增值税：县级及县级以下小型水力发电单位生产的电力；建筑用和生产建筑材料所用的砂、土、石料；以自己采掘的砂、土、石料或其他矿物连续生产的砖、瓦、石灰（不含黏土实心砖、瓦）；用微生物、微生物代谢产物、动物毒素、人或动物的血液或组织制成的生物制品；自来水；商品混凝土（仅限于以水泥为原料生产的水泥混凝土）。

（五）零税率

纳税人出口货物，税率为零；但是，国务院另有规定的除外。

五、增值税应纳税额的计算

《增值税暂行条例》将纳税人按经营规模大小及会计核算健全与否划分为一般纳税人和小规模纳税人两种，并实行不同的征收管理办法。

(一)一般纳税人应纳税额的计算

我国目前对一般纳税人采用的计税方法是国际上通行的购进扣税法,即先按当期销售额和适用税率计算出销项税额,然后对当期购进项目已经缴纳的税款进行抵扣,从而间接计算出对当期增值额部分的应纳税额。

增值税一般纳税人销售货物或者提供应税劳务的应纳税额,应该等于当期销项税额抵扣当期进项税额后的余额。其计算公式如下。

当期应纳税额＝当期销项税额－当期进项税额

1. 销项税额的计算

销项税额是指纳税人销售货物或者提供应税劳务,按照销售额或提供应税劳务收入和规定的税率计算并向购买方收取的增值税税额。销项税额的计算公式如下。

销项税额＝销售额(不含税)×适用税率

不含税销售额＝含税销售额÷(1＋税率)

从销项税额的定义和公式中可以得出,销项税额的计算取决于销售额和适用税率两个因素。在适用税率既定的前提下,销项税额的大小主要取决于销售额的大小。

(1)一般销售方式下的销售额。销售额是指纳税人销售货物或者提供应税劳务向购买方收取的全部价款和价外费用,但是不包括向购买方收取的销项税额、受托加工应税消费品所代征代缴的消费税、符合条件的运费。其中,价外费用是指价外向购买方收取的手续费、补贴、基金、集资费、返还利润、奖励费、违约金、滞纳金、延期付款利息、赔偿金、代收款项、代垫款项、包装费、包装物租金、储备费、优质费、运输装卸费以及其他各种性质的价外收费。

(2)特殊销售方式下的销售额。在销售活动中,为了达到促销的目的,有多种销售方式。不同销售方式下,销售者取得的销售额会有所不同。税法对特殊销售方式的销售额作了如下规定。

① 采取折扣方式销售。折扣销售是指销货方在销售货物或应税劳务时,因购货方购货数量较大等原因而给予购货方的价格优惠。如购买5件,销售价格折扣10%,购买10件,折扣20%等。税法规定,如果销售额和折扣额在同一张发票上分别注明的,可按折扣后的余额作为销售额计算增值税;如果将折扣额另开发票,不论其在财务上如何处理,均不得从销售额中减除折扣额。这里需要注意两点。

第一,折扣销售不同于销售折扣。销售折扣是指销货方在销售货物或提供应税劳务后,为了鼓励购货方及早偿还货款按照协议许诺给予购货方的一种折扣优待。如10天内付款,货款折扣2%,20天内付款折扣1%,30天内全价付款。销售折扣发生在销货之后,是一种融资性质的理财费用,因此,销售折扣不得从销售额中减除。另外,折扣销售也不同于销售折让。销售折让是指货物销售后,由于其品种、质量等原因购货方未予退货,但销货方需给予购货方的一种价格折让。销售折让与销售折扣相比较,虽然都是在货物销售后发生的,但因为销售折让是由于货物的品种和质量引起销售额的减少,因此,对销售折让可以折让后的货款为销售额。

第二,折扣销售仅限于货物价格的折扣,如果销货者将自产、委托加工和购买的货物用于实物折扣的,则该实物款额不能从货物销售额中减除,且该实物应按增值税条例"视同销售货物"中的"赠送他人"计算征收增值税。

② 采取以旧换新方式销售。以旧换新是指纳税人在销售自己的货物时，有偿收回旧货物的行为。根据税法规定，采取以旧换新方式销售货物的，应按新货物的同期销售价格确定销售额，不得扣减旧货物的收购价格。但对金银首饰以旧换新业务，可以按销售方实际收取的不含增值税的全部价款征收增值税。

③ 采取还本销售方式销售。还本销售是指纳税人在销售货物后，到一定期限由销售方一次或分次退还给购货方全部或部分价款。税法规定，采取还本销售方式销售货物，其销售额就是货物的销售价格，不得从销售额中减除还本支出。

④ 采取以物易物方式销售。以物易物是指购销双方不是以货币结算，而是以同等价款的货物相互结算，实现货物购销的一种方式。以物易物双方都应作购销处理，以各自发出的货物核算销售额并计算销项税额，以各自收到的货物按规定核算购货额并计算进项税额。

⑤ 包装物押金是否计入销售额。包装物是指纳税人包装本单位货物的各种物品。根据税法规定，纳税人为销售货物而出租出借包装物收取的押金，单独记账核算的，时间在1年以内又未过期，不并入销售额征税，但对因逾期未收回包装物不再退还的押金，应按所包装货物的适用税率计算销项税额。其中，"逾期"是指按合同约定实际逾期或以1年为期限，对收取1年以上的押金，无论是否退还均并入销售额征税。对销售除啤酒、黄酒外的其他酒类产品而收取的包装物押金，无论是否返还以及会计上如何核算，均应并入当期销售额征税。

⑥ 销售已使用过的固定资产的税务处理。自2009年1月1日起，纳税人销售自己使用过的固定资产，应区分不同情形征收增值税：销售自己使用过的2009年1月1日以后购进或者自制的固定资产，按照适用税率征收增值税；2008年12月31日以前未纳入扩大增值税抵扣范围试点的纳税人，销售自己使用过的2008年12月31日以前购进或者自制的固定资产，按照4%征收率减半征收增值税；2008年12月31日以前已纳入扩大增值税抵扣范围试点的纳税人，销售自己使用过的在本地区扩大增值税抵扣范围试点以前购进或者自制的固定资产，按照4%征收率减半征收增值税；销售自己使用过的在本地区扩大增值税抵扣范围试点以后购进或者自制的固定资产，按照适用税率征收增值税。对于纳税人发生《增值税暂行条例实施细则》规定固定资产视同销售行为，对已使用过的固定资产无法确定销售额的，以固定资产净值为销售额。"已使用过的固定资产"是指纳税人根据财务会计制度已经计提折旧的固定资产。

⑦ 销售不动产和不动产经营租赁服务的税务处理。可以选择适用简易计税方法，按照5%的征收率计算应纳税额。

⑧ 对视同销售货物行为的销售额的确定。视同销售行为会出现无销售额的现象，税法规定，对视同销售而无销售额者，纳税人发生应税行为价格明显偏低或者偏高且不具有合理商业目的的，按以下顺序确定销售额。

a. 按照纳税人最近时期销售同类服务、无形资产或者不动产的平均价格确定；

b. 按照其他纳税人最近时期销售同类服务、无形资产或者不动产的平均价格确定；

c. 按组成计税价格确定。

组成计税价格的公式为

$$组成计税价格 = 成本 \times (1 + 成本利润率)$$

征收增值税的货物，同时又征收消费税的，其组成计税价格中应加上消费税税额。其组

成计税价格公式为

$$组成计税价格 = 成本 \times (1 + 成本利润率) + 消费税税额$$

或

$$组成计税价格 = 成本 \times (1 + 成本利润率) \div (1 - 消费税税率)$$

公式中的成本是指销售自产货物的为实际生产成本，销售外购货物的为实际采购成本。公式中的成本利润率按 1993 年 12 月 28 日国家税务总局颁发的《增值税若干具体问题的规定》确定为 10%。但属于应从价定率征收消费税的货物，其组成计税价格公式中的成本利润率，为国家税务总局确定的成本利润率。

2. 进项税额的计算

进项税额是纳税人购进货物或者接受应税劳务所支付或者负担的增值税额，它与销售方收取的销项税额相对应，即销售方收取的销项税额就是购买方支付的进项税额。增值税的核心就是用纳税人收取的销项税额抵扣其支付的进项税额，其余额为纳税人实际应缴纳的增值税税额。这样，进项税额作为可抵扣的部分，对于纳税人实际纳税多少就产生了举足轻重的作用。然而，并不是纳税人支付的所有进项税额都可以从销项税额中抵扣。税法对不能抵扣进项税额的项目做了严格的规定，如果违反税法规定，随意抵扣进项税额就将以偷税论处。

（1）准予从销项税额中抵扣的进项税额。

根据税法的规定准予从销项税额中抵扣的进项税额，限于扣税凭证上注明的增值税税额或依法计算的进项税额。增值税扣税凭证，是指增值税专用发票、海关进口增值税专用缴款书、农产品收购发票、农产品销售发票和税收缴款凭证。

① 从销售方取得的增值税专用发票（含税控机动车销售统一发票，下同）上注明的增值税额。

② 从海关取得的海关进口增值税专用缴款书上注明的增值税额。

③ 购进农产品，除取得增值税专用发票或者海关进口增值税专用缴款书外，按照农产品收购发票或者销售发票上注明的农产品买价和 13% 的扣除率计算的进项税额。计算公式为

$$进项税额 = 买价 \times 扣除率$$

买价，是指纳税人购进农产品在农产品收购发票或者销售发票上注明的价款和按照规定缴纳的烟叶税。购进农产品，按照《农产品增值税进项税额核定扣除试点实施办法》抵扣进项税额的除外。

④ 接受境外单位或者个人提供的应税服务，从税务机关或者境内代理人取得的解缴税款的中华人民共和国税收缴款凭证（以下称税收缴款凭证）上注明的增值税额。

纳税人取得的增值税扣税凭证不符合法律、行政法规或者国家税务总局有关规定的，其进项税额不得从销项税额中抵扣。纳税人凭税收缴款凭证抵扣进项税额的，应当具备书面合同、付款证明和境外单位的对账单或者发票。资料不全的，其进项税额不得从销项税额中抵扣。

（2）不得从销项税额中抵扣的进项税额。

① 用于简易计税方法计税项目、免征增值税项目、集体福利或者个人消费的购进货物、加工修理修配劳务、服务、无形资产和不动产。其中涉及的固定资产、无形资产、不动产，仅指专用于上述项目的固定资产、无形资产（不包括其他权益性无形资产）、不动产。

② 非正常损失的购进货物，以及相关的加工修理修配劳务或者交通运输业服务。

③ 非正常损失的在产品、产成品所耗用的购进货物（不包括固定资产）、加工修理修配劳务或者交通运输业服务。

④ 非正常损失的不动产，以及该不动产所耗用的购进货物、设计服务和建筑服务。

⑤ 非正常损失的不动产在建工程所耗用的购进货物、设计服务和建筑服务。纳税人新建、改建、扩建、修缮、装饰不动产，均属于不动产在建工程。

⑥ 购进的旅客运输服务、贷款服务、餐饮服务、居民日常服务和娱乐服务。

⑦ 财政部和国家税务总局规定的其他情形。

3. 应纳税额的计算

一般纳税人在计算出销项税额和进项税额后就可以得出实际应纳税额。为了正确计算增值税的应纳税额，在实际操作中还需要掌握以下几个重要规定。

（1）计算应纳税额的时间限定。"当期"是个重要的时间限定，具体是指税务机关依照税法规定对纳税人确定的纳税期限。只有在纳税期限内实际发生的销项税额、进项税额，才是法定的当期销项税额或当期进项税额。税法对销售货物或应税劳务应计入当期销项税额以及抵扣的进项税额的时间做了限定。

① 计算销项税额的时间限定。纳税人在什么时间计算销项税额，税法对不同的销售方式和结算方式的规定各不相同（详见本节第五个问题中关于纳税义务发生时间的规定）。

② 进项税额抵扣的时间限定。增值税一般纳税人申请抵扣的防伪税控系统开具的增值税专用发票，必须自该专用发票开具之日起 90 日内到税务机关认证，否则不予抵扣进项税额；增值税一般纳税人认证通过的防伪税控系统开具的增值税专用发票，应在认证通过的当月按照增值税有关规定核算当期进项税额并申报抵扣，否则不予抵扣进项税额。增值税一般纳税人进口货物，取得的海关完税凭证（即海关进口增值税专用缴款书），应当在开具之日起 90 天后的第一个纳税申报期结束前向主管税务机关申报抵扣，逾期不得抵扣进项税额。

（3）计算应纳税额时进项税额不足抵扣的处理。由于增值税实行购进扣税法，有时企业当期购进的货物很多，在计算应纳税额时会出现当期销项税额小于当期进项税额不足抵扣的情况。根据税法规定，当期进项税额不足抵扣的部分可以结转下期继续抵扣。

【例 9-2】 某生产企业为增值税一般纳税人，适用增值税税率 17%，2016 年 1 月份的有关生产经营业务如下：

（1）销售甲产品给某商场，开具增值税专用发票，取得不含税销售额 100 万元；另外，开具普通发票，取得销售甲产品的包装费收入 5.85 万元。

（2）销售乙产品，开具普通发票，取得含税销售额 29.25 万元。

（3）将试制的一批应税新产品用于本企业基建工程，成本价为 30 万元，成本利润率为 10%，该新产品无同类产品市场销售价格。

（4）购进货物取得增值税专用发票，注明支付的货款 60 万元，进项税额 10.2 万元。

（5）向农业生产者购进免税农产品一批，支付收购价 25 万元。本月下旬将购进的农产品的 20%用于本企业职工福利。

以上相关票据均符合税法的规定。请计算该企业 2016 年 1 月份应缴纳的增值税税额。

（1）销售甲产品的销项税额为 $100 \times 17\% + 5.85 \div (1+17\%) \times 17\% = 17.85$（万元）。

（2）销售乙产品的销项税额为 29.25÷(1+17%)×17%=4.25（万元）。

（3）自用新产品的销项税额为 30×(1+10%)×17%=5.61（万元）。

（4）外购货物应抵扣的进项税额为 10.2（万元）。

（5）外购免税农产品应抵扣的进项税额为 25×13%×(1−20%)=2.6（万元）。

（6）该企业1月份应缴纳的增值税税额为 17.85+4.25+5.61−10.2−2.6=14.91（万元）。

（二）小规模纳税人应纳税额的计算

小规模纳税人销售货物或者提供应税劳务，实行按照不含税销售额和规定的征收率计算应纳税额的简易办法，并不得抵扣进项税额。其计算公式为

应纳税额=(不含税)销售额×征收率

(不含税)销售额=含税销售额÷(1+征收率)

【例9-3】 某商店为增值税小规模纳税人，2016年2月取得零售收入总额 13.39 万元。计算该商店2月应缴纳的增值税税额。

不含税销售额=13.39÷(1+3%)=13（万元）

应纳增值税税额=13×3%=0.39（万元）

（三）进口货物应纳税额的计算

纳税人进口货物按照组成计税价格和《增值税暂行条例》规定的税率计算应纳税额，不得抵扣任何税额。其计算公式为

应纳税额=组成计税价格×税率

组成计税价格=关税完税价格+关税+消费税

按照《海关法》和《进出口关税条例》的规定，一般贸易下进口货物的关税完税价格以海关审定的成交价格为基础的到岸价格作为完税价格。所谓成交价格是指一般贸易项下进口货物的买方为购买该项货物向卖方实际支付或应当支付的价格；到岸价格包括货价加上货物运抵我国关境内输入地点起卸前的包装费、运费、保险费和其他劳务费等费用构成的一种价格。

【例9-4】 2016年3月，某商场进口货物一批，该批货物在国外的买价 40 万元，另该批货物运抵我国海关前发生的包装费、运输费、保险费等共计 20 万元。进口货物应纳关税 9 万元。增值税税率 17%。计算该批货物应缴纳的进口环节增值税。

组成计税价格=40+20+9=69（万元）

应纳增值税税额=69×17%=11.73（万元）

六、增值税出口退（免）税

（一）出口货物退（免）税含义及基本政策

我国的出口货物退（免）税是指在国际贸易业务中，对我国报关出口的货物退还或免征其在国内各生产和流转环节按税法规定缴纳的增值税和消费税，即对增值税出口货物实行零税率，对消费税出口货物免税。增值税出口货物的零税率，从税法上理解有两层含义：一是对本道环节生产或销售货物的增值部分免征增值税；二是对出口货物前道环节所含的进项税额进行退付。目前，我国的出口货物税收政策分为以下3种形式。

1. 出口免税并退税

出口免税是指对货物在出口销售环节不征增值税、消费税，这是把货物出口环节与出口前的销售环节都同样视为一个征税环节；出口退税是指对货物在出口前实际承担的税收负担，按规定的退税率计算后予以退还。

2. 出口免税不退税

出口免税与前项的含义相同。出口不退税是指适用这个政策的出口货物因在前一道生产、销售环节或进口环节是免税的，因此，出口时该货物的价格中本身就不含税，也无须退税。

3. 出口不免税也不退税

出口不免税是指对国家限制或禁止出口的某些货物的出口环节视同内销环节，照常征税；出口不退税是指对这些货物出口不退还出口前其所负担的税款。适用这个政策的主要是税法列举限制或禁止出口的货物，如天然牛黄、麝香等。

（二）增值税出口退税额的计算

1. 出口货物的退税率

出口货物的退税率是指出口货物的实际退税额与退税计税依据的比例。现行出口货物的增值税退税率有17%、15%、14%、13%、11%、9%、8%、6%、5%等。

2. 出口货物退税额的计算

出口货物只有在适用既免税又退税的政策时，才会涉及如何计算退税的问题。由于各类出口企业对出口货物的会计核算办法不同，有对出口货物单独核算的，有对出口和内销的货物统一核算成本的。为了与出口企业的会计核算办法相一致，我国《出口货物退（免）税管理办法》规定了两种退税计算办法：第一种办法是"免、抵、退"办法，主要适用于自营和委托出口自产货物的生产企业；第二种办法是"先征后退"办法，目前主要用于收购货物出口的外（工）贸企业。

（1）"免、抵、退"税的计算方法。

"免"税，是指对生产企业出口的自产货物，在出口时免征本企业生产销售环节增值税；"抵"税，是指生产企业出口自产货物所耗用的原材料、零部件、燃料、动力等所含应予退还的进项税额，抵顶内销货物的应纳税额；"退"税是指生产企业出口的自产货物在当月内应抵顶的进项税额大于应纳税额时，对未抵顶完的部分予以退税。具体计算方法如下。

第一步：免。

免征生产销售环节增值税，即出口环节免征销项税额。

第二步：剔。

当期免抵退税不得免征和抵扣税额＝出口货物离岸价×外汇人民币牌价×（出口货物征税率－出口货物退税率）－免抵退税不得免征和抵扣税额抵减额

免抵退税不得免征和抵扣税额抵减额＝免税购进原材料价格×（出口货物征税率－出口货物退税率）

第三步：抵。

当期应纳税额＝当期内销货物的销项税额－(当期进项税额－当期免抵退税不得免征和

抵扣税额)－上期留抵税额

用内销货物销项税与全部进项税相抵,同时剔除不可抵扣因素。计算结果如为正数,则是应纳税额,不涉及退税,但涉及免抵;如为负数,则进入下一步骤对比大小并计算应退税额。

第四步:退。

免抵退税额＝出口货物离岸价×外汇人民币牌价×出口货物退税率－免抵退税额抵减额

免抵退税额抵减额＝免税购进原材料价格×出口货物退税率

① 若当期期末留抵税额≤当期免抵退税额,则

当期应退税额＝当期期末留抵税额

当期免抵税额＝当期免抵退税额－当期应退税额

② 若当期期末留抵税额＞当期免抵退税额,则

当期应退税额＝当期免抵退税额

当期免抵税额＝0

(2)"先征后退"的计算方法。

① 外贸企业收购货物出口的应退税额,其计算公式为

应退税额＝外贸收购不含增值税购进金额×退税税率

② 外贸企业收购小规模纳税人出口货物增值税的退税规定

a. 特别准予退税的从小规模纳税人处购进货物,开具普通发票的退税额,其计算公式为

应退税额＝[普通发票所列(含增值税)销售金额]÷(1＋征收率)×6%或5%

b. 从小规模纳税义务人购进税务机关代开增值税专用发票的出口货物,其计算公式为

应退税额＝增值税专用发票注明的金额×6%或5%

③ 外贸企业委托生产企业加工出口货物应退税额,其计算公式为

本期应退税额＝增值税专用发票注明的购进原辅材料的金额×购进原辅材料适用的退税税率＋增值税专用发票注明的加工费×加工费适用的退税税率

七、增值税的征收管理

(一)纳税义务发生时间

(1)纳税人发生应税行为并收讫销售款项或者取得索取销售款项凭据的当天;先开具发票的,为开具发票的当天。

(2)纳税人提供建筑服务、租赁服务采取预收款方式的,其纳税义务发生时间为收到预收款的当天。

(3)纳税人从事金融商品转让的,为金融商品所有权转移的当天。

(4)纳税人发生视同销售服务、无形资产或者不动产,其纳税义务发生时间为服务、无形资产转让完成的当天或者不动产权属变更的当天。

(5)增值税扣缴义务发生时间为纳税人增值税纳税义务发生的当天。

(二)纳税期限

增值税的纳税期限分别为1日、3日、5日、10日、15日、1个月或者1个季度。纳税人的具体纳税期限,由主管税务机关根据纳税人应纳税额的大小分别核定。以1个季度为纳税期限的规定适用于小规模纳税人、银行、财务公司、信托投资公司、信用社,以及财政部

和国家税务总局规定的其他纳税人。不能按照固定期限纳税的，可以按次纳税。

纳税人以 1 个月或者 1 个季度为 1 个纳税期的，自期满之日起 15 日内申报纳税；以 1 日、3 日、5 日、10 日或者 15 日为 1 个纳税期的，自期满之日起 5 日内预缴税款，于次月 1 日起 15 日内申报纳税并结清上月应纳税款。

扣缴义务人解缴税款的期限，按照前两款规定执行。

（三）纳税地点

（1）固定业户应当向其机构所在地或者居住地主管税务机关申报纳税。总机构和分支机构不在同一县（市）的，应当分别向各自所在地的主管税务机关申报纳税；经财政部和国家税务总局或者其授权的财政和税务机关批准，可以由总机构汇总向总机构所在地的主管税务机关申报纳税。

（2）非固定业户应当向应税行为发生地主管税务机关申报纳税；未申报纳税的，由其机构所在地或者居住地主管税务机关补征税款。

（3）其他个人提供建筑服务，销售或者租赁不动产，转让自然资源使用权，应向建筑服务发生地、不动产所在地、自然资源所在地主管税务机关申报纳税。

（4）扣缴义务人应当向其机构所在地或者居住地主管税务机关申报缴纳扣缴的税款。

（四）起征点

（1）按期纳税的，为月销售额 5000-20000 元（含本数）。

（2）按次纳税的，为每次（日）销售额 300-500 元（含本数）。

（五）不征收增值税项目

（1）根据国家指令无偿提供的铁路运输服务、航空运输服务，属于《试点实施办法》第十四条规定的用于公益事业的服务。

（2）存款利息。

（3）被保险人获得的保险赔付。

（4）房地产主管部门或者其指定机构、公积金管理中心、开发企业以及物业管理单位代收的住宅专项维修资金。

（5）在资产重组过程中，通过合并、分立、出售、置换等方式，将全部或者部分实物资产以及与其相关联的债权、负债和劳动力一并转让给其他单位和个人，其中涉及的不动产、土地使用权转让行为。

（六）免征增值税项目

（1）托儿所、幼儿园提供的保育和教育服务。

（2）养老机构提供的养老服务。

（3）残疾人福利机构提供的育养服务。

（4）婚姻介绍服务。

（5）殡葬服务。

（6）残疾人员本人为社会提供的服务。

（7）医疗机构提供的医疗服务。

（8）从事学历教育的学校提供的教育服务。

(9) 学生勤工俭学提供的服务。

(10) 我农业机耕、排灌、病虫害防治、植物保护、农牧保险以及相关技术培训业务，家禽、牲畜、水生动物的配种和疾病防治。

此外，纪念馆、博物馆、文化馆、文物保护单位管理机构、美术馆、展览馆、书画院、图书馆在自己的场所提供文化体育服务取得的第一道门票收入。寺院、宫观、清真寺和教堂举办文化、宗教活动的门票收入。行政单位之外的其他单位收取的符合《试点实施办法》第十条规定条件的政府性基金和行政事业性收费。个人转让著作权。个人销售自建自用住房。2018年12月31日前，公共租赁住房经营管理单位出租公共租赁住房。中国台湾地区航运公司、航空公司从事海峡两岸海上直航、空中直航业务在大陆取得的运输收入。纳税人提供的直接或者间接国际货物运输代理服务。被撤销金融机构以货物、不动产、无形资产、有价证券、票据等财产清偿债务。保险公司开办的一年期以上人身保险产品取得的保费收入。保险公司开办的一年期以上人身保险产品取得的保费收入。政府举办的从事学历教育的高等、中等和初等学校（不含下属单位），举办进修班、培训班取得的全部归该学校所有的收入。家政服务企业由员工制家政服务员提供家政服务取得的收入。将土地使用权转让给农业生产者用于农业生产。涉及家庭财产分割的个人无偿转让不动产、土地使用权。国家助学贷款、国债、地方政府债、人民银行对金融机构的贷款、住房公积金管理中心用住房公积金在指定的委托银行发放的个人住房贷款等的利息收入均免税。

第三节　消费税

一、消费税概述

(一) 消费税的概念

消费税是对规定的消费品和消费行为征收的一种税。它是当今世界各国普遍征收的一个税种，不仅是国家财政收入的一项来源，也是贯彻国家产业政策、调节消费的一种手段。目前，我国的消费税由国家税务总局负责征收管理（进口环节的消费税由海关代为征收管理），所获得的收入归中央政府所有，是中央财政收入中仅次于增值税的第二大税源。

(二) 消费税的特点

1. 征收范围具有选择性

消费税不是对所有的消费品和消费行为都征税，只是对所选择的部分消费品和消费行为征税。从各国开征消费税的实践看，一般是有选择地将那些消费量大、需求弹性大和税源普遍的消费品列入征税范围，主要包括非生活必需品、奢侈品、高档消费品、不可再生的稀缺资源产品以及高能耗产品等。从国际上的实施情况看，大多是在对全部产品征收增值税的基础上，再选择部分消费品征收消费税，互为补充。

2. 征收方法具有多样性

消费税征收范围确定后，根据消费品的不同种类、档次实行不同的征收方法，既有从价定率征收方法，又有从量定额征收方法，还有把从价定率和从量定额相结合的复合计税征收方法。

3. 征税环节具有单一性

消费税不是在生产或流通的所有环节征收,而是仅在生产或流通的某个环节一次性集中征收,除此以外的其他环节不再征收消费税。如我国消费税一般在应税消费品的生产、委托加工和进口环节缴税,在批发和零售环节不再缴纳消费税,卷烟、金银首饰和钻石及钻石饰品除外。

4. 平均税率水平比较高且税负差异大

消费税属于国家运用税收杠杆对某些消费品进行特殊调节的税种。为了有效体现国家政策,消费税的平均税率水平一般定得比较高,并且不同征税项目的税负差异较大,对需要限制或控制消费的消费品,通常税负较重。

5. 属于价内税且具有转嫁性

消费税属于价内税,无论在哪个环节征收,纳税人都可以通过提高销售价格的方式将自己所纳的消费税转嫁给消费者。

6. 一般没有减免税规定

开征消费税的目的之一是引导消费结构,对特殊消费品或消费行为进行调节。因此,居民必需消费品就不在消费税的征收范围之内,也就没有必要进行税收减免。

二、消费税的纳税人

在中华人民共和国境内生产、委托加工和进口应税消费品的单位和个人,以及国务院确定的销售消费税暂行条例规定的消费品的其他单位和个人,为消费税的纳税人。

三、消费税的税目和税率

(一)税目

按照《消费税暂行条例》的规定,确定征收消费税的只有烟、酒、化妆品等14个税目,有的税目还进一步划分为若干子目。消费税一般在应税消费品的生产、委托加工和进口环节缴纳,在以后的批发和零售环节不再缴纳。从1995年1月1日起,金银首饰由生产销售环节征税改为零售环节征税;从2002年1月1日起,钻石及钻石饰品由生产、进口环节改为零售环节征税;从2009年5月1日起,卷烟在批发环节加征一道从价税,按其销售额(不含增值税)的5%征收消费税。

(二)税率

消费税采用比例税率和定额税率两种形式,以适应不同应税消费品的实际情况。经整理汇总的消费税税目、税率(税额)见表9-2。

表9-2 消费税税目、税率(税额)表

税 目	从量征税的计税单位	税率(税额)
一、烟		
1. 卷烟		
定额	每标准箱(50 000支)	150元

续表

税　目	从量征税的计税单位	税率（税额）
定率	甲类：每标准条对外调拨价格在 70 元（含）以上的	56%
	乙类：每标准条对外调拨价格在 70 元以下的	36%
2. 雪茄烟		36%
3. 烟丝		30%
二、酒		
1. 粮食白酒、薯类白酒		
定额	每斤（500）克	0.5 元
定率		20%
2. 黄酒	吨	240 元
3. 啤酒	甲类：每吨出厂价在 3 000 元以上（不含增值税）	250 元
	乙类：每吨出厂价在 3 000 元以下（不含增值税）	220 元
	娱乐业和饮食业自制的每吨	250 元
4. 其他酒		10%
三、高档化妆品		15%
四、贵重首饰及珠宝玉石		
1. 金银首饰、铂金首饰和钻石及钻石饰品		5%
2. 其他贵重首饰和珠宝玉石		10%
五、鞭炮、焰火		15%
六、成品油		
1. 汽油		1.52 元/升
2. 石脑油、溶剂油、润滑油		1.52 元/升
3. 柴油、航空煤油、燃料油		1.2 元/升
七、小汽车		
1. 乘用车（按气缸容量征收）		
（1）1.0 升（含）以下的		1%
（2）1.0 升至 1.5 升（含）		3%
（3）1.5 升至 2.0 升（含）		5%
（4）2.0 升至 2.5 升（含）		9%
（5）2.5 升至 3.0 升（含）		12%
（6）3.0 升至 4.0 升（含）		25%
（7）4.0 升以上的		40%
2. 中轻型商用客车		5%
八、摩托车		
1. 气缸容量 250 毫升		3%
2. 气缸容量在 250 毫升以上的		10%
九、高尔夫球及球具		10%
十、高档手表		20%
十一、游艇		10%
十二、木制一次性筷子		5%
十三、实木地板		5%

注：（1）航空煤油继续暂缓征收；

（2）自 2014 年 12 月 1 日起，取消：①气缸容量 250 毫升（不含）以下的小排量摩托车消费税；②汽车轮胎税目；③车用含铅汽油消费税；④酒精消费税。

四、消费税应纳税额的计算

按照现行消费税法的基本规定,消费税应纳税额的计算主要分为从价定率计征、从量定额计征和从价从量复合计征 3 种方法。

(一) 从价定率计征

从价定率应纳税额的计算公式为

$$应纳税额 = 应税消费品的销售额 \times 适用税率$$

在从价定率计算方法下,应纳税额等于应税消费品的销售额乘以适用税率,应纳税额的多少取决于应税消费品的销售额和适用税率两个因素。在适用税率既定的前提下,应纳税额的大小主要取决于销售额的大小。

1. 生产销售应税消费品的销售额的确定

(1) 计税销售额的一般规定。

销售额为纳税人销售应税消费品向购买方收取的全部价款和价外费用。销售是指有偿转让应税消费品的所有权;有偿是指从购买方取得货币、货物或者其他经济利益。价外费用是指价外向购买方收取的手续费、补贴、基金、集资费、返还利润、奖励费、违约金、滞纳金、延期付款利息、赔偿金、代收款项、代垫款项、包装费、包装物租金、储备费、优质费、运输装卸费以及其他各种性质的价外收费。但下列项目不包括在内。

① 同时符合以下条件的代垫运输费用。

a. 承运部门的运输费用发票开具给购买方的。

b. 纳税人将该项发票转交给购买方的。

② 同时符合以下条件代为收取的政府性基金或者行政事业性收费

a. 由国务院或者财政部批准设立的政府性基金,由国务院或者省级人民政府及其财政、价格主管部门批准设立的行政事业性收费。

b. 收取时开具省级以上财政部门印制的财政票据。

c. 所收款项全额上缴财政。

其他价外费用,无论是否属于纳税人的收入,均应并入销售额计算征税。

(2) 包装物计税的规定。

实行从价定率办法计算应纳税额的应税消费品连同包装销售的,无论包装是否单独计价,也不论在会计上如何核算,均应并入应税消费品的销售额中征收消费税。如果包装物不作价随同产品销售,而是收取押金,此项押金则不应并入应税消费品的销售额中征税。但对因逾期未收回的包装物不再退还的或者已收取的时间超过 12 个月的押金,应并入应税消费品的销售额,按照应税消费品的适用税率缴纳消费税。对销售除啤酒、黄酒外的其他酒类产品而收取的包装物押金,无论是否返还以及会计上如何核算,均应并入当期销售额征税。

对既作价随同应税消费品销售,又另外收取的包装物的押金,凡纳税人在规定的期限内没有退还的,均应并入应税消费品的销售额,按照应税消费品的适用税率缴纳消费税。

(3) 含增值税销售额的换算。

应税消费品在缴纳消费税的同时,与一般货物一样,还应缴纳增值税。按照《消费税暂行条例实施细则》的规定,应税消费品的销售额,不包括应向购货方收取的增值税税款。如果纳税人应税消费品的销售额中未扣除增值税税款或者因不得开具增值税专用发票而发生价款和增值税税款合并收取的,在计算消费税时,应将含增值税的销售额换算为不含增值税税款的销售额。其换算公式为

$$应税消费品的销售额 = 含增值税的销售额 \div (1 + 增值税税率或征收率)$$

在使用换算公式时,应根据纳税人是一般纳税人或小规模纳税人分别使用增值税税率或征收率。

【例 9-5】 某化妆品厂(一般纳税人)2016 年 10 月份销售化妆品取得收入 80 万元(不含增值税),同时收取包装费 1.17 万元。计算该化妆品厂 10 月份应纳的消费税税额。

$$应纳税额 = [80 + 1.17 \div (1 + 17\%)] \times 15\% = 12.15（万元）$$

2. 自产自用应税消费品计税销售额的确定

所谓自产自用,就是纳税人生产应税消费品后,不是直接用于对外销售,而是用于自己连续生产应税消费品或用于其他方面。现行税法对这两种情形下计税销售额的确定也做出了相应的规定。

(1) 用于连续生产应税消费品。

所谓"纳税人自产自用的应税消费品,用于连续生产应税消费品的",是指作为生产最终应税消费品的直接材料并构成最终产品实体的应税消费品。在这种情形下,对自产自用的应税消费品不征税,只就最终应税消费品征税。

(2) 用于其他方面的应税消费品。

纳税人自产自用的应税消费品,除用于连续生产应税消费品外,凡用于其他方面的,于移送使用时纳税。用于其他方面的是指纳税人用于生产非应税消费品、在建工程、管理部门、非生产机构、提供劳务,以及用于馈赠、赞助、集资、广告、样品、职工福利、奖励等方面。

纳税人自产自用的应税消费品,凡用于其他方面,均视同对外销售,按照纳税人生产的同类消费品的销售价格计算纳税。同类消费品的销售价格是指纳税人当月销售的同类消费品的销售价格,如果当月同类消费品各期销售价格高低不同,应按销售数量加权平均计算。但销售的应税消费品有下列情况之一的,不得列入加权平均计算:销售价格明显偏低又无正当理由的;无销售价格的。如果当月无销售或者当月未完结,应按照同类消费品上月或者最近月份的销售价格计算纳税。

没有同类消费品销售价格的,按照组成计税价格计算纳税。实行从价定率办法计算纳税的组成计税价格计算公式为

$$组成计税价格 = (成本 + 利润) \div (1 - 消费税税率)$$

在上式中,成本是指应税消费品的生产成本;利润是指根据应税消费品的全国平均成本利润率计算的利润。应税消费品的全国平均成本利润率由国家税务总局确定,具体见表 9-3。

表 9-3　平均成本利润率

单位：%

货物名称	利润率	货物名称	利润率
1. 甲类卷烟	10	10. 贵重首饰及珠宝玉石	6
2. 乙类卷烟	5	11. 摩托车	6
3. 雪茄烟	5	12. 高尔夫球及球具	10
4. 烟丝	5	13. 高档手表	20
5. 粮食白酒	10	14. 游艇	10
6. 薯类白酒	5	15. 木制一次性筷子	5
7. 其他酒	5	16. 实木地板	5
8. 化妆品	5	17. 乘用车	8
9. 鞭炮、焰火	5	18. 中轻型商用客车	5

【例 9-6】　某化妆品厂 2016 年 10 月份生产一批化妆品，全部作为福利发给职工，该批化妆品的成本为 15 万元。计算该化妆品厂当月应纳的消费税税额。

组成计税价格 = 15 × (1 + 5%) ÷ (1 − 15%) = 18.53（万元）

应纳税额 = 18.53 × 15% = 2.78（万元）

3. 委托加工应税消费品计税销售额的确定

委托加工的应税消费品是指由委托方提供原料和主要材料，受托方只收取加工费和代垫部分辅助材料加工的应税消费品。对于由受托方提供原材料生产的应税消费品，或者受托方先将原材料卖给委托方，然后再接受加工的应税消费品，以及由受托方以委托方名义购进原材料生产的应税消费品，不论纳税人在财务上是否作销售处理，都不得作为委托加工应税消费品，而应当按照销售自制应税消费品缴纳消费税。委托加工的应税消费品直接出售的，不再缴纳消费税。

委托加工的应税消费品，按照受托方（即代收代缴义务人）的同类消费品的销售价格计算纳税，同类消费品的销售价格是指受托方当月销售的同类消费品的销售价格，如果当月同类消费品各期销售价格高低不同，应按销售数量加权平均计算。但销售的应税消费品有下列情况之一的，不得列入加权平均计算：销售价格明显偏低又无正当理由的；无销售价格的。如果当月无销售或者当月未完结，应按照同类消费品上月或最近月份的销售价格计算纳税。

受托方没有同类消费品销售价格的，按照组成计税价格计算纳税。实行从价定率办法计算纳税的组成计税价格计算公式为

组成计税价格 = (材料成本 + 加工费) ÷ (1 − 消费税税率)

【例 9-7】　某鞭炮企业 2016 年 1 月受托为某单位加工一批鞭炮，委托单位提供的原材料金额为 30 万元，收取委托单位不含增值税的加工费 4 万元，鞭炮企业当地无加工鞭炮的同类产品市场价格。计算鞭炮企业应代收代缴的消费税。

组成计税价格 = (30 + 4) ÷ (1 − 15%) = 40（万元）

应代收代缴消费税税额 = 40 × 15% = 6（万元）

4. 进口应税消费品的计税销售额的确定

对于从价定率征收的进口应税消费品,以组成计税价格为计税销售额。组成计税价格的计算公式为

$$组成计税价格＝(关税完税价格＋关税)÷(1－消费税税率)$$

公式中所称"关税完税价格",是指海关核定的关税计税价格。

【例9-8】 某商贸公司,2016年1月从国外进口一批应税消费品,已知该批应税消费品的关税完税价格为90万元,按规定应缴纳关税18万元。假定进口的应税消费品的消费税税率为10%。计算该批消费品进口环节应缴纳的消费税税额。

$$组成计税价格＝(90＋18)÷(1－10\%)＝120（万元）$$
$$应缴纳消费税税额＝120×10\%＝12（万元）$$

(二) 从量定额计征

从量定额应纳税额的计算公式为

$$应纳税额＝应税消费品的销售数量×单位税额$$

在从量定额计算方法下,应纳税额等于应税消费品的销售数量乘以单位税额,应纳税额的多少取决于应税消费品的销售数量和单位税额两个因素。在单位税额既定的前提下,应纳税额的大小主要取决于销售数量的大小。

1. 销售数量的确定

销售数量是指纳税人生产、加工和进口应税消费品的数量。

2. 计量单位的换算标准

《消费税暂行条例》规定,黄酒、啤酒以吨为税额单位;汽油、柴油以升为税额单位。但是,考虑到在实际销售过程中,一些纳税人会把吨或升这两个计量单位混用,为了规范不同产品的计量单位,以准确计算应纳税额,国家还规定了吨与升两个计量单位的换算标准,见表9-4。

表9-4 吨、升换算

序 号	名 称	计量单位的换算标准
1	黄酒	1吨＝962升
2	啤酒	1吨＝988升
3	汽油	1吨＝1 388升
4	柴油	1吨＝1 176升
5	航空煤油	1吨＝1 246升
6	石脑油	1吨＝1 385升
7	溶剂油	1吨＝1 282升
8	润滑油	1吨＝1 126升
9	燃料油	1吨＝1 015升

【例9-9】 某啤酒厂2016年1月份销售啤酒20吨,每吨出厂价3 600元。计算1月份该厂应纳消费税税额。

销售甲类啤酒,适用定额税率250元/吨。

$$应纳税额＝20×250＝5\,000（元）$$

（三）从价定率和从量定额复合计征

现行消费税的征税范围中，只有卷烟、粮食白酒、薯类白酒采用复合计征方法。应纳税额等于应税销售数量乘以定额税率再加上应税销售额乘以比例税率。其基本计算公式为

$$应纳税额＝应税销售数量×定额税率＋应税销售额×比例税率$$

【例9-10】 某粮食白酒生产厂家2016年2月份销售粮食白酒10 000斤，每斤单价40元。计算2月份该厂应纳消费税额。

$$应纳税额＝10\,000×0.5＋40×10\,000×20\%＝85\,000（元）$$

（四）税额扣除

为了避免重复征税，现行消费税规定，将外购应税消费品和委托加工收回的应税消费品继续生产应税消费品销售的，可以将外购应税消费品和委托加工收回应税消费品已缴纳的消费税给予扣除。

1. 以外购应税消费品继续生产应税消费品的已纳消费税允许扣除范围

（1）外购已税烟丝生产的卷烟。

（2）外购已税化妆品原料生产的化妆品。

（3）外购已税珠宝、玉石原料生产的贵重首饰及珠宝、玉石。

（4）外购已税鞭炮、焰火原料生产的鞭炮、焰火。

（5）外购已税汽车轮胎（内胎和外胎）原料生产的汽车轮胎。

（6）外购已税摩托车零件生产的摩托车（如用外购两轮摩托车改装三轮摩托车）。

（7）外购已税杆头、杆身和握把为原料生产的高尔夫球杆。

（8）外购已税木制一次性筷子原料生产的木制一次性筷子。

（9）外购已税实木地板原料生产的实木地板。

（10）外购已税石脑油为原料生产的应税消费品。

（11）外购已税润滑油原料生产的润滑油。

（12）自2014年1月1日起，以外购或委托加工收回的已税汽油、柴油为原料连续生产汽油、柴油，准予从汽、柴油消费税应纳税额中扣除原料已纳的消费税税款。

纳税人用外购的已税珠宝、玉石原料生产的改在零售环节征收消费税的金银首饰（镶嵌首饰），在计税时一律不得扣除外购珠宝、玉石的已纳税款。

上述当期准予扣除外购应税消费品已纳消费税税款的计算公式为

当期准予扣除的外购应税消费品已纳税款＝当期准予扣除的外购应税消费品买价×外购应税消费品适用税率

当期准予扣除的外购应税消费品买价＝期初库存的外购应税消费品的买价＋当期购进的应税消费品的买价－期末库存的外购应税消费品的买价

允许扣除已纳税款的应税消费品只限于从工业企业购进的应税消费品和进口环节已缴纳消费税的应税消费品，对从境内商业企业购进应税消费品的已纳税款一律不得扣除。

2. 委托方收回应税消费品已纳消费税的扣除

委托方收回已代收代缴消费税的应税消费品后，连续生产应税消费品的，按照生产领用

数量的应税消费品已纳税额进行税额扣除。扣除范围如下。

(1) 以委托加工收回的已税烟丝为原料生产的卷烟。
(2) 以委托加工收回的已税化妆品原料生产的化妆品。
(3) 以委托加工收回的已税珠宝、玉石原料生产的贵重首饰及珠宝、玉石。
(4) 以委托加工收回的已税鞭炮、焰火原料生产的鞭炮、焰火。
(5) 以委托加工收回的已税汽车轮胎原料生产的汽车轮胎。
(6) 以委托加工收回的已税摩托车零件生产的摩托车。
(7) 以委托加工收回的已税杆头、杆身和握把为原料生产的高尔夫球杆。
(8) 以委托加工收回的已税木制一次性筷子原料生产的木制一次性筷子。
(9) 以委托加工收回的已税实木地板原料生产的实木地板。
(10) 以委托加工收回的已税石脑油为原料生产的应税消费品。
(11) 以委托加工收回的已税润滑油原料生产的润滑油。

上述当期准予扣除委托加工收回的应税消费品已纳消费税税款的计算公式为

$$\text{当期准予扣除的委托加工应税消费品已纳税款} = \text{期初库存的委托加工应税消费品已纳税款} + \text{当期收回的委托加工应税消费品已纳税款} - \text{期末库存的委托加工应税消费品已纳税款}$$

纳税人用委托加工收回的已税珠宝、玉石原料生产的改在零售环节征收消费税的金银首饰,在计税时一律不得扣除委托加工收回的珠宝、玉石原料的已纳消费税税款。

(五) 消费税的减免

为保护生态环境,促进替代污染排放汽车的生产和消费,推进汽车工业技术进步,对生产销售达到低污染排放值的小轿车、越野车和小客车减征 30%的消费税。其计算公式为

$$\text{减征税额} = \text{按法定税率计算的消费税额} \times 30\%$$
$$\text{应征税额} = \text{按法定税率计算的消费税额} - \text{减征税额}$$

低污染排放限值是指相当于欧盟指令 94/12/EC、96/69/EC 排放标准(简称"欧洲Ⅱ号标准")。

五、消费税出口退(免)税

纳税人出口应税消费品与已纳增值税出口货物一样,国家都是给予退(免)税优惠的。出口应税消费品同时涉及退(免)增值税和消费税,且退(免)消费税与出口货物退(免)增值税在退(免)税范围的限定、退(免)税办理程序、退(免)税审核及管理上都有许多一致的地方。本节仅就出口应税消费品退(免)消费税某些不同于出口货物退(免)增值税的特殊规定作介绍。

(一) 出口退税率的规定

计算出口应税消费品应退消费税的税率或单位税额,依据《消费税暂行条例》所附消费税税目税率(税额)表执行。这是退(免)消费税与退(免)增值税的一个重要区别。当出口的货物是应税消费品时,其退还增值税要按规定的退税率计算,其退还消费税则按该应税消费品所适用的消费税税率计算。企业应将不同消费税税率的出口应税消费品分开核算和申报,凡划分不清适用税率的,一律从低适用税率计算应退消费税税额。

(二) 出口应税消费品退(免)税政策

出口应税消费品退(免)消费税在政策上分为以下 3 种情况。

1. 出口免税并退税

适用这个政策的是：有出口经营权的外贸企业购进应税消费品直接出口，以及外贸企业受其他外贸企业委托代理出口应税消费品。这里需要重申的是，外贸企业只有受其他外贸企业委托，代理出口应税消费品才可办理退税，外贸企业受其他企业（主要是非生产性的商贸企业）委托，代理出口应税消费品是不予退（免）税的。

2. 出口免税但不退税

适用这个政策的是：有出口经营权的生产性企业自营出口或生产企业委托外贸企业代理出口自产的应税消费品，依据其实际出口数量免征消费税，不予办理退还消费税。这里，免征消费税是指对生产性企业按其实际出口数量免征生产环节的消费税。不予办理退还消费税，是指因已免征生产环节的消费税，该应税消费品出口时，已不含有消费税，所以也无须再办理退还消费税了。

3. 出口不免税也不退税

适用这个政策的是：除生产企业、外贸企业外的其他企业，具体是指一般商贸企业，这类企业委托外贸企业代理出口应税消费品一律不予退（免）税。

（三）出口应税消费品退税额的计算

外贸企业从生产企业购进货物直接出口或受其他外贸企业委托代理出口应税消费品的应退消费税税款，分两种情况处理。

1. 属于从价定率计征消费税的应税消费品

属于从价定率计征消费税的应税消费品，应依照外贸企业从工厂购进货物时征收消费税的价格计算应退消费税税款，其公式为

应退消费税税款＝出口货物的工厂销售额×税率

上述公式中"出口货物的工厂销售额"不包含增值税。对含增值税的价格应换算为不含增值税的销售额。

2. 属于从量定额计征消费税的应税消费品

属于从量定额计征消费税的应税消费品，应以报关出口的数量计算应退消费税税款，其公式为

$$应退消费税税款＝出口数量×单位税额$$

（四）出口应税消费品办理退（免）税后的管理

出口的应税消费品办理退税后，发生退关，或者国外退货进口时予以免税的，报关出口者必须及时向其所在地主管税务机关申报补缴已退的消费税税款。

纳税人直接出口的应税消费品办理免税后发生退关或国外退货，进口时已予以免税的，经所在地主管税务机关批准，可暂不办理补税，待其转为国内销售时，再向其主管税务机关申报补缴消费税。

六、消费税的征收管理

（一）纳税义务发生时间

纳税人生产的应税消费品于销售时纳税，进口消费品应当于应税消费品报关进口环节纳税，但金银首饰、钻石及钻石饰品在零售环节纳税。消费税纳税义务发生的时间，以货款结算方式或行为发生时间分别确定。

（1）纳税人销售应税消费品纳税义务发生时间的确定。纳税人采取赊销和分期收款结算方式的，其纳税义务的发生时间，为销售合同规定的收款日期的当天。纳税人采取预收货款结算方式的，其纳税义务的发生时间，为发出应税消费品的当天。纳税人采取托收承付和委托银行收款方式销售的应税消费品，其纳税义务的发生时间，为发出应税消费品并办妥托收手续的当天。纳税人采取其他结算方式的，其纳税义务的发生时间，为收讫销售款或者取得索取销售款的凭据的当天。

（2）纳税人自产自用应税消费品纳税义务发生时间的确定。纳税人自产自用的应税消费品，其纳税义务的发生时间，为移送使用的当天。

（3）纳税人委托加工应税消费品纳税义务发生时间的确定。纳税人委托加工的应税消费品，其纳税义务的发生时间，为纳税人提货的当天。

（4）纳税人进口应税消费品纳税义务发生时间的确定。纳税人进口的应税消费品，其纳税义务的发生时间，为报关进口的当天。

（二）纳税期限

按照《消费税暂行条例》规定，消费税的纳税期限分别为1日、3日、5日、10日、15日、1个月或者1个季度；纳税人的具体纳税期限，由主管税务机关根据纳税人应纳税额的大小分别核定；不能按照固定期限纳税的，可以按次纳税。

纳税人以1个月或1个季度为一期纳税的，自期满之日起15日内申报纳税；以1日、3日、5日、10日或者15日为一期纳税的，自期满之日起5日内预缴税款，于次月1日起至15日内申报纳税并结清上月应纳税款。

纳税人进口应税消费品，应当自海关填发海关进口消费税专用缴款书之日起15日内缴纳税款。

（三）纳税地点

消费税具体纳税地点如下。

（1）纳税人销售的应税消费品，以及自产自用的应税消费品，除国家另有规定的外，应当向纳税人核算地主管税务机关申报纳税。

（2）委托个人加工的应税消费品，由委托方向其机构所在地或者居住地主管税务机关申报纳税。除此之外，由受托方向所在地主管税务机关代收代缴消费税税款。

（3）进口的应税消费品，由进口人或者其代理人向报关地海关申报纳税。

（4）纳税人到外县（市）销售或者委托外县（市）代销自产应税消费品的，于应税消费品销售后，向机构所在地或者居住地主管税务机关申报纳税。

纳税人的总机构与分支机构不在同一县（市）的，应当分别向各自机构所在地的主管税务机关申报纳税；经财政部、国家税务总局或者其授权的财政、税务机关批准，可以由总机构汇总向总机构所在地的主管税务机关申报纳税。

（5）纳税人销售的应税消费品，如因质量等原因由购买者退回时，经所在地主管税务机关审核批准后，可退还已征收的消费税税款。但不能自行直接抵减应纳税款。

第四节　关税

一、关税概述

（一）关税的概念

关税是海关依法对进出境货物、物品征收的一种税。所谓"境"指关境，是国家《海关法》全面实施的领域。在通常情况下，一国关境与国境是一致的，包括国家全部的领土、领海、领空。但当某一国家在国境内设立了自由港、自由贸易区等，这些区域就进出口关税而言处在关境之外，这时，该国家的关境小于国境；当几个国家结成关税同盟、组成一个共同的关境、实施统一的关税法令和统一的对外税则时，这些国家彼此之间货物进出国境不征收关税，只对来自或运往其他国家的货物进出共同关境时征收关税，这些国家的关境大于国境。

（二）关税的分类

依据不同的分类标准和依据，关税可以划分为不同的种类。

1. 关税按照国际贸易商品的流向可分为进口税、出口税和过境税

进口税是最通常、最广泛使用的关税，它是指海关在外国货物进口时所课征的关税。出口税是指海关在本国货物出口时所课征的关税。过境税，又称通过税，它是对外国货物通过本国国境或关境时征收的一种关税。现在很少有国家征收出口税和过境税。

2. 关税按照征税的目的不同可分为财政关税和保护关税

财政关税，又称收入关税，它以增加国家财政收入为主要目的而课征的关税。财政关税的税率比保护关税低，因为过高的关税会阻碍进出口贸易的发展，达不到增加财政收入的目的。保护关税是以保护本国经济发展为主要目的而课征的关税。保护关税主要是进口税，税率较高，有的高达百分之几百，是实现一个国家对外贸易政策的重要措施之一。

3. 关税按照税率制定的不同可分为自主关税和协定关税

自主关税，又称国定关税，是指一个国家基于其主权，独立自主地制定的、并有权修订的关税，包括关税税率及各种法规、条例。国定税率一般高于协定税率，适用于没有签订关税贸易协定的国家。协定关税是指两个或两个以上的国家，通过缔结关税贸易协定而制定的关税税率。协定关税有双边协定税率、多边协定税率和片面协定税率。

4. 关税按照差别待遇和特定的实施情况可以分为进口附加税、差价税、特惠税和普遍优惠制

进口附加税是指除了征收一般进口税以外，还根据某种目的再加征额外的关税。它主要有

反贴补税和反倾销税。差价税，又称差额税，当某种本国生产的产品国内价格高于同类的进口商品价格时，为了削弱进口商品的竞争能力，保护国内生产和国内市场，按国内价格与进口价格之间的差额征收关税，称差价税。特惠税，又称优惠税，它是指对某个国家或地区进口的全部商品或部分商品，给予特别优惠的低关税或免税待遇。但它不适用于从非优惠国家或地区进口的商品。特惠税有的是互惠的，有的是非互惠的。普遍优惠制，简称普惠制，它是发展中国家在联合国贸易与发展会议上经过长期斗争，在 1968 年通过建立普惠制决议后取得的。该决议规定，发达国家承诺对从发展中国家或地区输入的商品，特别是制成品和半成品，给予普遍的、非歧视性的和非互惠的优惠关税待遇。

5. 关税按计征方式的不同可以分为从量关税、从价关税、混合关税、选择性关税和滑动关税

从量关税是以以征税对象的数量为计税依据，按每单位数量预先制定的应税额计征。从价关税是以征税对象的价格为计税依据，根据一定比例的税率进行计征。混合关税是指对两种进口货物同时制定出从价、从量两种方式，分别计算税额，以两种税额之和作为该货物的应征税额。选择性关税是对同一种货物在税则中规定从价、从量两种税率，在征税时选择其中征收税额较多的一种，以免因物价波动影响财政收入，也可以选择税额较少的一种标准计算关税。滑动关税，又称滑准税，是指对某种货物在税则中预先按该商品的价格规定几档税率，同一种货物当价格高时适用较低税率，价格低时适用较高税率。

二、关税的征税对象和纳税义务人

（一）征税对象

关税的征税对象是准许进出境的货物和物品。货物是指贸易性商品；物品是指入境旅客随身携带的行李物品、个人邮递物品、各种运输工具上的服务人员携带进口的自用物品、馈赠物品以及其他方式进境的个人物品。

（二）纳税义务人

进口货物的收货人、出口货物的发货人、进出境物品的所有人，是关税的纳税义务人。

三、进出口税则

（一）进出口税则概况

进出口税则是一国政府根据国家关税政策和经济政策，通过一定的立法程序制定公布实施的进出口货物和物品应税的关税税率表。进出口税则以税率表为主体，通常还包括实施税则的法令、使用税则的有关说明和附录等。《中华人民共和国海关进出口税则》是我国海关凭以征收关税的法律依据，也是我国关税政策的具体体现。

税率表作为税则主体，包括税则商品分类目录和税率栏两大部分。税则商品分类目录是把种类繁多的商品加以综合，按照其不同特点分门别类地简化成数量有限的商品类目，分别编号按序排列，称为税则号列，并逐号列出该号中应列入的商品名称。商品分类的原则即归类规则，包括归类总规则和各类、章、目的具体注释。税率栏是按商品分类目录逐项定出的

税率栏目。我国现行进口税则为四栏税率，出口税则为一栏税率。按税则商品分类目录体系划分，新中国成立以来，我国分别于 1951 年、1985 年、1992 年先后实施了三部进出口税则，进出口商品都采用同一税则目录分类。

（二）税则商品分类目录

从 1992 年 1 月至今，我国实施了以《商品名称及编码协调制度》（Harmonized Commodity Description and Coding System）为基础的进出口税则。

《商品名称及编码协调制度》（以下简称 HS）是一部科学、系统的国际贸易商品分类体系，是国际上多个商品分类目录协调的产物，适合于与国际贸易有关的多方面的需要，如海关、统计、贸易、运输、生产等，成为国际贸易商品分类的一种"标准语言"。

（三）HS 及我国现行税则的商品分类

1. 总体结构

HS 的总体结构有三部分：一是归类总规则，共 6 条，规定了分类原则和方法，以保证对 HS 使用和解释的一致性，使某一具体商品能够始终归入一个唯一编码；二是类（Section）、章（Chapter）、目（Heading）和子目（Sub-Heading）注释，严格界定了相应的商品范围，阐述专用术语的定义或区分某些商品的技术标准及界限；三是按顺序编排的目与子目编码及条文，采用六位编码，将所有商品分为 21 类、97 章（其中 77 章是留做备用的空章），章下再分为目和子目。编码前两位数代表"章"，三、四位数代表"目"，五、六位数代表"子目"。

2. 类

HS 中的"类"基本上按社会生产部类分类，将属于同一生产部类的产品归在同一类中，具体情况分类如下。

第一类：活动物；动物产品。

第二类：植物产品。

第三类：动、植物油、脂及其分解产品；精制的食用油脂；动、植物蜡。

第四类：食品；饮料、酒及醋；烟草及烟草代用品的制品。

第五类：矿产品。

第六类：化学工业及其相关工业的产品。

第七类：塑料及其制品；橡胶及其制品。

第八类：生皮、皮革、毛皮及其制品；鞍具及挽具；旅行用品、手提包及类似容器；动物肠线（蚕胶丝除外）制品。

第九类：木及木制品；木炭；软木及软木制品；稻草、秸秆、针茅或其他编结材料制品；篮筐及柳条编结品。

第十类：木浆及其他纤维状纤维素浆；回收（废碎）纸或纸板；纸、纸板及其制品。

第十一类：纺织原料及其纺织制品。

第十二类：鞋、帽、伞、杖、鞭及其零件；已加工的羽毛及其制品；人造花；人发制品。

第十三类：石料、石膏、水泥、石棉、云母及类似材料的制品；陶瓷产品；玻璃及其制品。

第十四类：天然或养殖珍珠、宝石或半宝石、贵金属、包贵金属及其制品；仿首饰；硬币。

第十五类：贱金属及其制品。

第十六类：机器、机械器具、电气设备及其零件；录音机及放声机、电视图像、声音的录制和重放设备及其零件、附件。

第十七类：车辆、航空器、船舶及有关运输设备。

第十八类：光学、照相、电影、计量、检验、医疗或外科用仪器及设备、精密仪器及设备；钟表；乐器；上述物品的零件、附件。

第十九类：武器、弹药及零件、附件。

第二十类：杂项制品。

第二十一类：艺术品、收藏品及古物。

3. 章

HS 中"章"的分类有两种情况：一是按商品原材料的属性分类，相同原料的产品一般归入同一章，在章内按产品加工程度从原料到成品顺序排列。二是按商品的用途或性能分类。HS 各章都有一个"其他"子目，起"兜底"作用，使任何国际贸易商品都能在这个分类体系找到适当位置。

4. 我国子目

我国现行税则采用八位编码，前六位等效采用 HS 编码，第七、八位为我国根据中国进出口商品的实际情况，在 HS 基础上延伸的两位编码，也称增列税目。到目前为止，我国自主增列税目 2 092 个，使我国 2002 年版进口税则的总税目数为 7316 个，其中 HS 2002 年版有 5 224 个六位税目。我国 2002 年版出口税则税目总数为 36 个。

四、关税应纳税额的计算

1. 从价税应纳税额的计算

$$关税税额 = 应税进(出)口货物数量 \times 单位完税价格 \times 税率$$

《海关法》规定，进出口货物的完税价格，由海关以该货物的成交价格为基础审查确定。成交价格不能确定时，完税价格由海关依法估定。

2. 从量税应纳税额的计算

$$关税税额 = 应税进(出)口货物数量 \times 单位货物税额$$

3. 复合税应纳税额的计算

我国目前实行的复合税都是先计征从量税，再计征从价税。

$$关税税额 = 应税进(出)口货物数量 \times 单位货物税额 +$$
$$应税进(出)口货物数量 \times 单位完税价格 \times 税率$$

4. 滑准税应纳税额的计算

$$关税税额 = 应税进(出)口货物数量 \times 单位完税价格 \times 滑准税税率$$

现行税则《进（出）口商品从量税、复合税、滑准税税目税率表》后注明了滑准税税率的计算公式，该公式是一个与应税进（出）口货物完税价格相关的取整函数。

五、关税的征收管理

（一）关税缴纳

进口货物自运输工具申报进境之日起 14 日内，出口货物在货物运抵海关监管区后装货的 24 小时以前，应由进出口货物的纳税义务人向货物进（出）境地海关申报，海关根据税则归类和完税价格计算应缴纳的关税和进口环节代征税，并填发税款缴款书。纳税义务人应当自海关填发税款缴款书之日起 15 日内，向指定银行缴纳税款。

（二）关税的强制执行

纳税义务人未在关税缴纳期限内缴纳税款，即构成关税滞纳。为保证海关征收关税决定的有效执行和国家财政收入的及时入库，《海关法》赋予海关对滞纳关税的纳税义务人强制执行的权利。强制措施主要有两类：一是征收关税滞纳金；二是强制征收。如纳税义务人自海关填发缴款书之日起 3 个月仍未缴纳税款，经海关关长批准，海关可以采取强制扣缴、变价抵缴等强制措施。

（三）关税退还

关税退还是关税纳税义务人按海关核定的税额缴纳关税后，因某种原因的出现，海关将实际征收多于应当征收的税额（称为溢征关税）退还给原纳税义务人的一种行政行为。根据《海关法》规定，海关多征的税款，海关发现后应当立即退还。

（四）关税补征和追征

补征和追征是海关在关税纳税义务人按海关核定的税额缴纳关税后，发现实际征收税额少于应当征收的税额（称为短征关税）时，责令纳税义务人补缴所差税款的一种行政行为。海关法根据短征关税的原因，将海关征收原短征关税的行为分为补征和追征两种。由于纳税人违反海关规定造成短征关税的，称为追征；非因纳税人违反海关规定造成短征关税的，称为补征。

（五）关税纳税争议

为保护纳税人合法权益，我国《海关法》和《关税条例》都规定了纳税义务人对海关确定的进出口货物的征税、减税、补税或者退税等有异议时，有提出申诉的权利。在纳税义务人同海关发生纳税争议时，可以向海关申请复议，但同时应当在规定期限内按海关核定的税额缴纳关税，逾期则构成滞纳，海关有权按规定采取强制执行措施。

六、行李和邮递物品进口税

行李和邮递物品进口税简称行邮税，是海关对入境旅客行李物品和个人邮递物品征收的进口税。由于其中包含了在进口环节征收的增值税、消费税，因而也是对个人非贸易性入境物品征收的进口关税和进口工商税收的总称。课税对象包括入境旅客、运输工具、服务人员携带的应税行李物品、个人邮递物品、馈赠物品以及以其他方式入境的个人物品等项物品，简称进口物品。上述所称的应税个人自用物品，不包括汽车、摩托车及其配件、附件。

纳税人是携带应税个人自用物品入境的旅客及运输工具服务人员，进口邮递物品的收件人，以及以其他方式进口应税个人自用物品的收件人。

入境旅客行李物品和个人邮递物品进口税税率表由国务院关税税则委员会审定后,海关总署对外公布实施。我国现行行邮税税率分为 50%、20%、10%三个档次:属于 50%税率的物品为烟、酒;属于 20%税率的物品,包括纺织品及其制成品,摄像机、摄录一体机、数码相机及其他电器用具、照相机、自行车、手表、钟表(含配件、附件)、化妆品;属于 10%税率的物品,包括书报、刊物、教育专用电影片、幻灯片、原版录音带、录像带,金、银及其制品,食品、饮料和其他商品。

进口税采用从价计征。纳税人应当按照海关填发税款缴纳书当日有效的税率和完税价格计算纳税。其应纳税额的计算公式为

$$应纳税额＝完税价格×适用税率$$

公式中,完税价格由海关参照该项物品的境外正常零售平均价格确定。

纳税人应当在海关放行应税个人自用物品之前缴清税款。

本 章 小 结

1．流转税是指以商品流转额和非商品营业额为课税对象的税种的统称。同其他税类相比,流转税具有课税对象普遍、以流转额为计税依据、计征简便和税负容易转嫁的特点。

2．增值税具有以增值额为课税对象、征收广泛、税收中性、实行税款抵扣制度和实行价外税制度的特点。增值税的类型有生产型、收入型和消费型。

3．增值税纳税人按会计核算水平和经营规模分为一般纳税人和小规模纳税人两类,分别采取不同的计税方法、适用税率,以及不同的发票使用制度。一般纳税人的纳税方法是用当期销项税额抵扣当期进项税额后的余额作为应纳税额,小规模纳税人的纳税方法是按照销售额和规定的征收率计算应纳税额的简易办法,并不得抵扣进项税额;一般纳税人适用于 17%或 13%的税率纳税,小规模纳税人适用于 3%的征收率纳税;一般纳税人销售货物或应税劳务,除另有规定外必须使用专用发票,小规模纳税人只能使用普通发票。

4．消费税是对规定的消费品和消费行为征收的一种税。消费税具有以下下特点:征收范围具有选择性、征收方法具有多样性、征税环节具有单一性、平均税率水平比较高且税负差异大、属于价内税且具有转嫁性和一般没有减免税规定。

5．我国消费税的纳税人为在中华人民共和国境内生产、委托加工和进口应税消费品的单位和个人,以及国务院确定的销售消费税暂行条例规定的消费品的其他单位和个人。我国现行消费税共有 13 个税目,有的税目还进一步划分为若干子目。消费税应纳税额的计算有从价定率计征、从量定额计征和从价从量复合计征 3 种方法。

6．关税是海关依法对进出境货物、物品征收的一种税。依据不同的分类标准和依据,关税可以划分为不同的种类。按照国际贸易商品的流向,关税可分为进口税、出口税和过境税;按照征税的目的不同,关税可分为财政关税、保护关税;按照税率制定的不同,关税可分为自主关税和协定关税;按照差别待遇和特定的实施情况,关税可以分为进口附加税、差价税、特惠税和普遍优惠制;按计征方式的不同,关税可以分为从量关税、从价关税、混合关税、选择性关税和滑动关税。

7. 我国关税的纳税人为进口货物的收货人、出口货物的发货人和进出境物品的所有人。

8. 行李和邮递物品进口税简称行邮税，是海关对入境旅客行李物品和个人邮递物品征收的进口税。由于其中包含了在进口环节征收的增值税、消费税，因而也是对个人非贸易性入境物品征收的进口关税和进口工商税收的总称。

习 题

一、选择题

1. 从理论上说，作为增值税课税对象的增值额是指（　　）。
   A. $V+M$　　　　　B. V　　　　　C. M　　　　　D. $C+V+M$

2. 下列业务中，不应征收增值税的是（　　）。
   A. 货物期货　　　　　　　　　　B. 银行销售金银的业务
   C. 融资租赁业务　　　　　　　　D. 典当业死当物品销售业务

3. 下列行为属于视同销售货物，应征收增值税的是（　　）。
   A. 某商店为服装厂代销儿童服装
   B. 某批发部门将外购的部分饮料用于职工福利
   C. 某企业将外购的水泥用于基建工程
   D. 某企业将外购的洗衣粉用于个人消费

4. 依据消费税的有关规定，下列行为中应缴纳消费税的是（　　）。
   A. 进口卷烟　　　B. 批发服装　　　C. 零售化妆品　　　D. 零售白酒

5. 对烟酒产品生产除了征收增值税外，还要征收（　　）。
   A. 消费税　　　B. 营业税　　　C. 资源税　　　D. 产品税

6. 根据消费税的有关规定，下列纳税人自产自用应税消费品不缴纳消费税的是（　　）。
   A. 炼油厂用于本企业基建部门车辆的自产汽油
   B. 汽车厂用于管理部门的自产汽车
   C. 日化厂用于赠送客户样品的自产化妆品
   D. 卷烟厂用于生产卷烟的自制烟丝

7. 下列各项中，适用增值税出口退税"先征后退"办法的是（　　）。
   A. 收购货物出口的外贸企业　　　　B. 受托代理出口货物的外贸企业
   C. 自营出口自产货物的生产企业　　D. 委托出口自产货物的生产企业

8. 关税是对（　　）我国关境的货物和物品征收的税。
   A. 进入　　　B. 出口　　　C. 进出　　　D. 流入

9. 关税税率随进口商品价格由高到低而由低到高设置，这种计征关税的方法称为（　　）。
   A. 从价税　　　B. 从量税　　　C. 复合税　　　D. 滑准税

10. 根据我国现行增值税的规定，纳税人提供下列劳务应当缴纳增值税的有（　　）。
    A. 汽车的租赁　　　B. 汽车的修理　　　C. 房屋修缮　　　D. 受托加工白酒

11. 增值税的征税范围是（　　）。

A．销售货物　　　　　　　　　　B．销售不动产
C．提供加工修理修配劳务　　　　D．进口货物

12．消费税的特征包括（　　）。
A．普遍征收　　B．选择性征收　　C．单环节课征制　　D．税负转嫁性

13．消费税中，下列（　　）消费品采取从量定额征收。
A．黄酒　　　　B．啤酒　　　　C．白酒　　　　D．汽油

14．《消费税条例》规定，消费税的纳税人是在中华人民共和国境内（　　）的单位和个人。
A．生产　　　　B．销售　　　　C．进口　　　　D．委托加工

15．根据税法规定，下列说法正确的有（　　）。
A．凡是征收消费税的消费品都属于征收增值税的货物的范畴
B．凡是征收增值税的货物都征收消费税
C．应税消费品征收增值税的，其税基含有消费税
D．应税消费品征收消费税的，其税基不含有增值税

16．下列各项中，应同时征收增值税和消费税的是（　　）。
A．批发环节销售的卷烟
B．零售环节销售的金基合金首饰
C．生产环节销售的普通护肤护发品
D．进口环节取得外国政府捐赠的小汽车

17．关税的强制执行措施包括（　　）。
A．征收关税滞纳金　　　　　　　B．强制扣缴
C．变价抵缴　　　　　　　　　　D．限制离境

18．下列可成为关税纳税义务人的有（　　）。
A．进口货物的收货人　　　　　　B．出口货物的发货人
C．进口邮递物品的收件人　　　　D．进口货物的发货人

二、判断题

1．为了鼓励购货方及早偿还货款，而给予购货方的货款折扣可以从货物销售额中减除。（　　）

2．我国目前增值税采用的是价外计税的办法。（　　）

3．纳税人采取以旧换新方式销售货物的，不得从新货物销售额中减除收购旧货物的款额。（　　）

4．出口货物增值税退税率是出口货物的实际增值税征税额与退税计税依据的比例。（　　）

5．2009年，我国增值税由过去的生产型变为消费型。（　　）

三、计算题

1．某商贸公司当月发生几笔购销业务。

（1）购入货物取得的增值税专用发票上注明的货款金额为200万元，税款为34万元。同时购进免税农产品，支付收购价款3万元。

（2）销售货物开具的专用发票上注明的销售价款为500万元，税款为85万元；另外，用以旧换新方式向消费者个人销售货物80万元（已扣除收购旧货支付的款额6万元）。

（3）委托某加工企业为其加工制作了一批广告性质的礼品分送给客户及购货人，加工单位开具的专用发票上注明的价款 8 万元，同类货物的市场价格为 10 万元。

假设上述各项购销货物税率均为 17%，计算该商贸公司当月应纳增值税税额。

2. 某白酒生产企业为增值税一般纳税人，2015 年 1 月向某商场销售粮食白酒 3.5 吨、薯类白酒 2 吨，价税合计为 234 000 元，并收取品牌使用费 11 700 元及包装物押金 7 020 元。计算该某白酒生产企业 2015 年 1 月应纳消费税税额。

四、名词概念

1. 增值税　　　　2. 销项税额　　　3. 进项税额　　　4. 混合销售行为
5. 兼营非增值税应税劳务行为　　　6. 出口货物退税　　　7. 消费税
8. 关税　　　　　9. 行李和邮递物品进口税

五、问答题

1. 增值税有哪几种类型？
2. 简述增值税的特点。
3. 简述我国增值税的征税范围。
4. 消费税有何特点？
5. 现行消费税应纳税额的计算方法有哪几种？
6. 简述关税的分类。

案 例 分 析

关于日英美等国的消费税调整

资料 1

综合外电 2008 年 11 月 3 日报道，日本经济财政大臣与谢野馨（Kaoru Yosano）2 日表示，如果日本 2010 年中期以前不将销售税由目前的 5% 上调至 10%，公共财政将承压。

与谢野馨表示，考虑到日本经济疲弱，日本不应在 2011 年前提高销售税率，但由于预期 2015 财年日本政府将向社会证券支出 6 万亿日元，如果 2010 年中期之前不将销售税提高至 10%，日本公共财政将承压。

日本内阁府表示，根据 2007 财年预算，将销售税率提高 1 个百分点将促使政府收入增加 2.7 万亿日元。

日本首相麻生太郎（Taro Aso）10 月 30 日曾表示，将在 3 年内逐步提高销售税，他还预计日本经济未来 3 年将回升。

资料 2

英国葡萄酒烈酒贸易协会（WSTA）称，前日财政大臣宣布将同时削减增值税（VAT）、提高酒税，此举可能推动廉价酒的价格上涨。

WSTA 计算了新税率下葡萄酒的价格，一瓶 4 英镑的葡萄酒价格将升至 4.05 英镑，5 英镑葡萄酒会涨到 5.03 英镑。

调查数字显示，82%的顾客消费 5 英镑以下的葡萄酒，也就是说，在这个圣诞节，大多数人要为酒税上涨政策买单。

WSTA 执行总裁 Jeremy Beadles 说：一个宣称为大多数人利益立法的政府，实际上却在惩罚大多数普通消费者，人们努力工作着，只是希望少花些钱来享受一点酒品。

不过，财政大臣决定将增值税从 17.5%降至 15%，消费税上调 8%，可能会使高档葡萄酒的价格下滑。Beadles 补充称，在繁忙的圣诞季节上调酒税，对酒饮行业是一个沉重打击，不会有助于英国经济的发展。

资料 3

美国马里兰州参议院和众议院正在考虑一项将雪茄税再提高 10%的议案。

这项提案的目标，是将包括雪茄以及其他非卷烟烟草在内的其他烟草产品的税率，从批发价格的 15%提高到批发价格的 25%，这个举措将给马里兰州 2009 年的卷烟赔偿基金预算增加约 1650 万美元。这个基金的建立，是为了给宣传戒烟与预防吸烟的计划提供资金。新罕布什尔州也提出了一个类似的提案。1999 年 5 月，马里兰州制定了 15%的雪茄税率，成为美国第 44 个推行专门为雪茄制定税率的州。2008 年 2 月，马里兰州在全州范围内执行了适用于饭店与酒吧的全面吸烟禁令。雪茄提税将于 2008 年 7 月 1 日开始生效。

（资料来源：http: //211.151.89.150/2007/sf/）

问题：

1．消费税有哪些功能？

2．在全球经济低落的今天，为什么各国纷纷调节消费税的税率？

3．你认为以上各国对消费税的调整将对各国的相关产业会产生什么样的直接和间接影响？

第十章

所 得 税

 导读

所得税作为"良税",其具有的稳定经济、缩小贫富差距的功能越来越被世界各国重视,所得税对调节经济和收入分配具有重要作用。本章主要讲述所得税各税种的税制构成要素及应纳税额的计算。通过本章的学习,应了解企业所得税、个人所得税的基本知识,理解各税种的概念及特点,掌握各税种的纳税人、征税范围及应纳税额的计算。

 学习重点

企业所得税可以扣除及不可以扣除的项目,个人所得税的税目及其具体的规定。

 学习难点

企业所得税、个人所得税应纳税额的计算。

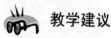 教学建议

以课堂讲授为主,适当结合案例教学和引导学生课堂讨论,要求学生能掌握企业所得税、个人所得税的计算。

第一节 所得税概述

所得税(Income Tax)又称收益税,即国家对法人、自然人和其他经济组织从事劳动、投资等活动取得的各种所得课征的税收的总称。所得税创立于1798年,英国皮特政府时期为了筹集军费的需要,颁布了一种新税种,该税以纳税人上年度的纳税额为计税依据,并对富有阶级课以重税,同时制定了各种宽免、扣除规定,这就是所得税的雏形。进入19世纪大多数资本主义国家相继开征了所得税,使其逐渐成为大多数国家的主体税种。到目前为止,世界上有一百六十多个国家和地区开征了所得税。

一、所得税的特征

所得税作为一种"良税",与其他税种比较起来具有以下的特点。

（一）税负相对公平

所得课税是以纯收入或净所得为计税依据，并一般实行多得多征，少得少征的原则，合乎量能课税的原则。

（二）一般不存在重复征税问题

所得课税征税环节单一，只要不存在两个或两个以上的课税主体，就不会出现重复征税问题，不影响商品的相对价格，因而不会影响到市场的正常运行。

（三）有利于维护国家的经济权益

在国际交往日益频繁的今天，所得税所具有的可以跨国征税的天然属性可以很好地维护本国的权益。

（四）课税有弹性

所得来源于经济资源的利用和剩余产品的增加，从长远来看，随着资源利用效率的提高，剩余产品将不断增加，而政府可以根据需要灵活调整，以适用政府收支的增减。

二、所得税的作用

所得税是国家筹集资金的重要手段，也是促进社会公平分配和稳定经济的杠杆。所得税是一种有效的再分配手段，它通过累进课征可以缩小社会贫富和企业之间实际收入水平的差距，通过减免税对特殊困难的纳税人给予种种照顾，从而缓解社会矛盾，维持社会安宁；同时，由于所得税所具有的弹性特征，使得政府可以根据社会总供给和总需求的关系灵活调整税负水平，抑制经济波动，起到"自动稳定器"的作用，这也使其成为了各个国家进行宏观调控的重要手段。

三、所得税的分类

现行各国常见的所得税可以分为企业所得税和个人所得税，本章也将对这两种常见税种进行介绍。

第二节 企业所得税

一、企业所得税的概念

企业所得税是对我国境内的企业和其他有收入的组织的生产经营所得和其他所得征收的一种税。其中，企业可以分为居民企业和非居民企业。居民企业是指依法在我国境内成立或依据外国法律成立但实际管理机构在我国境内的企业；非居民企业是指依据外国法律成立且实际管理机构不在我国境内但在我国境内设立机构、场所，或没有设立机构、场所但有来源于我国境内所得的企业。

二、企业所得税的纳税人

企业所得税的纳税人是指在我国境内的企业和其他有收入的组织。根据《中华人民共和国企业所得税法》（以下简称《企业所得税法》）的规定，除个人独资企业和合伙企业以外的企业和有收入的组织均为我国企业所得税的纳税人。

三、企业所得税的税率

根据《企业所得税法》的规定，我国企业所得税的税率可以分为两档四类。

（1）基本税率：25%，适用于绝大多数企业和有收入的组织。

（2）低税率：① 20%，自2014年1月1日至2016年12月31日，对年应纳税所得额低于10万元（含10万元）的小型微利企业，其所得减按50%计入应纳税所得额，按20%的税率缴纳企业所得税。所称小型微利企业，是指符合《中华人民共和国企业所得税法》及其实施条例以及相关税收政策规定的小型微利企业。② 15%，适用于国家需要重点扶持的高新技术企业。③ 10%，适用于在我国境内未设立机构、场所或虽设立机构、场所但取得的所得和其设立的机构、场所没有实际联系的非居民企业。

四、企业所得税的计算

（一）直接计算法

根据《企业所得税法》的规定，企业所得税的计税依据是应纳税所得额，具体可以表示为企业每一个纳税年度的收入总额，减除不征税收入、免税收入、各项可以扣除的项目以及允许弥补的以前年度亏损后的余额。基本公式为

应纳税所得额＝收入总额－不征税收入－免税收入－各项扣除－以前年度亏损

企业应纳税所得额的计算以权责发生制为基本原则，属于当期的收入和费用，无论款项是否收付均作为当期的收入和费用；不属于当期的收入和费用即使款项已经在当期收付也不能作为当期的收入和费用。因此，在《企业所得税法》中对应纳税所得额进行了明确规定，主要内容包括收入总额、扣除标准和对象、亏损弥补等。

1. 收入总额

企业以货币形式和非货币形式从各种来源中取得的收入，为收入总额，其具体包括货币收入和非货币收入两种形式。

货币收入是指企业取得的现金以及将以固定或可确定金额的货币收取的收入，具体包括现金（库存现金、银行存款和其他货币资金）、应收账款和应收票据以及准备持有至到期日的债券投资、债务的豁免等。

非货币收入是指企业取得的货币形式以外的收入，包括存货（原材料、包装物、低值易耗品、库存商品、委托加工物资、委托代销商品、分期收款发出商品等）、固定资产、无形资产、股权投资、不准备持有至到期的债券投资等。对企业以非货币形式取得的收入，有别于货币性收入的固定性和确定性，通常按公允价格来确定收入额。公允价格是指独立企业之间按公平交易原则和经营常规，自愿进行资产和债务清偿的金额。但有些收入总额的确认相对比较特殊，比如以分期收款方式销售货物的应按照合同约定的收款日期确认收入等。

2. 不征税收入

不征税收入是指从性质或根源上不属于企业营利性活动带来的经济利益、不负有纳税义务并作为应纳税所得额组成部分的收入。

根据《企业所得税法》的规定，不征税收入包括：财政拨款、依法收取并纳入财政管理的行政事业性收费、政府性基金等。

3. 免税收入

免税收入是指属于企业的应纳税所得但按照税法规定免予征收企业所得税的收入。

根据《企业所得税法》的规定，免税收入包括：国债利息收入，符合条件的居民企业之间的股息、红利收入，在我国境内设立机构、场所的非居民企业从居民企业取得的与该机构、场所有实际关联的股息、红利收入，符合条件的非营利公益组织的收入等。

4. 各项扣除

在企业所得税应纳税所得额的确定过程中，最难掌握的就是各项扣除（也有的称为可以扣除的项目），其可以分为可以扣除和不可以扣除两项。

企业可以扣除的项目可以分为成本、费用、损失、税金四类，重点掌握以下 10 项。

（1）可以扣除的项目。

① 工资、薪金支出。企业发生的合理的工资、薪金，准予扣除。工资、薪金，是指企业每一纳税年度支付给在本企业任职或者受雇的员工的所有现金或者非现金形式的劳动报酬，包括基本工资、奖金、津贴、补贴、年终加薪、加班工资，以及与任职或者受雇有关的其他支出。

本条规定，可以从以下几个方面来理解。

必须是实际发生的工资薪金支出；作为企业税前扣除项目的工资薪金支出，应该是企业已经实际支付给其职工的那部分工资薪金支出，尚未支付的所谓应付工资薪金支出，不能在其未支付的这个纳税年度内扣除，只有等到实际发生后，才准予税前扣除；工资薪金的发放对象是在本企业任职或者受雇的员工；工资薪金的标准应该限于合理的范围和幅度；工资薪金的表现形式包括所有现金和非现金形式。

② 职工福利费、工会经费、职工教育经费。超过标准的按标准扣除，没超过扣除标准的据实扣除。

企业发生的职工福利费支出，不超过工资薪金总额 14% 的部分准予扣除。

企业拨缴的工会经费，不超过工资薪金总额 2% 的部分准予扣除。

除国务院财政、税务主管部门或者省级人民政府规定外，企业发生的职工教育经费支出，不超过工资薪金总额 2.5% 的部分准予扣除，超过部分准予结转以后纳税年度扣除。

软件生产企业发生的职工教育经费中的职工培训经费，根据有关规定可以全额在企业所得税前扣除。软件生产企业应准确划分职工教育经费和职工培训经费，对于不能准确划分的以及准确划分后职工教育经费中扣除职工培训经费的余额，一律按照工资薪金总额 2.5% 扣除。

③ 保险费。企业参加财产保险，按照规定缴纳的保险费，准予扣除。

企业依照国务院有关主管部门或者省级人民政府规定的范围和标准为职工缴纳的"五险一金"，即基本养老保险费、基本医疗保险费、失业保险费、工伤保险费、生育保险费等基本社会保险费和住房公积金，准予扣除。

企业为投资者或者职工支付的补充养老保险费、补充医疗保险费，在国务院财政、税务主管部门规定的范围和标准内，准予扣除。

企业为投资者或者职工支付的商业保险费，不得扣除。企业依照国家有关规定为特殊工种职工支付的人身安全保险费和符合国务院财政、税务主管部门规定可以扣除的商业保险费准予扣除。

④ 利息费用。企业在生产、经营活动中发生的利息费用，按下列规定扣除。

非金融企业向金融企业借款的利息支出、金融企业的各项存款利息支出和同业拆借利息支出、企业经批准发行债券的利息支出可据实扣除。

非金融企业向非金融企业借款的利息支出，不超过按照金融企业同期同类贷款利率计算的数额的部分可据实扣除，超过部分不许扣除。

⑤ 业务招待费。企业发生的与生产经营活动有关的业务招待费支出，按照发生额的60%扣除，但最高不得超过当年销售（营业）收入的5‰。这里需要比较当期业务招待费的60%和当年销售收入的5‰，取其小者，且超标部分不得向以后年度结转。

⑥ 广告费和业务宣传费。广告费和业务宣传费除国务院财政、税务主管机关另有规定外，不超过当年销售（营业）收入15%的部分，准予扣除；超过部分，准予结转以后纳税年度扣除。企业申报扣除的广告费支出应与赞助支出严格区分。企业申报扣除的广告费支出，必须符合下列条件：广告是通过工商部门批准的专门机构制作的；已实际支付费用，并已取得相应发票；通过一定的媒体传播。

【例10-1】 某企业第一年收入100万元，实际广告费和业务宣传费25万元，则第一年可以扣除的标准为100×15%＝15万元；纳税调整增加10万元，但该10万元可以向以后纳税年度结转。

假如第二年收入500万元，实际广告支出60万元，扣除标准为500×15%＝75万元。60万元小于75万元，60万元可以全部扣除。同时上一年结转而来的10万元也可以扣除，实际扣除70万元。

对采取特许权经营模式的饮料制造企业，饮料品牌使用方发生的不超过当年销售（营业）收入30%的广告费和业务宣传费支出可以在本企业扣除，也可以将其中的部分或全部归集到饮料品牌持有方或管理方，由饮料品牌持有方或管理方作为销售费用据实在企业所得税前扣除。

烟草企业的烟草广告费和业务宣传费支出一律不得在计算应纳税所得额时扣除。

⑦ 企业当期发生的固定资产、流动资产盘亏、毁损净损失经主管税务机关审核后可以扣除。

⑧ 依照有关法律、行政法规和国家有关税法规定准予扣除的其他项目如会员费、合理的会议费、差旅费、违约金、诉讼费用等。

⑨ 手续费及佣金支出。企业发生的与生产经营有关的手续费及佣金支出，不超过以下规定计算限额的准予扣除，超过部分，不得扣除。

保险企业：财产保险企业按当年全部保费收入扣除退保金等后的余额的15%（含本数，下同）计算限额；人身保险企业按当年全部保费收入扣除退保金等后的余额的10%计算限额。

其他企业：按与具有合法经营资格中介服务机构或个人（不含交易双方及其雇员、代理人和代表人等）所签订服务协议或合同确认的收入金额的5%计算限额。

企业应与具有合法经营资格的中介服务机构或个人签订代办协议或合同，并按国家有关规定支付手续费及佣金。除委托个人代理外，企业以现金等非转账方式支付的手续费及佣金不得在税前扣除。企业为发行权益性证券支付给有关证券承销机构的手续费及佣金不得在税前扣除。

企业不得将手续费及佣金支出计入回扣、业务提成、返利、进场费等费用。

企业已计入固定资产、无形资产等相关资产的手续费及佣金支出，应当通过折旧、摊销等方式分期扣除，不得在当期直接扣除。

企业支付的手续费及佣金不得直接冲减服务协议或合同金额，并如实入账。

企业应当如实向当地主管税务机关提供当年手续费及佣金计算分配表和其他相关资料，并依法取得合法真实凭证。

⑩ 公益性捐赠支出。公益性捐赠是指企业通过公益性社会团体、公益性群众团体或县级（含县级）以上人民政府及其部门，用于《中华人民共和国公益事业捐赠法》规定的公益事业的捐赠。

企业发生的公益性捐赠支出，不超过企业当年会计利润的12%的部分可以扣除。当年会计利润是指企业按照国家统一会计制度的规定计算的年度会计利润。

（2）不可以扣除的项目。

① 向投资者支付的股息、红利等权益性投资收益款项。

② 企业所得税税款。

③ 税收滞纳金，是指纳税人违反税收法规，被税务机关处以的滞纳金。

④ 罚金、罚款和被没收财物的损失，是指纳税人违反国家有关法律、法规规定，被有关部门处以的罚款，以及被司法机关处以的罚金和被没收的财物。

⑤ 超过规定标准的捐赠支出。

⑥ 赞助支出，是指企业发生的与生产经营活动无关的各种非广告性质支出。

⑦ 未经核定的准备金支出，是指不符合国务院财政、税务主管部门规定的各项资产减值准备、风险准备等准备金支出。

⑧ 企业之间支付的管理费、企业内营业机构之间支付的租金和特许权使用费，以及非银行企业内营业机构之间支付的利息，不得扣除。

⑨ 与取得收入无关的其他支出。

5. 亏损弥补

亏损是指企业按照《企业所得税法》及其暂行条例的规定，将每一纳税年度的收入总额减除不征税收入、免税收入和各项扣除后小于零的数额。按照税法的规定，企业某一纳税年度发生的亏损可以用下一年的所得弥补，下一年度的所得不足以弥补的，可以逐年延续弥补，但最长不得超过5年。

（二）间接计算法

在间接计算法下，应纳税所得额是在会计利润总额的基础上加或减按照税法规定调整的项目金额后的所得额。其计算公式为

应纳税所得额＝会计利润总额±纳税调整项目金额

税收调整项目金额包括两个方面的内容：一是企业的财务会计处理和税法规定的不一致造成的应予以调整的金额；二是企业按照税法规定准予扣除的税收金额。

【例10-2】 2015年某企业财务资料如下。

（1）产品销售收入890万元，国债利息收入5万元，取得政府性基金收入5万元。

（2）该企业全年发生的产品销售成本430万元，销售费用80万元，管理费用25万元，财务费用10万元，营业外支出3万元（其中缴纳税收滞纳金1万元），按税法规定缴纳增值

税 90 万元，消费税及附加 7.2 万元。

（3）2014 年经税务机关核定的亏损 30 万元。

（4）2015 年已经预缴企业所得税 60 万元。

已知该企业适用的企业所得税税率为 25%，问该企业 2015 年应纳企业所得税的金额。

该企业 2015 年的收入总额为 890＋5＋5＝900（万元）。

该企业 2015 年可以扣除的项目总额为 430＋80＋25＋10＋(3－1)＋7.2＝554.2（万元）。

该企业 2015 年的应纳税所得额为 900－5－5－554.2－30＝305.8（万元）。

该企业 2015 年应纳企业所得税为 305.8×25%＝76.45（万元）。

该企业 2015 年应补缴的企业所得税为 76.45－60＝16.45（万元）。

【例 10-3】 某中外合资家电企业，共有在册职工 120 人，资产 3 500 万元。2015 年销售产品取得不含税收入 2 500 万元，会计利润 600 万元，已预缴所得税 150 万元。经会计师事务所审核，发现以下几个问题。

（1）期间费用中广告费 450 万元，业务招待费 15 万元。

（2）营业外支出 50 万元（含通过公益性社会团体向贫困地区捐款 30 万元，直接捐赠 6 万元）。

（3）计入成本、费用中的实发工资总额 150 万元，拨缴职工工会经费 3 万元（并取得专用收据）、支出职工福利费 23 万元和职工教育经费 6 万元。

（4）去年发生的亏损为 10 万元。

试用会计利润调整法计算当年应纳企业所得税。

根据题中条件可知，企业的会计利润为 600 万元，关键是调整的项目的金额。

广告费：按照规定调整金额为 450－2 500×15%＝75（万元）（调增）。

业务招待费：按照规定其上限为 2 500×5‰＝12.5（万元），实际可以列支发生额的 60%，即 15×60%＝9（万元），按照税法规定应该取两者的较小的金额故为 9 万元，所以应该调增的金额为 15－9＝6（万元）。

公益性捐赠的限额为 600×12%＝72（万元），由于实际捐赠的小于这个数量，故不需要调整，但直接捐赠的 6 万元不满足税法的规定应全额调增。

工会经费的扣除限额为 150×2%＝3（万元），实际经费为 3 万元，故不需要调整。

职工福利费扣除限额为 150×14%＝21（万元），实际支出 23 万元，故应当调增 2 万元。

职工教育经费扣除限额为 150×2.5%＝3.75（万元），实际支出 6 万元，故应当调增 6－3.75＝2.25（万元）。

故当年应纳税额为 (600＋75＋6＋6＋2＋2.25－10)×25%－150＝20.31（万元）。

（三）核定征收

为了加强企业所得税的征收管理，我国除了采取核算征收外对部分居民纳税人采取了核定征收企业所得税的办法。

1. 核定征收的适用范围

除规定不得实行核定征收的企业外，实行核定征收方式征收企业所得税的企业须符合以下条件之一。

（1）依照法律、行政法规的规定可以不设置账簿的。

（2）依照法律、行政法规的规定应当设置但未设置账簿的。

（3）擅自销毁账簿或者拒不提供纳税资料的。

（4）虽设置账簿，但账目混乱或者成本资料、收入凭证、费用凭证残缺不全，难以查账的。

（5）发生纳税义务，未按照规定的期限办理纳税申报，经税务机关责令限期申报，逾期仍不申报的。

（6）申报的计税依据明显偏低，又无正当理由的。

2. 不适用于核定征收的范围

（1）享受《企业所得税法》及其实施条例和国务院规定的一项或几项企业所得税优惠政策的企业（不包括仅享受《企业所得税法》第二十六条规定免税收入优惠政策的企业）。

（2）汇总纳税企业。

（3）上市公司。

（4）金融企业。包括：银行、信用社、小额贷款公司、保险公司、证券公司、期货公司、信托投资公司、金融资产管理公司、融资租赁公司、担保公司、财务公司、典当公司等12类金融企业。

（5）社会中介机构。包括：会计、审计、资产评估、税务、房地产估价、土地估价、工程造价、律师、价格鉴证、公证机构、基层法律服务机构、专利代理、商标代理以及其他经济鉴证类的社会中介机构。

（6）以投资为主要经营业务的企业。

（7）从事房地产开发的企业。

（8）上年度企业所得税应税收入超过以下规定规模的企业，特殊情况除外。

① 以制造业或加工、修理修配业为主营项目、上年度应税收入达到或超过1 000万元的企业。

② 以建筑业或饮食业为主营项目、上年度应税收入达到或超过3 000万元的企业。

③ 除上述行业外，其他行业的上年度应税收入达到或超过2 000万元的企业。

（9）上年度企业的利润率高于行业应税所得率规定幅度最高标准的企业。

（10）外资企业原则上不实行核定征收方式，餐饮企业除外。

（11）其他规定不得实行核定征收方式的企业。

3. 所得税定率征收企业的计算方法

企业根据税务机关鉴定的行业应税所得率，在纳税年度内根据收入总额或成本费用支出的实际发生额，按以下方法计算各期企业所得税预缴额和年度应纳所得税额，并按规定向税务机关进行申报纳税。

（1）预缴所得税额的计算。

$$应纳所得税额＝应纳税所得额×适用税率$$
$$应纳税所得额＝应税收入额×应税所得率$$

或

$$应纳税所得额＝成本(费用)支出额/(1-应税所得率)×应税所得率$$
$$应税收入额＝收入总额-不征税收入-免税收入$$

(2) 年度应纳所得税额的计算。

$$应纳所得税额＝应纳税所得额×适用税率$$
$$应纳税所得额＝应税收入额×应税所得率$$

或

$$应纳税所得额＝成本(费用)支出额/(1－应税所得率)×应税所得率$$
$$应税收入额＝收入总额－不征税收入－免税收入$$

(3) 收入总额是指《企业所得税法》及其实施条例规定的收入总额，包括以货币形式和非货币形式从各种来源取得的收入。

4. 所得税定率征收的应税所得率的确定

(1) 企业适用的应税所得率由税务机关根据企业的主营业务、上年度实际应税收入，生产经营规模和盈利水平，以及区域经济发展情况，在规定的行业应税所得率幅度范围内进行确定，应税所得率幅度见表10-1。

表10-1 应税所得率幅度标准

行　业	应税所得率（%）
农、林、牧、渔业	3～10
制造业	5～15
批发和零售贸易业	4～15
交通运输业	7～15
建筑业	8～20
饮食业	8～25
娱乐业	15～30
其他行业	10～30

(2) 企业经营多业的，无论其经营项目是否单独核算，均根据其主营项目确定适用的应税所得率。如兼营项目所属行业应税所得率高于主营项目所属行业应税所得率的，应在应税所得率的幅度标准范围内上调处理；如兼营项目所属行业应税所得率低于主营项目所属行业应税所得率的，则以主营项目所属行业应税所得率确定。主营项目应为企业所有经营项目中，收入总额、成本（费用）支出额或者耗用原材料、燃料、动力数量所占比重最大的项目。

5. 所得税定率征收企业的纳税申报

实行定率征收企业须按月或按季预缴企业所得税，年终进行企业所得税汇算清缴。具体申报方法如下。

(1) 预缴申报。企业应在月份或季度终了后15天内，依照核定的应税所得率计算纳税期间实际应缴纳的税额，进行预缴申报。按实际数额预缴有困难的，经主管税务机关同意，可按上一年度应纳税额的1/12或1/4预缴，或者按经主管税务机关认可的其他方法预缴。

预缴申报可采取网上申报、电话申报和携带纸质申报表到主管税务机关办税大厅申报等方式。

（2）年度申报及汇算清缴。企业应在年度终了后5个月内，根据企业的实际应税收入，依照核定的应税所得率如实填报企业所得税纳税申报表，到主管税务机关办税大厅办理企业所得税的年度纳税申报及汇算清缴。

企业办理年度纳税申报时，应附送以下资料：企业所得税纳税申报表、年度收支情况报告表、减免税有关备案资料（享受所得税减免企业报送）、主管税务机关要求报送的其他资料。

6. 所得税定率征收企业的注意事项

定率征收企业出现下列情形的，应在年度终了后15日内，及时向主管税务机关书面报告相关的具体情况。

（1）经营范围、主营业务发生变化的。

（2）本年度应纳税收入达到或超过本办法第一条第（二）款第八项规定规模的。

（3）本年度企业的利润率与核定应税所得率比较，增加达到或超过20%的。

主管税务机关对企业依规定报告的经营变化情况，将进行认真核查，并根据核查情况，在年度终了后3个月内做出调整或保留企业已鉴定的征收方式及应税所得率的处理。

（四）境外所得的抵免

《企业所得税法》规定，居民企业应当就其来源于中国境内、境外的所得缴纳企业所得税；非居民企业在中国境内设立机构、场所的，应当就其所设机构、场所取得的来源于中国境内的所得，以及发生在中国境外但与其所设机构、场所有实际联系的所得，缴纳企业所得税。企业取得的下列所得已在境外缴纳的所得税税额，可以从其当期应纳税额中抵免，抵免限额为该项所得依照本法规定计算的应纳税额；超过抵免限额的部分，可在以后5个纳税年度内，用每年度抵免限额抵免当年应抵税额后的余额进行抵补。

（1）居民企业来源于中国境外的应税所得。

（2）非居民企业在中国境内设立机构、场所，取得发生在中国境外但与该机构、场所有实际联系的应税所得。

居民企业从其直接或间接控制的外国企业分得的来源于中国境外的股息、红利等权益性投资收益，外国企业在境外实际缴纳的所得税税额中属于该项所得负担的部分，可作为该居民企业的可抵免境外所得税税额，在本法第二十三条规定的抵免限额内抵免。新税法保留了原税法对境外所得直接负担的所得税给予抵免的方法，又引入了对股息、红利间接负担的所得税给予抵免，即间接抵免法。直接、间接控制注意20%控股比例。其实施条例规定，直接控制是指居民企业直接持有外国企业20%以上股份。间接控制是指居民企业以间接持股方式持有外国企业20%以上股份，具体认定办法由国务院、财政部、税务主管部门另行制定。

此外，新税法第十四条规定，企业对外投资期间，投资资产的成本在计算应纳税所得额时不得扣除；第十七条规定，企业在汇总计算缴纳企业所得税时，其境外营业机构的亏损不得抵减境内营业机构的盈利；第十八条规定，企业纳税年度发生的亏损，准予向以后年度结转，用以后年度的所得弥补，但结转年限最长不得超过5年；第十九条规定，非居民企业取得本法第三条第三款规定的所得，按照下列方法计算其应纳税所得额。

（1）股息、红利等权益性投资收益和利息、租金、特许权使用费所得，以收入全额为应纳税所得额。

（2）转让财产所得，以收入全额减除财产净值后的余额为应纳税所得额。

(3) 其他所得，参照前两项规定的方法计算应纳税所得额。

其实施条例规定，除国务院、财政部、税务主管部门另有规定外，该抵免限额应当分国（地区）不分项计算，计算公式如下：

抵免限额＝中国境内、境外所得依照企业所得税法和本条例的规定计算的应纳税总额×来源于某国（地区）的应纳税所得额/中国境内、境外应纳税所得总额

企业境外业务之间的盈亏可以相互弥补，但企业境内外之间的盈亏不得相互弥补。按照有关规定，纳税人在境外缴纳的所得税，在汇总纳税时，可采取分国不分项抵免方法，即纳税人在境外已缴纳的所得税应按国别（地区）进行抵免，并按分国（地区）计算抵免限额。纳税人在境外各国（地区）已缴纳的所得税税款低于计算出的该国（地区）境外所得所得税税额的抵免限额，可以从应纳税额中按实际扣除；超过抵免限额的，应按计算出的抵免限额进行扣除，其超过部分不得在本年度的应纳税额中扣除，也不得作为费用列支，但可以在不超过 5 年的期限内继续抵免。

当存在境外所得时，企业全年应纳税额的计算公式为

全年应纳税额＝境外、境内应纳税所得额×适用税率－境外所得税抵免额

需要注意的是，根据《国家税务总局关于企业所得税汇算清缴纳税申报鉴证业务准则（试行）的通知》（国税发〔2007〕10 号）的规定，进行境外所得税抵扣须通过以下审核。

（1）获取境外所得税抵扣和计算明细表，并与企业所得税纳税申报表等账表核对一致。

（2）审核企业境外收入总额是否按照税收规定的范围和标准扣除境外发生的成本、费用，计算的境外所得、境外免税所得及境外应纳税所得额金额是否符合有关税收规定。

（3）审核并确认企业本年度境外所得税扣除限额和抵扣金额是否符合有关税收规定，计算的金额是否准确。

【例 10-4】总机构设在中国境内的某外商投资企业，2015 年该企业境内生产经营所得 1000 万元，同期从在英国设立的分公司取得生产经营所得折合人民币 500 万元，并在英国已实际缴纳所得税税款折合人民币 160 万元，从设在印度的分公司取得生产经营所得折合人民币 200 万元，并在印度已实际缴纳所得税税款折合人民币 25 万元。计算该企业本年度应纳企业所得税的金额。

英国生产经营所得已纳税款的抵免限额为 500×25%＝125（万元），由于实际缴纳为 160 万元，故超过的 35 万元不得在本年度抵免。

印度生产经营所得已纳税款的抵免限额为 200×25%＝50（万元），由于实际缴纳的为 25（万元），没有超过抵免限额，故可以按照实际缴纳金额进行抵免。

该企业全年应纳税款为(1 000＋500＋200)×25%－125－25＝275（万元）。

五、企业所得税的税收优惠

（一）免征企业所得税的项目

（1）蔬菜、谷物、薯类、油料、豆类、棉花、麻类、糖料、水果、坚果的种植。

（2）农作物新品种的选育。

（3）中药材的种植。

（4）林木的培育和种植。

（5）牲畜、家禽的饲养。

（6）林产品的采集。

（7）灌溉、农产品初加工、兽医、农技推广、农机作业和维修等农、林、牧、渔服务业项目。

（8）远洋捕捞。

（二）减半征收企业所得税的项目

（1）花卉、茶以及其他饮料作物和香料作物的种植。

（2）海水养殖、内陆养殖。

企业从事国家限制和禁止发展的项目，不得享受本条规定的企业所得税优惠。

（三）从事国家重点扶持的公共基础设施项目投资经营的所得

企业从事国家重点扶持的公共基础设施项目的投资经营的所得自项目取得第一笔生产经营收入所属纳税年度起，第一年至第三年免征企业所得税，第四年至第六年减半征收企业所得税。

（四）从事符合条件的环境保护、节能节水项目的所得

环境保护、节能节水项目的所得，自项目取得第一笔生产经营收入所属纳税年度起，第一年至第三年免征企业所得税，第四年至第六年减半征收企业所得税。

（五）符合条件的技术转让所得

《企业所得税法》中所称的符合条件的技术转让所得免征、减征企业所得税，是指一个纳税年度内，符合条件的环境保护、节能节水项目，包括公共污水处理、公共垃圾处理、沼气综合开发利用、节能减排技术改造、海水淡化等。项目的具体条件和范围由国务院财政、税务主管部门制定，报国务院批准后公布施行。但是以上规定享受减免税优惠的项目，在减免税期限内转让的，受让方自受让之日起，可以在剩余期限内享受规定的减免税优惠；减免税期限届满后转让的，受让方不得就该项目重复享受减免税优惠。

居民企业转让技术所有权所得不超过500万元的部分，免征企业所得税；超过500万元的部分，减半征收企业所得税。

（六）小型微利企业优惠

《中华人民共和国企业所得税法实施条例》第九十二条规定，符合条件的小型微利企业，是指从事国家非限制和禁止行业，并符合下列条件的企业。

（1）工业企业，年度应纳税所得额不超过30万元，从业人数不超过100人，资产总额不超过3 000万元；

（2）其他企业，年度应纳税所得额不超过30万元，从业人数不超过80人，资产总额不超过1 000万元。

是否符合小型微利企业条件，应结合《企业所得税法》及其实施条例，以及《国家税务总局关于小型微利企业所得税预缴问题的通知》（国税函〔2008〕251号）的规定，进行如下几个方面的判断。

（1）必须是从事国家非限制和禁止的行业。对于国家限制和禁止行业的企业，将不得享

受企业所得税优惠税率。在行业性质的认定上,根据《国家统计局关于贯彻执行新〈国民经济行业分类〉国家标准(GB/T4754—2002)的通知》(国统字〔2002〕044号)的规定,工业包括采矿业、制造业、电力、燃气及水的生产和供应业等;其他企业是除了工业企业外的其他类型企业,包括服务企业、商业流通企业等。

(2)"从业人数"按企业全年平均从业人数计算。

(3)"资产总额"按企业年初和年末的资产总额平均计算。

(4)应纳税所得额符合要求。

对小型微利企业按照20%税率缴税。

(七)创业企业优惠

创业投资企业从事国家需要重点扶持和鼓励的创业投资,可以按投资额的一定比例抵扣应纳税所得额。具体条件是指创业投资企业采取股权投资方式投资于未上市的中小高新技术企业两年以上的,可以按照其投资额的70%在股权持有满两年的当年抵扣该创业投资企业的应纳税所得额;当年不足抵扣的,可以在以后纳税年度结转抵扣。

六、纳税地点

(1)除税收法律、行政法规另有规定外,居民企业以企业登记注册地为纳税地点;但登记注册地在境外的,以实际管理机构所在地为纳税地点。企业注册登记地是指企业按照国家有关规定登记注册的住所地。

(2)居民企业在中国境内设立不具有法人资格的营业机构,应当汇总计算并缴纳企业所得税。企业汇总计算并缴纳企业所得税时应当统一核算应纳税所得额,具体方法由国务院财政、税务主管部门另行规定。

(3)非居民企业在中国境内设立机构、场所的,应当就其所设机构、场所取得的来源于中国境内的所得,以及发生在中国境外但与其所设机构、场所有实际联系的所得,以机构、场所所在地为纳税地点。非居民企业在中国境内设立两个或两个以上机构、场所的,经主管税务机关审核批准,可以选择由其主要机构、场所汇总缴纳企业所得税。非居民企业经批准汇总缴纳企业所得税后,需要增设、合并、迁移、关闭机构、场所或者停止机构、场所业务的,应当事先由负责汇总申报缴纳企业所得税的主要机构、场所向其所在地税务机关报告;需要变更汇总缴纳企业所得税的主要机构、场所的,依照前款规定办理。

(4)非居民企业在中国境内未设立机构、场所的,或者设立机构、场所但取得的所得与设立的机构、场所没有实际联系的所得,以扣缴义务人所在地为纳税地点。

上述第(3)、(4)条款中提到的实际联系是指非居民企业在中国境内设立的机构、场所拥有据以取得所得的股权、债权以及拥有、管理、控制据以取得所得的财产。

除国务院另有规定外,企业之间不得合并缴纳企业所得税。

七、纳税期限

企业所得税按年计征,分月或分季预缴,年终汇缴,多退少补。

企业所得税的纳税年度自公历1月1日起至12月31日止。企业在一个纳税年度的中间开业,或者由于合并、关闭等原因终止经营活动,使该纳税年度的实际经营期限不足 12 个月的,应当以其实际经营期为 1 个纳税年度。企业清算时,应当以清算期间为 1 个纳税年度。

企业应自年度终了之日起 5 个月内,向税务机关报送年度企业所得税纳税申报表,并汇算清缴,结清应缴应退税款。

企业在年度中间终止经营活动的,应当自实际经营终止之日起 60 日内,向税务机关办理当期企业所得税汇算清缴。

八、纳税申报

按月或按季预缴的,应当自月份或者季度终了之日起 15 日内,向税务机关报送预缴企业所得税纳税申报表,预缴税款。

企业在报送企业所得税纳税申报表时,应当按照规定附送财务会计报告和其他有关资料。

企业应当在办理注销登记前,就其清算所得向税务机关申报并依法缴纳企业所得税。依照企业所得税法缴纳的企业所得税,以人民币计,所得以人民币以外的货币计算的,应当折合成人民币计算并缴纳税款。

企业在纳税年度内无论盈利或者亏损,都应当按照《企业所得税法》第五十四条规定的期限,向税务机关报送预缴企业所得税纳税申报表、年度企业所得税申报表、财务会计报告和税务机关规定的应当报送的其他有关资料。

第三节 个人所得税

一、个人所得税的概念

个人所得税,顾名思义是以自然人(含个人独资企业和合伙企业)取得的各类应税所得为征税对象征收的一种税。

个人所得税最早诞生于英国。18 世纪末英法战争时期,英国为了筹集高额的军费而于 1799 年开征了个人所得税,但战后统治阶层认为所得税侵犯了隐私和个人权利的说法甚嚣尘上,故所得税被停征。直到 1842 年英国财政部门才又一次让议会和民众信服所得税的必要性,重新开征了个人所得税。我国是 1980 年 9 月 10 日第五届全国人民代表大会第三次会议上审议通过了《中华人民共和国个人所得税法》(以下简称《个人所得税法》),并同时颁布实施,期间经历了多次的修改、完善后才形成了现如今的个人所得税的法律体系。

二、个人所得税的征收模式

一般来说,个人所得税的征收模式有下列 3 种:分类征收、综合征收与混合征收。分类征收就是将纳税人不同来源、性质的所得项目,分别按照不同的税率征收;综合征收是指对纳税人全年的各项所得加以汇总,就其总额进行征收;混合征收是指对纳税人不同来源、性质的所得先分别按照不同的税率征税,然后将全年的各项所得进行汇总征税。

三、我国个人所得税的特征

（一）实行分类征收

我国实行分类征收制度不仅方便征纳双方，加强税源管理，而且便于对不同所得体现国家的政策。在分项计征的同时还要求同项合并，纳税人在我国境内两处或两处以上取得的工资、薪金所得或个体工商业户的生产、经营所得，应将同项所得合并计算纳税。

（二）采用定额和定率并用的费用扣除标准

我国个人所得税对纳税人的各项应税所得，视其情况不同在费用扣除上分别实行定额扣除和定率扣除两种方法。在计税方法上我国个人所得税采用总额扣除法，从而避免了个人实际生活费用支出逐项计算的烦琐。

（三）采用累进税率和比例税率并用的税率形式

现行个人所得税根据不同的应税所得分别采用累进税率和比例税率两种形式。对工资、薪金所得等采用累进税率，实行量能负担。

（四）采用代扣代缴和自行申报两种纳税方法

我国个人所得税法规定，对纳税人的应纳税额分别采用支付单位源泉扣缴和纳税人自行申报两种方法。对凡是可以在应税所得的支付环节扣缴的均由法定的扣缴义务人履行代扣代缴义务，对于没有扣缴义务人的，在两处以上取得工资、薪金所得的以及高收入者实行由纳税人自行申报纳税的方法。也就是说我国对个人所得税采用的是代扣代缴为主，自行申报为辅的征收模式。

四、个人所得税的纳税人

（一）个人所得税纳税人的概念

我国个人所得税的纳税人是指在我国境内有所得的中国公民（含个体工商业户）以及在我国境内有所得的外籍人员和港澳台同胞。

（二）个人所得税纳税人的分类

我国个人所得税的纳税人按住所和居住时间可以分为居民纳税人和非居民纳税人。

居民纳税人是指在我国境内有住所或没有住所但居住满一年的个人。其负有无限纳税义务，即其取得的所得无论来源于我国境内还是境外，都有向我国纳税的义务。

非居民纳税人是指在我国境内无住所又不居住或无住所而在境内居住不满一年的个人。其负有有限的纳税义务，仅就其来源于我国境内的所得向我国纳税。

（三）区分标准

正如上面所论述的一样，由于我国个人所得税的居民纳税人和非居民纳税人负有的纳税义务差距非常明显，故如何认定一个纳税人是居民纳税人还是非居民纳税人就非常的关键，我国试用的判断方法是住所和居住时间标准。

住所标准是指永久性的居住地，即因户籍、经济利益、家庭关系而在我国境内习惯性居住的场所。一般可以理解为没有理由在其他地方继续居留时所要返回的地方,相当于汉语"家"这个概念。

居住时间标准是指在一个纳税年度(即公历1月1日至12月31日止)内,在我国境内居住满365日,在计算居住时间时,对临时离境应视同于在我国境内居住,不得扣除相应的天数。临时离境是指在一个纳税年度内一次不超过30天或多次累计不超过90天。

五、个人所得税税目

(一)工资、薪金所得

工资、薪金所得,是指个人因任职或受雇而取得的工资、薪金、奖金、年终加薪、劳动分红、津贴、补贴以及与任职或受雇有关的其他所得。这就是说,个人取得的所得,只要是与任职、受雇有关,不管其单位的资金开支渠道可以以现金、实物、有价证券等形式支付的,都是工资、薪金所得项目的课税对象。

一般来说,工资、薪金所得属于非独立个人劳动所得,这里所说的非独立个人劳动所得是指个人所从事的是由他人指定、安排并接受监督、管理的所得。通常来说,把直接从事生产、经营或服务的劳动者的收入称为工资,即我国所说的"蓝领阶层"所得;将从事社会公职或管理活动的劳动者的收入称为薪金,即"白领阶层"所得。

在我国的《个人所得税法》中规定了工资、薪金的具体范围,但并不是所有的工资、薪金都要缴纳个人所得税,下列项目不予征税。

(1)独生子女补贴。
(2)执行公务员工资体系但未纳入工资总额的补贴、津贴等。
(3)托儿补助费。
(4)差旅费补贴、误餐补贴。

(二)个体工商业户的生产、经营所得

个体工商业户的生产、经营所得是指以下几个方面。
(1)个体工商业户从事工业、手工业、建筑业、饮食业、服务业以及其他行业的所得。
(2)个人经政府有关部门批准,取得执照从事办学、医疗、咨询以及其他有偿服务取得的所得。
(3)上述个体工商业户取得的与生产、经营有关的各项应税所得。
(4)个人因从事彩票代销业务取得的所得。
(5)其他个人从事个体工商业生产、经营取得的所得。

(三)企事业单位的承租、承包所得

企事业单位的承租、承包所得,是指个人承包经营或承租经营以及转包、转租取得的所得。

(四)劳务报酬所得

劳务报酬所得,是指个人从事设计、装潢、安装、制图、化验、测试、医疗、法律、会计、咨询、讲学、新闻、广播、翻译、审稿、书画、雕刻、影视、录音、录像、演出、表演、广告、展览、技术服务、介绍服务、经纪服务、代办服务以及其他劳务取得的所得。

劳务报酬所得是一种独立性质的所得,这是和工资、薪金所得截然不同的,两者的区别主要体现在：工资、薪金所得是属于非独立个人劳务活动，即在机关、团体、学校、部队、企业、事业单位以及其他组织中任职、受雇取得的所得；而劳务报酬所得则是个人独立从事各种技艺、提供各种劳务取得的所得。

（五）稿酬所得

稿酬所得，是指个人因其作品以图书、报纸形式出版、发表而取得的所得。这里所说的"作品"，是指包括中外文字、图片、乐谱等能以图书、报刊方式出版、发表的作品。"个人作品"包括本人的著作、翻译的作品等。个人取得遗作稿酬，应按稿酬所得项目计税。

（六）特许权使用费所得

特许权使用费所得，是指个人提供专利权、著作权、商标权、非专利技术以及其他特许权的使用权取得的所得。提供著作权的使用权取得的所得，不包括稿酬所得。作者将自己文字作品手稿原件或复印件公开拍卖（竞价）取得的所得，应按特许权使用费所得项目计税。

（七）利息、股息、红利所得

利息、股息、红利所得，是指个人拥有债权、股权而取得的利息、股息、红利所得。利息是指个人的存款利息、货款利息和购买各种债券的利息。股息，也称股利，是指股票持有人根据股份制公司章程规定，凭股票定期从股份公司取得的投资收益。红利，也称公司（企业）分红，是指股份公司或企业根据应分配的利润按股份分配超过股息部分的利润。股份制企业以股票形式向股东个人支付股息、红利即派发红股，应以派发的股票面额为收入额计税。

（八）财产租赁所得

财产租赁所得，是指个人出租建筑物、土地使用权、机器设备车船以及其他财产取得的所得。财产包括动产和不动产。

（九）财产转让所得

财产转让所得是指个人转让有价证券、股权、建筑物、土地使用权、机器设备、车船以及其他财产取得的所得。

（十）偶然所得

偶然所得，是指个人取得的所得是非经常性的，属于各种机遇性所得，包括得奖、中奖、中彩以及其他偶然性质的所得（含奖金、实物和有价证券）。个人购买社会福利有奖募捐奖券、中国体育彩票，一次中奖收入不超过 10 000 元的，免征个人所得税；超过 10 000 元的，应以全额按偶然所得项目计税。

（十一）其他所得

除上述 10 项应税项目以外，其他所得应确定征税的，由国务院财政部门确定。财政部和国家税务总局确定征税的其他所得项目如下。

（1）个人因任职单位缴纳有关保险费用而取得的无赔款优待收入。

（2）对保险公司按投保金额，以银行同期储蓄存款利率支付给在保期内未出险的人寿保险户的利息（或以其他名义支付的类似收入）。

（3）股民个人因证券公司招揽大户股民在本公司开户交易，从取得的交易手续费中支付部分金额给大户股民而取得的回扣收入或交易手续费返还收入。

六、个人所得税的税率

（一）工资、薪金所得

2011年9月1日起，我国个人所得税的工资、薪金所得适用的税率为3%～45%的七级超额累进税率。详见表10-2。

表10-2　个人所得税税率表

（适用于工资、薪金所得）

级数	全月应纳税所得额（元）	税率（%）	速算扣除数
1	不超过1 500	3	0
2	超过1 500至4 500部分	10	105
3	超过4 500至9 000部分	20	555
4	超过9 000至35 000部分	25	1 005
5	超过35 000至55 000部分	30	2 755
6	超过55 000至80 000部分	35	5 505
7	超过80 000部分	45	13 505

（二）个体工商业户生产、经营所得

2011年9月1日起，个体工商业户生产、经营所得，对企事业单位的承租、承包所得以及个人独资企业和合伙企业的生产经营所得适用的税率为5%～35%的五级超额累进税率。详见表10-3。

表10-3　个人所得税税率表

（适用于个体工商户生产、经营所得和对企事业单位的承包、承租经营所得）

级数	全年应纳税所得额（元）	税率（%）	速算扣除数
1	不超过15 000	5	0
2	超过15 000至30 000部分	10	750
3	超过30 000至60 000部分	20	3 750
4	超过60 000至100 000部分	30	9 750
5	超过100 000部分	35	14 750

（三）稿酬所得

稿酬所得适用于比例税率，正常税率为20%，考虑到个人创作的艰苦性，按应纳税额减征30%，实际税率为14%。

（四）劳务报酬所得

劳务报酬所得适用于比例税率，税率为20%，但对一次收入畸高的劳务报酬实行加成征收。这里所说的一次收入畸高是指个人一次性取得的劳务报酬，其应纳税所得额超过20 000元的情况，对应纳税所得超过20 000元但不超过50 000元部分加征5成，超过50 000元部分加征10成。详见表10-4。

表10-4 个人所得税税率表

（适用于劳务报酬所得）

级 数	每次应纳税所得额（元）	税率（%）	速算扣除数
1	不超过20 000部分	20	0
2	超过20 000至50 000部分	30	2 000
3	超过50 000部分	40	7 000

（五）利息、股息、红利所得

适用于比例税率，税率为20%，但对于居民储蓄利息自2008年10月8日起暂免征收个人所得税。

特许权使用费所得、财产租赁所得、财产转让所得、偶然所得、其他所得均适用于比例税率，税率20%。财税〔2008〕24号文件规定：自2008年3月1日起，对个人出租住房取得的所得减按10%的税率征收个人所得税。对个人出租房屋取得的所得，按10%的税率征收个人所得税，不再区分房屋用途。

七、应纳税所得额的确定

在个人所得税的计算中，应纳税所得额是一个非常重要的概念，一般我们把某项应税项目的收入减除税法规定的该项费用减除标准后的余额称为应纳税所得额。需要注意的是，这里所说的应纳税所得额与我们常说的收入并不完全一致，因此，如何确定每笔收入的应纳税所得额就成为个人所得税计算正确与否的关键。由于税目的不同，应纳税所得额的确定方式也有所差异。

（一）工资、薪金所得

2011年9月1日起，工资、薪金所得以每月收入减除费用3 500元后的余额为应纳税所得额。企业和事业单位（统称单位）根据国家有关政策规定的办法和标准，为在本单位任职或者受雇的全体职工缴付的企业年金或职业年金（统称年金）单位缴费部分，在计入个人账户时，个人暂不缴纳个人所得税。个人根据国家有关政策规定缴付的年金个人缴费部分，在不超过本人缴费工资计税基数的4%标准内的部分，暂从个人当期的应纳税所得额中扣除。个人达到国家规定的退休年龄，在本通知实施之后按月领取的年金，全额按照"工资、薪金所得"项目适用的税率，计征个人所得税；在本通知实施之后按年或按季领取的年金，平均分摊计入各月，每月领取额全额按照"工资、薪金所得"项目适用的税率，计征个人所得税。

（二）个体工商业户的生产、经营所得

个体工商业户的生产、经营所得以每一个纳税年度的收入总额减除成本、费用、损失以及当年投资者本人的费用扣除额后的余额为应纳税所得额。（详见国家税务总局公告 2014 年第 25 号规定）

从事生产、经营的纳税人未提供完整、准确的纳税资料，不能正确计算应纳税所得额的，由主管税务机关核定其应纳税所得额。

个体工商户、个人独资企业和合伙企业因在纳税年度中间开业、合并、注销及其他原因，导致该纳税年度的实际经营期不足 1 年的，对个体工商户业主、个人独资企业投资者和合伙企业自然人合伙人的生产经营所得计算个人所得税时，以其实际经营期为 1 个纳税年度。投资者本人的费用扣除标准，应按照其实际经营月份数，以每月 3500 元的减除标准确定。

（三）企事业单位的承租、承包所得

企事业单位的承租、承包所得以每一纳税年度的收入总额减除必要费用后的余额为应纳税所得额。这里所说的必要费用是指按每月减除 3 500 元。

（四）劳务报酬所得、稿酬所得、特许权使用费所得、财产租赁所得

劳务报酬所得、稿酬所得、特许权使用费所得、财产租赁所得，每次收入不超过 4 000 元的，减除费用 800 元；超过 4 000 元的，减除 20%其余额为应纳税所得额。

（五）财产转让所得

财产转让所得，以转让财产的收入总额减除财产原值和合理费用后的余额为应纳税所得额。

这里所说的财产原值具体如下。

（1）有价证券，为买入价或买入时按照规定交纳的有关费用。

（2）建筑物，为建造费或购进价格以及其他相关费用。

（3）土地使用权，为取得土地使用权所支付的金额，开发土地的费用以及其他相关费用。

（4）机器设备、车船，为购进价格、运输费、安装费以及其他相关费用。

（5）其他财产，参照以上方法确定。

合理费用是指卖出财产时按照有关规定支付的费用。

国家税务总局公告 2014 年第 67 号规定：个人转让股权，以股权转让收入减除股权原值和合理费用后的余额为应纳税所得额，按"财产转让所得"缴纳个人所得税。合理费用是指股权转让时按照规定支付的有关税费。

企事业单位将自建住房以低于购置或建造成本价格销售给职工的个人所得税的征税规定。除在住房改革期间销售的上述自建住房外，单位按低于购置或建造成本价格出售给职工的，职工因此而少支出的差价部分，属于个人所得税的应税所得，应按照"工资、薪金所得"征收个人所得税。

（六）利息、股息、红利所得，偶然所得和其他所得

利息、股息、红利所得，偶然所得和其他所得，以每次收入额为应纳税所得额。

根据财税〔2012〕85 号和财税〔2013〕5 号的规定，下列主要事项单独规定如下。

（1）个人从公开发行和转让市场取得的上市公司股票，持股期限在 1 个月以内（含 1 个月）的，其股息红利所得全额计入应纳税所得额；持股期限在 1 个月以上至 1 年（含 1 年）的，暂减按 50% 计入应纳税所得额；持股期限超过 1 年的，暂减按 25% 计入应纳税所得额。上述所得统一适用 20% 的税率计征个人所得税。

（2）上市公司派发股息红利时，对截止股权登记日个人已持股超过 1 年的，其股息红利所得，按 25% 计入应纳税所得额。

（3）对个人取得的 2012 年及以后年度发行的地方政府债券利息收入，免征个人所得税。另外，2008 年 10 月以来，储蓄存款利息一直免税。

（七）附加减除标准

上面所提到的在计算个人所得税的应纳税所得额时的费用扣除标准对所有纳税人都是适用的，但考虑到外籍人员和在境外工作的中国公民的生活水平比国内公民要高，而且汇率变动的客观情况，对在我国境内无住所而在我国境内取得工资、薪金所得的纳税人和在我国境内有住所而在我国境外取得工资、薪金所得的纳税人，适用于附加减除标准。

1. 附加减除标准的适用范围

（1）在我国境内的外商投资企业、外国企业中工作取得工资、薪金的外籍人员。

（2）应聘在我国境内的企业、事业单位、社会团体、国家机关中工作取得工资、薪金的外籍专家。

（3）在我国境内有住所而在我国境外任职或受雇取得工资、薪金的个人。

（4）远洋运输的船员。

（5）华侨及港澳台同胞。

（6）财政部规定的其他人员。

这里所说的华侨是指定居在国外的中国公民，具体如下。

（1）"定居"是指中国公民已取得住在国长期或永久居留权并已在住在国连续居留两年，两年内累计居留不少于 18 个月。

（2）中国公民虽未取得在住在国长期或永久居留权但已取得住在国连续 5 年以上（含 5 年）合法居留资格，5 年内在住在国累计居留不少于 30 个月。

（3）中国公民出国留学（包括公派和自费）在外学习期间或因公务出国（包括劳务人员）在外工作期间，均不得视为华侨。

2. 附加减除标准的数量

2011 年 9 月 1 日起，上述适用范围内的人员每月工资、薪金所得在减除 3 500 元费用的基础上，再减除 1 300 元。

八、收入次数的确认

在我国的《个人所得税法》中，对于纳税义务人的劳务报酬所得，稿酬所得，特许权使用费所得，股息、利息、红利所得，财产租赁所得，偶然所得和其他所得都明确规定要按照次数计算征收，因此，如何合理确定收入的次数就显得十分关键。

1. 劳务报酬所得

（1）只有一次性收入的，以取得该项收入为一次。

（2）属于同一事项连续取得的收入，以一个月内取得的收入为一次。

（3）考虑属地管辖和时间划定有交叉的特殊情况，统一规定为以县（含县级市、区）为一地，其管辖内的一个月内同一事项为一次，当月跨县地域的，则应分别计算。

2. 稿酬所得

（1）同一作品再版所得应视为另一次稿酬所得计征个人所得税。

（2）同一作品先在报刊上连载然后再出版，或者先出版后在报刊上连载，应视为两次稿酬所得计征个人所得税。

（3）同一作品在报刊上连载取得的收入，以连载完成后取得的所有收入合并为一次，计征个人所得税。

（4）同一作品在出版和发表时以预付稿酬或分次支付稿酬等形式取得的稿酬收入应合并计征个人所得税。

（5）同一作品在出版、发表后，因添加印数而追加稿酬的，应与以前出版、发表时取得的稿酬合并计算个人所得税。

3. 特许权使用费所得

以某项使用权的一次转让所取得的收入为一次计征个人所得税。

4. 财产租赁所得

以一个月内取得的收入为一次计征个人所得税。

5. 利息、股息、红利所得

以支付利息、股息、红利时取得的收入为一次计征个人所得税。

6. 偶然所得

以每次收入为一次计征个人所得税。

7. 其他所得

以每次收入为一次计征个人所得税。

九、应纳税所得其他规定

个人将其所得通过我国境内的社会团体、国家机关向教育和其他社会公益事业以及遭受严重自然灾害地区、贫困地区进行捐赠，捐赠额未超过纳税义务人申报的应纳税所得额 30% 的部分可以在应纳税所得额中扣除。

个人将其所得通过我国境内的社会团体、国家机关向红十字会事业、公益性青少年活动场所、农村义务教育进行捐赠，可以在应纳税所得额中全额扣除。

个人的所得（除偶然所得和其他所得外）用于对非关联的科研机构和高等学校研究开发新产品、新技术、新工艺所发生的研究开发费用的资助，可以全额在下月（工资、薪金所得）或下次（按次计征的所得）或当年（按年计征的所得）计征个人所得税时，从其应纳税所得额中扣除，不足扣除的不得结转抵扣。

个人取得的应纳税所得，包括现金、实物和有价证券。所得为实物的应按照取得的凭证上所注明的价格计算应纳税所得额；无凭证的或凭证上所注明的价格明显偏低的，由主管税务机关参照当地的市场价格核定其应纳税所得额。所得为有价证券的，由主管税务机关根据票面价格和市场价格核定其应纳税所得额。

个人将承租的房屋转租的收入属于个人所得税的税目，应按"财产租赁所得"征收个人所得税。取得转租收入的个人向房屋出租方支付的租金，凭房屋租赁合同和合法支付凭证允许在计算个人所得税时从该项所得中扣除。有关财产租赁所得个人所得税前扣除税费的扣除次序调整为：财产租赁过程中缴纳的税费；向出租方支付的租金；由纳税人负担的租赁财产实际开支的修缮费用；税法规定的费用扣除标准。

个人担任董事、监事且不在公司任职、受雇的，取得的董事费按劳务报酬所得计征个人所得税；个人在公司（含关联企业）任职、受雇同时兼任董事、监事的，应将董事费和个人工资、薪金所得合并统一按照工资、薪金所得计征个人所得税。

十、应纳税额的计算

（一）工资、薪金所得

（1）工资、薪金所得应纳税额的计算公式为

应纳税额＝应纳税所得额×适用税率－速算扣除数

＝(每月收入额－3 500 元或 4 800 元)×适用税率－速算扣除数

【例 10-5】 某装潢设计师为中国公民，2016 年 1 月取得工资收入 6 000 元，计算其当月应纳的个人所得税金额。

当月应纳税额＝(6 000－3 500)×10%－105＝145（元）

如果该设计师为在中国境内中美合资企业工作的美国公民，则其应纳个人所得税为（6 000－4 800)×3%＝36（元）。

（2）在实际的工作中，有些雇主（单位和个人）经常为纳税人承担税款，即支付给纳税人的是不含税的净所得，我们称之为税后所得，在这种情况下我们就不能再按照上面的方法来计算，否则会缩小税基、降低税率，正确的方法是应该先将不含税所得转化为含税所得，然后再计算应纳的个人所得税。具体可以分为两种情况：

第一种：雇主全额为雇员负担税款。应将雇员取得的不含税所得转化为含税所得，计算单位或个人应当代付的税款。计算公式为

应纳税所得额＝(不含税所得额－费用扣除标准－速算扣除数)/(1－税率)

应纳税额＝应纳税所得额×适用税率－速算扣除数

在上面第一个公式中提到了税率和速算扣除数是指不含税所得对应的税率和扣除数；而第二个公式中提到的税率是指应纳税所得额所对应的税率。

第二种：雇主为雇员负担部分税款，又可以分为定额负担和定率负担两种情况。

雇主为雇员定额负担税款的，换算公式为

应纳税所得额＝雇员取得的工资、薪金＋雇主为雇员负担的税款－费用扣除标准

应纳税额＝应纳税所得额×适用税率－速算扣除数

雇主为雇员定率负担税款的，换算公式为

应纳税所得额＝(不含雇主负担税款的工资、薪金所得－费用扣除标准－速算扣除数×
负担比例)/(1－税率×负担比例)

应纳税额＝应纳税所得额×适用税率－速算扣除数

（二）个体工商业户生产经营所得

个体工商业户的生产、经营所得应纳税额的计算公式为

应纳税所得额＝该年度收入总额－成本、费用及损失－当年投资者本人的费用扣除额

当年投资者本人的费用扣除额＝月减除费用(3500元/月)×当年实际经营月份数

应纳税额＝应纳税所得额×税率－速算扣除数

（三）企事业单位的承包、承租所得

企事业单位的承包、承租所得，其个人所得税的计算公式为

应纳税额＝应纳税所得额×适用税率－速算扣除数

＝(纳税年度收入总额－必要费用)×适用税率－速算扣除数

这里需要说明的是，在一个纳税年度中，承包经营或承租经营期限不足一年以其实际经营期限为一个纳税年度。

【例 10-6】 王某 2015 年承包本单位的招待所，承包期为 1 年，年终分得承包利润 53 600 元，每月王某从招待所领取工资 600 元。计算王某 2015 年应纳的个人所得税金额。

应纳税所得额＝(53 600＋600×12)－3 500×12＝18 800（元）

应纳所得税金额＝18 800×10%－750＝1 130（元）

（四）劳务报酬所得

对于劳务报酬而言，由于扣除标准的不一致性，其应纳税额的计算公式也比较烦琐，一般可以分为下列 3 种情况。

1. 每次收入不足 4 000 元

应纳税额＝应纳税所得额×适用税率

＝(每次收入额－800)×20%

2. 每次收入在 4 000 元以上（含 4 000 元）

应纳税额＝应纳税所得额×适用税率

＝每次收入额×(1－20%)×20%

3. 每次收入的应纳税所得额超过 20 000 元

应纳税额＝应纳税所得额×适用税率－速算扣除数

＝每次收入额×(1－20%)×适用税率－速算扣除数

【例 10-7】 歌星张某 2016 年 5 月来长春进行商业演出，一次性取得表演收入 50 000 元，问其应纳的个人所得税金额。

应纳税所得额＝50 000×(1－20%)＝40 000（元），已经超过了 20 000 元，故应该适用于加成征收的情况，所以应纳税额＝40 000×30%－2 000＝10 000（元）。

（五）稿酬所得

稿酬所得应纳税额的计算公式如下。

1. 每次收入不足 4 000 元

应纳税额＝应纳税所得额×适用税率×(1－30%)
　　　　＝(每次收入额－800)×20%×(1－30%)

2. 每次收入在 4 000 元以上（含 4 000 元）

应纳税额＝应纳税所得额×适用税率×(1－30%)
　　　　＝每次收入额×(1－20%)×20%×(1－30%)

【例 10-8】 北京某高校的张老师 2016 年 2 月在某核心期刊上发表了一篇文章，一次性取得稿酬 2 000 元，问其应纳的个人所得税金额。

$$应纳税所得额＝2\,000－800＝1\,200（元）$$
$$应纳税额＝1\,200×20\%×(1－30\%)＝168（元）$$

（六）特许权使用费所得

特许权使用费所得应纳税额的计算公式如下。

1. 每次收入不足 4 000 元

应纳税额＝应纳税所得额×适用税率
　　　　＝(每次收入额－800)×20%

2. 每次收入在 4 000 元以上（含 4 000 元）

应纳税额＝应纳税所得额×适用税率
　　　　＝每次收入额×(1－20%)×20%

（七）利息、股息、红利所得等

利息、股息、红利所得应纳税额的计算公式如下。

应纳税额＝应纳税所得额×适用税率
　　　　＝每次收入额×20%

（八）财产租赁所得

财产租赁所得的个人所得税计算公式如下。

1. 每次收入不足 4 000 元

应纳税额＝应纳税所得额×适用税率
　　　　＝(每次收入额－800)×20%

2. 每次收入在 4 000 元以上（含 4 000 元）

应纳税额＝应纳税所得额×适用税率
　　　　＝每次收入额×(1－20%)×20%

但在实际工作过程中，在确定财产租赁所得额时，纳税人在出租财产时缴纳的税金和教育费附加，可持完税（缴款）凭证，从其财产租赁所得中扣除。在财产租赁过程中准予扣除的项目除了规定费用和有关税费外，还准予扣除能够提供有效、准确凭证，证明由纳税人负担的该出租财产实际开支的修缮费用。允许扣除的修缮费用以每次 800 元为限额，扣完为止。

个人出租财产取得的财产租赁所得在计算个人所得税时应依次扣除相关费用：财产租赁过程中缴纳的税费；向出租方支付的租金（转租）；由纳税人负担的该出租财产实际开支的修缮费用；税法规定的费用扣除标准。

【例 10-9】 长春市民王某 2016 年 1 月将其自有住房以 2 000 元/月的价格租赁给刘某，当年 2 月份发生下水井堵塞，王某找人修理发生相关费用 1 000 元，当月取得维修部门的正式收据，问 2016 年前 6 个月王某仅房屋租赁一项需要缴纳的个人所得税金额。（相关税费不计）

$$2 月份应纳税额 = (2\,000 - 800 - 800) \times 10\% = 40（元）$$
$$3 月份应纳税额 = (2\,000 - 200 - 800) \times 10\% = 100（元）$$
$$1、4、5、6 月份应纳税额 = (2\,000 - 800) \times 10\% = 120（元）$$

故王某共应缴纳个人所得税为 $40 + 100 + 120 \times 4 = 620$（元）。

（九）财产转让所得

财产转让所得的个人所得税的计算公式如下。

$$应纳税额 = 应纳税所得额 \times 适用税率$$
$$= (收入总额 - 财产原值 - 合理税费) \times 20\%$$

【例 10-10】 王某 2015 年 7 月 5 日购入企业债券 2 000 份，每份购买价格 12.20 元，购买时支付有关税费 400 元。2016 年 8 月 19 日将该债券转让 550 份，每份卖出价 15.30 元，转让时支付有关税费 150 元，问王某在债券转让过程中应纳个人所得税金额。

$$应纳税额 = (15.30 \times 550 - 12.20 \times 550 - 400 \times 550/2000 - 150) \times 20\% = 289（元）$$

（十）偶然所得

偶然所得的个人所得税的计算公式如下。

$$应纳税额 = 应纳税所得额 \times 适用税率$$
$$= 每次收入额 \times 20\%$$

【例 10-11】 2010 年 8 月 10 日 23 点，福彩"双色球"一等奖"井喷"，全国共开出 55 注大奖，单注奖金 505 万元，被上海、辽宁、黑龙江、江苏、贵州和云南等 6 省市彩民中得，而上海杨浦一彩民"独吞"50 注一等奖和 50 注二等奖，将捧得超过 2.59 亿元的巨额奖金。问其应该缴纳的个人所得税金额。

$$应纳税额 = 2.59 \times 20\% = 0.518（亿元）$$

（十一）其他所得

其他所得的个人所得税计算公式如下。

$$应纳税额 = 应纳税所得额 \times 适用税率$$
$$= 每次收入额 \times 20\%$$

（十二）一次性年终奖

一次性年终奖又称全年一次性奖金，是指行政机关、企事业单位等扣缴义务人根据其全年经济效益和对雇员全年工作业绩的综合考核后向雇员发放的一次性奖金,其涵盖了年终加薪、实行年薪制和绩效工资办法的单位根据考核情况兑现的年薪和绩效工资。

正常情况下,纳税人应将一次性年终奖作为一个独立月份的收入计算个人所得税,但考虑到一次性年终奖的数额相对较大且部分雇员平时的工资、薪金待遇较低的事实,自 2005 年 1 月 1 日起,对一次性年终奖按照下面两种方法计征个人所得税。

1. 雇员取得一次性年终奖且当月的工资、薪金不低于费用扣除标准

首先,将雇员当月取得的一次性年终奖除以 12 个月,按其商数确定适用税率和速算扣除数。

其次,计算应纳个人所得税金额。

应纳税额＝一次性年终奖×适用税率－速算扣除数

2. 雇员取得一次性年终奖且当月的工资、薪金低于费用扣除标准

首先,将雇员当月取得的一次性年终奖扣除当月工资薪金与费用扣除标准的差额后的余额除以 12 个月,按其商数确定适用税率和速算扣除数。

其次,计算应纳个人所得税金额。

应纳税额＝(一次性年终奖－当月工资薪金所得与费用扣除标准的差额)×适用税率－速算扣除数

需要说明的是,在一次性年终奖的计算过程中提到了适用税率和速算扣除数的问题,这里所说的税率和速算扣除数均是指商数所对应的税率和速算扣除数。对于一次性年终奖而言,全年只能使用一次,各种名目的奖金不能再按照一次性年终奖的办法处理。

【例 10-12】 中国公民王某 2016 年 1 月 10 日取得 2015 年 12 月份工资 3 400 元,同时取得 2015 年一次性年终奖 20 500 元,问张某就这两项所得应纳的个人所得税金额。

由于领取一次性年终奖且当月的工资、薪金所得低于费用扣除标准,故应按照上面所提供的方法二计算年终奖所应负担的个人所得税。

[20 500－(3 500－3 400)]/12＝1 700(元),其对应的税率为 10%,对应的速算扣除数为 105 元,所以一次性年终奖应纳的个人所得税为 20500－(3500－3400)×10%－105＝1 935 (元)。

由于当月王某工资、薪金金额小于费用扣除标准,故当月工资、薪金不用缴纳个人所得税。综上所述,王某当月应纳的个人所得税为 1 935 元。

除此之外,在个人所得税的第九个税目即财产转让所得中,我们提到了企事业单位将自建住房以低于购置或建造成本价格销售给职工的问题,职工因此而少支出的差价部分,属于个人所得税的应纳税所得,应按照"工资、薪金所得"缴纳个人所得税,对职工取得的上述应税所得应比照一次性年终奖的征税办法,计算个人所得税。

【例 10-13】 长春某事业单位 2012 年建房成本为 2 800 元/平方米,销售给单位员工的价格为 2 300 元/平方米,如员工高某得到的房屋面积为 100 平方米,高某每月的工资为 4 500 元,问仅购房一项应纳的个人所得税金额。

高某在购房过程中少支付的价款为(2 800－2 300)×100＝50 000 (元)。

由于高某每月的工资、薪金已经超过了费用扣除标准,故应按照前述 1 中所提到的公式计算个人所得税,50 000/12＝4 166.67 (元),其对应的税率为 10%,速算扣除数为 105 元,

故仅购房一项其应纳个人所得税为 50 000×10%－105＝4 895（元）。

（十三）特定行业职工的工资、薪金所得个人所得税的征税方法

对于采掘业、远洋运输业、远洋捕捞业等因季节、产量等因素影响的行业而言，由于职工工资、薪金收入呈现出大幅度波动的实际情况，对这 3 个行业职工的工资、薪金所得，可按月预缴，年度终了后 30 日内，合并其全年工资、薪金所得，再按 12 个月平均并计算实际应纳税金额，多退少补。其应纳税额计算公式为

应纳税额＝[(全年工资薪金收入÷12－费用扣除标准)×税率－速算扣除数]×12

（十四）在外商投资企业、外国企业和外国驻华机构工作的中方人员取得的工资、薪金所得

在外商投资企业、外国企业和外国驻华机构工作的中方人员的工资、薪金，凡是由雇佣单位和派遣单位分别支付的，支付单位应按税法的规定代扣代缴个人所得税，并由雇佣单位在支付工资、薪金时扣除费用，而派遣单位不再进行费用的扣除。然后，纳税义务人应持有两处支付单位提供的原始明细工资、薪金单（书）和完税凭证，选择并固定一地税务机关申报当月工资、薪金收入，汇算清缴其工资、薪金收入的个人所得税，多退少补。

【例10-14】 孙某为百事可乐公司的中方雇员，假定 2016 年 1 月，百事公司支付给孙某的薪金为 8 000 元，同月，派遣单位支付给其薪金 1 100 元，请问孙某当月应纳个人所得税金额。

百事公司应代扣代缴的个人所得税为(8 000－3 500)×10%－105＝345（元）；

派遣单位应代扣代缴的个人所得税为 1 100×3%＝33（元）；

其实际应该缴纳的个人所得税为(8 000＋1 100－3 500)×20%－555＝565（元）；

故孙某应该补税为 565－345－33＝187（元）。

在实际的操作过程中，可能纳税人要将其部分所得上缴给派遣单位，在这种情况下，如此能够提供有效合同或者有关凭证，证明确实将部分所得上缴给派遣单位的话，可扣除实际上缴的部分按其余额征收个人所得税。

（十五）个人兼职和退休人员再任职取得的所得

个人兼职取得的收入，应按照"劳务报酬所得"征收个人所得税；退休人员再任职取得的收入，在减除费用扣除标准后，按"工资、薪金所得"征收个人所得税。

（十六）企业为股东个人购买车辆的个人所得税的处理办法

企业为股东购买车辆并将车辆所有权办到股东名下，其实质是企业对股东进行的红利性质的实物分配，应按照"利息、股息、红利所得"征收个人所得税，但考虑到该股东名下的车辆同时也为企业经营使用的实际情况，允许合理减除部分所得再计算个人所得税。

（十七）关于个人退职费收入的处理办法

《个人所得税法》第四条第七款所说的可以免征个人所得税的"退职费"，是指符合《国务院关于工人退休、退职的暂行办法》规定的退职条件并按该办法规定的退职费标准所领取的退职费。

个人取得的不符合上述办法规定的退职条件和退职费标准的退职费收入，应属于与其任职、受雇活动有关的工资、薪金性质的所得，应在取得的当月按工资、薪金所得计算个人所得税。但考虑到作为雇主给予退职人员经济补偿的退职费一般数量大且是一次性发放的，以

及雇员有可能在一段时间内没有固定的收入来源等实际情况，对退职人员一次取得的较高退职费可视为因此取得数月的工资、薪金，并以原每月工资、薪金所得为标准划分为若干月份的工资、薪金收入计算个人所得税，但按上述办法划分超过了6个月，应按6个月平均划分计算。个人退职后6个月内又再次让任职、受雇的，对于个人已经缴纳完个人所得税的退职费收入，不再与再次任职、受雇取得的工资、薪金所得合并计税。

（十八）对个人因解除劳动合同取得的经济补偿的处理办法

企业依照国家有关法律规定宣告破产，企业职工从该破产企业取得的一次性安置费收入，免征个人所得税。

个人因与用人单位解除劳动合同而取得的一次性收入，其收入在当地上年职工平均工资3倍数量以内的部分，免征个人所得税；超过3倍数量部分的一次性补偿收入，可视为一次取得数月的工资、薪金收入计算个人所得税，以超过3倍数量部分除以个人在该企业的工作年限（超过12年的按12年计算），以其商数作为个人的月工资、薪金所得，按照税法规定计算个人所得税。个人在解除劳动合同后再任职、受雇的，已纳税的一次性补偿收入不再与再次任职、受雇的所得合并纳税。

个人在领取一次性补偿收入时，按照国家和地方政府规定的比例实际缴纳的住房公积金、医疗保险费、基本养老保险费、失业保险费可以在计算时扣除。

（十九）企业向个人支付不竞争款项的处理办法

不竞争款项是指资产购买方企业与资产出售方企业自然人股东之间在资产购买交易中，通过签订保密和不竞争协议等方法，约定资产出售方企业自然人股东在交易完成后一定期限内，承诺不从事有市场竞争的相关业务，并负有相关技术资料的保密义务，资产购买方企业则在约定期限内按一定方式向其支付的款项。

鉴于资产购买方企业向个人支付的不竞争款项属于个人因偶然因素取得的一次性所得，故应按照"偶然所得"计征个人所得税。

（二十）个人因购买和处置债权取得的所得的处理办法

根据《个人所得税法》及有关规定，个人通过招标、竞标或其他方式购置债权以后通过相关司法或行政程序主张债权而取得的所得，按"财产转让所得"计征个人所得税。

个人通过上述方法取得"打包"债权，只处置部分债权的，应纳税所得额按以下方法确定：以每次处置部分债权的所得作为一次财产转让所得征税；其应税收入按照个人取得的货币和非货币资产的评估价值或市场价值的合计数确定。

所处置债权成本费用（即财产原值），按以下方法确定。

当次处置债权成本费用＝个人购置"打包"债权实际支出×当次处置债权账面价值（拍卖机构公布价值）/"打包"债权账面价值（拍卖机构公布价值）

个人购买和处置债权过程中发生的拍卖手续费、诉讼费、审计评估费以及缴纳的税金等合理税费，在计征时可以扣除。

【例10-15】 严某受聘于一家财务投资公司，每月领取税后工资2 600元，2015年6月1日，任职8年的严某与公司解除了聘用合同，取得了一次性补偿金80 000元（该公司所在地上年度职工平均工资为30 000元），严某于2015年6月至12月又取得了以下收入。

（1）取得财务咨询报酬 50 000 元，将其中的 6 000 元、10 000 元通过国家机关分别捐赠给公益性青少年活动中心和受灾地区；

（2）6 月 1 日至 12 月 31 日，将其自有住房以 2 000 元每月的价格出租（不考虑其他税费）；

（3）6 月 20 日，严某购入某企业债券 30 000 份，每份的买入价格为 4.3 元，支付相关税费 645 元，12 月 20 日转让其中的 15 000 份，每份转让价格 5.1 元，转让时支付相关税费 383 元；

（4）2015 年与一家证券公司签订期限为 7 个月的劳务合同，合同约定严某每月为该公司的股民讲课 4 次，每次报酬 800 元。

请计算严某在 2015 年各项所得应纳的个人所得税金额。

（1）对于解除合同的一次性补偿金，应以其超过当年上一年度平均工资 3 倍以上的部分征税。因 80 000－30 000×3＝－10 000（元），故不纳税。

（2）此题中涉及两种捐赠情况，其中向受灾地区的捐赠有限额，其捐赠限额为 50 000×(1－20%)×30%＝12 000（元），由于实际捐赠数额没有超过限额可以全额扣除，故提供咨询应纳税为[50 000×(1－20%)－10 000－6 000]×30%－2 000＝5 200（元）。

（3）6 月至 12 月租金应纳的个人所得税为(2 000－800)×10%×7＝840（元）。

（4）转让企业债券应纳的个人所得税为[15 000×(5.1－4.3)－383－645×50%]×20%＝2 258.9（元）。

（5）讲课报酬应纳的个人所得税为(800×4－800)×20%×7＝3 360（元）。

（6）严某在 2015 年各项所得应纳的个人所得税金额为 5 200＋840＋2 258.9＋3 360＝11 658.9（元）。

【例 10-16】 中国公民王某在国内某市单位任职，2016 年 1 月收入如下。

（1）工资收入 3 000 元，当月奖金 1 000 元，季度奖金 2 400 元，取得 2015 年年终奖 12 000 元；

（2）接受某公司邀请担任技术顾问，当月取得收入 35 000 元，从中拿出 10 000 元通过希望工程基金会捐赠给希望工程；

（3）利用业余时间与其他 3 人共同进行一项装修活动，共取得装修费 5 600 元，因该装修活动最先由王某承揽，因此按照协议王某取得 2 000 元承揽费，其余 4 人平分；（不考虑相关费用）

（4）将一套三居室的住房出租，出租后还是用于居住，月租金 4 500 元，当月支付房屋修缮费 100 元；（除个人所得税外不考虑其他税费）

（5）2015 年购入 1 000 份债券，每份买入价 10 元，购买过程中支付的税费共计 150 元，本月以每份 12 元的价格卖出其中的 600 份，支付相关的税费 110 元。

问当月王某应纳的个人所得税金额。

（1）工资、奖金所得应纳个人所得税为(3 000＋1 000＋2 400－3 500)×10%－105＝185（元）。

年终奖应纳个人所得税为 12 000/12＝1 000，对应的税率为 3%，扣除数为 0。故本项目应纳个人所得税为 12 000×3%＝360（元）。

（2）捐赠限额为 35 000×(1－20%)×30%＝8 400 元，实际捐赠为 10 000 元，故只能扣除 8 400 元。本项目应纳个人所得税为[35 000×(1－20%)－8 400]×20%＝3 920（元）。

（3）装修承揽费所得共为 2 000＋(5 600－2 000)/4＝2 900（元），装修承揽费应纳个人所得税为(2 900－800)×20%＝420（元）。

（4）住房出租应纳个人所得税为(4 500－100)×(1－20%)×10%＝352（元）。

（5）债权出售应纳个人所得税为[12×600－110－(1 000×10＋150)×600/1 000]×20%＝200（元）。

综上可知，王某当月应纳的个人所得税金额为 185＋360＋3 920＋420＋352＋200＝5 437（元）。

十一、征收管理

（一）纳税申报

个人所得税的纳税方法有自行申报和代扣代缴两种。

1. 自行申报

自行申报是指纳税人自行在税法规定的纳税期限内向税务机关申报取得的应税所得项目和数量，如实填写个人所得税纳税申报表，并按照税法规定计算应纳税额，据此缴纳个人所得税的一种方法。

（1）自行申报的纳税人。

① 自 2006 年 1 月 1 日起，年所得 12 万元以上的。

② 从中国境内两处或两处以上取得工资、薪金的。

③ 从中国境外取得所得的。

④ 取得应税所得没有扣缴义务人的；

⑤ 国务院规定的其他情况。

（2）自行申报的内容。

年所得 12 万元以上的纳税人，在纳税年度终了后，应当填写《个人所得税纳税申报表（适用于年所得 12 万元以上的纳税人申报）》，并在办理纳税申报时报送主管税务机关，同时报送个人有效身份证件复印件以及主管税务机关要求报送的其他资料。

（3）自行申报的申报期限。

① 年所得 12 万元以上的纳税人在纳税年度终了后 3 个月内向主管税务机关办理纳税申报。

② 个体工商业户和个人独资、合伙企业投资者取得的生产、经营所得应纳的税款，分月预缴的，纳税人在每月终了后 7 日内办理纳税申报；分季预缴的，纳税人在每个季度终了后 7 日内办理纳税申报；纳税年度终了后纳税人在 3 个月内进行汇算清缴。

③ 纳税人年终一次性取得对企事业单位的承包、承租经营所得的，自取得所得之日起 30 日内办理纳税申报；在一个纳税年度内分次取得承包、承租经营所得的，在每次取得所得后的次月 7 日内申报预缴；纳税年度终了后 3 个月内汇算清缴。

④ 从中国境外取得所得的纳税人，在纳税年度终了后 30 日内向中国境内主管税务机关办理纳税申报。

⑤ 除以上规定的情形外，纳税人取得其他各项所得申报纳税的，在取得所得的次月 7 日内向主管税务机关办理申报纳税。

（4）自行申报纳税的申报方式。

纳税人采取数据电文、邮寄等方式申报，也可以采取直接到主管税务机关申报，或者采取符合主管税务机关规定的其他方式申报。纳税人采取邮寄方式申报的，以邮政部门挂号信函收据作为申报凭证，以寄出的邮戳日期为实际申报日期。

（5）自行申报的申报地点

① 在中国境内有任职、受雇单位的，向任职、受雇的单位所在地主管税务机关申报。

② 在中国境内有两处或两处以上任职、受雇单位的，选择并固定向其中一个单位所在地主管税务机关申报。

③ 在中国境内无任职、受雇单位，年所得项目中有个体工商业户的生产、经营所得或企事业单位的承包、承租所得的，向其中一处实际经营所在地主管税务机关申报。

④ 在中国境内无任职、受雇单位，年所得项目中无生产、经营所得的，向户籍所在地主管税务机关申报。在中国境内有户籍，但户籍所在地与中国境内经营活动居住地不一致的，选择并固定向其中一地主管税务机关申报，中国境内无户籍的向中国境内经常居住地主管税务机关申报。

⑤ 个人独资、合伙企业投资者兴办两个或两个以上企业的，区分不同情况确定纳税申报地点：兴办的企业全部是个人独资企业的，分别向各企业的实际经营管理所在地主管税务机关申报；兴办的企业中含有合伙性质的，向经常居住地主管税务机关申报；兴办的企业中含有合伙性质，个人投资者经常居住地与其兴办的经营管理所在地不一致的，选择并固定向其参与兴办的某一合伙企业的经营管理所在地主管税务机关申报；除以上情况外，纳税人应当向取得所得所在地主管税务机关申报。

纳税人不能随意改变纳税申报地点，因特殊情况变更申报地点的，须报主管税务机关备案。

2. 代扣代缴纳税

代扣代缴是指按照税法规定负有扣缴税款义务的单位、个人，在向个人支付应纳税所得时，应计算其应纳税款，并从其所得中扣除后缴入国库，同时向税务机关报送扣缴个人所得税报告表的一种纳税方法。

（1）扣缴义务人。凡支付个人应税所得的单位（企业）、事业单位、机关、社会团体、军队、驻华机构、个体户等单位或个人，均为个人所得税的扣缴义务人。

这里所说的驻华机构不包含外国驻华使馆和联合国及其他依法享有外交特权和豁免的国际组织驻华机构。

（2）代扣代缴的范围。扣缴义务人在向个人支付下列所得时应当进行代扣代缴：工资、薪金所得；对企事业单位的承包、承租所得；劳务报酬所得；稿酬所得；特许权使用费所得；利息、股息、红利所得；财产租赁所得；财产转让所得；偶然所得；其他所得。

扣缴义务人向个人支付应纳税所得时（包含现金、实物和有价证券），无论纳税人是否是本单位人员，均应代扣代缴其应缴纳的个人所得税。

这里所说的支付包括现金支付、汇拨支付、转账支付和以有价证券、实物以及其他形式的支付。

（3）扣缴义务人的责任。如果扣缴义务人没有尽到扣缴义务，其应纳税款还是由纳税人缴纳，但扣缴义务人应承担应扣未扣税款50%以上至3倍的罚款。

(4) 代扣代缴的期限。扣缴义务人每月所扣的税款,应当在次月 7 日内缴入国库,并向主管税务机关报送《扣缴义务人所得税报告表》、代扣代收税款凭证和包括每一个纳税人姓名、单位、职务、收入、税款等内容的支付个人收入明细表以及税务机关要求报送的其他有关资料。

十二、个人所得税的税收优惠

(一) 下列各项个人所得,免纳个人所得税

(1) 省级人民政府、国务院部委和中国人民解放军以上单位,以及外国组织、国际组织颁发的科学、教育、技术、文化、卫生、体育、环境保护等方面的奖金。

(2) 国债和国家发行的金融债券利息。

(3) 按照国家统一规定发给的补贴、津贴。

(4) 福利费、抚恤金、救济金。

(5) 保险赔款。

(6) 军人的转业费、复员费。

(7) 按照国家统一规定发给干部、职工的安家费、退职费、退休工资、离休工资、离休生活补助费。

(8) 依照我国有关法律规定应予免税的各国驻华使馆、领事馆的外交代表、领事官员和其他人员的所得。

(9) 中国政府参加的国际公约、签订的协议中规定免税的所得。

(10) 经国务院财政部门批准免税的所得。

(二) 下列各项个人所得经批准可以减征个人所得税

(1) 残疾、孤老人员和烈属的所得。

(2) 因严重自然灾害造成重大损失的。

(3) 其他经国务院财政部门批准减税的。

(三) 下列各项个人所得暂免征个人所得税

(1) 外籍个人以非现金形式或实报实销形式取得的住房补贴、伙食补贴、搬迁费、洗衣费。

(2) 外籍个人按合理标准取得的境内、外出差补贴。

(3) 外籍个人取得的探亲费、语言训练费、子女教育费等,经当地税务机关审核批准为合理的部分。

(4) 个人举报、协查各种违法、犯罪行为而获得的奖金。

(5) 个人办理代扣代缴税款手续,按规定取得的扣缴手续费。

(6) 个人转让自用达 5 年以上并且是唯一的家庭生活用房取得的所得。

(7) 对按国发〔1983〕141 号《国务院关于高级专家离休退休若干问题的暂行规定》和国办发〔1991〕40 号《国务院办公厅关于杰出高级专家暂缓离退休审批问题的通知》精神,达到离休、退休年龄,但确因工作需要,适当延长离休退休年龄的高级专家(指享受国家发放的政府特殊津贴的专家、学者),其在延长离休退休期间的工资、薪金所得,视同退休工资、

离休工资免征个人所得税。

（8）外籍个人从外商投资企业取得的股息、红利所得。

（9）凡符合下列条件之一的外籍专家取得的工资、薪金所得可免征个人所得税：根据世界银行专项贷款协议由世界银行直接派往我国工作的外国专家；联合国组织直接派往我国工作的专家；为联合国援助项目来华工作的专家；援助国派往我国专为该国无偿援助项目工作的专家；根据两国政府签订文化交流项目来华工作两年以内的文教专家，其工资、薪金所得由该国负担的；根据我国大专院校国际交流项目来华工作两年以内的文教专家，其工资、薪金所得由该国负担的；通过民间科研协定来华工作的专家，其工资、薪金所得由该国政府机构负担的。

（10）对个人购买社会福利彩票、体育彩票、社会福利赈灾彩票一次中奖收入不超过1万元的，暂免征收个人所得税。

（11）对教育部颁布的"特聘教授奖金"免征个人所得税。

（12）对乡镇（含乡镇）以上人民政府或经县（含县）以上人民政府主管部门批准成立的有机构、有章程的见义勇为基金会或者类似组织，奖励见义勇为者的奖金或奖品，经主管税务机关核准，免予征收个人所得税。

（13）对个人取得的教育储蓄存款利息的所得以及国务院财政部门确定的其他专项储蓄存款或者储蓄性专项基金存款的利息所得，免征个人所得税。

（14）按照国家或省级地方政府规定的比例缴付的住房公积金、医疗保险金、基本养老保险金、失业保险基金存入银行个人账户所取得的利息收入免征个人所得税。

本 章 小 结

1. 所得税的特征包括：税负相对公平、一般不存在重复征税问题、有利于维护国家的经济权益、课税有弹性。

2. 企业所得税是对我国境内的企业和其他有收入的组织的生产经营所得和其他所得征收的税。

3. 企业所得税的纳税人是指在我国境内的企业和其他有收入的组织。基本税率为25%。

4. 企业所得税的计算方法有：直接计算法、间接计算法、核定征收。

5. 企业所得税按年计征，分月或分季预缴，年终汇缴，多退少补。

6. 个人所得税，顾名思义是以自然人（含个人独资企业和合伙企业）取得的各类应税所得为征税对象征收的一种税。

7. 个人所得税的征收模式有3种：分类征收、综合征收与混合征收。

8. 我国个人所得税的特征：实行分类征收、采用定额和定率并用的费用扣除标准、采用累进税率和比例税率并用的税率形式、采用代扣代缴和自行申报两种纳税方法。

9. 我国的个人所得税的纳税人按住所和居住时间可以分为居民纳税人和非居民纳税人。

10. 个人所得税税目包括：工资、薪金所得，个体工商业户的生产、经营所得，企事业单位的承租、承包所得,劳务报酬所得,稿酬所得,特许权使用费所得,利息、股息、红利所得,财产租赁所得,财产转让所得,偶然所得,其他所得。

习 题

一、选择题

1. 一般认为,我国个人所得税体系中不适用累进税率的是(　　)。
   A. 工资、薪金所得　　　　　　　　B. 劳务报酬所得
   C. 偶然所得　　　　　　　　　　　D. 个体工商业户生产经营所得
2. 下列企业可以判定为我国企业所得税居民纳税人的是(　　)。
   A. 在我国注册登记的国有企业
   B. 在美国注册登记但实际管理机构在我国境内的外资企业
   C. 在我国注册登记的个人独资企业
   D. 在美国登记且实际管理机构在韩国的企业
3. 企业发生的下列税费在计算企业所得税时准予扣除的是(　　)。
   A. 企业所得税　　　　B. 增值税　　　　C. 消费税　　　　D. 教育费附加
4. 个人所得税的纳税人是指(　　)的个人。
   A. 在中国境内有住所
   B. 无住所而在中国境内居住满一年
   C. 在中国境内无住所而又不居住但有来源于中国境内所得
   D. 无住所而在中国境内居住不满一年但有来源于中国境内所得
5. 根据现行《企业所得税法》的规定,下列各项可以不征企业所得税的是(　　)。
   A. 财政补贴(拨款)　　　　　　　　B. 汇兑收益
   C. 确实无法偿付的应付账款　　　　D. 以上都不对
6. 中国公民张某于2012年由一中方企业派往国内一外商投资企业工作,派遣单位、雇佣单位每月分别支付给张某工资1 800元和3 600元,则张某2012年10月应纳的个人所得税是(　　)元。
   A. 200　　　　　　B. 205　　　　　　C. 240　　　　　　D. 85
7. 个人通过非营利性社团和国家机关对(　　)捐赠,可以如实扣除。
   A. 红十字会　　　　　　　　　　　B. 农村义务教育
   C. 公益性青少年活动场所　　　　　D. 老区促进会
8. 下列各项暂免征收个人所得税的是(　　)。
   A. 外籍个人从外商投资企业取得的股息
   B. 外籍个人按合理的标准取得的境内、外出差补贴
   C. 个人举报各种违法行为的奖金
   D. 个人办理代扣代缴税款取得的手续费
9. 纳税人发生年度亏损,可以弥补的金额是(　　)。

A．企业申报的金额　　　　　　　B．税务机关按税法规定核实、调整后的金额
C．企业财务报表的账面金额　　　D．企业自己核定的亏损额

10．个人所得税自行申报纳税的纳税义务人有（　　）。

A．从两处取得工资的个人

B．取得了所得但没有扣缴义务人的个人

C．年所得 12 万以上的个人

D．取得了所得但扣缴义务人没有按规定进行扣缴的个人

11．两人以上共同取得同一项目收入的计税方式为（　　）。

A．先分、后扣、再税　　　　　B．先扣、后税、再分
C．先分、后税　　　　　　　　D．先税、后分

12．根据《企业所得税法》的规定，国家重点扶持的高新技术企业使用的企业所得税的税率为（　　）。

A．10%　　　　B．15%　　　　C．20%　　　　D．25%

二、判断题

1．我国对小型微利企业进行照顾，其企业所得税的税率为 15%。（　　）

2．在计算企业所得税的应纳税所得额时，业务招待费可以如实扣除，不需要调整。（　　）

3．企业购买的国债的利息应缴纳企业所得税。（　　）

4．孙某以公开拍卖形式取得的文稿收入应按稿酬征收个人所得税。（　　）

5．一次性年终奖在计算个人所得税时应作为一个独立月份的所得征收个人所得税，即用年终奖乘以适用税率。（　　）

6．现行税制体系下，我国企业所得税的基本税率为 33%。（　　）

7．劳务报酬的扣除标准为每月定额 2 000 元。（　　）

8．在计算企业所得税的应纳税所得额时，赞助费用可以如实扣除，不需要调整。（　　）

9．我国对于个人在境外实际缴纳的所得按照分国不分项的办法进行抵免。（　　）

10．我国企业所得税只有 25%、20%、15%、10% 四类税率。（　　）

三、计算题

1．企业于 2008 年成立，假设未来 10 年的获利情况如下。

年　度	2008	2009	2010	2011	2012	2013	2014	2015	2016	2017
获利金额（万元）	-20	-10	5	-5	-10	10	20	25	40	30

计算各年应纳企业所得税税款。

2．某研究所研究员陈先生 2015 年收入情况如下。

（1）研究所每月支付其工资 5 500 元；

（2）在国内专业杂志上发表文章一篇，取得稿酬收入 1 200 元；

（3）与某大学王教授合著一本专业著作，取得稿酬收入 20 000 元，其中，陈先生分得稿酬 12 000 元，并拿出 3 000 元通过县教育局捐赠给当地一所中学；

（4）在 A 国某大学讲学取得酬金折合人民币 30 000 元，已按 A 国税法规定缴纳个人所得税折合人民币 2 000 元；

(5) 12月份为某集团公司做专题讲座4次，每次2 000元。

要求：根据上述资料，分项计算陈先生2015年各项应缴纳的个人所得税。

四、名词解释

1. 企业所得税
2. 企业所得税的纳税人
3. 企业所得税的应纳税所得额
4. 企业所得税的收入总额
5. 核定征收
6. 个人所得税
7. 住所标准
8. 时间标准
9. 工资、薪金所得
10. 劳务报酬所得
11. 稿酬所得
12. 自行申报制度
13. 代扣代缴制度

五、简答题

1. 企业所得税的不征税项目包括哪些？
2. 企业所得税不可以扣除的项目包括哪些？
3. 个人所得税居民和非居民纳税人的区分标准。
4. 个人所得税的税目。
5. 个人所得税的纳税申报方式有哪些方式？

六、论述题

1. 在计算企业所得税时可以扣除的项目有哪些？
2. 论述如何确定个人所得税的应纳税所得额。

案例分析

关于纳税筹划

李响，著名足球女记者，北京人，先后毕业于北京大学英语系和国际政治系，拥有文学学士和法学硕士学位。毕业后加盟《广州日报》，在1998年华东、东北地区的抗洪抢险中，担任前方第一线的采访记者，初试锋芒即广受好评。2000年，调任《广州日报》下属《足球》报的中国国家足球队随队采访记者，采写了大量中国队征战的报道，其系列报道亚洲杯《西征日记》和世界杯小组赛的《随军手记》在足球界和球迷中产生了很大的影响。

李响在工作中与中国足球队主教练米卢建立了良好的个人友谊，是所有记者中最贴近米卢的。由于拥有米卢这一最重要的信息源，因此，她常常能淘到其他记者无法淘到的中国足球"猛料"。这使得李响在业界的声名日盛，逐渐成为《足球》报的"顶梁柱"，有"足球第一女记者"之称。同时，外界的一些有关她与米卢的猜测和传闻也渐渐传开了。

真正使李响的名字响遍全国的是《体坛周报》的"挖角"事件。《体坛周报》是《足球》报最强劲的竞争对手，在经过一系列幕后操作之后，《体坛周报》于十强赛前夕与李响在广州花园酒店签订协议。协议规定：李响在这3个月内（十强赛期间）可获得高达300万元的薪酬，但有个关键性的条件：不得向《足球》报供稿。为了掩人耳目，李响充当新浪网的特约记者，但稿件主要提供给《体坛周报》，而300万元的薪酬则由《体坛周报》通过新浪网支付给李响。李响与米卢的关系特殊几乎是传媒界和足球界家喻户晓的事，正因为如此，《体坛周报》花重金挖走了"死对头"的"顶梁柱"。这就是震撼全国的《体坛周报》"挖角"事件。300万元创下了记者"转会"的天价。

（资料来源：http://baike.baidu.com/view/210954.htm?fr=ala0_1）

问题：

根据你所学习的知识，分析一下李响所取得的300万元收入应该如何纳税才能使其达到税后利益的最大化。

第十一章

财 产 税

 导读

财产税属于对社会财富的存量课税,具有累退性和不公平性,在课征手段和评估技术上也存在种种弊病,但因其具有独特的财政收入功能和调节财富分配的作用,许多国家至今仍沿用,并将其作为国家税收除所得税类和流转税类之外的补充收入。本章主要介绍财产税课税体系的概况及我国财产税的主要税种。

 学习重点

通过本章的学习,要求学生了解财产税的类型、特点,掌握房产税、城镇土地使用税、耕地占用税、契税和车船税的主要内容。

 学习难点

掌握房产税、城镇土地使用税、耕地占用税、契税和车船税应纳税额的计算。

 教学建议

建议通过习题强化学生对财产税计税方法的掌握。

第一节 财产税概述

一、财产税的含义

(一)财产税的含义

财产税是对财产所有人、占有人或使用人所拥有或支配的应税财产,就其数量或价值依法征收的一种税。

财产税是世界上最古老的税类,它是随着私有财产制度的确立而发展起来的。随着生产力的发展和社会形态的更迭,财产税的课税对象也发生了很大变化。在以自然经济为特征的古代社会,财产税主要以土地为课税对象。后来,随着财产种类的日益增多,财产税的课税对象也趋于复杂多样,除了土地、房屋等不动产外,也包括汽车等在内的有形动产和股票、债券等无形动产。从各国已课财产税来看,财产税的课征范围大多数是房屋、土地、车辆、遗产等财产。

根据经济合作与发展组织（OECD）拟订的国际税收协定范本的标准，财产税大体分为三类：第一类是不动产税，指土地、房屋、建筑物等不动产在产权不发生转移的情况下，对因让渡不动产的使用权而获得的收益所征的税，如土地税、房屋税等。第二类是财产转移税，是指对出售资产取得的收益和对转移财产征收的税，如资本利得税、遗产税和赠与税。第三类为财产净值税，或称财富税，是对财产的产权人或使用人不论其是否取得收益，依据财产价值课征的税。

经过数十年的税制建设，我国的财产税体系已初步建立起来，本章重点介绍房产税、城镇土地使用税、耕地占用税、契税和车船税等税种。

（二）财产税的分类

1. 根据征税范围分为一般财产税和个别财产税

一般财产税也称综合财产税，是对纳税人拥有的各类财产实行综合课税。现实中一般财产税并非将纳税人所有的财产都计为计税依据，在课征时通常要考虑到对一定货币数量以下的财产和纳税人日常生活必需品的免税，以及负债的扣除，有的国家一般财产税中还规定了起征点。个别财产税也称单项财产税，是对纳税人拥有的土地、房屋、资本和其他财产分别征税的办法。个别财产税在课征时一般不需要考虑免税和扣除。

2. 根据课税对象分为静态财产税和动态财产税

静态财产税是对一定时期处于相对静止状态的财产，按其数量或价值进行课征的财产税，如房产税。其特点是在征收时间上有一定的规律性，通常是定期征收。动态财产税是对财产所有权的转移或变动征税，即对因无偿转移而发生所有权变动的财产按其价值所课征的财产税，如遗产税、继承税等。动态财产税是以财产所有权的变动和转移为前提课征的，其特点是在财产交易时一次性征收。

3. 根据计税依据分为从量财产税和从价财产税

从量财产税是指以纳税人的应税财产数量为计税依据，实行从量定额征收的财产税。其特点是纳税人应纳税额的多少，完全取决于其拥有财产的数量，而与其财产的价值无关，因而从量财产税一般不受价格变动的影响。从价财产税是指以纳税人的应税财产的价值为计税依据，实行从价定率征收的财产税。其特点是纳税人应纳税额的多少，视其所拥有财产的价值大小而定，因而从价财产税通常受价格变动的影响较大。

二、财产税的一般特征

（一）财产税是对财富的存量课税

作为财产税课税对象的财产，一般是在某一时点个人拥有并受其支配的财富，从整个社会来看，是社会财富处于存量的部分。相对于就商品流转额课征的商品税和就所得额课征的所得税，财产税的课税对象具有明显的非流动性的特点。

（二）财产税多属于直接税且税负较难转嫁给他人

财产税主要是对使用、消费过程中的财产征税的，而对生产、流通中的财产不征税，因此,财产税很少有转嫁的机会。

(三)财产税一般作为地方税种

与商品税和所得税相比,财产税的课税对象是固定的,而不是流动的,因而财产税具有分散、区域性等特点。由于地方政府征收便于掌握和控制税源,所以许多实行分税制的国家大多将财产课税归入地方税体系,作为地方政府的收入来源。

三、财产税的优缺点

财产税的优点主要体现为以下几点。

(一)比较符合纳税能力原则

财产是测量社会成员纳税能力的一个重要尺度,即有财产者就有纳税能力。不论按财产价值征税,还是按财产收益征税,都适合社会成员的纳税能力,都能体现公平负担的原则。

(二)有利于调节收入分配

财产税作为一种直接税,可以弥补所得税和流转税的不足,防止财产过于集中于社会少数人,调节财富的分配,体现社会分配的公正性。

(三)收入较稳定

由于财产具有相对稳定性,财产税不易受经济变动等因素的影响,税收收入稳定可靠;加之土地、房产等不动产的位置固定,标志明显,税收不易逃漏,税收收入具有稳定性。

财产税的缺点主要表现为以下几点。

(1)财产税的收入弹性小,不能随着财政支出扩大的需要而更多筹集资金。

(2)财产税的征税范围难以普及到纳税人的全部财产,无形财产不易征税,造成税负的不公平和不合理。

(3)财产税一般都是从价计征,估价工作较为复杂,加大了税收征管的工作量和成本。

(4)财产税容易打击人们投资、工作和储蓄的积极性,从而妨碍资本的形成和积累,影响经济的发展。

第二节　房产税

房产税是以房产为征税对象,依据房产价格或房租收入向产权所有人或经营人征收的一种税。对房产征税的目的是运用税收杠杆,加强对房产的管理,提高房产使用效率;控制固定资产投资规模;配合国家房产政策的调整,合理调节房产所有人和经营人的收入。此外,房产税税源稳定,易于控制管理,是地方财政收入的重要来源之一。

一、纳税人

房产税的纳税义务人是指房屋的产权所有人,具体包括产权所有人、经营管理单位、房产承典人、房产代管人或使用人。

二、征税对象

房产税的征税对象是房产。所谓房产，即有屋面和围护结构（有墙或两面有柱），能够遮风避雨，可提供人们在其中生产、学习、工作、娱乐、居住或储藏物资的场所。房地产开发企业建造的商品房，在出售前不征收房产税；但对出售前房地产开发企业已使用或者出租、出借的商品房应按规定征收房产税。

三、征税范围

房产税的征税范围为城市、县城、建制镇和工矿区。房产税的征税范围不包括农村，其主要目的是为了减轻农民负担，因为农村的房屋除农副业生产用房外，大部分是农民居住用房。农村房屋不纳入房产税征税范围，有利于农业发展，繁荣农村经济和促进社会稳定。

四、计税依据

房产税的计税依据，有从价计征和从租计征两种。从价计征是指按照房产原值一次减除10%～30%后的余值计算缴纳。在确定计税余值时，房产原值的具体减除比例，由省、自治区、直辖市人民政府在税法规定的减除幅度内自行确定。从租计征是指以房产租金收入计算缴纳。房产的租金收入是房屋产权所有人出租房产使用权所得的报酬，包括货币收入和实物收入。对以劳务或其他形式作为报酬抵付房租收入的，应当根据当地同类房产的租金水平，确定一个标准租金额，从租计征。

五、税率

我国现行房产税采用的是比例税率，主要有两种税率：一是实行从价计征的，税率为1.2%；二是实行从租计征的，税率为12%。从2001年1月1日起，对个人按市场价格出租的居民住房，用于居住的，可暂减按4%的税率征收房产税。

六、应纳税额的计算

1. 从价计征的计算

从价计征的计算是指按照房产的原值减除一定比例后的余值来计算征收房产税。其计算公式为

$$应纳税额 = 应税房产原值 \times (1 - 扣除比例) \times 1.2\%$$

【例11-1】 某企业的经营用房原值为6 000万元，按照当地规定，允许按减除30%后的余值计税，适用税率1.2%。请计算其应纳房产税税额。

$$应纳税额 = 6\,000 \times (1 - 30\%) \times 1.2\% = 50.4（万元）$$

2. 从租计征的计算

从租计征的计算是指按房产出租的租金收入来计算征收房产税。其计算公式为

$$应纳税额 = 租金收入 \times 12\%（或4\%）$$

【例11-2】 某公司出租房屋3间，年租金收入为20 000元，适用税率为12%。请计算其应纳的房产税税额。

应纳税额＝20 000×12%＝2 400（元）

七、税收优惠

根据《中华人民共和国房产税暂行条例》以及细则等有关规定，下列房产免征房产税：

（1）国家机关、人民团体、军队自用的房产。

（2）由国家财政部门拨付事业经费的单位（包括差额预算管理的事业单位、中国人民银行总行机关、由主管工会拨付或差额补贴工会经费的全额预算单位或差额预算单位）自用的房产。

（3）宗教寺庙、公园、名胜古迹自用的房产。

（4）个人所有非营业用的房产，主要是指居民住房，不分面积多少一律免征房产税；对个人拥有的营业用房或者出租的房产，应征房产税。

（5）工矿企业办的学校、医院、幼儿园、职工食堂自用的房产。

（6）工会办的疗养院自用的房产。

（7）经省财政厅批准免税的其他房产。

（8）经财政部批准免税的其他房产。

八、征收管理

房产税按年征收，按季或半年分期预缴，具体纳税期限由省、自治区、直辖市人民政府确定。房产税在房产所在地缴纳，房产不在同一地方的纳税人应按房产的坐落地点分别向房产所在地的税务机关纳税。

第三节 城镇土地使用税

城镇土地使用税是指以城镇土地为征税对象，以实际占用的土地面积为计税依据，按规定税额对拥有的土地使用权的单位和个人征税的一种税。开征城镇土地使用税，有利于通过经济手段，加强对土地的管理，变土地的无偿使用为有偿使用，促进合理、节约使用土地，提高土地使用效益；有利于适当调节不同地区、不同地段之间的土地极差收入，促进企业加强经济核算，理顺国家与土地使用者之间的分配关系。

一、纳税人

在城市、县城、建制镇、工矿区范围内使用土地的单位和个人，为城镇土地使用税（以下简称土地使用税）的纳税人，应当依照本条例的规定缴纳土地使用税。拥有土地使用权的单位和个人不在土地所在地的，其土地的实际使用人和代管人为纳税人。土地使用权未确定或权属纠纷未解决的，其实际使用人为纳税人。土地使用权共有的，共有各方都是纳税人，由共有各方分别纳税。

二、征税范围

征收范围为城市、县城、建制镇和工矿区的国家所有、集体所有的土地。外商投资企业、外国企业和在华机构的用地也要征收城镇土地使用税。

其中，城市是指经国务院批准设立的市，城市的土地包括市区和郊区的土地；县城是指县人民政府所在地,县城的土地是指县人民政府所在地的城镇的土地;建制镇是指经省、自治区、直辖市人民政府批准设立的建制镇,建制镇的土地是指镇人民政府所在地的土地;建立在城市、县城和工矿区以外的工矿企业则不需要缴纳城镇土地使用税。自 2009 年 1 月 1 日起,公园、名胜古迹内的索道公司经营用地,应按规定缴纳城镇土地使用税。自 2009 年 12 月 1 日起,对在城镇土地使用税征税范围内单独建造的地下建筑用地,按规定征收城镇土地使用税。其中,已取得地下土地使用权证的,按土地使用权证确认的土地面积计算应征税款;未取得地下土地使用权证或地下土地使用权证上未标明土地面积的,按地下建筑垂直投影面积计算应征税款。对上述地下建筑用地暂按应征税款的 50%征收城镇土地使用税。

三、税率

城镇土地使用税采取的是定额税率,即采用有幅度的差别税额,按大、中、小城市和县城、建制镇、工矿区分别规定每平方米土地使用税年应纳税额。具体标准如下:

（1）大城市 1.5 元～30 元。
（2）中等城市 1.2 元～24 元。
（3）小城市 0.9 元～18 元。
（4）县城、建制镇、工矿区 0.6 元～12 元。

大、中、小城市以公安部门登记的在册的非农业正式人口人数为依据:人口在 50 万人以上的为大城市;人口在 20 万人～50 万人之间的为中等城市;人口在 20 万人以下的为小城市。

各省、自治区、直辖市人民政府,可以在规定的税额幅度内,根据市政建设状况、经济繁荣程度等条件,确定所辖地区的适用税额幅度。市、县人民政府应当根据实际情况,将本地区土地划分为若干等级,在省、自治区、直辖市人民政府确定的税额幅度内,制定相应的适用税额标准,报省、自治区、直辖市人民政府批准执行。经省、自治区、直辖市人民政府批准,经济落后地区土地使用税的适用税额标准可以适当降低,但降低额不得超过上述规定最低税额的 30%。经济发达地区的适用税额标准可以适当提高,但须报经财政部批准。

四、计税依据

城镇土地使用税实行从量定额征收,其计税依据是纳税人实际占用的土地面积,具体情况如下。

（1）由省、自治区、直辖市人民政府确定的单位组织测定土地面积的,以测定的面积为准。

（2）尚未组织测量,但纳税人持有政府部门核发的土地使用证书的,以证书确认的土地面积为准。

（3）尚未核发出土地使用证书的,应由纳税人申报土地面积,据以纳税,待核发土地使用证以后再做调整。

五、应纳税额的计算

城镇土地使用税的应纳税额的计算公式为

全年应纳税额＝实际占用应税土地面积（平方米）×适用税率

【例 11-3】 某公司与政府机关共同使用一栋共有土地使用权的建筑物,该建筑物占用土地面积 2 000 平方米,建筑面积 10 000 平方米(公司与机构占用比例 4∶1),城镇土地使用税税额 5 元/年。问该公司当年应纳城镇土地使用税金额。

$$应纳税额 = 2\ 000 \times 4/5 \times 5 = 8\ 000(元)$$

六、税收优惠

城镇土地使用税的免税项目具体如下。

(1) 国家机关、人民团体、军队自用的土地。

(2) 由国家财政部门拨付事业经费的单位自用的土地。

(3) 宗教寺庙、公园、名胜古迹自用的土地。

(4) 市政街道、广场、绿化地带等公用土地。

(5) 直接用于农、林、牧、渔业的生产用地。

(6) 经批准开山填海整治的土地和改造的废弃土地,从使用的月份起免缴土地使用税 5 年至 10 年。

(7) 对非营利性医疗机构、疾病控制机构和妇幼保健机构等卫生机构自用的土地,免征城镇土地使用税。对营利性医疗机构自用的土地自 2000 年起免征城镇土地使用税。

(8) 企业办的学校、医院、托儿所、幼儿园,其用地能与企业其他用地明确区分的,免征城镇土地使用税。

(9) 免税单位无偿使用纳税单位的土地(如公安、海关等单位使用铁路、民航等单位的土地),免征城镇土地使用税。纳税单位无偿使用免税单位的土地,纳税单位应照章缴纳城镇土地使用税。纳税单位与免税单位共同使用、共有使用权土地上的多层建筑,对纳税单位可按其占用的建筑面积占建筑总面积的比例计征城镇土地使用税。

(10) 对行使国家行政管理职能的中国人民银行总行(含国家外汇管理局)所属分支机构自用的土地,免征城镇土地使用税。

(11) 由财政部另行规定的能源、交通、水利用地和其他使用地。

七、征收管理

(一) 城镇土地使用税的纳税期限

城镇土地使用税实行按年计算,分期缴纳的征收方式,具体期限由省、自治区、直辖市人民政府确定。

(二) 城镇土地使用税的纳税义务时间

(1) 纳税人购置新建商品房,自房屋交付使用之次月起,缴纳城镇土地使用税。

(2) 纳税人购置存量房,自办理房屋权属转移、变更登记手续,房地产权属登记机关签发房屋权属证书之次月起,缴纳城镇土地使用税。

(3) 纳税人出租、出借房产,自交付出租、出借房产之次月起,缴纳城镇土地使用税。

(4) 以出让或转让方式有偿取得土地使用权的,应由受让方从合同约定交付土地时间的次月起缴纳城镇土地使用税;合同未约定交付时间的,由受让方从合同签订的次月起缴纳城镇土地使用税。

(5) 纳税人新征用的耕地,自批准征用之日起满 1 年时开始缴纳土地使用税。

（6）纳税人新征用的非耕地，自批准征用次月起缴纳土地使用税。

（7）自2009年1月1日起，纳税人因土地的权利发生变化而依法终止城镇土地使用税纳税义务的，其应纳税款的计算应截止到土地权利发生变化的当月末。

（三）纳税地点

城镇土地使用税由土地所在地的税务机关征收。纳税人使用的土地不属于同一省（自治区、直辖市）管辖范围的，应由纳税人分别向土地所在地的税务机关缴纳土地使用税；在同一省（自治区、直辖市）管辖范围内，纳税人跨地区使用的土地，如何确定纳税地点，由各省、自治区、直辖市税务局确定。

第四节　耕地占用税

耕地占用税是对占用耕地建房或从事其他非农业建设的单位和个人，就其实际占用的耕地面积征收的一种税。现行耕地占用税法的基本规范，是2007年12月1日由国务院重新颁布的《中华人民共和国耕地占用税暂行条例》。

耕地是土地资源中最重要的组成部分，但是，由于我国过去长期实行非农业用地无偿使用制度，助长了乱占耕地的行为，浪费了大量的耕地，加剧了地少人多的矛盾。为了遏制并逐步改变这种状况，政府决定开征耕地占用税，运用税收经济杠杆与法律、行政等手段相配合，以便有效地保护耕地。通过开征耕地占用税，使那些占用耕地建房及从事其他非农业建设的单位和个人承担必要的经济责任，有利于政府运用税收经济杠杆调节他们的经济利益，引导他们节约、合理地使用耕地资源。这对于保护国土资源，促进农业可持续发展，以及强化耕地管理，保护农民的切身利益等，都具有十分重要的意义。

一、纳税人

耕地占用税的纳税人是占用耕地建房或从事非农业建设的单位和个人。

二、征税范围

耕地占用税的征税范围包括纳税人为建房或从事其他非农业建设而占用的国家所有和集体所有的耕地。所谓"耕地"是指种植农业作物的土地，包括菜地、园地。其中，园地包括花圃、苗圃、茶园、果园、桑园和其他种植经济林木的土地。占用鱼塘及其他农用土地建房或从事其他非农业建设，也视同占用耕地，必须依法征收耕地占用税。占用已开发从事种植、养殖的滩涂、草场、水面和林地等从事非农业建设，由省、自治区、直辖市本着有利于保护土地资源和生态平衡的原则，结合具体情况确定是否征收耕地占用税。如财税〔2014〕20号规定用于农业生产并已由相关行政主管部门发放使用权证的草地，以及用于种植芦苇并定期进行人工养护管理的苇田，属于耕地占用税的征税范围，对占用上述草地、苇田建房或从事非农业建设的单位和个人，应照章征收耕地占用税。

三、税率

耕地占用税采取的是有地区差别的定额税率，具体税率如下。

（1）全县人均耕地不超过 1 亩[1]的，单位税额为每平方米 10 元至 50 元。

（2）全县人均耕地在 1 亩至 2 亩之间的，单位税额为每平方米 8 元至 40 元。

（3）全县人均耕地在 2 亩至 3 亩之间的，单位税额为每平方米 6 元至 30 元。

（4）全县人均耕地超过 3 亩的，单位税额为每平方米 5 元至 25 元。

四、计税依据

耕地占用税以纳税人占用耕地的面积为计税依据，以平方米为计量单位。

五、应纳税额的计算

耕地占用税的应纳税额＝实际占用耕地面积（平方米）×适用定额税率

【例 11-4】 某市一家企业新占用 10 000 平方米耕地用于工业建设，所占用耕地适用的定额税率为 20 元/平方米。问该企业应纳耕地占用税的金额。

$$应纳税额＝10\ 000×20＝200\ 000（元）$$

六、税收优惠

耕地占用税的免征项目有：军事设施占用耕地，学校、幼儿园、养老院、医院占用耕地。

免征耕地占用税后，纳税人改变原占地用途，不再属于免征耕地占用税情形的，应该单独按照当地适用税额补缴耕地占用税。

七、征收管理

耕地占用税由地方税务机关负责征收。土地管理部门在通知单位或个人办理占用耕地手续时，应当同时通知所在地同级税务机关，获准占用耕地的单位或个人应当在收到土地管理部门的通知之日起 30 日内缴纳耕地占用税。土地管理部门凭耕地占用税完税凭证或免税凭证和其他有关文件发放建设用地批准书。

第五节　契税

契税是以所有权发生转移变动的不动产为征税对象，向产权承受人征收的一种财产税。国务院于 1997 年 7 月 7 日颁布了《中华人民共和国契税暂行条例》，并于 1997 年 10 月 1 日起执行。契税按财产转移价值征税，税源较为充足，它可以弥补其他财产课税的不足，扩大其征税范围，为地方政府增加一部分财政收入。随着市场经济的发展和房地产交易的日趋活跃，契税的财政作用将日益显著。另外，由于不动产所有权和使用权的转移涉及转让者和承受者双方的利益，如果产权的合法性得不到确认，事后必然会出现产权纠纷。契税规定对承受者征税，一方面是对承受者财富的调节，另一方面有利于通过法律形式确定产权关系，维护公民的合法利益，避免纠纷。

---

[1] 1 亩＝666.67 平方米。

一、纳税人

契税的纳税义务人是指在中华人民共和国境内转移土地、房屋权属,承受的单位和个人。境内是指中华人民共和国实际税收行政管辖范围内。土地、房屋权属是指土地使用权和房屋所有权。所谓"承受"是指受让、购买、受赠、交换等方式取得土地。单位是指企业单位、事业单位、国家机关、军事单位和社会团体以及其他组织。个人是指个体经营者及其他个人包括中国公民和外籍人员。

土地使用权交换、房屋所有权交换、土地使用权与房屋所有权相互交换,其纳税人为补偿差额部分的一方;以划拨方式取得土地使用权,经批准转让房地产时,其房地产转让者应补缴契税。

二、征税对象

契税的征税对象是境内转移土地、房屋权属。具体包括以下 5 项内容。

(1) 国有土地使用权出让。即土地使用者向国家交付土地使用权出让费用,国家将国有土地使用权在一定期限内让与土地使用者的行为。对承受国有土地使用权应支付的土地出让金要计征契税,不得因减免土地出让金而减免契税。

(2) 土地使用权的转让。即土地使用者以出售、赠与、交换或者其他方式将土地使用权转移给其他单位和个人的行为。土地使用权的转让不包括农村集体土地承包经营权的转移。

(3) 房屋买卖。即以货币为媒介,出卖者向购买者过渡房产所有权的交易行为。土地、房屋权属以下列方式转移的,视同土地使用权转让、房屋买卖或者房屋赠与征税。具体包括:①以土地、房屋权属作价投资、入股或作股权转让。②以土地、房屋权属抵债或实物交换房屋。③以获奖方式承受土地、房屋权属。④以预购方式或者预付集资建房款方式承受土地、房屋权属。⑤买房拆料或翻修旧房。

(4) 房屋赠与。即房屋产权所有人将其房屋无偿转让给他人所有。

(5) 房屋交换。即房屋所有者之间互相交换房屋的行为。

三、税率

契税实行 3%~5%的幅度税率,各省(市)、自治区、直辖市人民政府可以在 3%~5%的幅度规定范围内,按照本地区的实际情况决定。这主要是考虑到全国各地经济和房地产市场发展的不平衡状况,使各地执行时有较大的灵活性,可以更好地照顾到各方面的情况,增强地方政府对房地产市场的调控能力,充分发挥和调动地方管理税收的积极性。

四、计税依据

契税的计税依据为不动产的价格。按土地、房屋权属转移方式不同,分为以下几种情况。

(1) 国有土地使用权出让、土地使用权出售、房屋买卖,这三类权属转让的计税依据为交易的成交价格。成交价格是指土地、房屋权属转移合同确定的价格,包括承受者应交付的货币、实物、无形资产或者其他经济利益。

（2）土地使用权赠与、房屋赠与，由征收机关参照土地使用权出售、房屋买卖的市场价格核定。

（3）土地使用权交换、房屋交换，为所交换的土地使用权、房屋的价格差额。①价格相等时，免征契税。②交换价格不等时，由多交付货币、实物、无形资产或者其他经济利益的一方缴纳契税。

（4）以划拨方式取得土地使用权，经批准转让房地产时，由房地产转让者补缴契税。计税依据为补缴的土地使用权出让费用或者土地收益。

此外，对于成交价格明显低于市场价格且无正当理由的，或者所交换的土地使用权、房屋的价格差额明显不合理且无正当理由的，由征税机关参照市场价格核定税额，其目的是为了防止纳税人隐瞒、虚报成交价格。

（5）房屋附属设施征收契税的依据为：①采取分期付款方式购买房屋附属设施土地使用权、房屋所有权的，应按合同规定的总价款计征契税。②承受的房屋附属设施权属如为单独计价的，按照当地确定的适用税率征收契税；如与房屋统一计价的，适用与房屋相同的契税税率。

（6）个人无偿赠与不动产行为（法定继承人除外），应对受赠人全额征收契税。

（7）出让国有土地使用权。契税计税价格为承受人为取得该土地使用权而支付的全部经济利益。对通过"招、拍、挂"程序承受国有土地使用权的，应按照土地成交总价款计征契税，其中的土地前期开发成本不得扣除。

五、应纳税额的计算

应纳税额的计算采用比例税率，其计算公式为

应纳税额＝计税依据×税率

【例11-5】 居民甲有两套住房，将一套出售给居民乙，成交价格为250 000元；将另一套两室住房与居民丙交换成两处一室住房，并支付给丙换房差价款70 000元。试计算甲、乙、丙相关行为应缴纳的契税税额（假定税率为3%）。

$$甲应缴纳的契税税额为 70\,000 \times 3\% = 2\,100（元）$$
$$乙应缴纳的契税税额为 250\,000 \times 3\% = 7\,500（元）$$

丙不缴纳契税。

六、税收优惠

（1）国家机关、事业单位、社会团体、军事单位承受土地、房屋用于办公、教学、医疗、科研和军事设施的，免征契税。

（2）城镇职工按规定第一次购买公有住房，并在国家规定标准面积以内购买的公有住房，经县以上人民政府批准，免征契税。

（3）因不可抗力灭失住房而重新购买住房的，酌情减免。

（4）土地、房屋被县级以上人民政府征用、占用后，重新承受土地、房屋权属的，由省级人民政府确定是否减免。

（5）承受荒山、荒沟、荒丘、荒滩土地使用权，并用于农、林、牧、渔业生产的，免

征契税。

（6）经外交部确认，依照我国有关法律规定以及我国缔结或参加的双边和多边条约或协定，应当予以免税的外国驻华大使馆、领事馆、联合国驻华机构及其外交代表、领事官员和其他外交人员承受土地、房屋权属。

（7）在婚姻关系存续期间，房屋、土地权属原归夫妻一方所有，变更为夫妻双方共有或另一方所有的，或者房屋、土地权属原归夫妻双方共有，变更为其中一方所有的，或者房屋、土地权属原归夫妻双方共有，双方约定、变更共有份额的，免征契税。

七、征收管理

纳税人应当自纳税义务发生之日起 10 日内，向土地、房屋所在地的契税征收机关办理纳税申报，并在契税征收机关核定的期限内缴纳税款。契税在土地、房屋所在地的征收机关缴纳。

第六节　车船税

车船税是对在我国境内依法应当到公安、交通、农业、渔业、军事等管理部门办理登记的车辆、船舶，根据其种类，按照规定的计税单位和年税额标准计算征收的一种财产税。征收车船税，可以促使纳税人提高车船使用效益，督促纳税人合理利用车船，可以通过税收手段开辟财源、集中财力、缓解发展交通运输事业资金短缺的矛盾，可以借此加强对车船的管理。

一、纳税人

车船税的纳税义务人，是指在中华人民共和国境内，车辆、船舶（以下简称车辆）的所有人或管理人。其中，所有人是指在我国境内拥有车船的单位和个人；管理人是指对车船具有管理使用权，但不具有所有权的单位。如果车船的所有人或者管理人未缴纳车船税，使用人应当代为缴纳车船税。

二、征税范围

车船税的征税范围是指依法应当在车船登记管理部门登记的机动车辆和船舶，以及依法不需要在车船登记管理部门登记的在单位内部场所行驶或者作业的机动车辆和船舶。车船税由应税车辆和应税船舶两大类构成。其中，车辆分为机动车辆和非机动车辆；船舶分为机动船舶和非机动船舶。

三、税率

车船税实行定额税率，即对征税的车船规定单位固定税额。采用从量计征的计税方法。

《中华人民共和国车船税法实施条例》（2011 年 2 月 25 日通过）对应税车辆实行有幅度的定额税率，即对各类车辆分别规定一个最低到最高限度的年税额，省、自治区、直辖市人民政府根据车船税法所附《车船税税目税额表》确定车辆具体适用税额，划分子税目。详见下表。

表 车船税税目税额表

税目		计税单位	年基准税额	备注
乘用车 [按发动机汽缸容量（排气量）分档]	1.0升（含）以下的	每辆	60元至360元	核定载客人数 9人（含）以下
	1.0升以上至1.6升（含）的		300元至540元	
	1.6升以上至2.0升（含）的		360元至660元	
	2.0升以上至2.5升（含）的		660元至1200元	
	2.5升以上至3.0升（含）的		1200元至2400元	
	3.0升以上至4.0升（含）的		2400元至3600元	
	4.0升以上的		3600元至5400元	
商用车	客车	每辆	480元至1440元	核定载客人数9人以上，包括电车
	货车	整备质量每吨	16元至120元	包括半挂牵引车、三轮汽车和低速载货汽车等
挂车		整备质量每吨	按照货车税额的50%计算	
其他车辆	专用作业车	整备质量每吨	16元至120元	不包括拖拉机
	轮式专用机械车		16元至120元	
摩托车		每辆	36元至180元	
船舶	机动船舶	净吨位每吨	3元至6元	拖船、非机动驳船分别按照机动船舶税额的50%计算
	游艇	艇身长度每米	600元至2000元	

我国幅员辽阔，各地经济发展不平衡，车辆种类繁多，大小也不相同，客观上难以制定一个适用全国的统一税额标准，而车船税又属地方税，应给予地方必要的税收管理权限，因此，国家对各类车辆的税额只规定了一个幅度范围。

四、计税依据

车船税的计税依据，按车船的种类和性能，分别确定为辆、整备质量吨数、净吨位和米4种：对乘用车、商用车客车、摩托车，以"辆"为计税依据；对商用车货车、挂车、其他车辆专用作业车、其他车辆轮式专用机械车，以"整备质量吨数"为计税依据；对船舶，以"净吨位"为计税依据；对游艇，以"米"为计税依据。所谓净吨位，是指额定（或称预定）装运货物的船舶所占用的空间容积。所谓整备质量，即整车装备质量，也称为自重，即汽车无乘员或不载货时，仅带有工具备胎，加满燃油和冷却水时的重量。

五、应纳税额的计算

乘用车、商用车客车、摩托车年应纳税额的计算公式为

应纳税额＝辆数×适用年税额

商用车货车、挂车、其他车辆专用作业车、其他车辆轮式专用机械车年应纳税额的计算

公式为
$$应纳税额＝整备质量吨数×适用年税额$$
船舶年应纳税额的计算公式为
$$应纳税额＝净吨位数×适用年税额$$
游艇年应纳税额的计算公式为
$$应纳税额＝米数×适用年税额$$
购置的新车船，购置当年的应纳税额自纳税义务发生的当月起按月计算。其计算公式为
$$应纳税额＝年应纳税额÷12×应纳税月份数$$
车船税法及其实施条例涉及的整备质量、净吨位、艇身长度等计税单位，有尾数的一律按照含尾数的计税单位据实计算车船税应纳税额。计算得出的应纳税额小数点后超过两位的可四舍五入保留两位小数。

乘用车以车辆登记管理部门核发的机动车登记证书或者行驶证书所载的排气量毫升数确定税额区间。

【例 11-6】 某运输公司拥有商用车货车 25 辆（货车载重净吨位全部为 10 吨）。计算该公司应纳车船税。（注：载货汽车每吨年税额 80 元）
$$载货汽车应纳税额＝25×10×80＝20\,000（元）$$

【例 11-7】 某航运公司拥有机动船 30 艘（其中，净吨位为 200 吨的 12 艘，2 000 吨的 8 艘，5 000 吨的 10 艘），600 吨的单位税额为 3 元、2 000 吨的单位税额为 4 元，5 000 吨的单位税额为 5 元。请计算该航运公司年应纳车船税税额。
$$\begin{aligned}应纳税额&＝12×200×3＋8×2\,000×4＋10×5\,000×5\\&＝7\,200＋64\,000＋250\,000\\&＝321\,200（元）\end{aligned}$$

六、税收优惠

根据《中华人民共和国车船税暂行条例》规定，下列车船免征车船税。
（1）捕捞、养殖渔船。
（2）军队、武装警察部队专用的车船。
（3）警用车船。
（4）依照法律规定应当予以免税的外国驻华使领馆、国际组织驻华代表机构及其有关人员的车船。

此外，境内单位和个人租入外国籍船舶的，不征收车船税。境内单位和个人将船舶出租到境外的，应依法征收车船税。2015 年 5 月 7 日起对节约能源车船，减半征收车船税；对使用新能源车船，免征车船税。

七、征收管理

车船税由地方税务机关负责征收，纳税地点由省、自治区、直辖市人民政府根据当地实际情况确定。按年申报缴纳，纳税年度，自公历 1 月 1 日起至 12 月 31 日止，具体申报纳税期限由省、自治区、直辖市人民政府确定。车船税的纳税地点为车船的登记地或者车船税扣缴义务人所在地。依法不需要办理登记的车船，车船税的纳税地点为车船的所有人或者管理

人所在地。

本 章 小 结

1. 财产税是对财产所有人、占有人或使用人所拥有或支配的应税财产，就其数量或价值依法征收的一种税。财产税根据征税范围，分为一般财产税和个别财产税；根据课税对象，分为静态财产税和动态财产税；根据计税依据，分为从量财产税和从价财产税。

2. 财产税有如下特征：财产税是对财富的存量课税；财产税多属于直接税，其税负较难转嫁给他人；财产税一般作为地方税种。

3. 房产税是以房产为征税对象，依房产价格或房租收入向产权所有人或经营人征收的一种税。

4. 城镇土地使用税是指以城镇土地为征税对象，以实际占用的土地面积为计税依据，按规定税额对拥有的土地使用权的单位和个人征税的一种税。

5. 耕地占用税是对占用耕地建房或从事其他非农业建设的单位和个人，就其实际占用的耕地面积征收的一种税。

6. 契税是以所有权发生转移变动的不动产为征税对象，向产权承受人征收的一种财产税。

7. 车船税是对在我国境内依法应当到公安、交通、农业、渔业、军事等管理部门办理登记的车辆、船舶，根据其种类，按照规定的计税单位和年税额标准计算征收的一种财产税。

习 题

一、选择题

1. 甲、乙双方发生房屋交换行为，当交换价格相等时，契税（　　）。
   A. 由甲方缴纳　　　　　　　　　　B. 由乙方缴纳
   C. 由甲、乙双方各缴一半　　　　　D. 甲、乙双方都不缴纳

2. 王某是一机动船的拥有人，他与李某签订了为期一年（2014年1月1日至12月31日）的租赁合同，该船当年由李某使用，但合同对2014年的车船税由谁缴纳未予明确。车船税的纳税人应为（　　）。
   A. 王某　　　　　　　　　　　　　B. 李某
   C. 王某代李某缴纳　　　　　　　　D. 税务机关指定王某和李某中的一人

3. 下列各项中，符合房产税纳税义务人规定的是（　　）。
   A. 产权属于集体的由承典人缴纳　　B. 房屋产权出典的由出典人缴纳
   C. 产权纠纷未解决的由代管人或使用人缴纳　D. 产权属于国家所有的不缴纳

4. 按照《契税暂行条例》的有关规定，契税纳税义务发生的时间是（　　）。
   A. 纳税人签订土地、房屋权属转移合同的当天

B. 纳税人办妥土地、房屋权属变更登记手续的当天
C. 纳税人签订土地、房屋权属变更登记手续的 10 日内
D. 房屋、土地移交的当天

5. 下列车船中，应缴纳车船税的是（　　）。
A. 载重量不超过 1 吨的捕捞渔船　　B. 军队车船
C. 外国驻华领馆的汽车　　　　　　D. 摩托车

6. 下列各项中，应当征收契税的有（　　）。
A. 以房产抵债　　　　　　　　　　B. 将房产赠与他人
C. 以房产作投资　　　　　　　　　D. 子女继承父母房产

7. 以辆作为车船税计税依据的有（　　）。
A. 商用车货车　　B. 畜力车　　C. 商用车客车
D. 载货汽车　　　E. 摩托车

二、判断题

1. 对个人按市场价格出租的居民住房，可暂按其租金收入征收 4%的房产税。（　　）
2. 个人所有的房产，除出租者外，一律免征房产税。（　　）
3. 对房地产开发企业建造的商品房，在出售前一律不征收房产税。（　　）
4. 境内承受转移土地、房屋权属的单位和个人为契税的纳税人，但不包括外商投资企业和外国企业。（　　）
5. 对于尚未核发土地使用证书的其城镇土地使用税的计税依据为纳税人申报的面积。（　　）
6. 个体工商户不是我国城镇土地使用税的纳税人。（　　）

三、计算题

1. 某省政府机关有办公用房一幢，房产价值 5 000 万元。2014 年将其中的四分之一对外出租，取得租金收入 100 万元。已知该省统一规定计算房产余值时的减除幅度为 20%，计算该政府机关当年应纳的房产税。

2. 某公司 2014 年发生两笔互换房产业务，并已办理了相关手续。第一笔业务换出的房产价值 500 万元，换进的房产价值 800 万元；第二笔业务换出的房产价值 600 万元，换进的房产价值 300 万元。已知当地政府规定的契税税率为 3%，计算该公司应缴纳契税。

四、名词概念

1. 财产税　　　2. 房产税　　　3. 城镇土地使用税
4. 耕地占用税　5. 契税　　　　6. 车船税

五、问答题

1. 财产课税的一般特征是什么？
2. 财产税具有哪些优缺点？
3. 我国现行房产税的计税依据是如何规定的？
4. 我国城镇土地占用税和耕地占用税的征收具有哪些意义？
5. 契税的征税范围包括哪些项目？如何确定其计税依据？
6. 车船税的征税范围是如何规定的？

案 例 分 析

关于房地产税立法

　　自从房地产税立法作为 34 项立法任务之一，被列入十二届全国人大常委会立法规划开始，对于房地产税何时开征的关注度就一直不减。此前有消息表示，房地产税力争明年实施，这也就意味着最快到 2016 年，拥有多套商品房的普通人，恐怕就要发愁手中的房产如何缴税了。而中国财税法学研究会副会长、中国政法大学财税法研究中心主任施正文日前则表示，就目前的情况来看，房地产税法明年有望向社会公开征求意见，如果进展顺利，会在 2016 年年底进行审议，若各方能形成共识，2017 年通过该部立法的可能性非常大。

　　在房地产税改革过程中，从来都不缺少阻力和困难。从最早房产税的多年空转，到 2011 年上海、重庆先行试点房地产税征收的"蜻蜓点水"，再到房产税被列入房地产税改革方案，并进入人大立法规划，关于房地产税的改革，一路走来并不容易。

　　税收法律作为与所有主体息息相关的制度设计，都是作为国家基本法律立项，其程序的繁复程度不同一般的规章或行政法规，从立项、起草、提交审议、讨论、修改、再审议到表决通过实施，历经的时间肯定会相当漫长。

　　房地产税作为与国民经济深度关联，同时与每个人的切身利益息息相关的税种，曾是争议最大的税种之一。无论是政府层面，还是民间层面，对于房地产税的观念、意义和价值方面都曾存在不同的声音和观点。除此之外，包括全国住房信息联网和不动产登记在内，当前各地都在陆续推进，这些信息采集层面的工作，也是决定房地产税进度的重要依据。

　　（资料来源：http://house.enorth.com.cn/system/2015/12/16/030697113.shtml）

问题：
1. 什么是房地产税？房地产税与房产税二者有什么区别？
2. 试分析房产地税如果开征将如何影响我国房地产业和宏观经济以及百姓生活。

第十二章 资源税与行为税

 导读

资源税与行为税在当今的社会经济生活中起到了非常重要的作用，是国家重要的调控手段。本章主要讲述资源税、行为税的税制构成要素及应纳税额的计算。通过本章的学习，应了解资源税、行为税的基本知识，理解各税种的概念及特点，掌握各税种的纳税人、征税范围及应纳税额的计算。

 学习重点

资源税的征税规定，印花税的征税规定。

 学习难点

印花税的计算。

 教学建议

以课堂讲授为主，适当结合案例教学和引导学生课堂讨论，要求学生能掌握资源税、印花税和城市维护建设税与教育费附加的计算。

第一节 资源税

一、资源税的概念

资源税（Resource Tax）是对在我国领域及管辖海域开采应税矿产品以及生产盐的单位、个人征收的一种税，属于对自然资源占用课税的范畴。根据党中央、国务院决策部署，自2016年7月1日起全面推进资源税改革。（财税〔2016〕53号）

二、资源税的纳税人

资源税的纳税义务人是指在中华人民共和国领域及管辖海域开采本条例规定的矿产品或者生产盐（以下称开采或者生产应税产品）的单位和个人，为资源税的纳税人。其中，单位是指企业、行政单位、事业单位、军事单位、社会团体及其他单位；个人是指个体工商户和其他个人。

矿产品资源以独立矿山、联合企业和其他收购未税矿产品的单位为扣缴义务人。

三、资源税的征税范围

（1）原油，是指开采的天然原油，不包括人造石油。

（2）天然气，是指专门开采或者与原油同时开采的天然气。

（3）煤炭，包括原煤和以未税原煤加工的洗选煤。

（4）稀土、钨、钼。

（5）金属矿。

（6）非金属矿。

（7）海盐。

（8）水，包括地表水和地下水。水资源税实行从量计征。自2016年7月1日起在河北省实施水资源税改革试点。

各省、自治区、直辖市（以下统称省级）人民政府可以结合本地实际，根据森林、草场、滩涂等资源开发利用情况提出征收资源税的具体方案建议，报国务院批准后实施。

四、资源税的应纳税额的计算

（一）资源税的税率

对《资源税税目税率幅度表》中列举名称的资源品目，由省级人民政府在规定的税率幅度内提出具体适用税率建议，报财政部、国家税务总局确定核准。对未列举名称的其他金属和非金属矿产品，由省级人民政府根据实际情况确定具体税目和适用税率，报财政部、国家税务总局备案。我国的资源税采取的是有幅度的比例税率和定额税率，具体的税率见表12-1。

表12-1　资源税税目税率幅度表

序号	税目	征税对象	税率
1	原油	天然原油	6%～10%
2	天然气	专门开采或与原油同时开采	6%～10%
3	煤炭	原煤或者洗选煤	2%～10%
4	稀土	原矿或以自采原矿加工的精矿	轻稀土，内蒙古为11.5%、四川为9.5%、山东为7.5%。中重稀土资源税适用税率为27%。
5	钨	原矿或以自采原矿加工的精矿	6.5%
6	钼	原矿或以自采原矿加工的精矿	11%

续表

序号	税　　目		征税对象	税　　率
7	金属矿	铁矿	精矿	1%～6%
8		金矿	金锭	1%～4%
9		铜矿	精矿	2%～8%
10		铝土矿	原矿	3%～9%
11		铅锌矿	精矿	2%～6%
12		镍矿	精矿	2%～6%
13		锡矿	精矿	2%～6%
14		未列举名称的其他金属矿产品	原矿或精矿	税率不超过20%
15	非金属矿	石墨	精矿	3%～10%
16		硅藻土	精矿	1%～6%
17		高岭土	原矿	1%～6%
18		萤石	精矿	1%～6%
19		石灰石	原矿	1%～6%
20		硫铁矿	精矿	1%～6%
21		磷矿	原矿	3%～8%
22		氯化钾	精矿	3%～8%
23		硫酸钾	精矿	6%～12%
24		井矿盐	氯化钠初级品	1%～6%
25		湖盐	氯化钠初级品	1%～6%
26		提取地下卤水晒制的盐	氯化钠初级品	3%～15%
27		煤层（成）气	原矿	1%～2%
28		黏土、砂石	原矿	每吨或立方米0.1元-5元
29		未列举名称的其他非金属矿产品	原矿或精矿	从量税率每吨或立方米不超过30元，从价税率不超过20%
30	海盐		氯化钠初级品	1%～5%

（二）资源税的计税依据

资源税的计税依据为应税产品的销售额或销售量，各税目的征税对象包括原矿、精矿（或原矿加工品，下同）、金锭、氯化钠初级品，具体按照《改革通知》所附《资源税税目税率幅度表》相关规定执行。对未列举名称的其他矿产品，省级人民政府可对本地区主要矿产品按矿种设定税目，对其余矿产品按类别设定税目，并按其销售的主要形态（如原矿、精矿）确定征税对象。

（1）关于销售额的认定。

销售额是指纳税人销售应税产品向购买方收取的全部价款和价外费用,不包括增值税销项税额和运杂费用。

运杂费用是指应税产品从坑口或洗选(加工)地到车站、码头或购买方指定地点的运输费用、建设基金以及随运销产生的装卸、仓储、港杂费用。运杂费用应与销售额分别核算,凡未取得相应凭据或不能与销售额分别核算的,应当一并计征资源税。

(2)关于原矿销售额与精矿销售额的换算或折算。

为公平原矿与精矿之间的税负,对同一种应税产品,征税对象为精矿的,纳税人销售原矿时,应将原矿销售额换算为精矿销售额缴纳资源税;征税对象为原矿的,纳税人销售自采原矿加工的精矿,应将精矿销售额折算为原矿销售额缴纳资源税。换算比或折算率原则上应通过原矿售价、精矿售价和选矿比计算,也可通过原矿销售额、加工环节平均成本和利润计算。

金矿以标准金锭为征税对象,纳税人销售金原矿、金精矿的,应比照上述规定将其销售额换算为金锭销售额缴纳资源税。

换算比或折算率应按简便可行、公平合理的原则,由省级财税部门确定,并报财政部、国家税务总局备案。

(三)资源税应纳税额的计算

资源税的应纳税额,按照从价定率或者从量定额的办法,分别以应税产品的销售额乘以纳税人具体适用的比例税率或者以应税产品的销售数量乘以纳税人具体适用的定额税率计算。

(1)纳税人按照应税产品销售额计税的,其计算公式为

$$应纳税额=销售额×比例税率$$

(2)纳税人按照应税产品销售数量计税的,其计算公式为

$$应纳税额=销售数量×定额税率$$

(四)资源税的减免税规定

(1)对依法在建筑物下、铁路下、水体下通过充填开采方式采出的矿产资源,资源税减征50%。充填开采是指随着回采工作面的推进,向采空区或离层带等空间充填废石、尾矿、废渣、建筑废料以及专用充填合格材料等采出矿产品的开采方法。

(2)对实际开采年限在15年以上的衰竭期矿山开采的矿产资源,资源税减征30%。衰竭期矿山是指剩余可采储量下降到原设计可采储量的20%(含)以下或剩余服务年限不超过5年的矿山,以开采企业下属的单个矿山为单位确定。

(3)对鼓励利用的低品位矿、废石、尾矿、废渣、废水、废气等提取的矿产品,由省级人民政府根据实际情况确定是否给予减税或免税。

(4)纳税人用已纳资源税的应税产品进一步加工应税产品销售的,不再缴纳资源税。纳税人以未税产品和已税产品混合销售或者混合加工为应税产品销售的,应当准确核算已税产品的购进金额,在计算加工后的应税产品销售额时,准予扣减已税产品的购进金额;未分别核算的,一并计算缴纳资源税。

(5)纳税人在2016年7月1日前开采原矿或以自采原矿加工精矿,在2016年7月1日后销售的,按本通知规定缴纳资源税;2016年7月1日前签订的销售应税产品的合同,在2016年7月1日后收讫销售款或者取得索取销售款凭据的,按本通知规定缴纳资源税;在2016年

7月1日后销售的精矿（或金锭），其所用原矿（或金精矿）如已按从量定额的计征方式缴纳了资源税，并与应税精矿（或金锭）分别核算的，不再缴纳资源税。

（6）对在2016年7月1日前已按原矿销量缴纳过资源税的尾矿、废渣、废水、废石、废气等实行再利用，从中提取的矿产品，不再缴纳资源税。

【例12-1】 某油田2016年7月生产原油25万吨，当月销售20万吨，加热、修井用1.6万吨，将0.4万吨原油赠送给协作单位，原油每吨售价5 000元，原油的税率为10%。计算该油田2016年7月应纳资源税。

原油应纳资源税为 $=(200\,000+4\,000)\times 5\,000\times 10\% = 102\,000\,000$（元）

【例12-2】 某煤矿2016年7月开采原煤400万吨，销售240万吨，每吨售价500元；将100吨原煤移送加工生产选煤，资源税税率5%。计算该煤矿2016年7月应纳资源税。

应纳资源税 $=240\times 500\times 5\% = 6\,000$（万元）

五、资源税的纳税义务发生时间

（1）纳税人销售应税产品，其纳税义务发生时间规定如下。

① 纳税人采取分期收款结算方式的，其纳税义务发生时间为销售合同规定的收款日期的当天；

② 纳税人采取预收货款结算方式的，其纳税义务发生时间为发出应税产品的当天；

③ 纳税人采取其他结算方式的，其纳税义务发生时间为收讫销售款或者取得索取销售款凭据的当天。

（2）纳税人自产自用应税产品的纳税义务发生时间，为移送使用应税产品的当天。

（3）扣缴义务人代扣代缴税款的纳税义务发生时间，为支付货款的当天。

六、资源税的纳税期限

纳税人的纳税期限为1日、3日、5日、10日、15日或者1个月，由主管税务机关根据实际情况具体核定。不能按固定期限计算纳税的，可以按次计算纳税。

纳税人以1个月为一期纳税的，自期满之日起10日内申报纳税；以1日、3日、5日、10日或者15日为一期纳税的，自期满之日起5日内预缴税款，于次月1日起10日内申报纳税并结清上月税款。

七、资源税的纳税环节和纳税地点

（1）资源税在应税产品的销售或自用环节计算缴纳。以自采原矿加工精矿产品的，在原矿移送使用时不缴纳资源税，在精矿销售或自用时缴纳资源税。

（2）纳税人以自采原矿加工金锭的，在金锭销售或自用时缴纳资源税。纳税人销售自采原矿或者自采原矿加工的金精矿、粗金，在原矿或者金精矿、粗金销售时缴纳资源税，在移送使用时不缴纳资源税。

（3）以应税产品投资、分配、抵债、赠与、以物易物等，视同销售，依照本通知有关规定计算缴纳资源税。

（4）纳税人应当向矿产品的开采地或盐的生产地缴纳资源税。纳税人在本省、自治区、直辖市范围开采或者生产应税产品，其纳税地点需要调整的，由省级地方税务机关决定。

第二节 土地增值税

一、土地增值税的概念

土地增值税是指对有偿转让土地使用权及地上建筑物和其他附着物产权,取得增值收入的单位和个人征收的一种税。土地增值税的作用主要表现在以下3个方面:一是增强国家对房地产开发和房地产市场的调控力度;二是抑制炒买炒卖土地投机获取暴利的行为;三是规范国家参与土地增值收益的分配方式,增加国家财政收入。

二、土地增值税的纳税人

土地增值税的纳税义务人是转让国有土地使用权、地上建筑物和其他附着物产权的单位和个人。其中:单位包括各类企事业单位、国家机关、社会团体及其他组织;个人包括自然人和个体经营者等。

三、土地增值税的征收范围

(一)征税范围

根据《中华人民共和国土地增值税暂行条例》(以下简称《土地增值税暂行条例》)及其实施细则的规定,土地增值税的征收范围包括有偿转让国有土地使用权及地上附着物产权。

转让国有土地使用权是指纳税人在取得按国家法律规定属于国家所有的土地使用权之后,再次转让的行为。

地上的建筑物及其附着物连同国有土地使用权一并转让。"地上建筑物"是指建于土地上的一切建筑物,包括地上、地下的各种附属设施。"附着物"是指附着于土地上的、不能移动或一经移动即遭损坏的物品。

(二)征税范围的界定标准

在土地增值税的计算过程中如何准确界定其征收范围是个非常关键的问题,我们可以根据以下几条标准来界定。

(1)转让的土地使用权必须是国家所有。

(2)土地使用权、地上建筑物及其附着物的产权必须发生转让。

(3)必须取得转让收入。

(三)若干具体情况的判定

(1)以出售方式转让国有土地使用权、地上建筑物以及附着物的,应该缴纳土地增值税。

(2)以继承、赠与方式转让房地产的,这种情况因其只发生房地产产权的转让,没有取得相应的收入,属于无偿转让房地产的行为,所以不能将其纳入土地增值税的征收范围。

(3)房地产出租。出租人取得了收入,但没有发生房地产产权的转让,不属于征收土地增值税的范围。

(4)房地产抵押。在抵押期间不征收土地增值税。待抵押期满后,视该房地产是否转移产权来确定是否征收土地增值税。对于以房地产抵债而发生房地产产权转让的，属于征收土地增值税的范围。

（5）房地产的交换。由于这种行为既发生了房产产权、土地使用权的转移，交换双方又取得了实物形态的收入，应当征收土地增值税，但对于个人之间交换自有居住的房地产，经当地税务机关核实可以免征土地增值税。

（6）以房地产进行投资、联营。对于以房地产进行投资、联营的工业企业，投资、联营的一方以土地、房地产作价入股进行投资或作为联营条件，将房地产转让到所投资、联营的企业中时，暂免征收土地增值税。对投资、联营企业将上述房地产再转让的，应征收土地增值税。

（7）合作建房。对于一方出地，一方出资金，双方合作建房，建成后按比例分房自用的，暂免征收土地增值税；建成后转让的，应征收土地增值税。

（8）企业兼并转让房地产。在企业兼并中，对被兼并企业将房地产转让到兼并企业中的，暂免征收土地增值税。

（9）房地产的评估增值。房地产的评估增值，没有发生房地产权属的转让，不属于征收土地增值税的范围。

（10）房地产的代建房行为。这种情况是指房地产开发公司代客户进行房地产的开发，开发完成后向客户收取代建收入的行为，由于没有发生房地产的权属的转移，故不属于土地增值税的范畴。

（11）国家收回国有土地使用权、征用地上建筑物及附着物。国家收回或征用，虽然发生了权属的变更，原房地产所有人也取得了收入，但按照《土地增值税暂行条例》的有关规定，可以免征土地增值税。

四、土地增值税的税率

土地增值税采取的是四级超率累进税率，具体税率见表12-2。

表12-2 土地增值税税率表

级 数	增值额与扣除项目金额的比率	税 率	速算扣除系数
1	不超过50%	30%	0
2	超过50%不超过100%	40%	5%
3	超过100%不超过200%	50%	15%
4	超过200%	60%	35%

五、土地增值税应税收入的确定

根据《土地增值税暂行条例》及其实施细则的规定，纳税人转让房地产取得的应税收入，应包括转让房地产的全部价款及有关的经济利益。从其收入的形式来看，应包括货币收入、实物收入和其他收入。

六、土地增值税的扣除项目的确定

计算土地增值税应纳税额并不是直接针对转让房地产所取得的收入征税,而是要对收入额减除国家规定的各项扣除项目金额后的余额计算征收。因此,要计算增值额首先要确定扣除项目,税法规定可以扣除的项目有以下几个方面。

(一)取得土地使用权所支付的金额

取得土地使用权所支付的金额包括下面两项内容。

(1)纳税人为取得土地使用权所支付的地价款,如是以协议、招标、拍卖等出让方式取得的土地使用权,地价款为纳税人所支付的土地出让金;如是以行政划拨方式取得土地使用权的,地价款为按照国家有关规定补缴的土地出让金;如是以转让方式取得土地使用权的,地价款为向原土地使用权人实际支付的地价款。

(2)纳税人在取得土地使用权时按照国家统一规定缴纳的有关费用,如有关登记、过户手续费等。

(二)房地产的开发成本

房地产开发成本是指纳税人房地产开发项目实际发生的成本,包括土地的征用及拆迁补偿费、前期工程费、建筑安装工程费、基础设施费、公共配套设施费、开发间接费用。

(1)土地征用及拆迁补偿费,包括土地征用费,耕地占用税,劳动力安置费及有关地上、地下附着物拆迁补偿的净支出,安置动迁用房支出等。

(2)前期工程费,包括规划、设计、项目可行性研究和水文、地质、勘察、测绘、"三通一平"等支出。

(3)建筑安装工程费,是指以出包方式支付给承包单位的建筑安装工程费,以自营方式发生的建筑安装工程费。

(4)基础设施费,包括开发小区内道路、供水、供电、供气、排污、排洪、通信、照明、环卫、绿化等工程发生的支出。

(5)公共配套设施费,包括不能有偿转让的开发小区内公共配套设施发生的支出。

(6)开发间接费用,是指直接组织、管理开发项目发生的费用,包括工资、职工福利费、折旧费、修理费、办公费、水电费、劳动保护费、周转房摊销等。

(三)房地产的开发费用

房地产的开发费用是指与房地产开发项目有关的销售费用、管理费用、财务费用。

财务费用中的利息支出,凡能够按转让房地产项目计算分摊并提供金融机构证明的,允许据实扣除,但最高不能超过按商业银行同类同期贷款利率计算的金额。其他房地产开发费用,按第(一)、(二)项规定计算的金额之和的5%以内计算扣除。

凡不能按转让房地产项目计算分摊利息支出或不能提供金融机构证明的,房地产开发费用按第(一)、(二)项规定计算的金额之和的10%以内计算扣除。

此外,财政部、国家税务总局还对扣除项目金额中利息支出的计算问题做了两点专门规定:一是利息的上浮幅度按国家有关规定执行,超过上浮幅度的部分不允许扣除;二是对于超过贷款期限的利息部分和加罚的利息不允许扣除。

（四）与房地产有关的税金

与转让房地产有关的税金，是指在转让房地产时缴纳的营业税、城市维护建设税、印花税。因转让房地产交纳的教育费附加，也可视同税金予以扣除。

需要指出的是，房地产开发企业按照《施工、房地产开发企业财务制度》有关规定，其在转让时缴纳的印花税因列入管理费用，所以在此不允许单独再扣除。其他纳税人缴纳的印花税（按产权转移书据所载金额的5‰）允许扣除。

（五）其他扣除项目

对从事房地产开发的纳税人可按第（一）、（二）项规定计算的金额之和，加计20%的扣除。

（六）旧房及建筑物的评估价格

旧房及建筑物的评估价格，是指在转让已使用的房屋及建筑物时，由政府批准设立的房地产评估机构评定的重置成本价乘以成新度折扣率后的价格。评估价格须经当地税务机关确认。

纳税人转让旧房及建筑物，凡不能取得评估价格，但能提供购房发票的，经当地税务部门确认，《土地增值税暂行条例》第六条第（一）、（三）项规定的扣除项目的金额，可按发票所载金额并从购买年度起至转让年度止每年加计5%计算。对纳税人购房时缴纳的契税，凡能提供契税完税凭证的，准予作为"与转让房地产有关的税金"予以扣除，但不作为加计5%的基数。

对于转让旧房及建筑物，既没有评估价格，又不能提供购房发票的，地方税务机关可以根据《中华人民共和国税收征收管理法》第三十五条的规定，实行核定征收。

另外，纳税人成片受让土地使用权后，分期分批开发、转让房地产的，其扣除项目金额的确定，可按转让土地使用权的面积占总面积的比例计算分摊，或按建筑面积计算分摊，也可按税务机关确认的其他方式计算分摊。

七、土地增值税的增值额的确定

土地增值税的增值额是指纳税人转让房地产所取得的收入减除规定的扣除项目金额后的余额，由于计算土地增值税是以增值额与扣除项目金额的比率大小按相适用的税率累进计算征收的，增值额与扣除项目金额的比率越大，适用的税率越高，缴纳的税款越多，因此，准确核算增值额是很重要的。当然，准确核算增值额，还需要有准确的房地产转让收入额和扣除项目的金额。在实际房地产交易活动中，有些纳税人由于不能准确提供房地产转让价格或扣除项目金额，致使增值额不准确，直接影响应纳税额的计算和缴纳。因此，纳税人有下列情形之一的，按照房地产评估价格计算征收：(1)隐瞒、虚报房地产成交价格的；(2)提供扣除项目金额不实的；(3)转让房地产的成交价格低于房地产评估价格，又无正当理由的。

这里所说的"房地产评估价格"，是指由政府批准设立的房地产评估机构根据相同地段、同类房地产进行综合评定的价格。

这里所说的"隐瞒、虚报房地产成交价格"，是指纳税人不报或有意低报转让土地使用权、地上建筑物及其附着物价款的行为。应由评估机构参照同类房地产的市场交易价格进行评估。

税务机关根据评估价格确定转让房地产的收入。

这里所说的"提供扣除项目金额不实的",是指纳税人在纳税申报时不据实提供扣除项目金额的行为。应由评估机构按照房屋重置成本价乘以成新度折扣率计算的房屋成本价和取得土地使用权时的基准地价进行评估。税务机关根据评估价格确定扣除项目金额。

这里所说的"转让房地产的成交价格低于房地产评估价格,又无正当理由的",是指纳税人申报的转让房地产的实际成交价低于房地产评估机构评定的交易价,纳税人又不能提供凭据或无正当理由的行为。由税务机关参照房地产评估价格确定转让房地产的收入。

八、土地增值税的应纳税额的计算

土地增值税按照纳税人转让房地产所取得的增值额和规定的税率计算征收。其计算公式为

$$应纳税额 = \sum (每级距的土地增值额 \times 适用税率)$$

即

增值额不超过扣除项目50%的土地增值税=增值额×30%

增值额超过扣除项目50%不超过扣除项目100%的土地增值税=增值额×40%

增值额超过扣除项目100%不超过扣除项目200%的土地增值税=增值额×50%

增值额超过扣除项目200%的土地增值税=增值额×60%

除此之外也可根据速算扣除系数的方法来计算应纳的土地增值税,即按照总的增值额乘以适用税率,减去扣除项目金额乘以速算扣除系数的简单方法,直接计算土地增值税的应纳税额。

$$应纳税额 = 土地增值额 \times 适用税率 - 扣除项目金额 \times 速算扣除系数$$

【例12-3】 上海市某房地产开发公司开发一个房地产项目,有关经营情况如下。

(1)该项目商品房全部销售,取得销售收入4 000万元,并签订了销售合同;

(2)签订土地购买合同,支付与该项目相关的土地使用权价款600万元,相关税费50万元;

(3)发生土地拆迁补偿费200万元,前期工程费100万元,支付工程价款750万元,基础设施及公共配套设施费150万元,开发间接费用60万元;

(4)发生销售费用100万元,财务费用60万元,管理费用80万元;

(5)该房地产开发公司不能按转让项目计算分摊利息,当地政府规定的开发费用扣除比例为10%;

(6)在销售过程中缴纳的印花税及其他税费合计222.3万元。(其中印花税为2.3万元)

求该房地产公司应纳的土地增值税的金额。

准予扣除的土地使用权费用为600+50=650(万元);

准予扣除的房地产开发成本为200+100+750+150+60=1 260(万元);

准予扣除的房地产开发费用为(650+1 260)×10%=191(万元);

准予扣除的其他项目金额为(650+1 260)×20%=382(万元);

合计可以扣除的金额为650+1 260+191+382+(222.3-2.3)=2 703(万元);

收入为4 000万元,增值额为4 000-2 703=1 297(万元);

增值率为1 297/2 703=47.98%,适用税率为30%,故应纳土地增值税为1 297×30%=

389.1（万元）。

九、土地增值税的纳税地点

土地增值税的纳税人应向房地产所在地主管税务机关办理纳税申报，并在税务机关核定的期限内缴纳土地增值税，这里所说的房地产所在地是指房地产的坐落地。如出现房地产坐落地在两处或两处以上的地点，应根据具体的情况进行处理：若纳税人是法人的话，应向房地产坐落地所管辖的税务机关申报纳税；若纳税人是自然人的话，应向办理过户手续所在地的税务机关申报纳税。

十、土地增值税的纳税时间

对于土地增值税而言，由于其转让方式的不一致性造成了其纳税申报的时间也有所差异。

（一）以一次交割、付清价款方式转让房地产的

以一次交割、付清价款方式转让房地产的，主管税务机关可在纳税人办理纳税申报后，根据其应纳税额的大小及向有关部门办理过户、登记手续的期限等，规定其在办理过户、登记手续前数日内一次性缴纳全部土地增值税。

（二）以分期收款方式转让房地产的

以分期收款方式转让房地产的，主管税务机关可根据合同规定的收款日期来确定具体的纳税期限。

（三）项目全部竣工结算前转让房地产的

项目全部竣工结算前转让房地产的，可以预征土地增值税，待该项目全部竣工、办理结算后再进行清算。

第三节　车辆购置税

一、车辆购置税的概念

车辆购置税是以在中国境内购置车辆为课税对象，在特定的环节向车辆购置者征收的一种税。我国现行《车辆购置税征收管理办法》已经2014年11月25日国家税务总局第3次局务会议审议通过，自2015年2月1日起施行。车辆购置税由国家税务局征收，所得收入归中央政府所有，专门用于交通事业建设。

二、车辆购置税的纳税义务人

在中华人民共和国境内购买、进口、自产、受赠、获奖或者以其他方式取得并自用应税车辆的单位和个人，为车辆购置税的纳税人。

车辆购置税实行一车一申报制度。纳税人办理纳税申报时应如实填写《车辆购置税纳税申报表》，同时提供以下资料：纳税人身份证明；车辆价格证明；车辆合格证明；税务机关要求提供的其他资料。需要提供的证件包括以下几个方面。

（一）纳税人身份证明

（1）内地居民提供内地《居民身份证》（含居住、暂住证明）或《居民户口簿》或军人（含武警）身份证明。

（2）中国的香港、澳门特别行政区和中国台湾地区居民，提供入境的身份证明和居留证明。

（3）外国人提供入境的身份证明和居留证明。

（4）组织机构提供《组织机构代码证书》。

（二）车辆价格证明

（1）境内购置车辆提供统一发票（发票联和报税联）或有效凭证。

（2）进口自用车辆提供《海关关税专用缴款书》、《海关代征消费税专用缴款书》或海关《征免税证明》。

（三）车辆合格证明

（1）国产车辆提供整车出厂合格证明（以下简称合格证）。

（2）进口车辆提供《中华人民共和国海关货物进口证明书》或《中华人民共和国海关监管车辆进（出）境领（销）牌照通知书》或《没收走私汽车、摩托车证明书》。

（四）税务机关要求提供的其他资料

三、车辆购置税的征税范围

车辆购置税的征税范围是汽车、摩托车、电车、挂车、农用运输车。其中，汽车包括各类汽车；摩托车包括轻便摩托车、二轮摩托车和三轮摩托车；电车包括无轨电车和有轨电车；挂车包括全挂车和半挂车；农用运输车包括三轮农用运输车和四轮农用运输车。

四、车辆购置税的应纳税额的计算

（一）车辆购置税的税率

车辆购置税的税率为10%。车辆购置税征收范围的调整，由国务院决定并公布。

（二）车辆购置税的计税依据

车辆购置税的计税价格根据不同情况，按照下列规定确定。

（1）纳税人购买自用的应税车辆的计税价格，为纳税人购买应税车辆而支付给销售者的全部价款和价外费用，不包括增值税税款。

（2）纳税人进口自用的应税车辆的计税价格的计算公式为

$$计税价格＝关税完税价格＋关税＋消费税$$

（3）纳税人自产、受赠、获奖或者以其他方式取得并自用的应税车辆的计税价格，由主管税务机关参照最低计税价格核定。国家税务总局参照应税车辆市场平均交易价格，规定不同类型应税车辆的最低计税价格。最低计税价格是指国家税务总局依据车辆生产企业提供的车辆价格信息，参照市场平均交易价格核定的车辆购置税计税价格。

（4）纳税人购买自用或者进口自用应税车辆，申报的计税价格低于同类型应税车辆的最低计税价格,无正当理由的,按照最低计税价格征收车辆购置税。

(5)底盘发生更换的车辆,计税依据为最新核发的同类型车辆最低计税价格的 70%。同类型车辆是指同国别、同排量、同车长、同吨位、配置近似的车辆。

(6)免税条件消失的车辆,自初次办理纳税申报之日起,使用年限未满 10 年的,计税依据为最新核发的同类型车辆最低计税价格,按每满 1 年扣减 10%,未满 1 年的,计税依据为最新核发的同类型车辆最低计税价格;使用年限 10 年(含 10 年)以上的,计税依据为零。

(7)对国家税务总局未核定最低计税价格的车辆,纳税人申报的计税价格低于同类型应税车辆最低计税价格,又无正当理由的,主管税务机关可比照已核定的同类型车辆最低计税价格征税。同类型车辆由主管税务机关确定,并报上级税务机关备案。

(8)进口旧车、因不可抗力因素导致受损的车辆、库存超过 3 年的车辆、行使 8 万公里以上的试验车辆、国家税务总局规定的其他车辆,凡纳税人能出具有效证明的,计税依据为其提供的统一发票或有效凭证注明的价格。

纳税人以外汇结算应税车辆价款的,按照申报纳税之日中国人民银行公布的人民币基准汇价,折合成人民币计算应纳税额。

(三)车辆购置税应纳税额的计算

车辆购置税实行从价定率的办法计算应纳税额。应纳税额的计算公式为

$$应纳税额=计税价格×税率$$

【例 12-4】 某公司于 2016 年 1 月 4 日进口 1 辆小汽车,到岸价格 30 万元,已知关税税率 50%,消费税税率 25%。计算该公司的应纳车辆购置税。

应纳关税=关税完税价格×关税税率=300 000×50%=150 000(元)

计税价格=关税完税价格+关税+消费税=(到岸价格+关税)÷(1-消费税税率)
=(300 000+150 000)÷(1-25%)=600 000(元)

应纳税额=计税价格×税率=600 000×10%=60 000(元)

五、车辆购置税的纳税申报

购买自用应税车辆的,应当自购买之日起 60 日内申报纳税。进口自用应税车辆的,应当自进口之日起 60 日内申报纳税。自产、受赠、获奖或者"其他方式取得并自用应税车辆的,应当自取得之日起 60 日内申报纳税。免税、减税车辆因转让、改变用途等原因不再属于免税、减税范围的,应当在办理车辆过户手续前或者办理变更车辆登记注册手续前缴纳车辆购置税。

六、车辆购置税的纳税地点

购置应税车辆,应当向车辆登记注册地的主管国税机关申报纳税;购置不需要办理车辆登记注册手续的应税车辆,应当向纳税人所在地的主管国税机关申报纳税。

七、纳税期限

纳税人购买自用应税车辆的,应当自购买之日起 60 日内申报纳税;进口自用应税车辆的,应当自进口之日起 60 日内申报纳税;自产、受赠、获奖或者以其他方式取得并自用应税车辆的,应当自取得之日起 60 日内申报纳税。

八、车辆购置税的减免税规定

（1）外国驻华使馆、领事馆和国际组织驻华机构的车辆，提供机构证明。
（2）外交人员自用车辆，提供外交部门出具的身份证明。
（3）中国人民解放军和中国人民武装警察部队列入军队武器装备订货计划的车辆，提供订货计划的证明。
（4）设有固定装置的非运输车辆，提供车辆内、外观彩色5寸照片。
（5）其他车辆，提供国务院或国务院税务主管部门的批准文件。如自2014年9月1日至2017年12月31日，对购置的新能源汽车免征车辆购置税。

已缴车购税的车辆，发生下列情形之一的，准予纳税人申请退税。
（1）因质量原因，车辆被退回生产企业或者经销商的。
（2）应当办理车辆登记注册的车辆，公安机关车辆管理机构不予办理车辆登记注册的。

车辆购置税的其他规定：车辆购置税实行一次征收制度。购置已征车辆购置税的车辆，不再征收车辆购置税。

第四节　印花税

一、印花税的概念

印花税是指对经济活动和经济交往中书立、领受、使用税法规定的应税凭证的单位和个人征收的一种税。即以经济活动中的各种合同、产权转移书据、营业账簿、权利许可证照等应税凭证为对象所征的税。

新中国于1950年发布了《中华人民共和国印花税暂行条例》（以下简称《印花税暂行条例》），开征印花税。其间经历了多次调整后于1988年8月公布了《印花税暂行条例》，并于同年10月1日起施行。印花税的开征有利于促进经济活动的规范化、合理化；有利于我国市场经济的发展；有利于提高公民的法制观念和纳税意识，同时可以增加国家的财政收入。

二、印花税的特点

（一）征收范围广泛

凡是在我国境内具有法律效力，受中国政府法律保护的凭证，无论是在中国境内还是境外书立，都应依照税法规定缴纳印花税。

（二）税收负担比较轻

印花税的税率在千分之一至万分之零点五之间，按定额税率征税的，每件5元，税率较低。

（三）由纳税人自行完成纳税义务

印花税在纳税过程中实行了"三自"纳税办法，即纳税人在书立、领取、使用应税凭证，发生纳税义务的同时，先根据凭证所载计税金额和应适用的税目税率，自行计算应纳税额；

再由纳税人自行购买印花税票并一次性足额粘贴在应税凭证上；最后由纳税人按《印花税暂行条例》的规定对已粘贴的印花税票自行进行注销或划销。至此，纳税人的纳税义务才算完成。

三、印花税的纳税人

印花税的纳税人是指凡是在我国境内书立、使用、领取应税凭证的单位和个人。这里所说的单位和个人，是指国内各类企业、事业、机关、团体、部队以及中外合资企业、合作企业、外资企业、外国公司企业和其他经济组织及其在华机构等单位和个人。

根据《印花税暂行条例》的规定，印花税的纳税义务人具体包括立合同人、立据人、立账簿人、领受人和使用人。

（一）立合同人

书立各类合同的纳税人是立合同人，即合同的当事人。也就是对凭证有直接权利义务关系的单位和个人，但不包括保人、证人、鉴定人。如果合同有代理人的，当事人的代理人有代理纳税的义务。

（二）立据人

产权转移书据的纳税人是立据人，即书立产权转移书据的单位和个人。

产权转移书据由立据人贴花，如未贴或者少贴印花，书据的持有人应负责补贴印花。所立书据以合同方式签订的，应由持有书据的各方分别按全额贴花。

（三）立账簿人

营业账簿的纳税人是立账簿人，即设立并使用营业账簿的单位和个人。

（四）领受人

权利许可证照的纳税人是领受人，即领取并持有该项凭证的单位和个人。

（五）使用人

应税凭证的使用人，即在国外书立、领受，但在国内使用应税凭证的单位和个人。

（六）货运业务的纳税人

在货运业务中，凡直接办理承、托运运费结算凭证的双方，均为货运凭证印花税的纳税人。代办承、托运业务的单位负有代理纳税的义务；代办方与委托方之间办理的运费清算单据，不缴纳印花税。

（七）保险业务的纳税人

保险公司委托其他单位或者个人代办的保险业务，在与投保方签订保险合同时，应由代办单位或者个人，负责代保险公司办理计税贴花手续。

四、印花税的征税范围

（一）经济合同

包括购销合同、加工承揽合同、建筑工程承包合同、财产租赁合同、货物运输合同、仓储保管合同、借款合同、财产保险合同、技术合同以及具有合同性质的凭证。

（二）产权转移书据

包括财产所有权和版权、商标专用权、专利权、专有技术使用权等转移书据。

（三）营业账簿

即单位和个人记载生产经营活动的财务会计核算账册。

（四）权利、许可证照

包括政府部门发给的房屋产权证、工商营业执照、商标注册证、专利证、土地使用证。

（五）财政部确定税收的其他凭证

五、印花税的税率

印花税的税率分为比例税率和定额税率两种。

（一）比例税率

印花税的比例税率分为 0.5‰、0.3‰、0.05‰、1‰四档。适用于各类合同以及具有合同性质的凭证、产权转移书据、营业账簿中记载资金的账簿。

（1）财产租赁合同、仓储保管合同、财产保险合同，适用税率为 1‰。

（2）加工承揽合同、建设工程勘察设计合同、货运运输合同、产权转移书据，税率为 0.5‰；对记录资金的账簿，按"实收资本"和"资金公积"总额的 0.5‰贴花。

（3）购销合同、建筑安装工程承包合同、技术合同，税率为 0.3‰。

（4）借款合同，税率为 0.05‰。

（5）"股权转让书据"适用 1‰，包括 A 股和 B 股。

（二）定额税率

营业账簿、权利、许可证照，按件定额贴花 5 元。具体税率见表 12-3。

表 12-3　印花税税目税率表

	税目	范围	税率	纳税义务人	说明
1	购销合同	包括供应、预购、采购、购销结合及协作、调剂、补偿、易货等合同	按购销金额 3‰贴花	立合同人	
2	加工承揽合同	包括加工、定作、修缮、修理、印刷、广告、测绘、测试等合同	按加工或承揽收入 5‰贴花	立合同人	
3	建设工程勘察设计合同	包括勘察、设计合同	按收取费用 5‰贴花	立合同人	
4	建筑安装工程承包合同	包括建筑、安装工程合同	按承包金额 3‰贴花	立合同人	
5	财产租赁合同	包括租赁房屋、船舶、飞机、机动车辆、机械、器具、设备等	按租赁金额 1‰贴花。税额不足一元的按一元贴花	立合同人	

续表

	税 目	范 围	税 率	纳税义务人	说 明
6	货物运输合同	包括民用航空、铁路运输、海上运输、内河运输、公路运输和联运合同	按运输费用5‰贴花	立合同人	单据作为合同使用的，按合同贴花
7	仓储保管合同	包括仓储、保管合同	按仓储保管费用1‰贴花	立合同人	仓单或栈单作为合同使用的，按合同贴花
8	借款合同	银行及其他金融组织和借款人（不包括银行同业拆借）所签订的借款合同、融资租赁合同	按借款金额0.5‰贴花	立合同人	单据作为合同使用的，按合同贴花
9	财产保险合同	包括财产、责任、保证、信用等保险合同	按投保金额0.3‰贴花	立合同人	单据作为合同使用的，按合同贴花
10	技术合同	包括技术开发、转让、咨询、服务等合同	按所载金额3‰贴花	立合同人	
11	产权转移书据	包括财产所有权和版权、商标专用权、专利权、专有技术使用权等转移书据	按所载金额5‰贴花	立据人	
12	营业账簿 生产经营用账册	记载资金的账簿	按固定资产原值与自有流动资金总额5‰贴花。其他账簿按件贴花5元	立账簿人	
13	权利、许可证照	包括政府部门发给的房屋产权证、工商营业执照、商标注册证、专利证、土地使用证	按件贴花5元	领受人	

六、印花税的计税依据

印花税根据不同征税项目，计税依据的确定方法也有所差异，大体分为下面3种情况。

（一）从价计征情况下计税依据的确定

（1）各类经济合同，以合同上所记载的金额、收入或费用为计税依据。

（2）产权转移书据以书据中所载的金额为计税依据。

（3）记载资金的营业账簿以实收资本和资本公积的两项合计金额为计税依据。

（4）有些合同（如在技术转让合同中的转让收入）在签订时无法确定计税金额，可在签订时先按定额5元贴花，以后结算时再按实际金额计税，补贴印花。

（二）从量计税情况下计税依据的确定

实行从量计税的其他营业账簿和权利、许可证照，以计税数量为计税依据，单位税额每件5元。

七、印花税的应纳税额的计算

印花税的纳税人根据应纳税凭证的性质,分别按比例税率或定额税率计算应纳印花税的金额。其具体计算公式为

$$应纳印花税 = 应税凭证计税金额(件数) \times 适用税率$$

【例 12-5】 某公司委托加工制作广告牌,双方签订的加工承揽合同中分别注明加工费 40 000 元,委托方提供价值 60 000 元的主要材料,受托方提供价值 2 000 元的辅助材料。计算该公司此项合同应纳的印花税金额。

对于委托加工业务而言,由委托方提供主要材料的,印花税的计税依据是加工费与辅助材料的价款。故应纳印花税为 $(40\,000 + 2\,000) \times 0.5‰ = 21$(元)。

【例 12-6】 2016 年 1 月,甲公司将闲置厂房出租给乙公司,合同规定每月租金 3 000 元,租期未定。签订合同时,预收租金 8 000 元,双方已按定额贴花。6 月底合同解除,甲公司收到乙公司补交租金 10 000 元。问甲公司 6 月份应补缴的印花税金额。

该租赁业务涉及的租金应纳印花税为 $(10\,000 + 8\,000) \times 1‰ = 18$(元)。

由于在签订合同时已经定额贴花 5 元,故应补缴印花税 $18 - 5 = 13$(元)。

【例 12-7】 某企业 2015 年实收资本为 500 万元,资本公积为 400 万元。该企业 2013 年资金账簿上已按规定贴花 2 500 元。问该企业 2015 年应纳印花税金额。

该企业 2014 年应纳印花税为 $(500 + 400) \times 0.5‰ = 4\,500$(元),由于已纳印花税为 2 500 元,故应补缴印花税 $4\,500 - 2\,500 = 2\,000$(元)。

八、印花税税票的面值

我国现行的印花税税票的票面金额以人民币为单位,分为 1 角、2 角、5 角、1 元、2 元、5 元、10 元、50 元、100 元 9 种。

九、印花税的减免税主要规定

(1) 下列凭证免纳印花税:已缴纳印花税的凭证的副本或者抄本;财产所有人将财产赠给政府、社会福利单位、学校所立的书据;国家指定的收购部门与村民委员会、农民个人书立的农副产品收购合同;无息、贴息贷款合同;外国政府或者国际金融组织向我国政府及国家金融机构提供优惠贷款所书立的合同;经财政部批准免税的其他凭证。

(2) 商店、门市部的零星加工修理业务开具的修理单,不贴印花。

(3) 房地产管理部门与个人订立的租房合同,凡用于生活居住的,暂免贴印花;用于生产经营的,应按规定贴花。

(4) 铁路、公路、航运承运快件行李、包裹开具的托运单据,暂免贴印花税。

(5) 企业与主管部门等签订的租赁承包经营合同,不属于财产租赁合同,不应贴花。

(6) 微利、亏损企业不能减免印花税。但是对微利、亏损企业记载资金的账簿,第一次贴花数额较大,难以承担的,经当地税务机关批准,可允许在 3 年内分次贴足印花。

(7) 对农林作物、牧业畜类保险合同暂不贴花。

(8) 对特种储备资金不计征印花税。

(9) 一般的法律、法规、会计、审计等方面的咨询不属于技术咨询,其所立合同不贴印

花。对各种职业培训、文化学习、职工业余教育等订立的合同,不属于技术培训合同,不贴印花。

(10) 军队企业化管理工厂向军队系统内各单位(不包括军办企业)和武警部队调拨军事物资和提供加工修理、装配试验、租赁、仓储等签订的军队企业专用合同,暂免贴印花。

(11) 非金融机构或组织与单位及个人之间、个人与个人之间订立的借款合同和银行间同业拆借以及企业集团内部的借款凭证免贴印花。

(12) 人身保险合同不属于财产保险范畴,免贴印花税。

(13) 《印花税暂行条例》规定的购销合同不包括供电、供水、供气合同,这些合同免贴印花。

(14) 企业为职工谋福利对内所办的食堂、托儿所、幼儿园、学校、医院(诊所)设置伪账簿免贴印花。

(15) 以收取管理费作为经费开支的国家行政管理机关设置的账簿,因其收入不属于本身生产经营的收入,对其账簿可免贴印花。

(16) 关于特殊货运凭证的免税:军事物资运输、抢险救灾物资运输、新建铁路的工程临管线运输。

(17) 国防科工委管辖的军工企业和科研单位,与军队、武警部队、公安、国家安全部门,为研制和供应军火武器(包括指挥、侦察、通信装备,下同)所签订的合同免征印花税。

(18) 对办理借款展期业务使用借款展期合同或其他凭证,按信贷制度规定,仅载明延期还款事项的,可暂不贴花。同业拆借合同不属于列举征税凭证,不贴印花。土地使用权出让、转让书据(合同),不属于印花税列举征税的凭证,不贴印花。

(19) 出版合同不属于印花税列举征税的凭证,不贴印花。

(20) 中国人民银行各级机构代理国库业务及委托各专业银行各级机构代理国库业务设置的账簿,不是核算银行本身经营业务的账簿,不贴印花。

(21) 在代理业务中,代理单位与委托单位之间签订的委托代理合同,凡仅明确代理事项、权限和责任的,不属于应税凭证,不贴印花。

十、印花税的征收管理

印花税的纳税方法,根据税额大小、贴花次数以及税收征管的需要,可以分为自行贴花、汇贴或汇缴、委托代征 3 种。

(一)自行贴花方法

所谓"自行贴花",是指纳税人自行计算应纳税额;自行购买印花税票;自行完成纳税义务(即自行贴花并注销)的一种方法。对已贴花的凭证,修改后所载金额增加的,其增加部分应当补贴印花税票。凡多贴印花税票者,不得申请退税或者抵用。这种办法一般适用于应税凭证较少或者贴花次数较少的纳税人。

(二)汇贴或汇缴方法

所谓"汇贴",是指一份凭证应纳税额超过 500 元的,应向当地税务机关申请填写缴款书或者完税凭证,将其中一联粘贴在凭证上或者由税务机关在凭证上加注完税标记代替贴花。所谓"汇缴",是指同一种类应纳税凭证,需要频繁贴花的,应向当地税务机关申请按期汇总缴纳印花税。汇贴或汇缴的办法，一般适用于应纳税额较大或者贴花次数频繁的纳税义务人。

（三）委托代征方法

所谓"委托代征"，是指通过税务机关的委托，经由发放或者办理应纳税凭证的单位代为征收印花税税款的一种方法。

在进行印花税的汇贴、汇缴的过程中需要注意以下问题。

第一，税务机关应与代征单位签订代征委托书。

第二，税务机关按代售金额的5%支付代售手续费。

十一、印花税的纳税环节

印花税应当在书立或领受时贴花，具体是指合同签订时、账簿启用时和证照领受时。如果合同是在国外签订，并且不便在国外贴花的，应将合同带回国境时办理贴花纳税手续。

十二、印花税的纳税地点

印花税一般实行就地纳税。对于全国性商品物资订货会（包括展销会、交易会等）上所签订的合同应纳的印花税，由纳税人回其所在地后及时办理贴花完税手续；对地方主办、不涉及省际关系的订货会、展销会上所签订的合同，其纳税地点由省、自治区、直辖市人民政府自行确定。

第五节 城市维护建设税与教育费附加

一、城市维护建设税的概念

城市维护建设税是对从事工商业经营，缴纳增值税、消费税、营业税的单位和个人征收的一种税。

二、城市维护建设税的特点

（一）税款专款专用并具有受益税性质

按照财政的一般性要求，税收及其他政府收入应当纳入国家预算，根据需要统一安排其用途，并不规定各个税种收入的具体使用范围和方向，否则也就无所谓国家预算。但是作为例外，也有个别税种事先明确规定使用范围与方向，税款的缴纳与受益更直接地联系起来，我们通常称其为受益税。城市维护建设税专款专用，用来保证城市的公共事业和公共设施的维护和建设，就是一种具有受益税性质的税种。

（二）属于一种附加税

城市维护建设税与其他税种不同，没有独立的征税对象或税基，而是以增值税、消费税、营业税"三税"实际缴纳的税额之和为计税依据，随"三税"同时附征，本质上属于一种附加税。

(三)根据城镇规模设计税率

一般来说,城镇规模越大,所需要的建设与维护资金越多。与此相适应,城市维护建设税规定,纳税人所在地为城市市区的,税率为7%;纳税人所在地为县城、建制镇的,税率为5%;纳税人所在地不在城市市区、县城或建制镇的,税率为1%。这种根据城镇规模不同差别设置税率的办法,较好地照顾了城市建设的不同需要。

(四)征收范围较广

鉴于增值税、消费税、营业税在我国现行税制中属于主体税种,而城市维护建设税又是其附加税,原则上讲,只要缴纳增值税、消费税、营业税中任一税种的纳税人都要缴纳城市维护建设税。这就等于说,除了减免税等特殊情况以外,任何从事生产经营活动的企业单位和个人都要缴纳城市维护建设税,这个征税范围当然是比较广的。

三、城市维护建设税的纳税人

按照现行税法的规定,城市维护建设税的纳税人是在征税范围内从事工商经营、缴纳"三税"(即增值税、消费税和营业税,下同)的单位和个人。任何单位或个人,只要缴纳"三税"中的一种,就必须同时缴纳城市维护建设税。这里所提到的单位和个人包括国有企业、集体企业、私营企业、股份制企业、其他企业和行政单位、事业单位、军事单位、社会团体、其他单位以及个体工商户及其他个人。但目前对外商投资企业和外国企业缴纳的"三税"暂不征收城市维护建设税。

四、城市维护建设税的征税范围

由于城市维护建设税是以实际缴纳的"三税"为计税依据的,所以其征税范围和"三税"的范围一致。

五、城市维护建设税应纳税额的计算

(一)城市维护建设税的税率

城市维护建设税按照纳税人所在地实行差别税率,具体税率如下:市区税率为7%;县城、建制镇税率为5%;其他地区税率为1%。

(二)城市维护建设税的计税依据

城市维护建设税的计税依据是纳税人实际缴纳的增值税、消费税、营业税税额之和。纳税人违反"三税"有关规定,被查补"三税"和被处以罚款时,也要对其未缴的城市维护建设税进行补税和罚款。纳税人违反"三税"有关规定而加收的滞纳金和罚款,不作为城市维护建设税的计税依据。"三税"得到减征或免征优惠,城市维护建设税也要同时减免征税(城市维护建设税原则上不单独减免)。城市维护建设税出口不退,进口不征。

(三)城市维护建设税的计算公式

城市维护建设税以纳税人实际缴纳的"三税"为计税依据。其计算公式为

城市维护建设税的应纳税额＝纳税人实际缴纳的"三税"金额×适用税率

【例 12-8】 某城市税务分局对辖区内一家内资企业进行税务检查时，发现该企业故意少缴营业税 58 万元，遂按相关执法程序对该企业做出补缴营业税、城市维护建设税和教育费附加并加收滞纳金（滞纳时间 50 天）的处罚决定，滞纳金按滞纳天数的 0.05‰。问该企业应补缴的城市维护建设税的金额。

该企业应补缴的城市维护建设税的金额为 58×7%＝4.06（万元）。

六、城市维护建设税的纳税地点

城市维护建设税以纳税人实际缴纳的增值税、消费税、营业税税额为计税依据，分别与"三税"同时缴纳。所以，纳税人缴纳"三税"的地点，就是该纳税人缴纳城市维护建设税的地点。但是，下列情况属于例外。

（1）代征代扣"三税"的单位和个人，其城市维护建设税和教育费附加的纳税地点在代征代扣地。具体情况如下：委托加工产品、委托代销商品及企业收购工业手工业品，规定由受托方或收购企业代扣代缴"三税"的单位和个人，同时按当地适用税率代扣城市维护建设税；交通运输管理部门对运输单位和个人代扣代缴营业税时，同时按当地适用税率代扣代缴城市维护建设税。

（2）跨省开采的油田，下属生产单位与核算单位不在一个省内的，其生产的原油，在油井所在地缴纳增值税，其应纳税款由核算单位按照各油井的产量和规定税率，计算汇拨各油井并缴纳。所以，各油井应纳的城市维护建设税，应由核算单位计算，随同增值税一并汇拨油井所在地，由油井在缴纳增值税的同时一并缴纳城市维护建设税。

（3）对管道局输油部分的收入，由取得收入的各管道局于所在地缴纳营业税。所以，其应纳城市维护建设税，也应由取得收入的各管道局于所在地缴纳营业税时一并缴纳。

（4）对流动经营等无固定纳税地点的单位和个人，应随同"三税"在经营地按适用税率缴纳。

（5）铁道部等实行汇总缴纳"三税"的纳税人，城市维护建设税（包括教育费附加）在汇总地与"三税"同时缴纳。

（6）自 2007 年 1 月 1 日起，国家开发银行各分行应缴纳的城市维护建设税和教育费附加由国家开发银行总行于季度终了后的 10 日内统一计算，通知各分行，各分行向当地方税务局申报缴纳。

七、城市维护建设税的纳税期限

城市维护建设税的纳税期限应比照"三税"的纳税期限，由主管税务机关根据纳税人应纳税额大小分别核定；不能按照固定期限纳税的，可以按次纳税。

八、教育费附加

（一）教育费附加的概念

教育费附加是对缴纳增值税、消费税、营业税的单位和个人，以其实际缴纳的税额为计算依据征收的一种附加费。

（二）教育费附加的征收范围与计征依据

教育费附加的征收范围为税法规定征收增值税、消费税、营业税的单位和个人。对外商投资企业和外国企业暂不征收教育费附加。

教育费附加以纳税人实际缴纳的增值税、消费税和营业税税额之和为计征依据。

（三）教育费附加征收比率

现行教育费附加征收比率为3%。

（四）教育费附加的计算与缴纳

教育费附加的计算公式为

应纳教育费附加＝实际缴纳增值税、消费税、营业税税额之和×征收比率

【例12-9】 某市区一家企业2016年1月份实际缴纳增值税20 000元，营业税10 000元，消费税30 000元。问该企业当月应纳的教育费附加金额。

该企业当月应纳的教育费附加为(20 000＋10 000＋30 000)×3%＝1 800（元）。

教育费附加的缴纳：(1)教育费附加分别与增值税、消费税和营业税税款同时缴纳。(2)自2007年1月1日起，国家开发银行各分行应纳的城市维护建设税和教育费附加由国家开发银行总行于季度终了后的10日内统一计算，通知各分行，由各分行向当地地方税务局申报缴纳。

本 章 小 结

1. 资源税是对在我国境内开采应税矿产品以及生产盐的单位、个人征收的一种税。

2. 土地增值税是指对有偿转让土地使用权及地上建筑物和其他附着物产权，取得增值收入的单位和个人征收的一种税。土地增值税的征收范围包括有偿转让国有土地使用权及地上附着物产权。

3. 车辆购置税是以在中国境内购置车辆为课税对象，在特定的环节向车辆购置者征收的一种税。

4. 印花税是指对经济活动和经济交往中书立、领受、使用税法规定的应税凭证的单位和个人征收的一种税。即以经济活动中的各种合同、产权转移书据、营业账簿、权利许可证照等应税凭证为对象所征的税。

5. 城市维护建设税是对从事工商业经营，缴纳增值税、消费税、营业税的单位和个人征收的一种税。

6. 教育费附加是对缴纳增值税、消费税、营业税的单位和个人，以其实际缴纳的税额为计算依据征收的一种附加费。

习 题

一、选择题

1. 下列各项不属于城市维护建设税的税率的是（   ）。
   A. 8%   B. 7%   C. 5%   D. 1%

2. 在计算财产租赁的印花税的应纳税款时，如税款金额不足1元的应按（   ）征收。
   A. 如实征收   B. 四舍五入   C. 免征   D. 1元

3. 长春进出口公司进口一批有色金属矿石，该矿石进口环节应缴纳（   ）。
   A. 关税   B. 资源税   C. 增值税   D. 营业税

4. 下列各项不是资源税征收对象的是（   ）。
   A. 煤炭   B. 石油   C. 盐   D. 石头

5. 按照我国印花税的规定，下列各项应税对象中适用税率最低的是（   ）。
   A. 借款合同   B. 购销合同   C. 勘测合同   D. 产权转移书

6. 下列经济组织或单位中，不属于城市维护建设税纳税人的是（   ）。
   A. 事业单位   B. 国有企业   C. 流动小贩   D. 外国企业

7. 下列各种行为应该征收土地增值税的是（   ）。
   A. 房屋的出租   B. 国家收回出让的土地
   C. 房屋评估增值   D. 房屋交换

8. 下列属于城市维护建设税计税依据的是（   ）。
   A. 中外合资企业在华机构缴纳的增值税   B. 个体工商户拖欠营业税的滞纳金
   C. 个人独资企业偷税被处的增值税罚款   D. 内资企业偷逃的增值税税金

9. 下列不符合车辆购置税减免税规定的是（   ）。
   A. 外国驻华使馆、领事馆和国际组织驻华机构及其外交人员自用的车辆免税
   B. 中国人民解放军和中国人民武装警察部队列入军队武器装备订货计划的车辆免税
   C. 由国务院规定予以免税或者减税的其他情形的，按照规定免税或者减税
   D. 设有固定装置的运输车辆免税

10. 房地产的开发费用包括（   ）。
    A. 土地的征用及拆迁补偿费   B. 前期工程费
    C. 建筑安装工程费   D. 公共配套设施费

11. 房地产开发企业缴纳的印花税在计算土地增值税时（   ）扣除。
    A. 可以   B. 不可以   C. 不一定   D. 以上都不对

二、判断题

1. 印花税应纳税款不足一角的应按一角征收。（   ）
2. 资源税是对所有矿产资源征收的。（   ）
3. 我国的资源税的税目包含人造原油（石油）。（   ）
4. 车辆购置税的税率为比例税率。（   ）

5. 车辆购置税的征税范围中不包含有轨电车。（　　）
6. 印花税一共有 4 种税票。（　　）
7. 印花税中提到的上述凭证以"金额"、"收入"、"费用"作为计税依据的，应当全额计税，不得作任何扣除。（　　）
8. 纳税人因为偷逃税款被处以的罚款不构成城市维护建设税的计税依据。（　　）
9. 如果纳税人处于农村，其不用缴纳城市维护建设税。（　　）

三、计算题

1. 某企业 2014 年有关资料如下。
（1）签订销售合同两份，总金额 200 万元；
（2）签订购货合同一份，总金额 100 万元；
（3）签订专利权转让合同一份，总金额 50 万；
（4）签订贴息贷款合同一份，总金额 100 万元；
（5）该年度记载资金的账簿中"实收资本"科目金额为 1 000 万元，"资本公积"科目金额为 200 万元。
计算其各项业务应纳的印花税。

2. 华北某油田 2015 年 2 月开采原油 350 000 吨，本月对外销售 30 000 吨，自用 3 000 吨，原油每吨售价 5 050 元。根据税法规定，该油田原油适用的税率为 8%。计算该油田应纳资源税。

四、名词解释

1．资源税　　2．车辆购置税　　3．土地增值税　　4．印花税　　5．城市维护建设税

五、简答题

1．列举资源税的税目。
2．列举车辆购置税的征税范围。
3．列举印花税的纳税人。
4．列举印花税的征税范围。
5．列举城市维护建设税的特点。

六、论述题

1．论述印花税的减免税规定。
2．简要说明资源税的减免税规定。

案 例 分 析

关于证券交易印花税税率调整

证券交易印花税自 1990 年首先在深圳市开征，当时主要是为了稳定初创的股市及适度调节炒股收益，由卖出股票者按成交金额的 6‰交纳。同年 11 月份，深圳市对股票买方也开征 6‰的印花税，内地双边征收印花税的历史开始。

1991年10月,深圳市将印花税税率调整到3‰,上海市也开始对股票买卖实行双向征收,税率为3‰。

1992年6月,国家税务总局和国家体改委联合发文,明确规定股票交易双方按3‰缴纳印花税。

1997年5月,证券交易印花税税率从3‰提高到5‰。

1998年6月,证券交易印花税税率从5‰下调至4‰。

1999年6月,B股交易印花税税率降低为3‰。

2001年11月,财政部决定将A、B股交易印花税税率统一降至2‰。

2005年1月,财政部又将证券交易印花税税率由2‰下调为1‰。

2007年5月30日起,财政部将证券交易印花税税率由1‰调整为3‰。

2008年4月24日起,财政部将证券交易印花税税率由3‰调整为1‰。

(资料来源:http://www.news365.com.cn/jj/200809/t20080919_2031449.htm)

问题:

试根据你掌握的知识,分析我国印花税历次调整对于我国股市是否产生影响并简要分析影响的原理。

第十三章

国际税收

 导读

国际税收主要研究跨国税收关系,对于从事涉外生产经营活动的主体来说,具有极为重要的意义,因为国际税收涉及跨国纳税人的纳税问题,包括税收管辖权的界定,所得的国际重复征税及其减除方法,国际间避税与反避税,国际税收协定等问题。

 学习重点

税收管辖权问题,国际双重征税问题,国际避税问题。

 学习难点

国际双重征税的解决方法,特别是抵免法的原理以及应用。

 教学建议

教师要通过案例分析帮助学生了解国际重复征税等问题。同时,动员学生自己收集资料,了解相关知识。

第一节 国际税收概述

一、国际税收的概念

国际税收,是指两个或两个以上的主权国家或地区,各自基于其课税主权,在对跨国纳税人进行分别课税而形成的征纳关系中,所发生的国家与国家之间的税收分配关系。

跨国纳税人的存在以及各国政府不同的税收管辖权确定原则是国际税收关系产生的必然前提,由此引发的国家之间有关税收方面的一系列问题和冲突都是国际税收的表现形式,而所有表现形式体现的实际上都是国际税收关系的本质所在——国家之间的税收利益分配关系。

国际税收与国家税收既有联系又有区别。首先,国际税收不能脱离国家税收而单独存在。国际税收并没有也不可能独立于国家税收的特定征收者和缴纳者,它只能依附于国家税收的特定征收者和缴纳者。其次,国际税收与国家税收反映的经济关系不同,利益协调方式也不同。国家税收的分配是发生在同一国家的课税主体与纳税主体之间的财富分割和转移，它反映的是一国范围内的税收征纳关系，其处理依据是国家法律。国际税收的分配发生在不同国家的课税主体之间，它反映的是国家之间的税收分配关系，当产生国家间税收权益矛盾的时候，为了按照国际规范重新调整这一矛盾而导致一部分财富在各有关国家课税权主体之间重新分割和转移，其处理依据主要是国家间的协议和各种规范。

国际税收不同于涉外税收。涉外税收通常是指一国政府对外国人（包括外国企业和个人）征收的各种税收的统称。尽管涉外税收具有了一定的国际意义，但是涉外税收反映的是一国政府凭借其政治权力同其管辖范围内的外国纳税人之间所发生的征纳关系。作为国家税收中的有机组成部分，涉外税收的本质是国家税收的延伸，仍是主权家或地区内部的税收分配形式。

二、税收管辖权与国际税收协定的产生

（一）税收管辖权的含义及分类

国际税收分配关系中的一系列矛盾的产生都与税收管辖权有关。税收管辖权是一国政府在征税方面的主权，它表现在一国政府有权决定对哪些人征税、征哪些税以及征多少税等方面。

税收管辖权属于国家主权在税收领域中的体现，是一个主权国家在征税方面的主权范围。通常按照国际公认的顺序，税收管辖权划分原则有属地原则和属人原则两种。

属地原则是以纳税人的收入来源地或经济活动所在地为标准，确定国家行使税收管辖权范围的一种原则，也称为属地主义或属地主义原则。属人原则是以纳税人的国籍和住所为标准，确定国家行使税收管辖权范围的一种原则，也称属人主义或属人主义原则。

由于在国际税收领域，各国行使征税权力所采取的原则不尽相同，因此各自所确立的税收管辖权范围和内容也有所不同。目前，世界上的税收管辖权大致可以分为三类：居民管辖权、公民管辖权和地域管辖权。其中，居民管辖权和公民管辖权遵循的是属人原则，而地域管辖权遵循的是属地原则。

地域管辖权又称收入来源地管辖权，是指一个国家对发生于其领土范围内的一切应税活动和来源于或被认为是来源于其境内的全部所得行使的征税权力。这种管辖权是按照属地原则确立的。在地域管辖权下，通过确认所得的地域标志来确定该笔所得的来源地，一笔所得被地域化，从而纳入所在地域的国家税收管辖范围。这种按地域范围确定的管辖权体现了有关国家维护本国经济利益的合理性，又符合国际经济交往的要求和国际惯例，被各国公认为是一种较为合适的税收管辖权，并为绝大多数国家所接受。

居民管辖权，是指一个国家对凡是属于本国的居民取得的来自世界范围的全部所得行使的征税权力。这种管辖权是按照属人原则确立的。各国税法对居民身份确认方法不尽相同，有的是按居住期限确定，也有的是依据是否有永久性住所确定等。

公民管辖权，是指一个国家依据纳税人的国籍行使税收管辖权，对凡是属于本国的公民取得的来自世界范围内的全部所得行使的征税权力。这种管辖权也是按照属人原则确立的。公民是指取得一国法律资格，具有一国国籍的人。需要指出的是国际税收中所使用的公民概念不仅包括个人，也包括团体、企业或公司，是一个广义的公民概念。公民有时也称国民，世

界上多数国家使用的是公民概念,但是日本等少数国家也使用国民概念。

各国税收管辖权的现状:同时实行地域管辖权和居民管辖权,例如中国;实行单一的地域管辖权,例如拉美地区的一些国家;同时实行地域管辖权、居民管辖权和公民管辖权,例如美国、利比里亚。

(二)国际税收协定的产生

属地原则和属人原则之间的矛盾必然导致税收管辖权之间的矛盾,3 种税收管辖权之间必然会发生不同程度的重叠和交叉。围绕着一国或多国的税收管辖权行使与适用,引申出了一系列的国际税收活动,其核心内容为国际重复征税及其消除、国际避税与反避税。国际重复征税及其消除指的是多个国家税收管辖权在同一征税对象上的重叠,以及为了避免这种管辖权重叠而采取的措施。国际避税与反避税则指纳税人为规避税收管辖权而进行的国际活动,以及各国政府为了应对这种规避税收管辖权的行为而采取的措施。为了消除国际重复征税,加强国家间的税收征管合作以及解决国际税收领域的其他问题,国际税收协调活动日益普遍和深入,其客观形式和成果集中体现为制定一系列国际税收协定,通过这些协定来协调和解决上述问题。

关于居民和地域的判断标准,国际税收协定有明确的要求。判定自然人居民身份的标准主要有:(1)住所标准。住所(Domicile)是一个民法上的概念,一般是指一个人固定的或永久性的居住地。(2)居所标准。居所(Residence)在实践中一般是指一个人连续居住了较长时期但又不准备永久居住的居住地。(3)停留时间标准。许多国家规定,一个人在本国尽管没有住所或居所,但在一个所得年度中他在本国实际停留(Physical Presence)的时间较长,超过了规定的天数,则也要被视为本国的居民。部分国家自然人居民判定标准详见表 13-1。

表 13-1 部分国家税收居民身份的判定标准

国 别	自然人居民身份的判定标准	法人居民身份的判定标准
澳大利亚	①在澳大利亚有住所或长期居住地; ②在纳税年度内连续或累计在澳大利亚停留半年以上	①在澳大利亚注册; ②在澳大利亚经营; ③中心管理和控制机构在澳大利亚; ④投票权被澳大利亚居民股东控制
加拿大	①在加拿大有全年可使用的住处、有银行账户、信用卡以及个人财产; ②在一个日历年度中在加拿大停留 183 天或以上	①在加拿大依法注册成立;或 ②中心管理和控制机构设在加拿大
丹麦	在丹麦连续停留 6 个月以上	①在丹麦注册成立;或 ②实际管理机构在丹麦
法国	①在法国有家庭或经济利益中心; ②在法国就业或从事职业; ③在一个日历年度中在法国停留 183 天以上	在法国注册成立
德国	①在一个日历年度中在德国停留超过 6 个月; ②在一年中累积停留了 6 个月以上	①在德国注册成立; ②管理中心在德国
意大利	①在意大利办理了居住人口登记; ②在意大利有利益中心或经营地; ③在一个财政年度中在意大利停留了 183 天以上	①在意大利注册成立;或 ②法人的管理总部在意大利;或 ③主要目的是在意大利经营

续表

国别	自然人居民身份的判定标准	法人居民身份的判定标准
日本	①在日本有生活基地和生活中心； ②在日本连续居住满1年	①在日本依法注册成立；或 ②注册办公地点或公司总部在日本
瑞士	①在瑞士有合法住宅并打算定居； ②因从事有收益的活动而在瑞士停留3个月以上；因从事非收益性活动而停留6个月以上	①在瑞士注册成立；或 ②管理中心设在瑞士
英国	①在访问英国的年度中在英国有可供其使用的住房； ②在纳税年度中在英国停留183天以上（不一定连续停留）； ③在连续4年中到英国访问平均每年达到91天或以上	①在英国注册成立；或 ②中心管理和控制机构设在英国
美国	①有美国的长期居住证（绿卡）； ②当年（日历年度）在美国停留满31天，并且近3年在美国停留天数的加权平均值等于或大于183天	在美国依法注册成立

  法人居民身份的判定标准包括：注册地标准（又称法律标准）、管理机构所在地标准、总机构所在地标准、选举权控制标准。法人居民身份的判定标准之各国规定：4种标准中，目前在各国最常用的是注册地标准（法律标准）以及管理和控制地标准。（1）只采用注册地标准，如丹麦、埃及、法国、尼日尔、瑞典、泰国、美国等国。（2）只采用管理和控制地标准，如马来西亚、墨西哥、新加坡等国。（3）同时采用注册地标准及管理和控制地标准，一家公司如果满足其中一个标准就是本国的居民公司，如加拿大、德国、希腊、印度、爱尔兰、肯尼亚、卢森堡、马耳他、毛里求斯、荷兰、斯里兰卡、瑞士、英国等国。（4）实行注册地标准或管理和控制地标准的同时，也采用总机构所在地标准。例如，比利时、巴西、韩国、日本同时实行注册地标准和总机构所在地标准；新西兰和西班牙同时采用注册地标准、管理和控制地标准以及总机构所在地标准。（5）只有澳大利亚在实行注册地标准、管理和控制地标准的同时，还实行选举权控制标准。

  20世纪70年代，在英国就有关于"住所标准"的一个判例。有一位先生1910年在加拿大出生，1932年他参加了英国空军，并于1959年退役，随后一直在英国一家私人研究机构工作，直到1961年正式退休，而且退休后他与英国妻子继续在英国生活。在此期间，这位先生一直保留了他的加拿大国籍和护照，并经常与加拿大有一些金融方面的往来；而且他也希望与妻子一同回加拿大安度晚年，并表示如果妻子先他去世，自己也要回加拿大度过余生。法院判定这位先生尽管在英国居住了44年，但他在英国仅有居所而没有住所。

  所得来源地的判定标准。所得分为：经营所得、劳务所得、投资所得、财产所得。判定经营所得的来源地的主要标准：（1）常设机构标准。大陆法系的国家多采用常设机构标准来判定纳税人的经营所得是否来自本国。（2）交易地点标准。英美法系的国家一般比较侧重用交易或经营地点来判定经营所得的来源地。我国判定经营所得来源地实际上采用了常设机构标准。

  判定劳务所得的来源地的主要标准：（1）劳务提供地标准。即跨国纳税人在哪个国家提供劳务、在哪个国家工作，其获得的劳务报酬即为来源于哪个国家的所得。（2）劳务所得支付地标准。即以支付劳务所得的居民或固定基地、常设机构的所在国为劳务所得的来源国。（3）劳务合同签订地标准。即以劳务合同签订的地点来判定受雇劳务所得（工资、薪金)的来源地。

各种投资所得来源地的判定标准:(1)股息。一般是依据股息支付公司的居住地,也就是以股息支付公司的居住国为股息所得的来源国。(2)利息。一般规则:以借款人的居住地或信贷资金的使用地为标准;以用于支付债务利息的所得之来源地为标准。(3)特许权使用费。主要判定标准:①以特许权的使用地为特许权使用费的来源地;②以特许权所有者的居住地为特许权使用费的来源地;③以特许权使用费支付者的居住地为特许权使用费的来源地。④租金所得。租金所得来源地的判定标准与特许权使用费基本相同。

财产所得的判断标准:对于不动产所得,各国一般均以不动产的实际所在地为不动产所得的来源地。但对于动产的所得,各国判定其来源地的标准并不完全一致。

第二节 国际重复征税的产生及影响

一、国际重复征税的概念

国际重复征税,是指两个或两个以上的国家,在同一时期内,对同一纳税人或不同纳税人的同一课税对象征收相同或类似的税收。

国际重复征税有狭义和广义之分。狭义的国际重复征税是指两个或两个以上国家对同一跨国纳税人的同一征税对象所进行的重复征税,它强调纳税主体与征税对象都具有同一性。广义的国际重复征税,是指两个或两个以上国家对同一或不同跨国纳税人的同一课税对象或税源所进行的交叉重叠征税,它强调国际重复征税不仅要包括狭义的国际重复征税,而且还包括纳税主体具有非同一性时针对同一征税对象所发生的国际重复征税,以及因对同一笔所得或收入的确定标准和计算方法的不同所引起的国际重复征税。例如,甲国母公司从其设在乙国的子公司处取得股息收入,这部分股息收入是乙国子公司就其利润向乙国政府缴纳公司所得税后的利润中的一部分,依据甲国税法规定,母公司获得的这笔股息收入要向甲国政府缴纳公司所得税,因而产生了甲乙两国政府对不同纳税人(母公司和子公司)的实质性双重征税,因为征税对象均为同一笔所得。这笔所得同时负担了甲国和乙国的公司所得税,且二者税源具有同一性,均为子公司所创造的利润。

国际重复征税一般包括法律性国际重复征税、经济性国际重复征税和税制性国际重复征税3种类型。法律性国际重复征税是指不同的征税主体(即不同国家)对同一纳税人的同一税源进行的重复征税,它是由于不同国家在法律上对同一纳税人采取不同征税原则,因而产生了税收管辖权的重叠,从而造成了重复征税。经济性国际重复征税是指不同的征税主体(即不同国家)对不同纳税人的同一税源进行的重复征税。经济性国际重复征税一般是由于股份公司经济组织形式所引起的。股份公司的公司利润和股息红利所得属于同源所得,在对二者同时征税的情况下,必然会带来重复征税的问题。当这种情况中的征税主体是两个或两个以上的国家时,重复征税即成为经济性国际重复征税。税制性国际重复征税是由于各国在税收制度上普遍实行复合税制度所导致的。在复合税制度下,一国对同一征税对象可能征收几种税。在国际重复征税中,复合税制度导致了不同国家对同一税源课征多次相同或类似的税种,从而造成了税制性重复征税。国际税收中所指的国际重复征税一般属于法律性国际重复征税。

二、国际重复征税的产生

（一）国际重复征税产生的条件和原因

纳税人所得或收益的国际化和各国所得税制的普遍化是产生国际重复征税的前提条件。各国行使的税收管辖权的重叠是国际重复征税的根本原因。

随着经济社会的发展和国际分工的深化，跨国从事生产经营活动的现象十分普遍，一个国家的居民或公民从其他国家取得收入的现象日益增多。纳税人所得或收益的国际化使得国际重复征税问题的产生成为可能。在此基础上，各国所得税制度的建立为国际重复征税的产生提供了现实条件。所得税制的普遍建立使得越来越多的纳税人因其所得或收益的国际化而在两个或两个以上的国家履行重复的纳税义务。

有关国家对跨国纳税人的跨国所得进行双重或多重征税，形成了国际重复征税，其根本的原因在于征税权力的交叉。各国政府为维护其主权利益，都在不同程度上以收入来源地原则、居民原则或公民原则为基础来行使税收管辖权，这种情况下，税收管辖权的重叠现象就不可避免。有关国家对同一或不同跨国纳税人的同一征税对象或税源行使税收管辖权的交叉和冲突，是国际重复征税产生的根本原因。

（二）国际重复征税产生的形式

依据税收管辖权相互重叠的形式，国际重复征税的产生也主要有下述几种情形。

1. 居民（公民）管辖权同地域管辖权重叠下的国际重复征税

世界各国行使税收管辖权的过程中，在税收管辖权原则的选择上，既可以对跨国纳税人发生在本国境内的所得按照属地主义原则行使收入来源地管辖权，也可以对本国居民或公民中的跨国纳税人来源于国内和国外的全部所得按照属人主义原则行使居民管辖权或公民管辖权，这就不可避免地造成有关国家对同一跨国纳税人的同一笔跨国所得在税收管辖权上的交叉重叠或冲突，从而产生国际重复征税。

一般来讲，相关各国对跨国所得一致实行从源课税，即统一实行地域管辖权，依据收入来源地进行征税，而且跨国所得的收入来源地能够明确的话，不会出现征税权力的重叠和冲突。另外，只要纳税人的居民身份归属或公民身份归属能够明确，那么各国对于跨国纳税人的跨国所得统一行使居民或公民管辖权，也不会产生重复征税的问题。但是出于对本国税收利益及其他原因的考虑，当今世界各国普遍同时实行收入来源地管辖权和居民管辖权。这样同一笔跨国收入，可能在收入来源国和纳税人的居住国或国籍国被多次征税，这就导致了国际重复征税的产生。

2. 居民（公民）管辖权与居民（公民）管辖权重叠下的国际重复征税

在国际税收中，如果相关各国对于跨国纳税人的跨国所得统一行使居民管辖权，由于各国判定居民身份的标准各不相同，也就往往导致各国在某一跨国纳税人的居民身份归属问题上各执己见。当纳税人居民身份归属于哪一国的问题不能够彻底澄清的话，对同一纳税人的同一笔跨国所得进行国际重复征税就具备了可能性。因为各国法律规定及其确定纳税人居民身份的标准不同，因而就会出现同一个跨国纳税人被有关国家同时确认为其居民的情况。这种居民管辖权与居民管辖权的冲突必然导致国际重复征税问题。

当然，上述分析也适用于相关各国对于跨国纳税人的跨国所得统一行使公民管辖权的情况。公民管辖权与公民管辖权的冲突也会导致国际重复征税问题，这通常是由于纳税人国籍的双重化或法人资格的双重化造成的。由于国际上实行公民管辖权的国家极少，而且能够具有双重国籍或同时成为两国法人的纳税人很少，因此，这种公民管辖权的重叠造成国际重复征税的情况也很少见。

需要指出的是，如果相关各国依据属人原则在税收管辖权的选择上分别实施公民管辖权和居民管辖权的话，由于一个纳税人可能在成为一国公民的同时也被认定为另一国居民，那么这一纳税人的同一项所得可能被相关各国进行国际重复征税。公民管辖权与居民管辖权的重叠也是国际重复征税产生的一个形式。

3. 地域管辖权与地域管辖权重叠下的国际重复征税

国际重复征税问题的产生有时也同收入来源地的确认有关。各国对于跨国所得征税都行使地域管辖权，即在收入来源地管辖权的情况下，如果有关各国采取了不同的标准来确定收入来源地，就会出现不同国家对同一笔收入同时行使地域管辖权的冲突，造成国际重复征税。例如，某甲为 A 国公民或居民，受本国雇主的委托，在 B 国从事信息采集业务，而此人的劳务报酬由 A 国雇主支付。如果 A 国政府以报酬支付者所在地为依据而认定甲的该项劳务报酬所得来源地为 A 国，同时 B 国以甲的劳务活动提供地为依据而认定甲的该项劳务报酬所得来源地为 B 国，那么 A、B 两国都可以主张地域管辖权，这时候就产生了由于相关各国对收入来源地的认定标准不同而导致的税收管辖权重叠。不同国家所行使的收入来源地管辖权的冲突或重叠，也是国际重复征税产生的一个主要形式。

从现实情况来看，作为国际重复征税的根本原因，在各国行使的税收管辖权的重叠的各种情况中，最主要的是有关国家对同一跨国纳税人的同一项所得同时行使收入来源地管辖权和居民管辖权造成税收管辖权的重叠。由于跨国取得所得的情况不可避免，当今世界各国普遍同时实行收入来源地管辖权和居民管辖权，所以国际重复征税的问题将长期普遍地存在于国际税收活动中。

三、国际重复征税的经济影响

国际重复征税的存在，对投资者的利益、税负公平原则、国际经济交往以及国家间税收权益无疑会产生各种消极的影响，主要表现在以下几个方面。

（一）加重了跨国纳税人的税收负担

国际重复征税造成跨国纳税人要向两个甚至两个以上国家纳税，不合理地加重了跨国纳税人的税收负担。对直接投资者加大了所投资企业的生产成本，影响了产品的价格和销售，进而影响到投资者投资的积极性；对证券投资者会直接减少其投资所得，加大投资风险。总之，国际重复征税削弱了跨国纳税人在国际竞争中的地位，影响投资者对外投资的积极性。

（二）违背了税收公平原则

众所周知，等量资本要求获得等量利润，这是经济规律的客观要求。资本投资到境外，所冒的风险大于国内，要求获得更多的风险收益以弥补风险环境下的机会成本。但国际重复征税的存在加重了跨国纳税人的税收负担，影响了税收公平原则的实现。

(三)阻碍了国际经济合作与发展

经济全球化是整个世界的大趋势,是生产力发展的必然选择。国际经济的合作与交流,能使各种资源要素在全世界范围内得到更合理的利用,促进国际性专业化分工,加速各国经济的发展。但国际重复征税提高了要素国际流动的交易成本和跨国纳税人的税收负担,阻碍了国际间资金、技术、商品、人才等的自由流动。从国际经济角度来看,这种阻碍造成了全球性的资源浪费,受到损失的不只是某个国家或某类国家,从长远看,将影响全球经济均衡,从而阻碍国际经济的发展。

(四)影响有关国家之间的财权利益关系

国际重复征税会引起国与国之间的税收权利和利益的冲突。当两个或两个以上国家同时对同一笔跨国所得征税时,必然产生税收权利和利益的冲突。一国认为自己有权对某纳税人的所得征税,而另一国则认为对方国家的征税是对自己权利和利益的侵犯。当各国互不相让无法协调时,利益冲突便不可避免。不仅如此,由于重复征税给纳税人带来沉重负担,他们就会千方百计地去规避纳税义务,利用各国税收管辖权的摩擦和税制的差异,减轻或消除在有关国家的纳税义务。这种直接侵犯国家利益的行为,同样也会导致国家之间的税收矛盾。

第三节 国际重复征税消除的主要方法

面对国际重复征税的不同形式,国际社会以及有关国家采取了不同的办法。比如为避免同种税收管辖权重叠所造成的国际重复征税的方法,其中约束对自然人行使居民管辖权的国际规范采取的标准包括:长期性住所(Permanent Home)、重要利益中心(Center of Vital Interests)、习惯性住所(Habitual Abode)、国籍(Nationality)。约束对法人行使居民管辖权的国际规范是:如果两个国家判定法人居民身份的标准发生冲突,应根据法人的"实际管理机构所在地"来决定由哪个国家对其行使居民管辖权。约束地域管辖权的国际规范规定:经营所得(营业利润)以常设机构为标准,投资所得则实行支付人所在国与受益人所在国共享办法等。

针对不同税收管辖权重叠所造成的所得国际重复征税的减除方法,采取了扣除法、低税法、免税法和抵免法等。各国的涉外税法和国际税收协定中,处理国际重复征税问题所采用的具体方法主要有免税法和抵免法两种,其中抵免法是普遍采用的。在运用抵免法的过程中,为了鼓励国际投资,有时也往往增加一些税收饶让的内容,作为抵免法的内容附加。这种情况通常见于发达国家与发展中国家签订的税收协定之中。此外,有些国家还选择了扣除法和低税法来试图来解决国际重复征税问题,这在一定程度上缓和了国际重复征税的矛盾。扣除法是指一国政府在对本国居民的国外所得征税时,允许其将该所得负担的外国税款作为费用从应税国外所得中扣除,只对扣除后的余额征税。低税法也称减免法,是指一国政府对本国居民的国外所得在标准税率的基础上减免一定比例,按较低的税率征税;对其国内所得则按正常的标准税率征税。

这里对于消除国际重复征税的方法主要介绍免税法和抵免法两种。

一、免税法

免税法也称为豁免法,是指居住国政府对其居民来源于非居住国的所得额,在一定条件下放弃行使居民管辖权,免于征税。这种方法是以承认来源地管辖权的独占地位为前提的。承认收入来源地管辖权的独占地位,意味着居住国政府完全或部分放弃对其居民来自国外的所得的征税权力,而将这种权力无条件地留给这笔所得的来源国政府。由于免税法使纳税人只需或主要负担所得来源国的税收,因此它可以有效地消除国际重复征税。鉴于此,《经合组织范本》和《联合国范本》都将免税法列为避免国际重复征税的推荐方法之一。

免税法主要有以下两种具体做法:一是全额免税法,即居住国政府对其居民来自国外的所得全部免予征税,只对其居民的国内所得征税,而且在决定对其居民的国内所得所适用的税率时,不考虑其居民已被免予征税的国外所得。二是累进免税法,即居住国政府对其居民来自国外的所得不征税,只对其居民的国内所得征税,但在决定对其居民的国内所得征税所适用的税率时,有权将这笔免于征税的国外所得与国内所得汇总一并加以综合考虑。累进免税法的计算公式为

$$居住国应征所得税额=居民的总所得\times适用税率\times\frac{国内所得}{总所得}$$

【例13-1】 甲国 A 公司在某一纳税年度内,国内、国外总所得 100 万元,其中来自国内的所得 70 万元,来自国外分公司的所得 30 万元。居住国甲国实行超额累进税率。年所得 60 万元以下,税率为 30%;61 万~80 万元,税率为 35%;81 万~100 万元,税率为 40%。国外分公司所在国实行 30% 比例税率。如果甲国实行全额免税法,计算甲国 A 公司应纳所得税额。

(1) 甲国采用全额免税法时,对 A 公司在国外分公司的所得放弃行使居民税收管辖权,仅按国内所得额确定适用税率征税。其应征所得税额为 60×30%+10×35%=21.5(万元)。

(2) 国外分公司已纳税额为 30×30%=9(万元)。

(3) 甲国 A 公司纳税总额为 21.5+9=30.5(万元)。

【例13-2】 在上例中,如果甲国实行累进免税法时,计算甲国 A 公司应纳所得税额。

(1) 甲国采用累进免税法时,对 A 公司在国外分公司的所得放弃行使居民税收管辖权,只对其国内所得征税,但要将免于征税的国外所得与国内所得汇总考虑,以确定其国内所得适用的税率。其应征所得税额为[60×30%+(80-60)×35%+(100-80)×40%]×70/100=23.1(万元)。

(2) 国外分公司已纳税额为 30×30%=9(万元)。

(3) 甲国 A 公司纳税总额为 23.1+9=32.1(万元)。

一些国家之所以实行免税法,是与其国情和经济政策密切联系的。采用免税法的国家大多是发达国家,这些国家有着大量的相对过剩资本,为给这些资本寻找出路,因而采取了一系列包括税收方面的政策,以鼓励本国资本的输出。这些税收鼓励措施的一个重要内容,就是对这些输出资本所带来的跨国所得或收益不予征税。不过,实行免税法的国家,通常都在规定本国居民来自国外所得可以免税的同时,附加一些限制性条款。例如,法国规定,凡在法国居住的跨国纳税人,必须把其缴纳外国政府所得税后的剩余所得全部汇回法国,并在股东之间进行股息分配,否则不予实行免税方法。

一些国家在与其他国家签订的税收协定中,处理国际重复征税问题采用免税法为一般方式,但同时设置一些特殊规定。例如,日本分别与法国、德国签订的税收协定中规定,对股息、利息、特许权使用费等所得征收的税收不采用免税的方法,而采用抵免的方法。这些规

定,一方面是与各类所得的不同计算方法有联系;另一方面在于贯彻对不同种类的所得实行不同税收负担的原则。同时,也与《经合组织范本》和《联合国范本》第二十三条中的有关规定相吻合。

二、抵免法

抵免法,是指行使居民税收管辖权的国家,对其国内、国外的全部所得征税时,允许纳税人将其在国外已缴纳的所得税额从应向本国缴纳的税额中抵扣。抵免法的计算公式为

居住国应征所得税额＝居民国内、国外全部所得×居住国税率－允许抵免的已缴来源国税额

抵免法是以承认收入来源地管辖权优先地位为前提条件的,但来源地管辖权不具有独占性。也就是说,对跨国纳税人的同一笔所得,来源国政府可以对其征税,居住国政府也可以对之征税。但是,来源国政府可以先于居住国政府行使税收管辖权,即在形成这笔所得的时候,就予以课税。而后,在这笔所得汇回其国内时,居住国政府方可对之课税,并采取抵免的方法来解决双重征税问题。

抵免法可以有效地免除国际重复征税。由于抵免法既承认所得来源国的优先征税地位,又不要求居住国完全放弃对本国居民国外所得的征税权,有利于维护各国的税收权益,因而受到了世界各国的普遍欢迎。许多国家的国内税法中都有允许本国纳税人进行外国税收抵免的规定(即单边抵免)。例如,《企业所得税法》第二十三条和第七十七条规定,居民企业来源于中国境外的应税所得已在境外缴纳的所得税税额,可以从其当期应纳税额中抵免。另外,《经合组织范本》和《联合国范本》也都将抵免法列为供签订税收协定的国家选择的避免双重征税的一种方法,而且在实践中许多国家缔结避免双重征税协定时都选择了抵免法作为解决国际重复征税的方法。即使是一些采用免税法解决双重征税的欧洲大陆国家,其对大多数不适用于免税法的所得也办理税收抵免,以消除这些所得的跨国重复征税。所以,就世界范围来看,抵免法的使用是相当普遍的。

在实际应用中,直接抵免和间接抵免是抵免法的两种具体运作形式。

(一)直接抵免

直接抵免,是指居住国的纳税人用其直接缴纳的外国税款冲抵在本国应缴纳的税款。一国居民直接缴纳外国税款,可以是自然人居民到国外从事经济活动取得收入而向当地政府纳税,可以是居住国的总公司设在国外的分公司(总公司与分公司在法律上属于同一法人实体)向所在国缴纳税款,也可以是居住国母公司从国外子公司取得股息、利息等投资所得而向子公司所在国缴纳预提税。所以,直接抵免一般适用于自然人的个人所得税抵免、总公司与分公司之间的公司所得税抵免以及母公司与子公司之间的预提所得税抵免。

前述抵免法的计算公式同样也适用于直接抵免法。其计算公式为

居住国应征所得税额＝居民国内、国外全部所得×居住国税率－允许抵免的已缴来源国税额

在上述直接抵免法的计算公式中,由于"允许抵免的已缴来源国税额"的计算方法不同,可以把直接抵免法分为全额抵免和限额抵免两种。

1. 全额抵免

全额抵免,是指居住国政府对跨国纳税人征税时,允许纳税人将其在收入来源国缴纳的

所得税，在应向本国缴纳的税款中，全部给予抵免。其计算公式为

居住国应征所得税额＝居民国内、国外全部所得×居住国税率－已缴来源国全部所得税额

【例 13-3】 A 国一居民总公司在 B 国设有一个分公司，某一纳税年度，总公司在本国取得所得 20 万元，设在 B 国的分公司获得 10 万元。分公司按 40% 的税率向 B 国缴纳所得税 4 万元。A 国所得税税率为 30%。计算 A 国应对总公司征收的所得税额。

A 国应征所得税额为 （20＋10）×30%－4＝5（万元）。

2. 限额抵免

限额抵免又称为普通抵免，是指居住国政府对跨国纳税人在国外直接缴纳的所得税款给予抵免时，不能超过最高抵免限额，这个最高的抵免限额是国外所得额按本国税率计算的应纳税额。其计算公式为：

居住国应征所得税额＝居民国内、国外全部所得×居住国税率－允许抵免的已缴来源国税额

"允许抵免的已缴来源国税额"（简称"允许抵免额"）由"抵免限额"和"纳税人已缴收入来源国所得税额"两个指标的比较来确定。"抵免限额"的计算公式为

抵免限额＝收入来源国的所得×居住国税率

在抵免限额小于纳税人已缴收入来源国所得税税额时，以抵免限额为"允许抵免额"；在抵免限额大于纳税人已缴收入来源国所得税税额时，以纳税人已缴收入来源国所得税额为"允许抵免额"；在抵免限额等于纳税人已缴收入来源国所得税税额时，将纳税人已缴收入来源国所得税税额作为"允许抵免额"。根据以上 3 种情况，可以认为"允许抵免额"就是"纳税人已缴收入来源国所得税税额"与"抵免限额"相比较中，数额较小的一方。

实践中，如果收入来源国的税率与居住国的税率相同时，抵免限额就与纳税人已缴收入来源国的税额相等，那么本国居民在来源国的已纳税额，可以得到全部抵免；如果收入来源国的税率低于居住国的税率，抵免限额就大于纳税人已向收入来源国缴纳的税额，这样，该居民在计算应缴居住国税额时，抵免完来源国已纳税额后，还要向居住国补齐税款差额；如果收入来源国的税率高于居住国税率，抵免限额就小于纳税人已向收入来源国缴纳的税额，该居民的允许抵免税额不能超过其境外所得按居住国税率计算的应纳税额，即不能超过抵免限额。

抵免限额根据限额的范围和计算方法不同，可分为分国限额法与综合限额法、分项限额法与不分项限额法。

（二）间接抵免

间接抵免是对跨国纳税人在非居住国非直接缴纳的税款，允许部分冲抵其居住国纳税义务。间接抵免适用于跨国母子公司之间的税收抵免。对于居住国母公司的外国子公司所缴纳的外国政府所得税，由于子公司与母公司是两个不同的经济实体，所以这部分外国所得税不能视同母公司直接缴纳，不可以从母公司应缴居住国政府所得税中直接抵免，而只能给予间接抵免。因此，在实践中，间接抵免一般可分为一层间接抵免和多层间接抵免两种方法。

1. 一层间接抵免

一层间接抵免适用于母公司与子公司之间的外国税收抵免。用此方法可以处理母公司与子公司因股息分配所形成的重复征税问题。在一层间接抵免中，母公司只能按其从子公司取

得的股息所含税款还原数,间接推算相应的利润与税收抵免额。具体讲,母公司从国外子公司取得的股息收入的相应利润(即还原出来的那部分国外子公司所得),就是母公司来自国外子公司的所得,因而也就可以并入母公司总所得进行征税。间接抵免法计算应纳居住国税额步骤如下。

第一步:计算母公司间接缴纳的子公司所在国的税款。

母公司承担的外国子公司所得税=外国子公司所得税×母公司分得的毛股息/外国子公司缴纳公司所得税后的所得

母公司承担的外国子公司所得税如果没有超过本国的抵免限额,即母公司可以享受的间接抵免额。

第二步:计算母公司来自国外子公司的所得额。

母公司来自子公司的全部应税所得=母公司分得的毛股息+母公司承担的外国子公司所得税

$$=母公司所获毛股息+外国子公司所得税×\frac{母公司分得的毛股息}{外国子公司缴纳公司所得税后的所得}$$

也可采用比较简便的公式计算,即

母公司来自子公司的全部应税所得=母公司所获毛股息/(1-子公司所在国适用税率)

【例 13-4】 A 国母公司在 B 国设立一子公司,子公司所得为 2 000 万元,B 国公司所得税率为 30%,A 国为 35%,子公司缴纳 B 国所得税 600 万元(2 000×30%),并从其税后利润 1 400 万元中分给 A 国母公司股息 200 万元。计算 A 国母公司应纳所得税额。

(1)母公司来自子公司的所得为 200+600×[200÷(2 000-600)]=285.7 143(万元)。

(2)母公司应承担的子公司所得税为 600×[200÷(2 000-600)]=85.7 143(万元)。

(3)间接抵免限额为 285.7 143×35%=100(万元)。

(4)由于母公司已承担国外税额 85.7 143 万元,不足抵免限额,故可按国外已纳税额全部抵免,即可抵免税额为 85.7 143 万元。

(5)母公司应缴 A 国所得税为 100-85.7 143=14.2 857(万元)。

2. 多层间接抵免法

以上一层间接抵免方法适用于居住国母公司来自其外国子公司的股息所应承担的外国所得税的抵免。如果母公司有通过子公司来自其外国孙公司,以及外国孙公司下属的外国重孙公司、曾孙公司等多层外国附属公司的股息所应承担的外国政府所得税,为解决子公司以下各层"母子公司"的重复征税问题,就需要多层间接抵免方法。多层间接抵免方法的计算原理与一层间接抵免方法基本相同,可以类推,但具体计算步骤要复杂些。

此外,还存在税收饶让抵免。税收饶让抵免简称税收饶让,它是指一国政府对本国居民在国外得到减免的那部分所得税,视同已经缴纳,并允许其用这部分被减免的外国税款抵免在本国应缴纳的税款。税收饶让的具体做法有两种:一是对所得来源国给予本国纳税人的减免税或退税等税收优惠,按假如没有这些优惠措施时来源国应征的税款给予税收抵免;二是按税收协定规定的税率实行定率抵免。

税收饶让不是一种消除国际重复征税的方法,而是居住国对从事国际经济活动的本国居民采取的一种税收优惠措施。

税收饶让一般在发达国家和发展中国家之间进行。

第四节 国际避税与反避税

国际重复征税加重了跨国纳税人承担的税负，损害跨国纳税人的切身经济利益，从而不利于国际经济活动的发展。而国际避税则是跨国纳税人减轻了其应该承担的税负，减少了有关国家的预期税收收入。国际避税不仅是简单地完善税法和税收协定、保证有关国家税收收入等财政及税收问题，而且涉及国际和国家经济效率和社会公平问题，影响到相关国家的税收利益，扭曲国与国之间的税收分配关系。所以，各国政府以及国际社会不仅要采取措施避免所得的国际重复征税，而且也要采取措施防范跨国纳税人的国际避税。

一、国际避税

(一) 国际避税概念

避税，是指纳税人通过个人或企业事务的人为安排，利用税法的漏洞、特例和缺陷，规避、减轻或延迟其纳税义务的行为。其中，税法漏洞指由于各种原因税法遗漏的规定或规定的不完善之处；税法特例指规范的税法里因政策等需要针对某种特殊情况才做出的某种特殊规定；税法缺陷指税法规定的错误之处。在国外，"避税"（Tax Avoidance）与"税务筹划"（Tax Planning）或"合法节税"（Legal Tax Saving）基本上是一个概念，它们都是指纳税人利用税法的漏洞或不明之处，规避或减少纳税义务的一种不违法的行为。

国际避税，是指纳税人利用两个或两个以上国家的税法和国家间的税收协定的漏洞、特例和缺陷，规避或减轻其全球总纳税义务的行为。这里的税法漏洞指大多数国家税法或大多数双边税收协定应有或一般都有而某国税法或某个双边税收协定里遗漏或不完善的规定；这里的税法特例指某国规范的税法或某个规范的双边税收协定里针对某种极为特殊的情况才做出的不规范规定；这里的税法缺陷指某国税法或某个双边税收协定里规定的错误之处。

国际避税同国际偷税有本质区别。国际偷税，是指跨国纳税人采取虚报、谎报、隐瞒、伪造等各种非法的跨国税收欺诈手段，逃脱或减少其总纳税义务的违法行为。国际避税与国际偷税都是某国纳税人减少其全球总纳税义务的税收行为，都减少了有关国家预期的财政收入，使有关国家税收权益受到损害，在这些方面它们并没有什么区别。但是两者的性质却是不一样的：国际避税采用不违法手段，而国际偷税则采用非法手段，属于违法行为。既然国际避税与国际偷税的性质不同，那么，对它们的处理方法也不一样。对于国际避税，有关国家一般只是要求纳税人必须对其行为的合理性进行解释和举证，对其不合理的收入和费用分配进行强制性调整，并要求补缴其规避的税款。为防止国际避税的再次发生，有关国家主要是通过加强国际合作，修改和完善有关的国内税法和税收协定，制定反避税法律、法规或条款，杜绝税法漏洞。但对于国际偷税，则一般要根据国内税法追究法律责任：对不构成刑事犯罪的，依照税法追缴税款、加处罚款，直至冻结银行存款、查封或扣押财产；对构成刑事犯罪的，则还要根据刑法追究其刑事责任，按刑事处罚规定对逃税者进行处罚，包括判刑入狱。

历史上有一个著名的朗勃避税案就是利用税收管辖权真空进行的。朗勃是英国一种汽轮机叶片的发明人，他将这项发明转让给卡塔尔一家公司，得到 47 500 美元的技术转让费。朗勃根据技术转让费的获得者不是卡塔尔居民不必向卡塔尔政府纳税的规定，避开了向卡塔尔政府纳税的义务。同时，朗勃又将其在英国的住所卖掉，迁居到了中国香港，以住所不在英国为由避开了向英国政府的纳税义务。而中国香港仅实行地域管辖权，不对来自于中国香港以外地区的所得征税。这样，朗勃虽取得了一笔不小的技术转让费收入，但因处于各国（地区）税收管辖权的真空，所以可以不就这笔收入负担任何纳税义务。

（二）国际避税的主要方法

在国际经济活动中，国际避税的表现形式多种多样，跨国纳税人利用各国税收的差异进行避税的手法更是形形色色，变化多异。它们可以通过迁出或虚假迁出或不迁出高税国，进行人员流动，以避免税收管辖，实现国际避税；通过把资金、货物或劳务转移或不转移出高税国，进行课税客体的流动，以实现国际避税；利用有关国家或国际税收协定关于避免国际重复征税的方法进行避税；利用国际避税地进行避税；等等。

1. 采取人员流动避税

在国际税收领域里，以人员流动或转移方式躲避跨国纳税，具有极其广泛的内容，它不仅包括自然人和法人的跨国迁移，而且还包括一个人在一国中设法改变其居民身份，避免成为税收居民等做法。一是转移住所。将个人住所或公司的管理机构真正迁出高税国；或者利用有关国家国内法关于个人或公司的居民身份界限的不同规定或模糊不清，以实现虚假迁出，即仅仅在法律上不再成为高税国的居民；或者通过短暂迁出和成为别国临时居民的办法，以求得对方国家的特殊税收优惠。二是税收流亡。在实行居民管辖权的国家里，对个人居民身份的确立，除了采用上述的住所标准外，不少国家还采用时间标准，即以在一国境内连续或累计停留时间达到一定标准为界限。而对居住时间的规定，各国间也不尽一致，有的规定为半年（183天），有的则规定为1年（365天）。这就给跨国纳税人避税提供了可利用的机会。他们可以自由地游离于各国之间，确保自己不成为任何一个国家的居民，既能从这些国家取得收入，又可避免承担其中任何一个国家的居民纳税义务。三是税收协定的滥用。跨国纳税人通过种种手段，设法改变其居民身份，作为税收协定中规定的适用人之一享受有关条款的优惠待遇，从而达到减轻国际税负的目的。缔约国的非居民通过利用税收协定，主要是躲避来源国所征收的营业利润所得税以及股息、利息、特许权使用费的预提税。

2. 通过资金或货物流动避税

纳税人（主要是公司/企业）通过把资金、货物或劳务等转移出高税国的方式，通常是利用常设机构和子公司以及所在国其他税法规定等进行流动。

3. 选择有利的企业组织形式避税

当一国企业决定对外投资时，是选择建立常设机构或分支机构，还是选择设立子公司，往往需要经过反复权衡利弊，然后做出它们认为最有利的选择。分支机构（包括分公司和常设机构）与子公司往往在享受待遇方面差异很大，在跨国纳税方面也有许多差别，各有利弊。一种常见的选择方案是，在营业初期以分支机构形式进行经营，当分支机构开始盈利之后，再转变为子公司。

4. 利用转让定价避税

转让定价也称划拨定价,即交易各方之间确定的交易价格,它通常是指关联企业之间内部转让交易所确定的价格,这种内部交易价格通常不同于一般市场价格。转让定价是现代企业特别是跨国公司进行国际避税所借用的重要工具,主要是利用各国税收差别来实现的。国际关联企业的转让定价往往受跨国企业集团利益的支配,不易受市场一般供求关系的约束,对商品和劳务内部交易往来采取与独立企业之间的正常交易价格不同的计价标准。它们往往通过从高税国向低税国或避税地以较低的内部转让定价销售商品和分配费用,或者从低税国或避税地向高税国以较高的内部转让定价销售商品和分配费用,使国际关联企业的整体税收负担减轻。

5. 不合理保留利润避税

跨国公司往往以不合理保留利润的方式,即把应分给股东的一部分股息暂时冻结起来,不予分配,而以公积金的形式积存起来,然后将这部分利润转化为股东所持有的股票价值的升值额,以达到少纳税的目的。

6. 不正常借款避税

跨国公司向本公司股东和其他公司借款,是筹措资金的渠道之一。在这类筹资过程中,比较容易发生"不正常借款"行为。例如,子公司将其当年实现的利润少量或完全不作为股息分配,借给其国外母公司,并可以无限期使用。同样,总公司或总机构与其国外分支机构之间的利息支付,也会发生上述避税的情况,通常还借助于转让定价手段来实现。

7. 利用避税地避税

许多国家或地区为吸引外国资本流入,促进本国或本地区的经济繁荣,弥补自身的资金短缺和改善国际收支状况,或为引进外国先进技术,提高本国或本地区技术装备水平,吸引国外民间投资,在本国或本地区划出部分甚至全部区域和范围,允许并鼓励外国政府和民间在此投资及从事各种经济、贸易等活动,投资者和从事经营活动的企业可以享受不纳税或少纳税的优惠待遇。这种区域和范围,在国际上一般被称为避税地。由于在这种地方投资和从事各种经营活动不用纳税或只需缴纳一小部分税收,税负很低,收益很高,因而往往又被跨国投资者和跨国经营者称为"税务天堂"、"避税乐园"、"避税天堂"、"税收避难所"等。

例如,A国某跨国公司甲,在避税地百慕大设立了一个子公司。甲公司向B国出售一批货物,销售收入2 000万美元,销售成本800万美元,A国所得税税率为30%。甲公司将此笔交易获得的收入转入到百慕大公司的账上。因百慕大没有所得税,此项收入无须纳税。

按照正常交易原则,甲公司在A国应纳公司所得税应为(2 000－800)×30%＝360(万美元)。而甲公司通过"虚设避税地营业",并未将此笔交易表现在本公司A国的账面上。百慕大的子公司虽有收入,也无须缴税,若该子公司利用这笔账面收入投资,获得收益也可免缴资本所得税;若该子公司将此笔收入赠与给其他公司、企业,还可不缴纳赠与税。这就是避税地的好处。

8. 利用税收优惠避税

一般说来,世界各国都有各种税收优惠政策规定,诸如加速折旧、投资抵免、差别税率、专项免税、亏损结转、减免税期限、延缓纳税等。跨国公司、企业往往可以利用税收优惠从事国际避税活动。此外，一些跨国公司钻税法对新办企业等缺乏严密界定的漏洞，利用新办企业免税、减税等税法规定进行国际避税。

9. 组建内部保险公司

内部保险公司是指由一个公司集团或从事相同业务的公司协会投资建立的、专门用于向其母公司或姊妹公司提供保险服务以替代外部保险市场的一种保险公司。

（三）国际避税地

国际避税地也称为避税港、避税乐园、税务天堂、税收避难所等。一般来说，国际避税地是指国际上轻税甚至于无税的场所。从实质上说，国际避税地就是指外国人可以在那里取得收入或拥有资产，而不必支付高税率税款的地方。国际避税地的存在是跨国纳税人得以进行国际避税活动的重要前提条件。

国际避税地可以是一个国家，也可以是一个国家的某个地区，如港口、岛屿、沿海地区、交通方便的城市等。有时避税港还包括自由港、自由贸易区、自由关税区等。

1. 国际避税地的类型

第一种类型的避税地，是指没有所得税和一般财产税的国家和地区。人们常称之为"纯粹的"、"标准的"避税地。在这些国家和地区中，既没有个人所得税、公司所得税和资本利得税，也没有财产净值税、继承税、遗产税和赠与税。例如，英国殖民地开曼群岛就属于这一类型的避税港。外国人如果到开曼设立公司或银行，只要向当地有关部门注册登记、并每年缴纳一定的注册费，就可以完全免缴个人所得税、公司所得税和资本利得税。除开曼群岛外，属于这一类典型避税地的国家和地区还有巴哈马、百慕大、瑙鲁、瓦努阿图等。此外，像格陵兰、索马里、法罗群岛、新喀里多尼亚岛和圣皮埃尔岛等国家和地区，也基本上属于此类避税地。

第二种类型的避税地，是指那些虽开征某些所得税和一般财产税，但税负远低于国际一般负担水平的国家和地区。在这类避税地中，大多数国家和地区对境外来源的所得和营业活动提供某些特殊优惠的税收待遇。如安圭拉、安提瓜、巴林、巴巴多斯、英属维尔京群岛、坎彭、塞浦路斯、直布罗陀、格恩西岛、以色列、牙买加、泽西岛、黎巴嫩、列支敦士登、中国澳门、摩纳哥、蒙塞拉特岛、荷属安的列斯群岛、圣赫勒拿岛、圣文森岛、新加坡、斯匹次卑尔根群岛和瑞士等。还有些国家和地区对境外来源所得免税，只对来源于境内的收入按较低税率征税。如阿根廷、埃塞俄比亚、哥斯达黎加、利比里亚、巴拿马、委内瑞拉、中国香港等。

第三种类型的避税地，是指在制定和执行正常税制的同时，提供某些特殊税收优惠待遇的国家或地区。其特点是总的实行正常税制，征收正常的税收，只是在正常征税的同时，有较为灵活的税收优惠办法，对于某些投资经营给予特殊的税收优惠待遇。属于这一类型的避税地有希腊、爱尔兰、加拿大、荷兰、卢森堡、英国、菲律宾等国家和地区。

2. 国际避税地形成的条件

国际避税地之所以对跨国投资者具有巨大的吸引力，除了无税（所得税等直接税）或低税以外，还由于具有其他一些有利条件，比如，有严格的银行保密法，银行业发达，政局稳定，通信和交通便利等。避税地的这些有利条件实际上正是避税地所具有的一些非税特征。只有具备了这些特征，才能使国际避税地真正成为跨国投资者的避税"天堂"。

二、国际反避税的措施

尽管国际避税是一种不违法行为，但该行为给政府税收收入造成的有害后果与非法的偷税行为是一样的。对此，世界各国都提出了反国际避税的要求。在几十年的国际税收实践中，许多国家已经形成了一套较为有效的反国际避税的方法与措施，其重点是运用法律，加强立法和执法的力度，尤其是针对某些特殊的避税行为采取强硬措施。与此同时，随着国际税务关系的发展，各国都努力并加强国际合作和配合，从而使国际反避税工作收到良好的效果。

（一）国际反避税的一般方法

1. 在税法中制定反避税条款

一是在各项税收的一般条款中，注意准确使用文字，设法堵塞漏洞。二是制定特殊反避税条款，针对各种特定的避税和逃税行为制定明确具体的税法条文，在法律解释上尽可能做到天衣无缝，不给纳税人在税法的解释上留下模棱两可的空子。三是制定适用于全部税收法规的综合反避税条款，一些国家在税收总法典中制定一项或几项单独的综合反避税条款，这些条款一般适用于全部税收法规。四是制定针对国际避税中习惯做法的反避税条款，如对关联企业内部转让定价做出特殊规定的条款，对避税地所得规定特殊课征办法的条款等。

2. 以法律形式规定纳税人的特殊义务与责任

强化纳税人的纳税义务与责任的措施，通常包括以下4个方面的内容：明确纳税人有延伸提供税收情报的义务；规定纳税人的某些交易行为有事先取得政府同意的义务；明确纳税人的举证责任；规定纳税人某些活动须获得税收裁定。一些国家针对某些避税方法另行规定，有关纳税人所发生的业务能否享受优惠待遇，须经税务当局裁定。

3. 加强税收征管工作

有效地防范跨国纳税人的国际避税，除了要制定和完善反避税的立法，同时还必须加强税务征收管理工作。一是提高涉外税务人员的素质，使其精通业务知识，熟悉税法，掌握财务会计、审计、国际贸易、国际金融等方面的知识和技能；二是加强对跨国纳税人经营活动情况的调查，掌握充分的第一手资料；三是加强税务审计，提高对纳税人监督检查的有效性；四是积极主动地争取银行的配合与合作，通过对企业银行账户的检查，全面了解企业的经营活动情况，有效地打击跨国纳税人的避税活动。

4. 开展国际反避税合作

针对不断出现的国际避税新手段，各国应寻求更多的机会并采取多边的方式来达到交换信息的目的，并吸取欧盟、北欧和OECD征管合作的经验。同时，应重新审视信息交换上的法律和实践限制。例如，一直以来，一些国家存在的银行保密制度对税务机关获取银行信息构成了严重阻碍。政府也需要采取新的技术并更广泛地运用纳税人认证号码以使信息交换更及时。此外，要延伸联合审计的运用、同期检查和预约定价协议。

(二)完善转让定价的税制立法

利用转让定价在跨国关联企业之间进行收入和费用的分配以及利润的转移,是跨国公司进行国际避税最常用的手段之一。不合理的转让定价不仅造成收入和费用不合理的国际分配,影响有关国家的切身利益,而且也影响资源的合理配置,有悖于公平的市场竞争原则。因此,各国为了加强对转让定价的监控,防止跨国关联企业的利润向境外转移,纷纷制定转让定价税制和相应的法律措施。

1. 转让定价税制的适用范围

转让定价税制适用于国内公司与国外关联公司间的商品交易、资产转让、提供劳务和贷款等行为,不适用于个人。转让定价税制不仅适用于国内母公司或子公司同它设立在国外的子公司或母公司之间的交易,而且也适用于形式上通过第三者中介而实质上是关联公司间的交易。税务机关对关联公司的关系进行全面确认,凡被认为是关联公司的,它们之间的交易价格,税务机关都有权进行调查,对非正常交易价格有权根据有关方法进行调查。

2. 转让定价税制的实施程序

各国对转让定价税制实施程序的规定都比较具体、详细和具有操作性。主要包括:(1)纳税申报程序;(2)实地调查程序;(3)对非关联第三者的调查程序;(4)海外调查程序;(5)国际情报交换程序;(6)与纳税人协调程序;(7)内部协商程序;(8)调查价格程序;(9)规定价格程序;(10)诉讼程序;(11)对等调整程序。这些基本程序的规定,使税务当局和纳税人都感到界限清楚,有章可循。

(三)应对避税地避税的法规

应对避税地法规主要体现在反延期纳税或受控外国公司法规(简称 CFC 法规)方面。CFC 法规主要处理本国居民控制的外国公司实体所取得并积累起来的所得。它假设作为股东,在这些情况下,他们可以影响利润分配或汇回国的政策。正常情况下,CFC 法规只适用于外国公司,但有的国家把其扩展到外国常设机构(如法国)和信托公司(如澳大利亚、加拿大、南非)。在墨西哥,该规则适用于外国法承认的任何公司实体。通常,只有延期纳税的消极所得以及控股公司设在低税区的某些"基地公司"收入,才能成为反避税措施所要打击的对象。然而,也有一些国家,将 CFC 规则既用于积极收入,也用于消极收入(如新西兰、挪威、南非、瑞典)。

在现已制定了 CFC 规则的国家,对于什么是受控外国公司,应该如何征税,谁应该被征税,什么是 CFC 的应税收入等,各国都存在较大的差异,但这些规则大体构成了应对避税地法规的基本内容。

(四)国际税收协定滥用的防范措施

第三国居民滥用其他两国之间的税收协定,主要是为了规避有关国家的预提所得税。目前,除了奥地利、芬兰等极少数国家以外,绝大多数国家都把滥用税收协定的行为视为一种不正当的行为,并主张加以制止。为了防止本国与他国签订的税收协定被第三国居民用于避税以及不把本国的税收优惠提供给企图避税的第三国居民,一些国家已开始采取防止税收协定被滥用的措施。具体措施如下:

1. 制定防止税收协定滥用的国内法规

目前，采取这种做法的国家主要是瑞士。瑞士规定自 1999 年 1 月起，纳税人如果用享受税收协定优惠后的所得向无资格享受协定优惠的法人或个人支付股息、利息、特许权使用费，最多不能超过这笔所得的 50%。该规定主要是为了限制第三国居民在瑞士建立中介性机构，然后利用瑞士与其他国家签订的税收协定减轻预提税的税负。

2. 在双边税收协定中加进反滥用条款

为防范第三国居民滥用税收协定避税，可以在协定中加进一定的防范条款，具体有以下几种方法。一是排除法。即在协定中注明协定提供的税收优惠不适用于某一类纳税人。二是真实法。即规定不是出于真实的商业经营目的，只是单纯为了谋求税收协定优惠的纳税人，不得享受协定提供的税收优惠。三是纳税义务法。即一个中介性质公司的所得如果在注册成立的国家没有纳税义务，则该公司不能享受税收协定的优惠。四是受益所有人法。即规定协定提供的税收优惠的最终受益人必须是真正的协定国居民，第三国居民不能借助在协定国成立的居民公司而从协定中受益。五是渠道法。即如果缔约国的居民将所得的很大一部分以利息、股息、特许权使用费的形式支付给一个第三国居民，则这笔所得不能享受税收协定提供的预提税优惠。渠道法主要是限制第三国的居民公司在缔约国一方建立居民公司并利用两国缔结的税收协定规避预提税。六是禁止法。即不与被认为是国际避税地的国家（地区）缔结税收协定，以防止跨国公司在避税地组建公司作为其国际避税活动的中介性机构。

3. 严格对协定受益人资格的审查程序

美国于 1997 年规定，其非居民如果要就其来源于美国的所得享受预提所得税的协定减免，必须先申请并由美国税务局鉴定其缔约国居民的身份。加拿大、比利时、瑞士、阿根廷等国也有类似的规定。

（五）限制资本弱化法规

资本弱化又称资本隐藏、股份隐藏或收益抽取，是指跨国公司为了减少税额，采取贷款方式替代募股方式进行的投资或融资。由于大多数国家在公司（法人）所得税法的规定中允许将借款利息支出作为财务费用进行税前扣除，之后再进行纳税，而对于股息、红利的投资所得必须以税后利润进行分配。所以，采取贷款方式筹资进而以利息方式对债权方进行回报，还是采取股权方式融资进而以股息、红利方式对投资者进行回报，对公司（法人）的税收负担影响很大。当跨国公司考虑跨国投资并须确定新建企业的资本结构时，他们往往会通过在贷款和发行股票之间的选择，来达到使税收负担最小的目的。资本弱化税制是西方国家系列化反避税税制的又一重要组成部分。

防范资本弱化有以下两种主要方法。一是正常交易方法。即在确定贷款或募股资金时，要看关联方的贷款条件是否与非关联方的贷款条件相同；如果不同，则关联方的贷款可能被视为隐蔽的募股，要按有关法规对利息征税。二是固定比率方法（设置安全港）。如果公司资本结构比率超过特定的债务权益率，则超过的利息不允许税前扣除，并对超过的利息视同股息征税。

（六）限制避税性移居

跨国纳税人进行国际避税的手段之一，是从高税国移居到低税国或避税地，以摆脱高税国的居民身份，免除向高税国政府负有的无限纳税义务。另外，纳税人移居到低税国或避税地，还可以规避过去居住在高税国时取得的资本利得应缴纳的税收。为了防范本国居民出于避税目的而向国外移居，一些国家（主要是发达国家）采取了一些立法措施，对自然人或法人居民向国外移居加以限制。

1. 限制自然人移居的措施

一些发达国家（过去这些国家的个人所得税税率往往很高）在立法上采取了有条件地延续本国向外移居者无限纳税义务的做法。对于虚假移居的行为，一些国家也采取了严厉的限制。例如，瑞典1966年实施的《市政税法》规定，一个瑞典公民在移居到别国后的3年内，一般仍被认定为瑞典税收上的居民，仍要在瑞典负无限纳税义务，除非他（她）能够证明自己与瑞典不再有任何实质性联系，而且在这3年中证明自己与瑞典无实质性联系的举证责任由纳税人个人承担。此外，为了防止人们用临时移居、压缩居留时间的办法躲避本国的居民身份，许多国家都规定对纳税人中途临时离境不扣减其在本国的居住天数，即纳税人临时离境的天数仍要计入其居留天数。例如，我国税法规定，纳税人在一个纳税年度中在我国境内居住满365日的，要就从我国境内和境外取得的所得缴纳个人所得税；临时离境一次不超过30日，或多次累计不超过90日的，不扣减在我国居住的日数。

2. 限制法人移居的措施

各国判定法人居民身份的标准不同，限制法人移居的措施也就不同。一般而言，在一个同时以注册地标准和管理机构所在地标准判定法人居民身份的国家，法人移居他国相对来说困难较大，因为这时无论公司法人的注册地在该国，还是管理机构在该国，该国都可以认定其为本国的法人居民。所以，目前大多数发达国家都同时采用这两个标准判定法人的居民身份。如果一国采用注册地标准判定法人居民身份，则该国的居民公司若要移居他国，只能在本国注销而改在他国重新注册。为了防止本国的居民公司迁移到低税国，许多国家（如美国、英国、爱尔兰、加拿大等）规定，如果本国居民公司改在他国注册或总机构、有效管理机构移到国外从而不再属于本国居民公司时，该公司必须进行清算，其资产视同销售后取得的资本利得，要在本国缴纳所得税。美国《国内收入法典》规定，本国居民公司若要在清理后并入外国居民公司，必须在183天内向税务局证明该公司向外转移没有规避美国税收的意图，否则公司向国外转移将受到法律的限制。

（七）限制利用改变公司组织形式避税

跨国公司国际避税的方式之一，是适时地改变国外附属机构的组织形式——当国外分公司开始盈利时，即将其重组为子公司。为了防止跨国公司利用这种方式避税，一些国家在法律上也采取了一些防范性措施，如美国税法规定，外国分公司改为子公司以后，分公司过去的亏损所冲减的总公司利润必须重新计算清楚，并就这部分被国外分公司亏损冲减的利润进行补税。

（八）加强防范国际避税的行政管理

为了有效地防止跨国纳税人进行国际避税的行为，除了要有相应的立法手段以外，还必须加强反避税工作的行政管理。主要包括：（1）加强本国的税务行政管理，严格实施各项反避税的法规，采取的措施主要有加强纳税申报制度、把举证责任转移给纳税人、加强税务调查和税务审计以及与银行进行密切合作。（2）积极开展反避税的国际税务合作，各国除了以单边方式加强国内反避税的立法和行政措施外，还采取了双边或多边国际合作的形式，加强国际税收情报交换。

第五节 国际税收协定

国际税收协定，是指两个或两个以上主权国家，为了协调相互间的税收分配关系和解决重复征税问题，经对等协商和谈判所缔结的一种书面协议或条约。这种协议或条约一般须经缔约国立法机构批准，并通过外交途径交换批准文件后方能生效。在协定全部有效期间，缔约国各方必须对协定中的一切条款承担义务。在有效期满后，缔约国任何一方经由外交途径发出中止通知，该协定即行失效。随着国际交往的日益频繁和深入发展，国际税收问题也随之增多。为了消除国际重复征税，加强国家之间的税收征管合作以及协调各国间的税收分配关系，缔结国际税收协定十分必要。

一、国际税收协定的两个范本

自国际税收协定产生以来，在国际上影响最大的《经合发组织范本》和《联合国范本》确实起到了国际税收协定的样板作用，绝大多数国家对外谈签避免双重征税税收协定都是以这两个范本为依据，其中发展中国家多以《联合国范本》为依据。

（一）《经合发组织范本》简介

1961年9月，经济合作组织更改为经济合作与发展组织（简称为经合发组织或OECD）。1963年，该组织首次公布了《关于对所得和财产避免双重征税的协定范本》草案，简称《经合发组织范本》或《OECD范本》。该范本草案以1946年范本为主要参考材料，并结合有关国家谈判和签订的双边税收协定的实践起草而成的。

《经合发组织范本》草案有两个基本前提：一是居住国应通过抵免法或免税法消除双重征税；二是来源国应力求缩减收入来源地管辖权的征税范围，并且大幅度地降低税率。1967年，经合发组织财政委员会（1971年改为"财政事务委员会"）开始修订1963年的范本草案，并于1977年发表了该草案的修订范本。该范本比较强调居民税收管辖权，对地域税收管辖权有所限制，但由于经合发组织成员国经济实力比较接近，资金、技术等基本均衡，所以此范本易为这些经济发达国家所接受，具有广泛的国际影响。

《经合发组织1977年范本》对于指导国际税收协定的签订发挥了重要作用，但在实践中也逐渐显露出许多不足之处，为此经合发组织又在长期调研的基础上于1992年提出了税收协定新范本，更名为《经济合作与发展组织关于避免对所得和财产双重征税的协定范本》，此后又对新范本进行了多次修改。2003年，《经合发组织范本》在条款和注释方面又做了令人瞩目的改动，主要增加了征税协助条款、转让股份产生的财产收益的征税问题条款、有关反有害税收竞争的条款以及有关电子商务的征税规则等内容。

(二)《联合国范本》简介

由于《经合发组织范本》倾向于发达国家的利益,而发展中国家很难据此维护自己的利益,因而广大发展中国家迫切要求制定一个能反映其本身利益的国际税收协定范本。为此,联合国经济与社会理事会于1967年8月专门成立了一个由发达国家与发展中国家代表组成的专家小组,组织起草发达国家与发展中国家间的税收协定范本。在专家小组的第七次会议上,专家们以《经合发组织范本》为样本,提出《发达国家与发展中国家间关于税收协定的指南》。1977年,专家小组进一步把这个指南修改成附有注释的协定范本,即《联合国关于发达国家与发展中国家间避免双重征税的协定范本(草案)》,简称为《联合国范本》或《UN范本》。1979年12月,专家小组第八次全体会议重新审查并通过了这个范本草案,将其作为联合国用于协调发达国家与发展中国家税务关系的正式参考文件。

2001年发布了《联合国范本》新版本,为1980年出版以来首次修订,主要在居民条款、常设机构条款、联属企业条款、财产所得条款和独立个人劳务条款等5个方面作了修改。

(三)两个国际税收协定范本的比较

《联合国范本》虽在总体结构上与《经合发组织范本》基本一致,但它们之间存在着重要的差异,主要表现在:《联合国范本》较为注重扩大收入来源国的税收管辖权,主要目的在于促进发达国家和发展中国家之间双边税收协定的签订,同时也促进发展中国家相互间双边税收协定的签订;而《经合发组织范本》虽然在某些特殊方面承认收入来源国的优先征税权,但其主导思想所强调的是居民税收管辖权原则,主要是为了促进经合组织成员国之间签订双边税收协定的工作。

二、国际税收协定的目标和主要内容

国际税收协定的目标,首先是要妥善处理国家之间的双重征税问题,这也是国际税收协定的基本任务,各类协定的主要条款内容都是围绕解决这一问题而订立的,即通过采取一定的措施(如免税法、抵免法等)来有效地处理对跨国所得和一般财产价值的双重征税问题;其次是要实行平等负担的原则,取消税收差别待遇;最后是要互相交换税收情报,防止或减少国际避税和国际偷逃税。

国际税收协定的主要内容如下。

(一)协定适用范围

国际税收协定必须首先明确其适用范围,包括缔约国双方或各方的人和税种的范围。这是协定执行的前提条件。

鉴于世界上绝大多数国家按照属人主义所确立的税收管辖权都是采取户籍标准,因此,国际税收协定都把适用的纳税人限制在缔约国一方或同时为双方居民这个范围以内。但对于少数采取法律标准的国家,一般可在协定所附的议定书中申明,保留对其公民征税的权利。对于协定适用税种的范围,税收协定通常都限于能够足以引起缔约国各方税收管辖权交叉的,属于所得税或一般财产税类的税种。只要属于这两类税种,并不论课税主权是缔约国各方的中央政府还是地方政府,也不论其征收方式是源泉课征还是综合课征,都可按照协定的有关条款执行。但为明确起见,协定对税种的适用范围,除上述的原则性条款外,还要列出缔约国各方国内税法规定并现行征收的有关所得税和一般财产税的各税种。

(二)基本用语的定义

对于在税收协定各条款中经常出现的基本用语的定义,必须经过缔约国各方协议,在协定内容中引入专门条款加以明确,以保证对协定的正确理解和执行。这些基本用语主要有"人"、"公司"、"缔约国一方企业"、"缔约国另一方企业"、"国际运输"、"主管当局"以及"居民"、"常设机构"等,对未下定义的用语,则按各国税法的规定解释。

(三)对所得和财产的课税

根据各类所得和一般财产价值的不同性质,对缔约国各方行使居民管辖权和来源地管辖权的范围分别做出对等的约束性规定,是国际税收协定的主要内容之一。

通常只有对所得和一般财产价值的征税才会引起国际重复征税问题。但是,由于所得和一般财产价值的种类繁杂,特别是各国对所得的理解不同,对每一种所得征税的办法也不尽相同。所以,各缔约国在协定中必须明确各方都认可的所得的概念以及各类所得的内容和范围,避免在执行协定时发生争议。在国际税收协定中,国际认可的所得主要有经营所得、劳务所得、投资所得和财产所得四大类。其中,经营所得(营业利润)是税收协定处理重复征税问题的重点项目,所以,一般在协定中单独规定对常设机构营业利润的归属问题的解决,确定哪些营业利润可以归属常设机构,哪些利润应归属于总机构。

由于双重征税主要是由各国政府同时行使居民(公司)和来源地税收管辖权引起的,所以,为避免国际双重征税,必须在协定中明确各缔约国行使税收管辖权的范围,以协调缔约国之间的税收管辖权。首先,从地理和人员概念上明确各缔约国行使税收管辖权的领域范围,一般明确为缔约国各方有效行使其税收法令的所有领域;其次,协定中也要确认在上述范围内,对哪些所得允许优先行使来源地管辖权,对哪些所得限制行使来源地管辖权等问题。

(四)避免双重征税的办法

国际双重征税的免除,是签订国际税收协定的重要内容,也是国际税收协定的首要任务。缔约国各方对避免或免除国际双重征税所采取的方法和条件,以及同意给予饶让抵免的范围和程度,都必须要在协定中明确规定,而不论缔约国各方在其国内税法中有无免除重复征税方法的规定。一般的方法有免税法、抵免法等,使用哪种方法要在协定中明确,并保持双方协调一致。

如,2014 年 11 月 15 日生效并自 2015 年 1 月 1 日起执行《中华人民共和国政府和瑞士联邦委员会对所得和财产避免双重征税的协定》,就是针对所得和财产避免双重征税的协定。

(五)税收无差别待遇

税收无差别待遇是税收协定内容中特别规定的一项。根据平等互利原则,在缔约国的国内税收上,一方应保障另一方国民享受到与本国国民相同的待遇,包括国籍无差别、常设机构无差别、支付无差别、资本无差别等待遇。税收无差别待遇反对任何形式的税收歧视,它是谈签税收协定所要达到的目标之一,也是处理国际税务关系的一项重要原则。

（六）防止国际偷漏税和国际避税

避免或防止国际偷税、逃税和避税，是国际税收协定的主要内容之一。其采取的措施主要有情报交换和转让定价。

相互交换税收情报，包括交换为实施协定所需情报，与协定有关税种的国内法律资料，防止税收欺诈、偷税、漏税以及反国际避税的情报等，这是绝大多数国家之间签订税收协定中的一项特别规定条款，对于防止国际避税和逃税具有十分重要的意义，许多国家的税务当局把它看作是"协定中的协定"。就情报交换方式而言，分日常情报交换与专门情报交换两种。日常情报交换是缔约国各方定期交换从事国际经济活动的纳税人的收入和经济往来资料。通过这种情报交换，缔约国各方可以了解跨国纳税人在收入和经济往来方面的变化，以正确核定应税所得。专门情报交换是由缔约国一方提出需要调查核实的内容，由另一方帮助调查核实。

为了防止和限制国际避税，缔约国各方必须密切配合、协调一致，并在协定中确定各方都同意的转让定价方法，一般都规定关联企业之间的转让定价以当地市场价格为标准，以避免跨国纳税人以价格的方式转移利润、逃避税收。

本 章 小 结

1. 国际税收，是指两个或两个以上的主权国家或地区，各自基于其课税主权，在对跨国纳税人进行分别课税而形成的征纳关系中所发生的国家与地区之间的税收分配关系。

2. 税收管辖权是一国政府在征税方面的主权，它表现在一国政府有权决定对哪些人征税、征哪些税以及征多少税等方面。税收管辖权划分原则有属地原则和属人原则两种。目前，世界上的税收管辖权大致可以分为三类：居民管辖权、公民管辖权和地域管辖权。

3. 判定自然人居民身份的标准主要有：住所标准、居所标准和停留时间标准。法人居民身份的判定标准包括：注册地标准（又称法律标准）、管理机构所在地标准、总机构所在地标准、选举权控制标准。判定经营所得的来源地的主要标准有：常设机构标准和交易地点标准。

4. 国际重复征税，是指两个或两个以上的国家，在同一时期内对同一纳税人或不同纳税人的同一课税对象征收相同或类似的税收。国际重复征税产生的形式有：居民（公民）管辖权同地域管辖权重叠下的国际重复征税、居民（公民）管辖权与居民（公民）管辖权重叠下的国际重复征税、地域管辖权与地域管辖权重叠下的国际重复征税。

5. 针对不同税收管辖权重叠所造成的所得国际重复征税的减除方法，采取了扣除法、低税法、免税法和抵免法等。各国的涉外税法和国际税收协定中，处理国际重复征税问题所采用的具体方法主要有免税法和抵免法两种，其中抵免法是普遍采用的。

6. 国际避税，是指纳税人利用两个或两个以上国家的税法和国家间的税收协定的漏洞、特例和缺陷，规避或减轻其全球总纳税义务的行为。国际避税的表现形式多种多样，它们可以通过迁出或虚假迁出或不迁出高税国，进行人员流动，以避免税收管辖，实现国际避税；通过把资金、货物或劳务转移或不转移出高税国，进行课税客体的流动，以实现国际避税；利用有关国家或国际税收协定关于避免国际重复征税的方法进行避税；利用国际避税地进行避税；等等。

7. 国际反避税的措施包括：在税法中制定反避税条款，完善转让定价的税制立法、应对避税地避税的法规、防范国际税收协定滥用、限制资本弱化法规、限制避税性移居等。

8. 在国际上影响最大的《经合发组织范本》和《联合国范本》确实起到了国际税收协定的样板作用，绝大多数国家对外谈签避免双重征税税收协定都是以这两个范本为依据的，其中发展中国家多以《联合国范本》为依据。

习　题

一、选择题

1. 国际税收的本质是（　　）。
   A．涉外税收　　　　　　　　　　B．对外国居民征税
   C．国家之间的税收关系　　　　　D．国际组织对各国居民征税
2. 税收管辖权是（　　）的重要组成部分。
   A．税收管理权　　B．税收管理体制　　C．国家主权　　D．财政管理体制
3. 中国香港行使的所得税税收管辖权是（　　）。
   A．单一居民管辖权　　　　　　　B．单一地域管辖权
   C．居民管辖权和地域管辖权　　　D．以上都不对
4. 法人居民身份的判定标准有（　　）。
   A．注册地标准　　　　　　　　　B．管理和控制地标准
   C．总机构所在地标准　　　　　　D．选举权控制标准

二、判断题

1. 抵免法和免税法能够消除国际重复征税,但其他方法也能够减轻国际重复征税。（　　）
2. 我国对外商投资企业纳税人居民身份的判定标准是注册登记地和总机构所在地标准。（　　）
3. 具有无限纳税义务的纳税人是指该纳税人需要永远缴纳税款。（　　）
4. 国际税收竞争的实质就是各国为了争夺外国投资的税收优惠大战。（　　）

三、计算题

甲国的 A 公司在乙国设立了一家分公司，该分公司在 2012 年度获得利润 400 万美元，乙国的公司所得税的税率为 40%；A 公司的该年度国内盈利额为 100 万美元，国内的公司所得税税率为 50%。根据上述资料计算 A 公司在每个国家的纳税额。

四、名词概念

1. 国际税收　　2. 税收管辖权　　3. 居民管辖权　　4. 地域管辖权
5. 国际重复征税　　6. 抵免法　　7. 国际避税　　8. 国际税收协定

五、问答题

1. 国际重复征税的原因及影响。
2. 国际重复征税的消除方法。
3. 国际避税的主要手段。

4. 国际反避税的措施。
5. 国际税收协定有哪些主要内容?
6. 《经合发组织范本》和《联合国范本》的主要区别有哪些?

案 例 分 析

利润是如何被转移的:一起外资企业利用劳务转移利润案剖析

奇谈怪事:高销售高亏损

某国两家企业早就相中了中国巨大的消费市场,并借招商引资之势,与中国常利集团合资在山东省某市兴办了云通公司。1997 年,云通公司开业,注册资金为 6 907 万元人民币,其中:中国常利集团以场地使用权、设备、厂房作价及部分现金共计 1 823 万元人民币,占注册资本的 26.4%;某国 A 公司以设备作价及部分现汇出资,折合 4 250 万元人民币,占注册资本的 61.5%;某国 B 公司以现汇出资,折合 834 万元人民币,占注册资本的 12.1%。经营期限 20 年,享受"两免三减半"的企业所得税税收优惠,适用企业所得税税率为 24%。

外国投资方带来了资本,也带来了技术。它们拥有的一项新技术弥补了中国市场空白。云通公司生产的 U 牌办公用品以高昂的价格打开了广阔的市场,企业的销售收入由 1997 年的 3 418 万元增长到 2001 年的 6 698 万元。但令人失望的是,云通公司的利润并未出现同向增长,1998—2001 年产品销售收入稳定,2001 年销售收入是 1997 年销售收入的 1.96 倍,但除 1998 年和 1999 年略有盈余外,其他几年全部亏损。开始信心百倍的中方投资者更是被浇了凉水,几乎没有得到利润分红,中国常利集团与云通公司的日方投资者几次产生纠纷,其间,中国常利集团于 1997 年—1999 年争取到 25%的销售权,后来又被外国投资方控股的上海某公司通过协商要了回去,双方就销售权问题争得不可开交,以至于员工罢工,公司一度停产。

一项不断亏损的产品销售权本应是人人怕的烫手山芋,为何却引得众投资者为其伤了和气?既然是亏本的项目,云通公司为何还要扩大生产和销售?税务机关几次对其实施税务稽查,但都没有在发票或账本上发现任何问题。

近几年,企业隐藏转移利润的方式趋向多样化,转让定价、资本弱化等新的避税方式作为国际税务事项管理的重点早已进入了税务干部检查的视线。税务机关首先从云通公司的购销环节入手,发现该公司 90% 的原料从外国进口,从该公司的进口报关单以及产品销售凭证入手检查,发现云通公司的购销价格与行业价格基本持平。随着调查的深入,税务干部逐渐将视线转移到了该公司的劳务费用上,该公司毛利率在 7%~18%之间,基本正常,而企业费用却在 12%~19% 之间,明显畸高,由此可以看出企业亏损的主要原因是费用支出过高。其中,上海某公司负责销售云通公司 75% 左右的产品,该公司除正常结算外,还按销售额提取 7% 的销售佣金,而正常的佣金比例应该为 3%,那么,云通公司凭什么要白白把利润送给一家外地的销售公司呢?

税务干部一边通过网络搜索有关价格信息,一边核对云通公司提供的上海某公司的相关资料，发现上海的这家公司和云通公司一样，都是由某国 A 公司和 B 公司投资控投的公司，云通公司有利用关联交易转移利润的嫌疑。

剥茧抽丝：关联交易背后有文章

2002 年 4 月，山东省国税机关成立转让定价调查审计组，制定了一套详细方案着手调查云通公司转让定价避税问题。2002 年 6 月，调查审计组来到云通公司，现场审计了 1997 年至 2002 年度的全部会计账簿、资料，发现云通公司总经理、副总经理、技术人员由某国 A 公司委派；外籍人员的工资、费用由派遣公司负担；云通公司负担生活费用；某国 A 公司和中国常利集团根据合同提取技术服务费和生产协助金，上海某公司提取佣金。云通公司与上述四家公司之间构成关联企业关系。

为了证明"自己的手续都是合法的"，云通公司提供了关联企业之间关于提供劳务的所有的合同、协议，但对劳务定价过程与原则则守口如瓶。言语间，税务干部发现中国常利集团驻云通公司的中资代表言语谨慎，并向税务干部诉苦道："有时候我也很为难，公司决策层都是外国投资方委派的人，我们集团不是大股东，说话不算数。"税务干部分析，此人了解公司的运营内幕，只是顾虑重重。

通过对境外公司财务报表和境内财务报表分析，税务机关发现：云通公司自 1997 年 4 月份开始生产经营后，销售收入逐年提高，由 1997 年的 4 506 万元增长到 2001 年的 7 000 万元，企业毛利率在 7%～18% 之间，但因为产品销售被日方控股的上海某公司掌握，提取高佣金导致亏损。1998—1999 年，由于中国常利集团参与销售并加强了内部管理，公司开始出现盈利，但 2000—2001 年的产品销售权又完全被上海关联某公司控制，导致企业重新处于亏损状态。其间，2001 年因三家投资方的纠纷导致企业停产 3 个月，在达成中国常利集团按收入提取 2% 的生产经营协助金的协议后，生产恢复。

为了搜集云通公司转移利润的证据，2002 年 8 月，税务机关搜集了同类企业，包括苏州某有限公司、山东某某集团总公司网上公布的同类产品的价格，分析研究了 30 家办公用品类上市公司的财会资料，与上海税务机关、山东省内其他税务机关取得联系，获得了同类企业提供的第一手资料，对原辅材料采购、生产制造、无形资产等进行分门别类的功能及可比性分析，全面掌握了该行业的成本水平，包括劳务、佣金等方面的可比证据。

挑破窗户纸的时候到了。税务干部向云通公司的总经理亮出了底牌。外国投资方通过不正常的技术服务费，直接把利润转移到国外。外国投资方自 1997 年起为云通公司提供技术服务、商标专利使用，2002 年 1 月，云通公司与外国投资方达成了《关于修改技术合作合同的协议书》，合资公司产品采用某国 A 公司拥有的品牌商标。技术服务费自 2002 年 1 月 1 日改为"连续专利使用费"，不论年限的按云通公司销售额 2% 的标准，按季计算支付，以求达到长期转移利润的目的。

通过控股的关联公司提取销售佣金，间接将利润转移到国外。上海某公司向云通公司提供的业务支援包括市场调查、推广和销售等行为，云通公司按销售额的一定比例 7%，提取销售佣金支付给上海某公司，1998—2003 年年均计提三百多万元，再通过该公司把利润转移到外国母公司。

中国常利集团通过提取经营协助金获得所谓投资回报，进行税前分利。中国常利集团向云通公司提供的业务支援包括人事录用、解雇的协助，水、电、汽的供应、保障、援助等，但在开始几年没有得到利润分红，2002 年与外国投资方进行了谈判，在正常劳务结算之外再提取 2%

的生产协助金,账目显示,中国常利集团每年计提金额在 100 万元以上。

日方派遣的管理人员的工资所得没有在我国足额纳税。1997 年至 2002 年,云通公司在为外国投资方委派的多名管理人员提供食宿之外,每个月只发 1 000~2 500 元的工资,其余 4 万~6 万元不等的月工资则由外国投资方发放,并在某国缴纳了税收。这 3 名管理人员在中国的工作时间每年都在 183 天以上,拥有中国公安部门核发的常住证件,属于云通公司的工作人员,却没有依法全额申报缴纳个人所得税。

(资料来源:《税务研究》2005 年第 12 期)

问题:

企业一般通过哪些方式进行国际避税?

参考答案

第一篇 财政篇

第一章

一、选择题

1. ABC 2. ABCD 3. ABC 4. B 5. CE 6. B

二、判断题

1. × 2. √ 3. × 4. ×

注：其他类型题答案略去，请参见教材。

第二章

一、选择题

1. C 2. D 3. A 4. D 5. B
6. C 7. C 8. B 9. D 10. A
11. ACE 12. BE 13. BD 14. BCE 15. ABD

二、判断题

1. × 2. × 3. × 4. √ 5. ×
6. √ 7. × 8. √ 9. √ 10. ×

注：其他类型题答案略去，请参见教材。

第三章

一、选择题

1. B 2. ABCD 3. AB 4. A

二、判断题

1. × 2. √ 3. × 4. √ 5. ×

注：其他类型题答案略去，请参见教材。

第四章

一、选择题
1. ABC   2. ADE   3. A   4. C   5. B
6. C   7. C   8. D   9. ABC 10. B

二、判断题
1. ×   2. ×   3. ×   4. √   5. ×

注：其他类型题答案略去，请参见教材。

第五章

一、选择题
1. C   2. A   3. B   4. A   5. D
6. ABCDE   7. ABCD   8. AB   9. ABC 10. AB

二、判断题
1. √   2. √   3. √   4. ×   5. √

注：其他类型题答案略去，请参见教材。

第六章

一、选择题
1. ABC   2. ABCD   3. ABC   4. AC   5. BD   6. BC

二、判断题
1. ×   2. ×   3. √   4. ×   5. √   6. ×   7. ×   8. ×

注：其他类型题答案略去，请参见教材。

第二篇　　税收篇

第七章

一、选择题
1. AD   2. ACD   3. ABC   4. A   5. C

二、判断题
1. ×   2. √   3. ×   4. ×

注：其他类型题答案略去，请参见教材。

第八章

一、选择题
1. AC   2. ABC   3. B   4. D   5. C

二、判断题
1. ×   2. ×   3. √   4. √   5. ×

注：其他类型题答案略去，请参见教材。

第九章

一、选择题

1．A   2．C   3．A   4．A   5．A   6．D
7．A   8．C   9．D   10．BD   11．ABCD   12．BCD
13．ABD   14．ACD   15．ACD   16．AB   17．ABC   18．ABC

二、判断题

1．×   2．√   3．√   4．×   5．√

三、计算题

1．（1）当月购货进项税额＝34＋3×13%＝34.39（万元）

（2）当月销售货物的销项税额＝85＋[(80＋6)÷(1＋17%)]×17%＝97.50（万元）

（3）加工礼品进项税额＝8×17%＝1.36（万元）

赠送礼品视同销售，销项税额＝10×17%＝1.7（万元）

当月应纳增值税额＝(97.50＋1.7)－(34.39＋1.36)＝63.45（万元）

2．应纳税额＝(234 000＋11 700＋7 020)÷(1＋17%)×20%＋(3.5＋2)×2 000×0.5＝48 700（元）

注：其他类型题答案略去，请参见教材。

第十章

一、选择题

1．C   2．AB   3．CD   4．ABCD   5．A   6．D
7．ABC   8．ABCD   9．B   10．ABCD   11．A   12．B

二、判断题

1．× 2．× 3．× 4．× 5．× 6．× 7．× 8．× 9．× 10．√

三、计算题

1．从 2015 年开始纳税。

2015 年：(25－5)×25%＝5（万元）

2016 年：40×25%＝10（万元）

2017 年：30×25%＝7.5（万元）

2．（1）[(5 500－3 500)×10%－105]×12＝1 140（元）

（2）(1 200－800)×20%×(1－30%)＝56（元）

（3）应纳税所得额＝12 000×(1－20%)＝9 600（元）

捐赠限额＝9 600×30%＝2 880（元）

应纳个人所得税＝(9 600－2 880)×20%×(1－30%)＝940.8（元）

（4）30 000×(1－20%)×30%－2 000－2 000＝3 200（元）

（5）4×2 000×(1－20%)×20%＝1 280（元）

全年应纳个人所得税为 1 140＋56＋940.8＋3 200＋1 280＝6 616.8（元）。

注：其他类型题答案略去，请参见教材。

第十一章

一、选择题

1. A 2. B 3. C 4. A 5. D 6. ABC 7. CE

二、判断题

1. √ 2. × 3. × 4. × 5. √ 6. ×

三、计算题

1. 100×12%=12（万元）

2. (800－500)×3%=9（万元）

注：其他类型题答案略去，请参见教材。

第十二章

一、选择题

1. A 2. D 3. AC 4. D 5. A 6. D
7. D 8. D 9. D 10. ABCD 11. B

二、判断题

1. × 2. × 3. × 4. √ 5. ×
6. × 7. √ 8. √ 9. ×

三、计算题

1. （1）200 万元×0.03%=600（元）

（2）100 万元×0.03%=300（元）

（3）50 万元×0.05%=250（元）

（4）免税

（5）1000 万元×0.05%+200 万元×0.05%=6 000（元）

2. (30 000+3 000)×5 050×8%=13 332 000（元）

注：其他类型题答案略去，请参见教材。

第十三章

一、选择题

1. C 2. C 3. B 4. ABCD

二、判断题

1. √ 2. × 3. × 4. ×

三、计算题

本题属于总分公司之间的直接抵免问题，关键是确认外国税收抵免限额。

（1）计算乙国所得税税款的抵免限额。

乙国税款抵免限额=境内和乙国所得应纳税总额×来源于乙国的所得/境内和乙国所得总额
=(100+400)×50%×400/(100+400)=200（万美元）

（2）计算该公司在乙国已纳税额。

乙国已纳税额＝400×40%＝160（万美元）

（3）计算A公司在甲国应纳税额。

甲国应纳税额＝(100＋400)×50%－160＝90（万美元）

注：其他类型题答案略去，请参见教材。

参 考 文 献

[1] 段迎春. 现代财政与税收 [M]. 2 版. 北京：中国金融出版社，2008.
[2] 葛文芳. 财政与税收 [M]. 2 版. 北京：清华大学出版社，2010.
[3] 陈共. 财政学 [M]. 6 版. 北京：中国人民大学出版社，2009.
[4] 盖锐, 高彦彬. 财政学 [M]. 北京：北京大学出版社，2007.
[5] 储敏伟, 杨君昌. 财政学 [M]. 北京：高等教育出版社，2006.
[6] 宋瑞敏. 财政与税收 [M]. 北京：机械工业出版社，2007.
[7] 岳松, 陈昌龙. 财政与税收 [M]. 北京：清华大学出版社，2008.
[8] 中国注册会计师协会. 税法 [M]. 北京：经济科学出版社，2010.
[9] 蔡秀云, 李红霞. 财政与税收 [M]. 北京：首都经济贸易大学出版社，2008.
[10] 张巧良, 曾良秀. 税法与税务会计实用教程 [M]. 北京：北京大学出版社，2009.
[11] 邓子基, 林致远. 财政学 [M]. 北京：清华大学出版社，2008.
[12] 赵恒群. 税法教程 [M]. 北京：清华大学出版社，2007.
[13] 蔡秀云. 财政与税收 [M]. 北京：首都经贸大学出版社，2010.
[14] 姜竹, 李友元, 马乃云, 等. 税收学 [M]. 北京：机械工业出版社，2008.
[15] 刘玉章. 土地增值税清算大成 [M]. 北京：机械工业出版社，2009.
[16] 王冬梅, 姚爱群. 税收理论与实务 [M]. 北京：清华大学出版社，2008.
[17] 全国注册税务师执业资格考试教材编写组. 税法(Ⅱ)[M]. 北京：中国税务出版社，2009.
[18] 段治平. 财政与税收 [M]. 2 版. 北京：北京交通大学出版社，2010.
[19] 戴罗仙. 财政学 [M]. 长沙：中南大学出版社，2009.
[20] 杨秀琴. 中国税制 [M]. 北京：中国人民大学出版社，1999.
[21] 朱青. 国际税收 [M]. 北京：中国人民大学出版社，2009.
[22] 岳松. 财政与税收 [M]. 北京：清华大学出版社，2010.
[23] 谢晓娟. 财政与税收 [M]. 厦门：厦门大学出版社，2009.
[24] 欧阳华生. 财政与税收 [M]. 天津：南开大学出版社，2011.
[25] 朱福兴, 上官敬芝. 财政学 [M]. 北京：机械工业出版社，2010.
[26] 宋凤轩, 孙键夫. 财政与税收 [M]. 北京：人民邮电出版社，2007.
[27] 单惟婷. 财政与税收 [M]. 北京：中国金融出版社，2009.
[28] 吕晓青, 池仁勇. 财政与税收 [M]. 杭州：浙江大学出版社，2006.
[29] 刘冰 岳松. 财政与税收 [M]. 北京：中国商业出版社，2007.